Vies des dames

Pierre de Bourdeille Brantôme

Alpha Editions

This edition published in 2022

ISBN : 9789357387200

Design and Setting By
Alpha Editions
www.alphaedis.com
Email - info@alphaedis.com

As per information held with us this book is in Public Domain.
This book is a reproduction of an important historical work. Alpha Editions uses the best technology to reproduce historical work in the same manner it was first published to preserve its original nature. Any marks or number seen are left intentionally to preserve its true form.

A MONSEIGNEUR

LE DUC

D'ALENÇON, DE BRABANT

ET COMTE DE FLANDRES,

FILS ET FRÈRE DE NOS ROYS.

MONSEIGNEUR

D'autant que vous m'avez fait cet honneur souvent à la Cour de causer avec moy fort privement de plusieurs bons mots et contes, qui vous sont si familiers et assidus qu'on diroit qu'ils vous naissent à veüe d'œil dans la bouche, tant vous avez l'esprit grand, prompt et subtil, et le dire de mesme et très-beau, je me suis mis à composer ces Discours tels quels, et au mieux que j'ay pu, afin que si aucuns y en a qui vous plaisent, vous fassent autant passer le temps et vous ressouvenir de moy parmy vos causeries, desquelles m'avez honoré autant que gentilhomme de la Cour.

Je vous en dédie donc, Monseigneur, ce livre, et vous supplie le fortifier de vostre nom et autorité, en attendant que je me mette sur les discours sérieux, et en voyez un à part que j'ai quasi achevé, où je deduis la comparaison de six grands princes et capitaines qui voguent aujourd'huy en ceste chrestienté, qui sont le roy Henri III vostre frère, Vostre Altesse, le roy de Navarre vostre beau-frère, M. de Guise, M. du Maine et M. le prince de Parme[1], alléguant de tous vous autres vos plus belles valeurs, suffisances, mérites et beaux faits, sur lesquels j'en remets la conclusion à ceux qui la sçauront mieux faire que moy.

Cependant, Monseigneur, je supplie Dieu vous augmenter tousjours en vostre grandeur, prospérité et altesse, de laquelle je suis pour jamais,

MONSEIGNEUR,

Votre très-humble et très-obéissant sujet
et très-affectionné serviteur,

DE BOURDEILLE.

AU LECTEUR.

J'avois voüé ce deuxiesme livre des Femmes à mondit seigneur d'Alençon durant qu'il vivoit, d'autant qu'il me faisoit cet honneur de m'aimer et causer fort privement avec moy, et estoit curieux de savoir de bons contes. Ores, bien que son genereux et valheureux et noble corps gise sous sa lame honorable, je n'en ay voulu pourtant revoquer le vœu; ainsi je le redonne à ses illustres cendres et divin esprit, de la valeur duquel, et de ses hauts faits et mérites je parle à son tour, comme des autres grands princes et grands capitaines; car certes il l'a esté s'il en fut onc, encor qu'il soit mort fort jeune.

AVIS DE L'AUTEUR.

Ce volume des Dames Galantes est dédié à M. le duc d'Alençon, de Brabant, et comte de Flandres, qui contient plusieurs beaux discours.

Le premier traite de l'amour de plusieurs femmes mariées, et qu'elles n'en sont si blasmables comme l'on diroit pour le faire; le tout sans rien nommer, et à mots couverts.

Le deuxiesme, sçavoir qui est la plus belle chose en amour, la plus plaisante, et qui contente le plus, ou la veüe, ou la parole, ou l'attouchement.

Le troisiesme traite de la beauté d'une belle jambe, et comment elle est fort propre et a grand vertu pour attirer à l'amour.

Le quatriesme, quel amour est plus grand, plus ardent et plus aisé, ou celuy de la fille, ou de la femme mariée, ou de la veufve, et quelle des trois se laisse plus aisément vaincre et abattre.

Le cinquiesme parle de l'amour d'aucunes femmes vieilles et comment aucunes y sont autant ou plus sujettes et chaudes que les jeunes, comme se peut parestre par plusieurs exemples, sans rien nommer ny escandalyser.

Le sixiesme traite qu'il n'est bien seant de parler mal des honnestes dames, bien qu'elles fassent l'amour, et qu'il en est arrivé, de grands inconvénients pour en médire.

Le septiesme est un recueil d'aucunes ruses et astuces d'amour, qu'ont inventé et osé aucunes femmes mariées, veufves et filles à l'endroit de leurs maris, amants et autres, ensemble d'aucunes de guerre de plusieurs capitaines à l'endroit de leurs ennemis; le tout en comparaison: à sçavoir lesquelles ont esté les plus rusées, cautes, artificielles, sublimes et mieux inventées et pratiquées, tant des uns que des autres Aussi Mars et l'Amour font leur guerre presque de mesme sorte, et l'un a son camp et ses armes comme l'autre.

Discours sur ce que les belles et honnestes dames ayment les vaillants hommes, et les braves hommes ayment les dames courageuses.

DISCOURS PREMIER.

Sur les dames qui font l'amour et leurs maris cocus[2].

D'autant que ce sont les dames qui ont fait la fondation du cocuage, et que ce sont elles qui font les hommes cocus, j'ay voulu mettre ce discours parmi ce livre des Dames, encore que je parleray autant des hommes que des femmes. Je sçay bien que j'entreprends une grande œuvre, et que je n'auroîs jamais fait si j'en voulois monstrer la fin, car tout le papier de la chambre des comptes de Paris n'en sçauroit comprendre par escrit la moitié de leurs histoires, tant des femmes que des hommes; mais pourtant j'en escriray ce que je pourray, et quand je n'en pourray plus, je quitteray ma plume au diable, ou à quelque bon compagnon qui la reprendra; m'excusant si je n'observe en ce discours ordre ny demy, car de telles gens et de telles femmes le nombre en est si grand, si confus et si divers, que je ne sçache si bon sergent de bataille qui le puisse bien mettre en rang et ordonnance.

Suivant donc ma fantaisie, j'en diray comme il me plaira, en ce mois d'avril qui en rameine la saison et venaison des cocus: je dis des branchiers, car d'autres il s'en fait et s'en voit assez tous les mois et saisons de l'an. Or de ce genre de cocus, il y en a force de diverses espèces; mais de toutes la pire est, et que les dames craignent et doivent craindre autant, ce sont ces fols, dangereux, bizarres, mauvais, malicieux, cruels, sanglants et ombrageux, qui frappent, tourmentent, tuent, les uns pour le vray, les autres pour le faux, tant le moindre soupçon du monde les rend enragés; et de tels la conversation est fort à fuir, et pour leurs femmes et pour leurs serviteurs. Toutefois j'ay cogneu des dames et de leurs serviteurs qui ne s'en sont point soucié; car ils estoient aussi mauvais que les autres, et les dames estoient courageuses, tellement que si le courage venoit à manquer à leurs serviteurs, le leur remettoient; d'autant que tant plus toute entreprise est périlleuse et scabreuse, d'autant plus se doit-elle faire et exécuter de grande générosité. D'autres telles dames ay-je cogneu qui n'avoient nul cœur ny ambition pour attenter choses hautes, et ne s'amusoient du tout qu'à leurs choses basses: aussi dit-on *lasche de cœur comme une putain.*

—J'ay cogneu une honneste dame, et non des moindres, laquelle, en une bonne occasion qui s'offrit pour recueillir la joüissance de son amy, et luy remonstrant à elle l'inconvénient qui en adviendroit si le mary qui n'estoit pas loin les surprenoit, n'en fit plus de cas, et le quitta là, ne l'estimant hardy amant, ou bien pour ce qu'il la dédit au besoin: d'autant qu'il n'y a rien que la dame amoureuse, lors que l'ardeur et la fantaisie de venir-là luy prend, et que son amy ne la peut ou veut contenter tout à coup pour quelques divers empeschements, haïsse plus et s'en dépite. Il faut bien loüer cette dame de sa hardiesse, et d'autres aussi ses pareilles, qui ne craignent rien pour contenter leurs amours, bien qu'elles y courent plus de fortune et dangers que ne fait un soldat ou un marinier aux plus hasardeux périls de la guerre ou de la mer.

—Une dame espagnole, conduite une fois par un gallant cavallier dans le logis du Roy, venant à passer par un certain recoing caché et sombre, le cavallier, se mettant sur son respect et discrétion espagnole, luy dit: *Senora, buen lugar, si no fuera vuessa merced.* La dame luy respondit seulement: *Si buen lugar, si no fuera vuessa merced*; c'est-à-dire: «Voici un beau lieu, si c'estoit une autre que vous.—Oüy vraiment, si c'estoit aussi un autre que vous.» Par-là l'argüant et incolpant de coüardise, pour n'avoir pas pris d'elle en si bon lieu ce qu'il vouloit et elle désiroit; ce qu'eust fait un autre plus hardy; et, pour ce, oncques plus ne l'ayma et le quitta.

—J'ay ouy parler d'une fort belle et honneste dame, qui donna assignation à son amy de coucher avec elle, par tel si qu'il ne la toucheroit nullement et ne viendroit aux prises; ce que l'autre accomplit, demeurant toute la nuict en grand'stase, tentation et continence, dont elle lui en sceut si bon gré, que quelque temps après luy en donna joüissance, disant pour ses raisons qu'elle avoit voulu esprouver son amour en accomplissant ce qu'elle luy avoit commandé: et, pour ce, l'en ayma puis après davantage, et qu'il pourroit faire toute autre chose une autre fois d'aussi grande adventure que celle-là, qui est des plus grandes. Aucuns pourront loüer cette discretion ou lascheté, autres non: je m'en rapporte aux humeurs et discours que peuvent tenir ceux de l'un et de l'autre party en cecy.

—J'ay cogneu une dame assez grande qui, ayant donné une assignation à son amy de venir coucher avec elle une nuict, il y vint tout appresté, en chemise, pour faire son devoir; mais, d'autant que c'estoit en hyver, il eut si grand froid en allant, qu'estant couché il ne put rien faire, et ne songea qu'à se réchauffer: dont la dame l'en haït et n'en fit plus de cas.

—Une autre dame devisant d'amour avec un gentilhomme, il luy dit, entre autres propos, que s'il estoit couché avec elle, qu'il entreprendroit faire six postes la nuict, tant sa beauté le feroit bien piquer. «Vous vous vantez de beaucoup, dit-elle. Je vous assigne donc à une telle nuict.» A quoy il ne faillit de comparoistre; mais le malheur fut pour luy qu'il fut surpris, estant dans le lict, d'une telle convulsion, refroidissement et retirement de nerf, qu'il ne put pas faire une seule poste; si bien que la dame luy dit: «Ne voulez-vous faire autre chose? or vuidez de mon lict, je ne le vous ay pas presté, comme un lict d'hostellerie, pour vous y mettre à vostre aise et reposer. Parquoy vuidez.» Et ainsi le renvoya, et se moqua bien après de luy, l'haïssant plus que peste. Ce gentilhomme fust esté fort heureux s'il fust esté de la complexion du grand protenotaire Baraud, et aumosnier du roy François, que, quand il couchoit avec les dames de la Cour, du moins il alloit à la douzaine, et au matin il disoit encore: «Excusez-moi, madame, si je n'ay mieux fait, car je pris hier médecine.» Je l'ay veu depuis, et l'appeloit-on le capitaine Baraud, gascon, et avoit laissé la robbe, et m'en a bien conté, à mon advis, nom par nom. Sur ses vieux ans, cette virile et vénéreique vigueur luy défaillit, et estoit pauvre, encore qu'il eust tiré de bons brins que sa pièce luy avoit valu; mais il avoit tout brouillé, et se mit à escouler et distiller des essences: «Mais, disoit-il, si je pouvois, aussi bien que de mon jeune aage, distiller de l'essence spermatique, je ferois bien mieux mes affaires et m'y gouvernerois mieux.»

—Durant cette guerre de la ligue, un honneste gentilhomme, brave certes et vaillant, estant sorty de sa place dont il estoit gouverneur pour aller à la guerre, au retour, ne pouvant arriver d'heur en sa garnison, il passa chez une belle et fort honneste et grande dame veufve, qui le convie de demeurer à coucher céans; ce qu'il ne refusa, car il estoit las. Après l'avoir bien fait souper, elle lui donne sa chambre et son lict, d'autant que toutes ses autres chambres estoient dégarnies pour l'amour de la guerre, et ses meubles serrez, car elle en avoit de beaux. Elle se retire en son cabinet, où elle y avoit un lict d'ordinaire pour le jour. Le gentilhomme, après plusieurs refus de cette chambre et ce lict, fut contraint par la prière de la dame de le prendre: et, s'y estant couché et bien endormy d'un très-profond sommeil, voicy la dame qui vient tout bellement se coucher auprès de luy sans qu'il en sentist rien ny de toute la nuict, tant il estoit las et assoupy de sommeil; et reposa jusques au lendemain matin grand jour, que la dame s'ostant près de luy qui s'accommençoit à esveiller, luy dit: «Vous n'avez pas dormy sans compagnie, comme vous voyez, car je n'ay pas voulu vous quitter toute la part de mon lict, et par ce j'en ay joüi de la moitié aussi bien que vous. Adieu: vous avez perdu une occasion que vous ne recouvrerez jamais.» Le gentilhomme, maugréant et détestant sa bonne fortune faillie (c'estoit bien pour se pendre), la voulut arrester et prier; mais rien de tout cela, et fort dépitée contre luy pour ne l'avoir contentée comme elle vouloit, car elle n'estoit là venuë pour un coup, aussi qu'on dit: «Un seul coup n'est que la salade du lict, et mesmes la nuict,» et qu'elle n'estoit là venuë pour le nombre singulier, mais pour le plurier, que plusieurs dames en cela ayment plus que l'autre. Bien contraires à une très-belle et honneste dame que j'ay cogneu, laquelle ayant donné assignation à son amy de venir coucher avec elle, en un rien il fit trois bons assauts avec elle; et puis, voulant quarter et parachever et multiplier ses coups, elle luy dit, pria et commanda de se découcher et retirer. Luy, aussi frais que devant, luy représente le combat, et promet qu'il feroit rage toute cette nuict là avant le jour venu, et que pour si peu sa force n'estoit en rien diminuée. Elle luy dit: «Contentez-vous que j'ay recogneu vos forces, qui sont bonnes et belles, et qu'en temps et lieu je les sçauray mieux employer qu'à st'heure; car il ne faut qu'un malheur que vous et moy soyons descouverts; que mon mary le sçache, me voilà perduë. Adieu donc jusques à une plus seure et meilleure commodité, et alors librement je vous employeray pour la grande bataille, et non pour si petite rencontre.» Il y a force dames qui n'eussent eu cette considération, mais ennivrées du plaisir, puisque tenoient déjà dans le camp leur ennemy, l'eussent fait combattre jusques au clair jour.

—Cette honneste dame que je dis de paravant celles cy, estoit de telle humeur, que quand le caprice lui prenoit, jamais elle n'avoit peur ny apprehension de son mary, encore qu'il eust bonne espée et fust ombrageux; et nonobstant elle y a esté si heureuse, que ny elle ny ses amants n'ont pu guières courir fortune de vie, pour n'avoir jamais esté surpris, pour avoir bien posé ses gardes et bonnes sentinelles et vigilantes: en quoy pourtant ne se doivent pas fier les dames, car il n'y faut qu'une heure malheureuse, ainsi qu'il arriva il y a quelque temps à un gentilhomme brave et vaillant, qui fut massacré, allant voir sa maîtresse, par la trahison et menée d'elle mesme que le mary lui avoit fait faire[3]: que s'il n'eust eu si bonne présomption de sa valeur comme il avoit, certes il eust bien pris garde à soy et ne fust pas mort, dont ce fut grand dommage. Grand exemple, certes, pour ne se fier pas tant aux femmes amoureuses, lesquelles, pour s'eschapper de la cruelle main de leurs marys, joüent tel jeu qu'ils veulent, comme fit cette-cy qui eut la vie sauve, et l'amy mourut.

—Il y a d'autres marys qui tuent la dame et le serviteur tout ensemble, ainsi que j'ay oüy dire d'une très-grande dame de laquelle son mary estant jaloux, non pour aucun effet qu'il y eust certes, mais par jalousie et vaine apparence d'amour, il fit mourir sa femme de poison et langueur, dont fut un très-grand dommage, ayant paravant fait mourir le serviteur, qui estoit un honneste homme, disant que le sacrifice estoit plus beau et plus plaisant de tuer le taureau devant et la vache après. Ce prince fut plus cruel à l'endroit de sa femme qu'il ne fut après à l'endroit d'une de ses filles qu'il avoit mariée avec un grand prince, mais non si grand que luy qui estoit quasi un monarque. Il eschappa à cette folle femme de se faire engrosser à un autre qu'à son mary, qui estoit empesché à quelque guerre; et puis, ayant enfanté d'un bel enfant, ne sceut à quel sainct se voüer, sinon à son père, à qui elle décela le tout par un gentilhomme en qui elle se fioit, qu'elle luy envoya. Duquel aussi-tost la creance ouye, il manda à son mary que sur sa vie il se donnast bien garde de n'attenter sur celle de sa fille, autrement il attenteroit sur la sienne, et le rendroit le plus pauvre prince de la chrestienté, comme estoit en son pouvoir; et envoya à sa fille une galere avec une escorte querir l'enfant et la nourrice; et l'ayant fourny d'une bonne maison et entretien, il le fit très-bien nourrir et élever. Mais au bout de quelque temps que le père vint à mourir, par conséquent le mary la fit mourir.

—J'ay ouy dire d'un autre qui fit mourir le serviteur de sa femme devant elle, et le fit fort languir, afin qu'elle mourust martyre de voir mourir en langueur celui qu'elle avoit tant aymé et tenu entre ses bras.

—Un autre de par le monde tua sa femme en pleine Cour[4], luy ayant donné l'espace de quinze ans toutes les libertés du monde, et qu'il estoit assez informé de sa vie, jusques à luy remonstrer et l'admonester. Toutefois une verve luy prit (on dit que ce fut par la persuasion d'un grand son maistre), et par un matin la vint trouver dans son lict ainsi qu'elle vouloit se lever, et ayant couché avec elle, gaussé et ryt bien ensemble, luy donna quatre ou cinq coups de dague, puis la fit achever à un sien serviteur, et après la fit mettre en litière, et devant tout le monde fut emportée en sa maison pour la faire enterrer. Après s'en retourna, et se présenta à la Cour, comme s'il eust fait la plus belle chose du monde, et en triompha. Il eust bien fait de mesme à ses amoureux; mais il eust eu trop d'affaires, car elle en avoit tant eu et fait, qu'elle en eust fait une petite armée.

—J'ay ouy parler d'un brave et vaillant capitaine pourtant, qui, ayant eu quelque soupçon de sa femme, qu'il avoit prise en très-bon lieu, la vint trouver sans autre suite, et l'estrangla lui-même de sa main de son escharpe blanche, puis la fit enterrer le plus honorablement qu'il peut, et assista aux obseques habillé en deuil, fort triste, et le porta fort longtemps ainsi habillé: et voilà la pauvre femme bien satisfaite, et pour la bien resusciter par cette belle cérémonie: il en fit de mesme à une damoiselle de sa dite femme qui luy tenoit la main à ses amours. Il ne mourut sans lignée de cette femme, car il en eut un brave fils, des vaillants et des premiers de sa patrie, et qui, par ses valeurs et mérites, vint à de grands grades, pour avoir bien servy ses roys et maistres.

—J'ay ouy parler aussi d'un grand en Italie qui tua aussi sa femme, n'ayant pu atrapper son galant pour s'estre sauvé en France: mais on disoit qu'il ne la tua point tant pour le péché (car il y avoit assez de temps qu'il sçavoit qu'elle faisoit l'amour, et n'en faisoit point autre mine) que pour espouser une autre dame dont il estoit amoureux.

—Voyla pourquoy il fait fort dangereux d'assaillir et attaquer un c.. armé, encore qu'il y en ait d'assaillis aussi bien et autant que des désarmez, voire vaincus, comme j'en sçay un qui estoit aussi bien armé qu'en tout le monde. Il y eut un gentilhomme, brave et vaillant certes, qui le voulut muguetter; encore ne s'en contentoit-il pas, il s'en voulut prévaloir et publier: il ne dura guières qu'il ne fust aussi-tost tué par gens appostez, sans autrement faire scandale, ny sans que la dame eu patist, qui demeura longuement pourtant en tremble et aux alertes, d'autant qu'estant grosse, et se fiant qu'après ses couches, qu'elle eust voulu estre allongées d'un siècle, elle auroit autant; mais le mary, bon et miséricordieux, encore qu'il fust des meilleures espées du monde, luy pardonna, et n'en fut jamais autre chose, et non sans grande allarme de plusieurs autres des serviteurs qu'elle avoit eus; car l'autre paya pour tous. Aussi la dame, recognoissant le bienfait et la grace d'un tel mary, ne luy donna jamais que peu de soupçon depuis, car elle fut des assez sages et vertueuses d'alors.

—Il arriva tout autrement un de ces ans au royaume de Naples, à donne Marie d'Avalos, l'une des belles princesses du pays, mariée avec le prince de Venouse, laquelle s'estant enamourachée du comte d'Andriane, l'un des beaux princes du pays aussi, et s'estans tous deux concertez à la joüissance (et le mary l'ayant descouverte par le moyen que je dirois, mais le conte en seroit trop long), voire couchez ensemble dans le lict, les fit tous deux massacrer par gens appostez; si que le lendemain on trouva ces deux belles créatures et moitiés exposées étenduës sur le pavé devant la porte de la maison, toutes mortes et froides, à la veue de tous les passants, qui les larmoyoient et plaignoient de leur misérable estat. Il y eut des parents de ladite dame morte qui en furent très-dolents et très-estomacqués, jusques à s'en vouloir ressentir par la mort et le meurtre, ainsi que la loy du pays le porte, mais d'autant qu'elle avoit esté tuée par des marauts de valets et esclaves qui ne méritoient d'avoir leurs mains teintes d'un si beau et si noble sang, et sur ce seul sujet s'en vouloient ressentir et rechercher le mary, fust par justice ou autrement, et non s'il eust fait le coup luy-mesme de sa propre main; car n'en fust esté autre chose, ny recherché.

Voyla une sotte et bizarre opinion et formalisation, dont je m'en rapporte à nos grands discoureurs et bons jurisconsultes, pour sçavoir quel acte est plus énorme, de tuer sa femme de sa propre main qui l'a tant aimé, ou de celle d'un maraut esclave. Il y a force raisons à déduire là-dessus, dont je me passeray de les alleguer, craignant qu'elles soyent trop foibles au prix de celles de ces grands.

J'ay ouy conter que le viceroy, en sçachant la conjuration, en advertit l'amant, voire l'amante; mais telle estoit leur destinée, qui se devoit ainsi finer par si belles amours.

Cette dame estoit fille de dom Carlo d'Avalos, second frère du marquis de Pescayre, auquel, si on eust fait un pareil tour en aucunes de ses amours que je sçay, il y a long-temps qu'il fust esté mort.

—J'ay cogneu un mary, lequel, venant de dehors, et ayant esté long-temps qu'il n'avoit couché avec sa femme, vint résolu et bien joyeux pour le faire avec elle et s'en donner bon plaisir; mais arrivant de nuit, il entendit par le petit espion qu'elle estoit accompagnée de son amy dans le lict: luy aussi-tost mit la main à l'espée, et frappant à la porte, et estant ouverte, vint résolu pour la tuer; mais premièrement cherchant le gallant qui avoit sauté par la fenestre, vint à elle pour la tuer; mais, par cas, elle s'estoit cette fois si bien atifée, si bien parée pour sa coiffure de nuit, et de sa belle chemise blanche, et si bien ornée (pensez qu'elle s'estoit ainsi dorlotée pour mieux plaire à son amy), qu'il ne l'avoit jamais trouvée ainsi bien accommodée pour luy ny à son gré, qu'elle se jettant en chemise à terre et à ses genoux, luy demandant pardon par si belles et douces paroles qu'elle dit, comme de vray elle sçavoit très-bien dire, que, la faisant relever, et la trouvant si belle et de bonne grâce, le cœur lui fléchit, et laissant tomber son espée, luy, qui n'avoit fait rien il y avoit si long-temps, et qui en estoit affamé (dont possible bien en prit à la dame, et que la nature l'émouvoit), il luy pardonna et la prit et l'embrassa, et la remit au lict, et se deshabillant soudain, se coucha avec elle, referma la porte; et la femme le contenta si bien par ses doux attraits et mignardises (pensez qu'elle n'y oublia rien), qu'enfin le lendemain on les trouva meilleurs amis qu'auparavant, et jamais ne se firent tant de caresses: comme fit Ménélaüs, le pauvre cocu, lequel l'espace de dix ou douze ans menassant sa femme Heleine qu'il la tueroit s'il la tenoit jamais, et mesme luy disoit du bas de la muraille en haut; mais, Troyë prise, et elle tombée entre ses mains, il fut si ravy de sa beauté qu'il luy pardonna tout, et l'ayma et caressa mieux que jamais. Tels marys furieux encor sont bons, qui de lions tournent ainsi en papillons; mais il est mal aisé à faire une telle rencontre que celle-cy.

—Une grande, belle et jeune dame du regne du roy François I, mariée avec un grand seigneur de France, et d'aussi grande maison qui y soit point, se sauva bien autrement, et mieux que la precedente; car, fust ou qu'elle eust donné quelque sujet d'amour à son mary, ou qu'il fust surpris d'un ombrage ou d'une rage soudaine, et fust venu à elle l'espée nuë à la main pour la tuer, desesperant de tout secours humain pour s'en sauver, s'advisa soudain de se voüer à la glorieuse Vierge Marie, et en aller accomplir son vœu à sa chapelle de Lorette, si elle la sauvoit, à Sainct Jean de Mauverets, au païs d'Anjou. Et sitost qu'elle eut fait ce vœu mentalement, ledit seigneur tumba par terre, et luy faillit son espée du poing; puis tantost se releva, et, comme venant d'un songe, demanda à sa femme à quel sainct elle s'estoit recommandée pour éviter ce péril. Elle luy dit que c'estoit à la Vierge Marie, en sa chapelle susdite, et avoit promis d'en visiter le saint lieu. Lors il luy dit: «Allez y donc, et accomplissez votre vœu;» ce qu'elle fit, et y appendit un tableau contenant l'histoire, ensemble plusieurs beaux et grands vœux de cire, à ce jadis accoustumez, qui s'y sont veus long-temps après. Voyla un bon vœu, et belle escapade inopinée. Voyez la cronique d'Anjou.

—J'ay ouy parler que le roy François une fois voulut aller coucher avec une dame de sa Cour qu'il aymoit. Il trouva son mary l'espée au poing pour l'aller tuer; mais le Roy lui porta la sienne à la gorge, et luy commanda, sur sa vie, de ne luy faire aucun mal, et que s'il luy faisoit la moindre chose du monde, qu'il le tueroit, ou qu'il luy feroit trancher la teste; et pour ceste nuict l'envoya dehors, et prit sa place. Cette dame estoit bien heureuse d'avoir trouvé un si bon champion et protecteur de son c..; car oncques depuis le mary ne luy osa sonner mot, ains luy laissa du tout faire à sa guise. J'ai ouy dire que non seulement cette dame, mais plusieurs autres, obtindrent pareille sauve garde du Roy. Comme plusieurs font en guerre pour sauver leurs terres et y mettent les armoiries du Roy sur leurs portes, comme font ces femmes, celles de ces grands roys, au bord et au dedans de leur c.., si bien que leurs marys ne leur osoient dire mot, qui, sans cela, les eussent passez au fil de l'espée.

—J'en ay cogneu d'autres dames, favorisées ainsi des roys et des grands, qui portoyent ainsi leurs passeports partout: toutefois, si en avoit-il aucunes qui passoyent le pas, auxquelles leurs marys, n'osant y apporter le couteau, s'aydoient des poisons et morts cachées et secrettes, faisant accroire que c'estoyent catherres, apoplexie et mort subite: et tels marys sont détestables, de voir à leurs costez coucher leurs belles femmes, languir et tirer à la mort de jour en jour et méritent mieux la mort que leurs femmes; ou bien les font mourir entre deux murailles, en chartre perpétuelle, comme nous en avons aucunes croniques anciennes de France et j'en ai oceu un grand de France, qui fit ainsi mourir sa femme, qui estoit une fort belle et honneste dame, et ce par arrest de la cour, prenant son petit plaisir par cette voye à se faire déclarer cocu. De ces forcenez et furieux maris de cocus sont volontiers les vieillards, lesquels se deffiant de leurs forces et chaleurs, et s'asseurant de celles de leurs femmes, mesme quand ils ont esté si sots de les espouser jeunes et belles, ils en sont si jaloux et si ombrageux, tant par leur naturel que leurs vieilles pratiques, qu'ils ont traittées eux-mêmes autrefois ou veu traicter à d'autres, qu'ils meinent si misérablement ces pauvres créatures, que leur purgatoire leur seroit plus doux que non pas leur autorité. L'Espagnol dit: *El diabolo sabe mucho, porque es viejo*, c'est-à-dire que «le diable sçait beaucoup parce qu'il est vieux:» de mesmes ces vieillards, par leur aage et anciennes routines, sçavent force choses. Si sont ils grandement à blasmer de ce poinct, que, puisqu'ils ne peuvent contenter les femmes, pourquoi les vont-ils épouser? et les femmes aussi belles et jeunes ont grand tort de les aller espouser, sous l'ombre des biens, en pensant joüir après leur mort, qu'elles attendent d'heure à autre; et cependant se donnent du bon temps avec des amis jeunes qu'elles font, dont aucunes d'elles en patissent griefvement.

—J'ai ouy parler d'une, laquelle estant surprise sur le fait, son mari, vieillard, luy donna une poison de laquelle elle languit plus d'un an et vint seiche comme bois; et le mary l'alloit voir souvent, et se plaisoit en cette langueur, et en rioit, et disoit qu'elle n'avoit que ce qu'il luy falloit.

—Une autre, son mary l'enferma dans une chambre et la mit au pain et à l'eau, et bien souvent la faisoit despouiller toute nue et la fouettoit son saoul, n'ayant compassion de cette belle charnure nue, ni non plus d'émotion. Voyla le pis d'eux, car, estant dégarnis de chaleur et dépourveus de tentation comme une statue de marbre, n'ont pitié de nulle beauté, et passent leurs rages par de cruels martyres, au lieu qu'estans jeunes la passeroyent possible sur leur beau corps nud, comme j'ay dit cy devant. Voyla pourquoi il ne fait pas bon d'espouser de tels vieillards bizarres, car, encor que la veue leur baisse et vienne à manquer par l'aage, si en ont ils toujours prou pour espier et voir les frasques que leurs jeunes femmes leur peuvent faire.

—Aussy j'ay ouy parler d'une grande dame qui disoit que nul samedy fut sans soleil, nulle belle femme sans amours, et nul vieillard sans être jaloux; et tout procede pour la débolezze de ses forces. C'est pourquoy un grand prince que je sçay disoit qu'il voudroit ressembler le lion, qui, pour vieillir, ne blanchit jamais; le singe, qui tant plus il le fait tant plus il le veut faire; le chien tant plus il vieillit son cas se grossit; et le cerf, que tant plus il est vieux tant mieux il le fait, et les biches vont plustôt à luy qu'aux jeunes. Or, pour en parler franchement, ainsi que j'ay ouy dire à un grand personnage, quelle raison y a-t-il, ni quelle puissance a-t-il le mary si grande, qu'il doive et puisse tuer sa femme, veu qu'il ne l'a point de Dieu, ny de sa loy, ny de son saint Evangile, sinon de la répudier seulement? Il ne s'y parle point de meurtre, de sang, de mort, de tourments, de poison, de prisons ni de cruautez. Ah! que nostre Seigneur Jésus-Christ nous a bien remonstré qu'il y avoit de grands abus en ces façons de faire et en ces meurtres, et qu'il ne les approuvoit guières, lorsqu'on luy amena cette pauvre femme accusée d'adultere pour jeter sa sentence de punition; il leur dit en escrivant en terre de son doigt: «Celui de vous autres qui sera le plus net et le plus simple, qu'il prenne la premiere pierre et commence à la lapider;» ce que nul n'osa faire, se sentans atteints par telle sage et douce répréhension. Nostre Créateur nous apprenoit à tous de n'estre si légers à condamner et faire mourir les personnes, mesmes sur ce sujet, cognoissant les fragilitez de nostre nature et l'abus que plusieurs y commettent; car tel fait mourir sa femme qui est plus adultere qu'elle, et tels les font mourir bien souvent innocentes, se faschans d'elles pour en prendre d'autres nouvelles, et combien y en a-t-il! Sainct Augustin dit que l'homme adultere est aussi punissable que la femme.

—J'ay ouy parler d'un très-grand prince de par le monde, qui, soubçonnant sa femme faire l'amour avec un galant cavallier, il le fit assassiner sortant un soir de son palais, et puis la dame, laquelle, un peu auparavant à un tournoy qui se fit à la Cour, et elle fixement arregardant son serviteur qui manioit bien son cheval, se mit à dire: «Mon Dieu! qu'un tel pique bien!— Oüy, mais il pique trop haut;» ce qui l'estonna, et après fut empoisonnée par quelques parfums ou autrement par la bouche.

—J'ay cogneu un seigneur de bonne maison qui fit mourir sa femme, qui estoit très-belle et de bonne part et de bon lieu, en l'empoisonnant par sa nature, sans s'en ressentir, tant subtile et bien faite avoit esté icelle poison, pour espouser une grande dame qui avoit espousé un prince, dont en fut en peine, en prison et en danger sans ses amis: et le malheur voulut qu'il ne l'espousa pas, et en fut trompé et fort scandalisé, et mal veu des hommes et des dames. J'ai veu de grands personnages blasmer grandement nos roys anciens, comme Louis Hutin et Charles le Bel, pour avoir fait mourir leurs femmes: l'une, Marguerite, fille de Robert, duc de Bourgogne; et l'autre, Blanche, fille d'Othelin, comte de Bourgogne: leur mettant à sus leurs adulteres; et les firent mourir cruellement entre quatre murailles, au Chasteau Gaillard: et le comte de Foix en fit de mesme à Jeanne d'Artoys. Surquoy il n'y avoit point tant de forfaits et de crimes comme ils le faisoient à croire; mais messieurs se faschoient de leurs femmes, et leur mettoient à sus ces belles besognes, et en espousèrent d'autres.

—Comme de frais, le roy Henry d'Angleterre fit mourir sa femme Anne de Boulan, et la décapiter, pour en espouser une autre, ainsi qu'il estoit fort sujet au sang et au change de nouvelles femmes. Ne vaudroit-il pas mieux qu'ils les répudiassent selon la parole de Dieu, que les faire ainsi cruellement mourir? Mais il leur en faut de la viande fraîche à ces messieurs, qui veulent tenir table à part, sans y convier personne, ou avoir nouvelles et secondes femmes qui leur apportent des biens après qu'ils ont mangé ceux de leurs premières, ou n'en ont eu assez pour les rassasier, ainsi que fit Baudoüin, second roi de Jerusalem, qui, faisant croire à sa première femme qu'elle avoit paillardé, la répudia pour prendre une fille du duc de Maliterne[5], parce qu'elle avoit une dot d'une grande somme d'argent, dont il estoit fort nécessiteux. Cela se trouve en l'histoire de la Terre Sainte. Il leur sied bien de corriger la loy de Dieu, et en faire une nouvelle, pour faire mourir ces pauvres femmes!

—Le roy Loüis le Jeune n'en fit pas de mesme à l'endroit de Léonor, duchesse d'Aquitaine, qui, soupçonnée d'adultere, possible à faux, en son voyage de Syrie, fut répudiée de luy seulement, sans vouloir user de la loy des autres, inventée et pratiquée plus par autorité que de droit et raison: dont sur ce il en acquist plus grande réputation que les autres roys, et titre de bon, et les autres de mauvais, cruels et tyrans; aussi que dans son ame il avoit quelques remords de conscience d'ailleurs: et c'est vivre en chrestien cela, voire que les payens romains la pluspart s'en sont acquittés de mesme plus chrestiennement que payennement, et principalement aucuns empereurs, desquels la plus grande part ont esté sujets à estre cocus, et leurs femmes très-lubriques et fort putains: et, tels cruels qu'ils ont esté, vous en lirez force qui se sont défaits de leurs femmes, plus par répudiations que par tueries de nous autres Chrestiens.

—Jules César ne fit autre mal a sa femme Pompeïa, sinon la répudier, laquelle avoit esté adultere de Publius Claudius, beau gentilhomme romain, de laquelle estant éperdument amoureux, et elle de luy, espia l'occasion qu'un jour elle faisoit un sacrifice en sa maison où il n'y entroit que des dames; il s'habilla en garce, luy qui n'avoit encore point de barbe au menton, qui se meslant de chanter et de joüer des instruments, et par ainsi passant par cette monstre, eut loisir de faire avec sa maistresse ce qu'il voulut; mais estant recogneu, il fut chassé et accusé; et par moyen d'argent et de faveur il fut absous, et n'en fut autre chose. Cicéron y perdit son latin par une belle oraison qu'il fit contre lui. Il est vrai que César, voulant faire à croire au monde qui luy persuadoit sa femme innocente, il respondit qu'il ne vouloit pas que seulement son lict fust taché de ce crime, mais exempt de toute suspition. Cela estoit bon pour en abbreuver ainsi le monde; mais, dans son ame, il sçavoit bien que vouloit dire cela, sa femme avoit esté ainsi trouvée avec son amant; si que possible luy avoit-elle donné cette assignation et cette commodité; car, en cela, quand la femme veut et désire, il ne faut point que l'amant se soucie d'excogiter des commoditez, car elle en trouvera plus en une heure que tous nous autres sçaurions faire en cent ans, ainsi que dit une dame de par le monde, que je sçay, qui dit à son amant: «Trouvez moyen seulement de m'en faire venir l'envie, car d'ailleurs, j'en trouveray prou pour en venir là.» César aussi sçavoit bien combien vaut l'aune de ces choses-là, car il estoit un fort grand ruffian, et l'appeloit-on le coq à toutes poules, et en fit force cocus en sa ville, tesmoing le sobriquet que luy donnoient ses soldats à son triomphe: *Romani, servate uxores, mœchum adducimus calvum*, c'est-à-dire, «Romains, serrez bien vos femmes, car nous vous amenons ce grand paillard et adultere de César le chauve, qui vous les repassera toutes.» Voilà donc comme César, par cette sage response qu'il fit ainsi de sa femme, il s'exempta de porter le nom de cocu qu'il faisoit porter aux autres; mais, dans son ame, il se sentoit bien touché.

—Octavie César répudia aussi Scribonia pour l'amour de sa paillardise sans autre chose, et ne luy fit autre mal, bien qu'elle eust raison de le faire cocu, à cause d'une infinité de dames qu'il entretenoit; et devant leurs marys publiquement les prenoit à table aux festins qu'il leur faisoit, et les emmenoit en sa chambre, et, après en avoir fait, les renvoyoit, les cheveux défaits un peu et destortillez, avec les oreilles rouges: grand signe qu'elles en venoient, lequel je n'avois ouy dire propre pour descouvrir que l'on en vient; ouy bien le visage, mais non l'oreille. Aussi luy donna-t-on la réputation d'estre fort paillard; mesmes Marc-Antoine le luy reprocha: mais il s'excusoit qu'il n'entretenoit point tant les dames pour la paillardise, que pour descouvrir plus facilement les secrets de leurs marys, desquels il se mesfioit. J'ai cogneu plusieurs grands et autres, qui en ont fait de mesme et ont recherché les dames pour ce mesme sujet, dont s'en sont bien trouvez; j'en nommerois bien aucuns: ce qui est une bonne finesse, car il en sort double plaisir. La conjuration de Catilina fut ainsi descouverte par une dame de joye.

—Ce mesme Octavie, à sa fille Julia, femme d'Agrippa, pour avoir esté une très-grande putain, et qui luy faisoit grande honte (car quelques-fois les filles font à leurs peres plus de deshonneur que les femmes ne font à leurs marys), fut une fois en délibération de la faire mourir; mais il ne la fit que bannir, luy oster le vin et l'usage des beaux habillements, et d'user des parures, pour très-grande punition, et la fréquentation des hommes: grande punition pourtant pour les femmes de cette condition, de les priver de ces deux derniers points!

—César Caligula, qui estoit un fort cruel tyran, ayant eu opinion que sa femme Livia Hostilia lui avoit dérobé quelques coups en robe, et donné à son premier mary C. Piso, duquel il l'avoit ostée par force, et à luy encore vivant, luy faisoit quelque plaisir et gracieuseté de son gentil corps cependant qu'il estoit absent en quelque voyage, n'usa point en son endroit de sa cruauté accoustumée, ains la bannit de soy seulement, au bout de deux ans qu'il l'eust ostée à son mary Piso et espousée. Il en fit de mesme à Tullia Paulina, qu'il avoit ostée à son mary C. Memmius: il ne la fit que chasser, mais avec défense expresse de n'user nullement de ce mestier doux, non pas seulement à son mary: rigueur cruelle pourtant de n'en donner à son mary! J'ay ouy parler d'un grand prince chrestien qui fit cette défense à une dame qu'il entretenoit, et à son mary de n'y toucher, tant il estoit jaloux.

Claudius, fils de Drusus Germanicus, répudia tant seulement sa femme Plantia Herculalina, pour avoir esté une signalée putain, et, qui pis est, pour avoir entendu qu'elle avoit atenté sur sa vie; et, tout cruel qu'il estoit, encor que ces deux raisons fussent assez bastantes pour la faire mourir, il se contenta du divorce. Davantage, combien de temps porta-t-il les fredaines et sales bourdelleries de Valeria Messalina, son autre femme, laquelle ne se contentoit pas de le faire avec l'un et l'autre, dissolument et indiscrètement, mais faisoit profession d'aller aux bourdeaux s'en faire donner, comme la plus grande bagasse de la ville, jusques-là, comme dit Juvenal, qu'ainsi que son mary estoit couché avec elle, se déroboit tout bellement d'auprès de luy le voyant bien endormy et se déguisoit le mieux qu'elle pouvoit, et s'en alloit en plein bourdeau, et là s'en faisoit donner si très-tant, et jusques qu'elle en partoit plustost lasse que saoule et rassasiée, et faisoit encore pis: pour mieux se satisfaire et avoir cette réputation et contentement en soy d'estre une grande putain et bagasse, se faisoit payer, et taxoit ses coups et ses chevauchées, comme un commissaire qui va par pays jusqu'à la dernière maille.

—J'ay ouy parler d'une dame de par le monde, d'assez chère étoffe, qui quelque temps fit cette vie, et alla ainsi aux bourdeaux déguisée, pour en essayer la vie et s'en faire donner; si que le guet de la ville, en faisant la ronde, l'y surprit une nuict. Il y en a d'autres qui font ces coups, que l'on sçait bien.

Bocace, en son livre des *Illustres Malheureux*, parle de cette Messaline gentiment, et la fait alléguant ses excuses en cela, d'autant qu'elle estoit du tout née à cela, si que le jour qu'elle naquist ce fut en certains signes du ciel qui l'embraserent et elle et autres. Son mary le sçavoit, et l'endura long-temps, jusques à ce qu'il sceut qu'elle s'estoit mariée sous bourre avec un Caïus Silius, l'un des beaux gentilshommes de Rome. Voyant que c'estoit une assignation sur sa vie, la fit mourir sur ce sujet, mais nullement pour sa paillardise, car il y estoit tout accoustumé à la voir, la sçavoir et l'endurer. Qui a veu la statue de ladite Messaline trouvée ces jours passez en la ville de Bourdeaux, advouera qu'elle avoit bien la vraye mine de faire une telle vie. C'est une médaille antique, trouvée parmy aucunes ruines, qui est très-belle, et digne de la garder pour la voir et bien contempler. C'estoit une fort grande femme, de très-belle haute taille, les beaux traits de son visage, et sa coeffure tant gentille à l'antique romaine, et sa taille très-haute, démonstrant bien qu'elle estoit ce qu'on a dit: car, à ce que je tiens de plusieurs philosophes, médecins et physionomistes, les grandes femmes sont à cela volontiers inclinées, d'autant qu'elles sont hommasses; et, estant ainsi, participent des chaleurs de l'homme et de la femme; et, jointes ensemble en un seul corps et sujet, sont plus violentes et ont plus de force qu'une seule; aussi qu'à un grand navire, dit-on, il faut une grande eau pour le soutenir. Davantage, à ce que disent les grands docteurs en l'art de Vénus, une grande femme y est plus propre et plus gente qu'une petite. Sur quoi il me souvient d'un très-grand prince que j'ai cogneu: voulant loüer une femme de laquelle il avoit eu joüissance, il dit ces mots: «C'est une très-belle putain, grande comme madame ma mere.» Dont ayant esté surpris sur la promptitude de sa parole, il dit qu'il ne vouloit pas dire qu'elle fust une grande putain comme madame sa mere, mais qu'elle fust de la taille et grande comme madame sa mere.

—Quelquesfois on dit des choses qu'on ne pense pas dire, quelquesfois aussi sans y penser l'on dit bien la vérité. Voilà donc comme il fait meilleur avec les grandes et hautes femmes, quand ce ne seroit que pour la belle grace, la majesté qui est en elles; car, en ces choses, elle y est aussi requise et autant aimable qu'en d'autres actions et exercices, ny plus ny moins que le manège d'un beau et grand coursier du règne est bien cent fois plus agréable et plaisant que d'un petit bidet, et donne bien plus de plaisir à son escuyer; mais aussi il faut bien que cet escuyer soit bon et se tienne bien, et monstre bien plus de force et d'adresse: de mesme se faut-il porter à l'endroit des grandes et hautes femmes; car, de cette taille, elles sont sujettes d'aller d'un air plus haut que les autres, et bien souvent font perdre l'estrier, voire l'arçon, si l'on n'a bonne tenuë, comme j'ay ouy conter à aucuns cavalcadours qui les ont montées; et lesquelles font gloire et grand mocquerie quand elles les font sauter et tomber tout à plat: ainsi que j'en ay ouy parler d'une de cette ville, laquelle, la première fois que son serviteur coucha avec elle, luy dit franchement: «Embrassez-moy bien, et me liez à vous de bras et de jambes le mieux que vous pourrez, et tenez-vous bien hardiment, car je vays haut, et gardez bien de tomber. Aussi, d'un costé, ne m'espargnez pas; je suis assez forte et habile pour soutenir vos coups, tant rudes soient ils; et si vous m'espargnez je ne vous espargneray point. C'est pourquoy à beau jeu beau retour.» Mais la femme le gaigna. Voilà donc comme il faut bien adviser à se gouverner avec telles femmes hardies, joyeuses, renforcées, charnuës et proportionnées; et, bien que la chaleur surabondante en elles donne beaucoup de contentement, quelquesfois aussi sont-elles trop pressantes pour estre si chaleureuses. Toutesfois, comme l'on dit, de toutes tailles bons levriers: aussi y a-t-il de petites femmes nabottes qui ont le geste, la grace, la façon en ces choses un peu approchante des autres, ou les veulent imiter, et si sont aussi chaudes et aspres à la curée, voire plus: je m'en rapporte aux maistres en ces arts. Ainsi qu'un petit cheval se remue aussi prestement qu'un grand, et, comme disoit un honneste homme, que la femme ressembloit à plusieurs animaux, et principalement à un singe, quand dans le lict elle ne fait que se mouvoir et remuer. J'ay fait cette digression; en me souvenant il faut retourner à nostre premier texte.

—Et ce cruel Néron ne fit aussi que répudier sa femme Octavia, fille de Claudius et Messalina, pour adultère, et sa cruauté s'abstint jusques-là.

—Domitian fit encore mieux, lequel répudia sa femme Domitia Longina parce qu'elle estoit si amoureuse d'un certain comédien et basteleur nommé Pâris, et ne faisoit tout le jour que paillarder avec luy, sans tenir compagnie à son mary; mais, au bout de peu de temps, il la reprit encore et se repentit de sa séparation; pensez que ce basteleur luy avoit appris des tours de souplesse et de maniement dont il croyoit qu'il se trouveroit bien.

—Pertinax en fit de mesme à sa femme Flavia Sulpitiana, non qu'il la répudiast ni qu'il la reprist, mais la sachant faire l'amour à un chantre et joueur d'instruments, et s'adonner du tout à luy, n'en fit autre compte sinon la laisser faire, et luy faire l'amour de son costé à une Cornificia estant sa cousine germaine; suivant en cel a l'opinion d'Eliogabale, qui disoit qu'il n'y avoit rien au monde plus beau que la conversation de ses parents et parentes. Il y en a force qui ont fait tels eschanges que je sçay, se fondans sur ces opinions.

—Aussi l'empereur Severus non plus se soucia de l'honneur de sa femme, laquelle estoit putain publique, sans qu'il se souciast jamais de l'en corriger, disant qu'elle se nommoit Jullia, et, pour ce, qu'il la falloit excuser, d'autant que toutes celles qui portoient ce nom de toute ancienneté estoient sujettes d'estre très-grandes putains et faire leurs marys cocus: ainsi que je connois beaucoup de dames portans certains noms de notre christianisme, que je ne veux dire pour la révérence que je dois à nostre saincte religion, qui sont coustumièrement sujettes à estre puttes et à hausser le devant plus que d'autres portans autres noms, et n'en a-t-on veu guères qui s'en soient eschappées.

Or je n'aurois jamais fait si je voulois alléguer une infinité d'autres grandes dames et emperieres romaines de jadis, à l'endroict desquelles leurs marys cocus, et très-cruels, n'ont usé de leurs cruautez, autoritez et privileges, encore qu'elles fussent très-débordées; et croy qu'il y en a peu de prudes de ce vieux temps, comme la description de leur vie le manifeste: mesmes, que l'on regarde bien leurs effigies et médailles antiques, on y verra tout à plain, dans leur beau visage, la mesme lubricité toute gravée et peinte; et pourtant leurs marys cruels la leur pardonnoient, et ne les faisoient mourir, au moins aucuns: et qu'il faille qu'eux payens, ne connaissans Dieu, ayent esté si doux et benings à l'endroit de leurs femmes et du genre humain, et la pluspart de nos roys, princes, seigneurs et autres chrestiens, soyent si cruels envers elles par un tel forfait!

—Encore faut-il loüer ce brave Philippe Auguste, nostre roy de France, lequel, ayant répudié sa femme Angerberge, sœur de Canut, roy de Danemarck, qui estoit sa seconde femme, sous prétexte qu'elle estoit sa cousine en troisiesme degré du costé de sa premiere femme Isabel (autres disent qu'il la soubçonnoit de faire l'amour), néantmoins ce roy, forcé par censures ecclésiastiques, quoy qu'il fust remarié d'ailleurs, la reprit, et l'emmena derrière luy tout à cheval, sans le sceu de l'assemblée de Soissons faite pour cet effet, et trop séjournant pour en décider. Aujourd'huy aucun de nos grands n'en font de mesmes; mais la moindre punition qu'ils font à leurs femmes, c'est les mettre en chartre perpétuelle, au pain et à l'eau, et là les faire mourir, les empoisonnent, les tuent, soit de leur main ou de la justice. Et s'ils ont tant d'envie de s'en défaire et espouser d'autres, comme cela advient souvent, que ne les répudient-ils, et s'en separent honnestement, sans autre mal, et demandent puissance au pape d'en espouser une autre, encor que ce qui est conjoint l'homme ne le doit séparer? Toutesfois, nous en avons eu des exemples de frais, et du roy Charles huit et de Loüis douze, nos roys; sur quoy j'ay ouy discourir un grand théologien, et c'estoit sur le feu roy d'Espagne Philippe, qui avoit espousé sa niepce, mère du roy d'aujourd'huy, et ce par dispense, qui disoit: «Ou du tout il faut advoüer le Pape pour lieutenant général de Dieu en terre, et absolu, ou non: s'il l'est, comme nous autres catholiques le devons croire, il faut du tout confesser sa puissance bien absolue et infinie en terre, et sans bornes, et qu'il peut noüer et desnoüer comme il luy plaist; mais, si nous ne le tenons tel, je le quitte pour ceux qui sont en telle erreur, non pour les bons catholiques, et par ainsi nostre Pere sainct peut remédier à ces dissolutions de mariages, et à de grands inconvéniens qui arrivent pour cela entre le mary et la femme, quand ils font tels mauvais ménages.» Certainement les femmes sont fort blasmables de traitter ainsi leurs marys par leur foy violée, que Dieu leur a tant recommandée mais pourtant de l'autre costé, il a bien défendu le meurtre, et lui est grandement odieux de quelque costé que ce soit: et jamais guieres n'ay-je veu gens sanguinaires et meurtriers, mesmes de leurs femmes, qui n'en ayent payé le debte, et peu de gens aimant le sang ont bien finy; car plusieurs femmes pécheresses ont obtenu et gaigné miséricorde de Dieu, comme la Madelaine. Enfin, ces pauvres femmes sont créatures plus ressemblantes à la

Divinité que nous autres à cause de leur beauté; car ce qui est beau est plus approchant de Dieu qui est tout beau, que le laid qui appartient au diable.

—Ce grand Alphonse, roy de Naples, disoit que la beauté estoit une vraye signifiance de bonnes et douces mœurs, ainsi comme est la belle fleur d'un bon et beau fruit: comme de vray, en ma vie j'ay veu force belles femmes toutes bonnes; et, bien qu'elles fissent l'amour, ne faisoyent point de mal, ny autre qu'à songer à ce plaisir, et y mettoyent tout leur soucy sans l'applicquer ailleurs. D'autres aussi en ay-je veu très-mauvaises, pernicieuses, dangereuses, crueles et fort malicieuses, nonobstant songer à l'amour et au mal tout ensemble. Sera t-il doncques dit qu'estant ainsi sujettes à l'humeur vollage et ombrageuse de leurs marys, qui méritent plus de punition cent fois envers Dieu, qu'elles soient ainsi punies? Or de telles gens la complexion est autant fascheuse comme est la peine d'en escrire.

—J'en parle maintenant encore d'un autre, qui estoit un seigneur de Dalmatie, lequel ayant tué le paillard de sa femme, la contraignit de coucher ordinairement avec son tronc mort, charogneux et puant; de telle sorte que la pauvre femme fut suffoquée de la mauvaise senteur qu'elle endura par plusieurs jours.

—Vous avez, dans les *Cent Nouvelles de la Reyne de Navarre*, la plus belle et triste histoire que l'on sçauroit voir pour ce sujet, de cette belle dame d'Allemagne que son mary contraignoit à boire ordinairement dans le test de la teste de son amy qu'il y avoit tué; dont le seigneur Bernage, lors ambassadeur en ce pays pour le roy Charles huictiesme, en vit le pitoyable spectacle, et en fit l'accord.

—La première fois que je fus jamais en Italie, passant par Venise, il me fut fait un compte pour vray d'un certain chevalier albanais, lequel, ayant surpris sa femme en adultère, tua l'amoureux, et de despit qu'il eut que sa femme ne s'estoit contentée de luy; car il estoit un gallant cavallier, et des propres pour Vénus, jusques à entrer en jouxte dix ou douze fois pour une nuict: pour punition il fut curieux de rechercher par-tout une douzaine de bons compagnons, et fort ribauts, qui avoient la réputation d'estre bien et grandement proportionnez de leurs membres, et fort adroits et chauds à l'exécution; et les prit, les gagea, et loua pour argent, et les serra dans la chambre de sa femme, qui estoit très-belle, et la leur abandonna, les priant tous d'y faire bien leur devoir, avec double paye s'ils s'en acquittoient bien: et se mirent tous après elle, les uns après les autres, et la menèrent de telle façon qu'ils la rendirent morte, avec un très-grand contentement du mary; à laquelle il luy reprocha, tendante à la mort, que, puis qu'elle avoit tant aymé cette douce liqueur, qu'elle s'en saoulast, à mode que dit Sémiramis[6] à Cyrus, luy mettant sa teste dans un vase plein de sang. Voila un terrible genre de mort! Cette pauvre dame ne fust ainsi morte, si elle eust esté de la robuste complexion d'une garce qui fut au camp de César en la Gaule, sur laquelle on dit que deux légions passèrent par dessus en peu de temps, et au partir de là fit la gambade, ne s'en trouvant point mal.

—J'ai ouy parler d'une dame françoise de ville, et damoiselle, et belle: en nos guerres civiles ayant esté forcée, dans une ville prise d'assaut, par une infinité de soldats, et, en estant échappée, elle demanda à un beau père si elle avoit péché grandement: après luy avoir conté son histoire, il lui dit que non, puisqu'elle avoit ainsi été prise par force, et violée sans sa volonté, mais y répugnant du tout. Elle répondit: «Dieu donc soit loüé, que je m'en suis une fois en ma vie saoulée sans pécher ni offenser Dieu!»

—Une dame de bonne part, au massacre de la Sainct-Barthélemy, ayant été ainsi forcée, et son mary mort, elle demanda à un homme de sçavoir et de conscience si elle avoit offensé Dieu, et si elle n'en seroit point punie de sa rigueur, et si elle n'avoit point fait tort aux manes de son mary qui ne venoit que d'estre frais tué. Il lui respondit que, quand elle estoit en cette besogne, si elle y avoit pris plaisir, certainement elle avoit péché; mais si elle y avoit eu du dégoust, c'étoit tout un. Voila une bonne sentence!

—J'ay bien cogneu une dame qui estoit différente de cette opinion, qui disoit qu'il n'y avoit si grand plaisir en cette affaire que quand elle estoit à demy forcée et abattue, et mesme d'un grand, d'autant que, tant plus on fait de la rebelle et de la refusante, d'autant plus on y prend d'ardeur et s'efforce-t-on: car, ayant une fois faussé sa breche, il jouit de sa victoire plus furieusement et rudement, et d'autant plus on donne d'appetit à sa dame, qui contrefait pour tel plaisir la demi-morte et pasmée, comme il semble, mais c'est de l'extrême plaisir qu'elle y prend: mesme ce disoit cette dame, que bien souvent elle donnoit de ces venues et alteres à son mary, et faisoit de la farouche, de la bizarre et desdaigneuse, le mettant plus en rut; et, quand il venoit là, luy et elle s'en trouvoient cent fois mieux: car, comme plusieurs ont escrit, une dame plaist plus qui fait un peu de la difficile et resiste, que quand elle se laisse sitost porter par terre. Aussi en guerre, une victoire obtenue de force est plus signalée, plus ardente et plaisante, que par la gratuité, et en triomphe-t-il mieux. Mais aussi ne faut que la dame fasse tant en cela la revesche ny terrible, car on la tiendroit plustost pour une putain rusée qui voudroit faire de la prude, dont bien souvent elle seroit escandalisée; ainsi que j'ay ouy dire à des plus savantes et habiles en ce fait, auxquelles je m'en rapporte, ne voulant estre si présomptueux de leur en donner des préceptes qu'elles sçavent mieux que moy. Or j'ay veu plusieurs blasmer grandement aucun de ces marys jaloux et meurtriers, d'une chose, que, si leurs femmes sont putains, eux-mêmes en sont cause. Car, comme dit saint Augustin, c'est une grande folie à un mary de requérir chasteté à sa femme, luy estant plongé au bourbier de paillardise; et en tel estat doit estre le mary qu'il veut trouver sa femme. Mesmes nous trouvons en nostre Sainte Escriture qu'il n'est pas besoin que le mary et la femme s'entr'ayment si fort; cela se veut entendre par des amours lascifs et paillards: d'autant que, mettant et occupant de tout leur cœur en ces plaisirs lubriques, y songent si fort et s'y adonnent si très-tant, qu'ils en laissent l'amour qu'ils doivent à Dieu; ainsi que moy-mesme j'ay veu beaucoup de femmes qui aymoient si très-tant leurs marys, et eux elles, et en brusloient de telle ardeur, qu'elles et eux en oublioient du tout le service de Dieu, si que, le temps qu'il y falloit mettre, le mettoient et consommoient après leurs paillardises. De plus, ces marys, qui pis est, apprennent à leurs femmes, dans leur lict propre, mille lubricitez, mille paillardises, mille tours contours, façons nouvelles, et leur pratiquent ces figures enormes de l'Aretin: de telle sorte que, pour un tison de feu qu'elles ont dans le corps, elles y en engendrent cent, et les rendent ainsi paillardes; si bien qu'estant de telle façon dressées, elles ne se peuvent engarder qu'elles ne quittent leurs marys, et aillent trouver autres chevaliers; et, sur ce, leurs marys en desesperent, et punissent leurs pauvres femmes, en quoy ils ont grand tort: car puis qu'elles sentent leur cœur pour estre si bien dressées, elles veulent monstrer à d'autres ce qu'elles sçavent faire; et leurs marys voudroient qu'elles cachassent leur sçavoir, en quoy il n'y a apparence ny raison, non plus que si un bon escuyer avoit un cheval bien dressé, allant de tous ayrs, et qu'il ne voulust permettre qu'on le vist aller, ny qu'on montast dessus, mais qu'on le creust à sa simple parole, et qu'on l'acheptast ainsi.

—J'ay ouy conter à un honneste gentilhomme de par le monde, lequel estant devenu fort amoureux d'une belle dame, il luy fut dit par un sien amy qu'il y perdroit son temps, car elle aimoit trop son mary. Il se va adviser une fois de faire un trou qui arregardoit droit dans leur lict, si bien qu'estant couchés ensemble il ne faillit de les espier par ce trou, d'où il vit les plus grandes lubricitez, paillardises, postures sales, monstrueuses et énormes, autant de la femme, voire plus que du mary, et avec des ardeurs très-extrêmes; si bien que le lendemain il vint à trouver son compagnon et luy raconter la belle vision qu'il avoit eue, et luy dit: «Cette femme est à moy aussitost que son mary sera party pour tel voyage; car elle ne se pourra tenir longuement en sa chaleur que la nature et l'art luy ont donné, et faut qu'elle la passe, et par ainsi, par ma persévérance je l'auray.»

—Je cognois un autre honneste gentilhomme qui, estant bien amoureux d'une belle et honneste dame, sçachant qu'elle avoit un Aretin en figure dans son cabinet, que son mary sçavoit et l'avoit veu et permis, augura aussi-tost par là qu'il l'attraperoit; et, sans perdre espérance, il la servit si bien et continua, qu'enfin il l'emporta; et cogneut en elle qu'elle y avoit appris de bonnes leçons et pratiques, ou fust de son mary ou d'autres, niant pourtant que ny les uns ny les autres n'en avoient point esté les premiers maistres, mais la dame nature, qui en estoit meilleure maistresse que tous les arts. Si est-ce que le livre et la pratique luy avoient beaucoup servy en cela, comme elle luy confessa puis après.

—Il se lit d'une grande courtisane et maquerelle insigne du temps de l'ancienne Rome, qui s'appeloit Elefantina, qui fit et composa de telles figures de l'Aretin, encore pires, auxquelles les dames grandes et princesses faisant estat de putanisme estudioient comme un très-beau livre; et cette bonne dame putain cyréniene, laquelle estoit surnommée aux douze Inventions, parce qu'elle avoit trouvé douze manières pour rendre le plaisir plus voluptueux et lubrique.

—Héliogabale gaigeoit et entretenoit, par grand argent et dons, ceux et celles qui luy inventoient et produisoient nouvelles et telles inventions pour mieux esveiller sa paillardise. J'en ay ouy parler d'autres pareils de par le monde.

—Un de ces ans le pape Sixte[7] fit pendre à Rome un secrétaire qui avoit esté au cardinal d'Est, et s'appeloit Capella, pour beaucoup de forfaits, mais entre autres qu'il avoit composé un livre de ces belles figures, lesquelles estoient représentées par un grand que je ne nommeray point pour l'amour de sa robe, et par une grande, l'une des belles dames de Rome, et tous représentés au vif, et peints au naturel[8].

—J'ay cogneu un prince de par le monde qui fit bien mieux, car il achepta d'un orfevre une très-belle coupe d'argent doré, comme pour un chef-d'œuvre et grand spéciauté, la mieux élabourée, gravée et sigillée qu'il estoit possible de voir, où estoient taillées bien gentiment et subtillement au burin plusieurs figures de l'Aretin, de l'homme et de la femme; et ce au bas estage de la coupe, et au dessus et au haut plusieurs aussi de diverses manières de cohabitations de bestes, là où j'appris la première fois (car j'ay veu souvent ladicte coupe et beu dedans, non sans rire) celle du lion et de la lionne, qui est toute contraire à celle des autres animaux, que je n'avois jamais sceu, dont je m'en rapporte à ceux qui le sçavent sans que je le die. Cette coupe estoit l'honneur du buffet de ce prince; car, comme j'ay dit, elle estoit très-belle et riche d'art, et agréable à voir au dedans et au dehors. Quand ce prince festinoit les dames et filles de la Cour, comme souvent il les convioit, ses sommeilliers ne failloient jamais, par son commandement, de leur bailler à boire dedans; et celles qui ne l'avoient jamais veue, ou en buvant ou après, les unes demeuroient estonnées et ne sçavoient que dire là-dessus: aucunes demeuroient honteuses, et la couleur leur sautoit au visage; aucunes s'entredisoient entr'elles: «Qu'est-ce que cela qui est gravé là-dedans? Je crois que ce sont des salauderies. Je n'y bois plus. J'aurois bien grand soif avant que j'y retournasse boire.» Mais il falloit qu'elles beussent là, ou bien qu'elles esclatassent de soif; et, pour ce, aucunes fermoient les yeux en beuvant; les autres moins vergogneuses point; qui en avoient ouy parler du mestier, tant dames que filles, se mettoyent à rire sous bourre; les autres en crevoient tout à trac. Les unes disoient, quand on leur demandoit qu'elles avoient à rire et ce qu'elles avoient veu, disoient qu'elles n'avoient rien veu que des peintures, et que pour cela elles n'y lairroient à boire une autre fois. Les autres disoient: «Quant à moy, je n'y songe point à mal; la veue et la peinture ne souillent point l'ame.» Les unes disoient: «Le bon vin est aussi bon leans qu'ailleurs.» Les autres affermoient qu'il y faisoit aussi bon boire qu'en une autre coupe, et que la soif s'y passoit aussi bien. Aux unes on faisoit la guerre pourquoy elles ne fermoient les yeux en beuvant; elles respondoient qu'elles vouloient voir ce qu'elles beuvoient, craignant que ce ne fust du vin, mais quelque médecine ou poison. Aux autres on demandoit à quoy elles prenoient plus de plaisir, ou à voir ou à boire; elles respondoient: «A tout.» Les unes disoient: «Voilà de belles grotesques;» les autres: «Voilà de plaisantes nommeries;» les unes disoient: «Voilà de beaux images;» les autres: «Voilà de beaux miroirs;» les unes disoient: «L'orfevre estoit bien à loisir de s'amuser à faire ces fadezes;» les autres disoient: «Et vous, monsieur, encore plus d'avoir achepté ce beau hanap.» Aux unes on demandoit si elles sentoient rien qui les picquast au mitan du corps pour cela: elles respondoient que nulle de ces drolleries y avoit eu pouvoir pour les picquer: aux autres on demandoit si elles n'avoient point senty le vin chaut et qu'il les eust eschauffées, encore que ce fust en hyver; elles respondoient qu'elles n'avoient garde, car elles avoient beu bien froid, qui les avoit bien rafraischies: aux unes on demandoit quelles images de toutes celles elles voudroient tenir en leur lict; elles respondoient qu'elles ne se pouvoient oster de là pour les y transporter. Bref, cent mille brocards et sornettes sur ce sujet s'entre-donnoient les gentilshommes et dames ainsi à table, comme j'ay veu que c'estoit une très-plaisante gausserie, et chose à voir et ouyr; mais surtout à mon gré, le plus et le meilleur estoit à contempler ces filles innocentes, ou qui feignoient l'estre, et autres dames nouvellement venues, à tenir leur mine froide riante du bout du nez et des lèvres, ou à se contraindre et faire des hypocrites, comme plusieurs dames en faisoient de mesme. Et notez que, quand elles eussent deu mourir de soif, les sommelliers n'eussent osé leur donner à boire en une autre coupe ny verre. Et, qui plus est, aucunes juroient, pour faire bon minois, qu'elles ne tourneroient jamais à ces festins; mais elles ne laissoient pour cela à y tourner souvent, car ce prince estoit très-splendide et friand. D'autres disoient, quand on les convioit: «J'iray, mais en protestation qu'on ne nous baillera point à boire dans la coupe;» et quand elles y estoient, elles y beuvoient plus que jamais. Enfin elles s'y anezèrent si bien, qu'elles ne firent plus de scrupule d'y boire; et si firent bien mieux aucunes, qu'elles se servirent de telles visions en temps et lieu, et, qui, plus est, aucunes s'en débauscherent pour en faire l'essay; car toute personne d'esprit veut essayer tout. Voilà les effets de cette belle coupe si bien historiée. A quoy se faut imaginer les autres discours, les songes, les mines et les paroles que telles dames disoient et faisoient entr'elles, à part ou en compagnie. Je pense que telle coupe estoit bien différente à celle dont parle M. de Ronsard en l'une de ses premières odes, dédiée au feu Roy Henry, qui se commence ainsi:

Comme un qui prend une couppe,

Seul honneur de son trésor,

Et de son rang verse à la trouppe

Du vin qui rit dedans l'or.

Mais en cette coupe le vin ne rioit pas aux personnes, mais les personnes au vin: car les unes beuvoient en riant, et les autres beuvoient en se ravissant; les unes se compissoient en beuvant, et les autres beuvoient en se compissant; je dis d'autre chose que du pissat. Bref, cette coupe faisoit de terribles effets, tant y estoient pénétrantes ces visions, images et perspectives: dont je me souviens qu'une fois, en une gallerie du comte de Chasteauvilain, dit le seigneur Adjacet, une troupe de dames avec leurs serviteurs estant allés voir cette belle maison, leur veue s'addressa sur de beaux et rares tableaux qui estoient en ladite gallerie. A elles se présenta un tableau beau, où estoient représentées force belles dames nues qui estoient aux bains, qui s'entre touchoient, se palpoient, se manioient et frottoient, s'entre-mesloient, se tastonnoient, et, qui plus est, se faisoient le poil tant gentiment et si proprement en monstrant tout, qu'une froide recluse ou hermite s'en fust eschauffée et esmeue; et c'est pourquoy une grande dame, dont j'ay ouy parler et cogneue, se perdant en ce tableau, dit à son serviteur en se tournant vers luy, comme enragée de cette rage d'amour: «C'est trop demeuré icy: montons en carrosse promptement, et allons en mon logis, car je ne puis plus contenir cette ardeur; il la faut aller esteindre: c'est trop bruslé.» Et ainsi partit, et alla avec son serviteur prendre de cette bonne eau qui est si douce sans sucre, que son serviteur lui donna de sa petite burette.

Telles peintures et tableaux portent plus de nuisance à une ame fragile qu'on ne pense; comme en estoit un là mesme d'une Vénus toute nue, couchée et regardée de son fils Cupidon; l'autre d'un Mars couché avec sa Vénus, l'autre d'une Léda couchée avec son cygne. Tant d'autres y a-t-il, et là et ailleurs, qui sont un peu plus modestement peints et voilez mieux que les figures de l'Aretin; mais quasi tout vient à un, et en approchant de nostre coupe dont je viens de parler, laquelle avoit quasi quelque sympathie, par antinomie, de la coupe que trouva Renault de Montauban en ce chasteau dont parle l'Arioste, laquelle à plein descouvroit les pauvres cocus, et cette-cy les faisoit; mais l'une portoit un peu trop de scandale aux cocus et leurs femmes infidèles, et cette-cy point. Aujourd'huy n'en est besoin de ces livres ni de ces peintures, car les marys leur en apprennent prou: et voilà que servent telles escholes de marys.

—J'ai cogneu un bon imprimeur vénitien à Paris, qui s'appelloit messer Bernardo, parent de ce grand Aldus Manutius de Venise[9], qui tenoit sa boutique en la rue de Sainct-Jacques, qui me dit et jura une fois qu'en moins d'un an il avoit vendu plus de cinquante paires de livres de l'Aretin à force gens mariés et non mariés, et à des femmes, dont il me nomma trois de par le monde, grandes, que je ne nommeray point, et les leur bailla à elles-mesmes, et très-bien reliés, sous serment presté qu'il n'en sonneroit pas mot, mais pourtant il me le dist, et me dist davantage qu'une autre dame lui en ayant demandé au bout de quelque temps s'il en avoit point un pareil comme un qu'elle avoit veu entre les mains d'une de ces trois, il luy respondit: *Signora, si, et peggio*, et soudain argent en campagne, les acheptant tous au poids de l'or. Voilà une folle curiosité pour envoyer son mari faire un voyage à Cornette près de Civita-Vecchia.

Toutes ces formes et postures sont odieuses à Dieu, si bien que sainct Hierosme dit: «Qui se monstre plustost débordé amoureux de sa femme que mary, est adultère et pèche.» Et parce qu'aucuns docteurs ecclésiastiques en ont parlé, je diray ce mot briefvement en mots latins, d'autant qu'eux-mesmes ne l'ont voulu dire en françois. *Excessus*, disent-ils, *conjugum fit, quando uxor cognoscitur ante retro stando, sedendo in latere, et mulier super virum*; comme un petit quolibet que j'ay leu d'autrefois, qui dit:

In prato viridi monialem ludere vidi

Cum monacho leviter, ille sub, illa super.

D'autres disent quand ils s'accommodent autrement que la femme ne puisse concevoir. Toutesfois il y a aucunes femmes qui disent qu'elles conçoivent mieux par les postures monstrueuses et surnaturelles et estranges, que naturelles et communes, d'autant qu'elles y prennent plaisir davantage, et comme dit le poëte, quand elles s'accommodent *more canino*, ce qui est odieux: toutes-fois les femmes grosses, au moins aucunes, en usent ainsi de peur de se gaster par le devant. D'autres docteurs disent que quelque forme que ce soit est bonne, mais que *semen ejaculetur in matricen mulieris, et quomodocunque uxor cognoscatur, si vir ejaculetur semen in matricem, non est peccatum mortale*. Vous trouverez ces disputes dans *Summa Benedicti*, qui est un cordelier docteur qui a très-bien escrit de tous les péchés, et monstre qu'il a beaucoup leu et veu[10]. Qui voudra lire ce passage y verra beaucoup d'abus que commettent les marys à l'endroit de leurs femmes. Aussi dit-il que, *quando mulier est ita pinguis ut non possit aliter coïre*, que par telles postures, *non est peccatum mortale, modò vir ejaculetur semen in vas naturale*. Dont disent aucuns qu'il vaudroit mieux que les marys s'abstinssent de leurs femmes quand elles sont pleines, comme font les animaux, que de souiller le mariage par telles vilainies.

—J'ai cogneu une fameuse courtisane à Rome, dite la Grecque, qu'un grand seigneur de France avoit là entretenue. Au bout de quelque temps, il luy prit envie de venir voir la France, par le moyen du seigneur Bonusi[11], banquier de Lyon, Lucquois très-riche, de laquelle il estoit amoureux; où estant elle s'enquit fort de ce seigneur et de sa femme, et, entr'autres choses, si elle ne le faisoit point cocu, «d'autant, disoit-elle, que j'ay dressé son mary de si bel air, et luy ay appris de si bonnes leçons, que les luy ayant monstrées et pratiquées avec sa femme, il n'est possible qu'elle ne les ait voulu monstrer à d'autres; car nostre mestier est si chaud quand il est bien appris, qu'on prend cent fois plus de plaisir de le monstrer et pratiquer avec plusieurs qu'avec un.» Et disoit bien plus, que cette dame luy devoit faire un beau présent et condigne de sa peine et de son sallaire, parce que, quand son mary vint à son eschole premièrement, il n'y sçavoit rien, et estoit en cela le plus sot, neuf et apprentif qu'elle vist jamais; mais elle l'avoit si bien dressé et façonné, que sa femme devoit s'en trouver cent fois mieux. Et de fait cette dame, la voulant voir, alla chez elle en habit dissimulé, dont la courtisane s'en douta et luy tint tous les propos que je viens de dire, et pires encore et plus débordés, car elle estoit courtisane fort débordée. Et voilà comment les marys se forgent les couteaux pour se couper la gorge; cela s'entend des cornes; par ainsi, abusant du saint mariage, Dieu les punit; et puis veulent avoir leurs revanches sur leurs femmes, en quoy ils sont cent fois plus punissables. Aussi ne m'estonne-je pas si ce sainct docteur disoit que le mariage estoit quasi une vraye espèce d'adultère: cela vouloit-il entendre quand on en abusoit de cette sorte que je viens de dire. Aussi a-t-on deffendu le mariage à nos prestres; car, venant de coucher avec leurs femmes, et s'estre bien souillés avec elles, il n'y a point de propos de venir à un sacré autel. Car, ma foy, ainsi que j'ay ouy dire, aucuns bourdellent plus avec leurs femmes que non pas les ruffiens avec les putains des bourdeaux, qui, craignant prendre mal, ne s'acharnent et ne s'eschauffent avec elles comme les marys avec leurs femmes, qui sont nettes et ne peuvent donner mal, au moins aucunes et non pas toutes; car j'en ai bien cogneu qui leur en donnent aussi bien que leurs marys à elles. Les marys, abusans de leurs femmes, sont fort punissables, comme j'ay ouy dire à de grands docteurs, que les marys, ne se gouvernans avec leurs femmes modestement dans leur lict comme ils doivent, paillardent avec elles comme avec concubines; n'estant le mariage introduit que pour la nécessité et procréation, et non pour le plaisir désordonné et paillardise. Ce que nous sceut très-bien représenter l'empereur Cejonius Commodus, dit autrement Anchus Verus[12], lorsqu'il dit à sa femme Domitia Calvilla, qui se plaignoit à luy de quoy il portoit à des putains et courtisanes et autres ce qu'à elle appartenoit en son lict, et luy ostoit ses menues et petites pratiques: «Supportez, ma femme, luy dit-il, qu'avec les autres je saoulle mes désirs, d'autant que le nom de femme et de consorte est un nom de dignité et d'honneur, et non de plaisir et de paillardise.» Je n'ay point encore leu ny trouvé la response que luy fit là dessus madame sa femme l'impératrice; mais il ne faut douter que, ne se contentant de cette sentence dorée, elle ne luy respondit de bon cœur, et par la voix de la plus part, voire de toutes les femmes mariées: «Fy de cet honneur, et vive le plaisir! Nous vivons mieux de l'un que de l'autre.» Il ne faut non plus douter aussi que la plus part de nos mariés aujourd'hui, et de tout temps, qui ont de belles femmes, ne disent pas ainsi; car ils ne se marient et lient, ny ne prennent leurs femmes, sinon pour bien passer leur temps et bien paillarder en toutes façons, et leur enseigner des préceptes, et pour le mouvement de leur corps, et pour les débordées et lascives paroles de leurs bouches, afin que leur dormante Vénus en soit mieux esveillée et excitée; et, après les avoir bien ainsi instruites et débauchées, si elles vont ailleurs, ils les punissent, les battent, les assoment, et les font mourir. Il y a aussi un peu de raison en cela, comme si quelqu'un avoit débauché une pauvre fille d'entre les bras de sa mère, et luy eust fait perdre l'honneur de sa virginité, et puis, après en avoir fait sa volonté, la battre et la contraindre à vivre autrement, en toute chasteté: vrayment! car il en est bien temps, et bien à propos, qui est celuy qui ne le condamne pour homme sans raison et digne d'estre chastié? L'on en deust dire de mesme de plusieurs marys, lesquels, quand tout est dit, débauchent plus leurs femmes, et leur apprennent plus de préceptes pour tomber en paillardise, que ne font leur propres amoureux: car ils en ont plus de temps et loisir que es amans; et venans à discontinuer leurs exercices, elles changent de main et de maistre, à mode d'un bon cavalcadour, qui prend plus de plaisir cent fois de monter à cheval, qu'un qui n'y entend rien.»Et de malheur, ce disoit cette courtisane, il n'y a nul mestier au monde qui ne soit plus coquin, ny qui désire tant de continue, que celuy de Vénus.» En quoy ces marys doivent estre avertis de ne faire tels enseignements à leurs femmes, car ils leur sont par trop préjudiciables; ou bien, s'ils voyent leurs femmes leur jouer un faux-bon, qu'ils ne les punissent point, puisque ç'ont esté eux qui leur en ont ouvert le chemin.

—Si faut-il que je fasse cette digression d'une femme mariée, belle et honneste et d'estoffe, que je sçay, qui s'abandonna à un honneste gentilhomme, aussi plus par jalousie qu'elle portoit à une honneste dame que ce gentilhomme aymoit et entretenoit, que par amour. Pourquoy, ainsi qu'il en jouissoit, la dame luy dit: «A cette heure, à mon grand contentement, triomphe-je de vous et de l'amour que portez à une telle.» Le gentilhomme lui respondit: «Une personne abattue, subjuguée et foulée, ne sçauroit bien triompher.» Elle prend pied à cette réponse, comme touchant à son honneur, et luy replique aussitôt: «Vous avez raison.» Et tout-à-coup s'advise de désarçonner subitement son homme, et se dérober de dessous luy; et changeant de forme, prestement et agilement monte sur luy et le met sous soy. Jamais jadis chevalier ou gendarme romain ne fut si prompt et adextre de monter et remonter sur ces chevaux désultoires, comme fut ce coup cette dame avec son homme; et le manie de mesme en luy disant: «A st'heure donc puis-je bien dire qu'à bon escient je triomphe de vous, puisque je vous tiens abattu sous moy.» Voilà une dame d'une plaisante et paillarde ambition et d'une façon estrange, comment elle la traitta.

—J'ay ouy parler d'une fort belle et honneste dame de par le monde, sujette fort à l'amour et à la lubricité, qui pourtant fut si arrogante et si fière, et si brave de cœur, que, quand ce venoit-là, ne vouloit jamais souffrir que son homme la montast et la mist sous soy et l'abattist, pensant faire un grand tort à la générosité de son cœur, et attribuant à une grande lascheté d'estre ainsi subjuguée et soumise, en mode d'une triomphante conqueste ou esclavitude, mais vouloit toujours garder le dessus et la prééminence. Et ce qui faisoit bon pour elle en cela, c'est que jamais ne voulut s'adonner à un plus grand que soy, de peur qu'usant de son autorité et puissance, luy pust donner la loy et la pust tourner, virer et fouller, ainsi qu'il luy eust pleu; mais en cela, choisissoit ses égaux et inférieurs, auxquels elle ordonnoit leur rang, leur assiette, leur ordre, et forme de combat amoureux, ne plus ne moins qu'un sergent major à ses gens le jour d'une bataille; et leur commandoit de ne l'outrepasser, sur peine de perdre leurs pratiques, aux uns son amour, et aux autres la vie, si que debout, ou assis au conchés, jamais ne se purent prévaloir sur elle de la moindre humiliation, ni submission, ni inclination, qu'elle leur eust rendu et presté. Je m'en rapporte au dire et au songer de ceux et celles qui ont traité telles amours, telles postures, assiettes et formes. Cette dame pouvoit ordonner ainsi, sans qu'il y allast rien de son honneur prétendu, ni de son cœur généreux offensé: car à ce que j'ay ouy dire à aucuns praticqs, il y avoit assez de moyens pour faire telles ordonnances et pratiques. Voylà une terrible et plaisante humeur de femme, et bizarre scrupule de conscience généreuse. Si avoit-elle raison pourtant; car c'est une fascheuse souffrance que d'estre subjuguée, ployée, foullée, et mesme quand l'on pense quelquefois à part soy, et qu'on dit: «Un tel m'a mis sous luy et foullée, par maniere de dire, si-non aux pieds, mais autrement:» cela vaut autant à dire.

Cette dame aussi ne voulut jamais permettre que ses inférieurs la baisassent jamais à la bouche, «d'autant, disoit elle, que le toucher et le tact de bouche à bouche est le plus sensible et précieux de tous les autres touchers, fust de la main et autres membres;» et pour ce ne vouloit estre alleinée ny sentir à la sienne une bouche salle, orde et non pareille à la sienne. Or, sur cecy, c'est une autre question que j'ay veu traitter à aucuns: quel advantage de gloire a plus grand sur son compagnon, ou l'homme ou la femme, quand ils sont en ces escarmouches ou victoires vénériennes. L'homme allegue pour soy la raison préédente, que la victoire est bien plus grande que l'on tient sa douce ennemie abattue sous soy, et qu'il la subjugue, la suppédite et la dompte à son aise et comme il luy plaist; car il n'y a si grande princesse ou dame, que, quand elle est là, fust-ce avec son inférieur ou inégal, qu'elle n'en souffre la loy et la domination qu'en a ordonné Vénus parmy ses statuts; et pour ce, la gloire et l'honneur en demeure très-grande à l'homme. La femme dit: «Ouy, je le confesse, que vous vous devez sentir glorieux quand vous me tenez sous vous et me suppeditez; mais aussi, quand il me plaist, s'il ne tient qu'à tenir le dessus, je le tiens par gayeté et une gentille volonté qui m'en prend, et non pour une contrainte. Davantage, quand ce dessus me déplaist, je me fais servir à vous comme d'un esclave ou forçat de gallere, ou, pour mieux dire, vous fais tirer au collier comme un vray cheval de charrette, en vous travaillant, peinant, suant, haletant, efforçant à faire les corvées et efforts que je veux tirer de vous. Cependant, moy, je suis couchée à mon aise, je vois venir vos coups, quelquefois j'en ris et en tire mon plaisir à vous voir en telles alteres; quelquefois aussi je vous plains selon ce qui me plaist ou que j'en ay de volonté ou de pitié; et après en avoir en cela très-bien passé ma fantaisie, je laisse là mon galant, las, recreu, débilité, énervé, qu'il n'en peut plus, et n'a besoin que d'un bon repos et de quelque bon repas, d'un coulis, d'un restaurant ou de quelque bon bouillon confortatif. Moy, pour telles courvées et tels efforts, je ne m'en sens nullement, si-non que très-bien servie à vos despens, monsieur le gallant, et n'ay autre mal si-non de souhaiter quelque autre qui m'en donnast autant, à peine le faire rendre comme vous: et, par ainsi, ne me rendant jamais, mais faisant rendre mon doux ennemy, je rapporte la vraye victoire et la vraye gloire, d'autant qu'en un duel celuy qui se rend est déshonoré, et non pas celuy qui combat jusques au dernier poinct de la mort.»

—Ainsi que j'ay ouy compter d'une belle et honneste femme, qui une fois, son mary l'ayant esveillée d'un profond sommeil et repos qu'elle prenoit, pour faire cela, après qu'il eut fait elle luy dit: «Vous avez fait et moy non;» et, parce qu'elle estoit dessus luy, elle le lia si bien de bras, de mains, de pieds et de ses jambes entrelacées: «Je vous apprendray à ne m'esveiler une autre fois;» et, le demenant, secoüant et remuant à toute outrance son mary qui estoit dessous, qui ne s'en pouvoit defaire, et qui suoit, ahannoit et se lassoit, et crioit mercy, elle le luy fi faire une autre fois en dépit de luy, et le rendit si las, si atenu et flac, qu'il en devint hors d'aleine et luy jura un bon coup qu'une autre fois il la prendroit à son heur, humeur et appetit. Ce conte est meilleur à se l'imaginer et représenter qu'à l'escrire. Voilà donc les raisons de la dame avec plusieurs autres qu'elles ont alléguer. Encore l'homme réplique là-dessus: «Je n'ay point aucun vaisseau ny baschot comme vous avez le vostre, dans lequel je jette un gassouil de pollution et d'ordure (si ordure se doit appeler la semence humaine jettée par mariage et paillardise), qui vous salit et vous y pisse comme dans un pot.—Ouy, dit la dame, mais aussitost ce beau sperme, que vous autres dites estre le sang le plus pur et net que vous avez, je le vous vais pisser incontinent et jetter dans un pot ou bassin, ou en un retrait, et le mêler avec une autre ordure très-puante et sale et vilaine; car de cinq cents coups que l'on nous touchera, de mille, deux mille, trois mille, voire d'une infinité, voire de nul, nous n'engroissons que d'un coup, et la matrice ne retient qu'une fois; car si le sperme y entre bien et y est bien retenu, celuy-là est bien logé, mais les autres fort salaudement nous les logeons comme je viens de dire. Voilà pourquoy il ne faut se vanter de gasouiller de vos ordures de sperme, car, outre celuy-là, que nous concevons, nous le jettons et rendons pour n'en faire plus de cas aussitôt que l'avons receu et qu'il ne nous donne plus de plaisir, et en sommes quittes en disant: Monsieur le potagier, voilà vostre broüet que je vous rends, et le vous claque là; il a perdu le bon goust que vous m'en avez donné premierement. Et notez que la moindre bagasse en peut dire autant à un grand roy ou prince, s'il l'a repassée; qui est un grand mespris d'autant que l'on tient le sang royal pour le plus précieux qui soit point. Vraymеnt il est bien gardé et logé bien précieusement plus que d'un autre!» Voilà le dire des femmes, qui est un grand cas pourtant qu'un sang si précieux se pollue et se contamine ainsi salaudement et vilainement; ce qui estoit deffendu en la loy de Moyse, de ne le nullement prostituer en terre; mais on fait bien pis quand on le mesle avec de l'ordure très-orde et salle. Encore, si elles faisoyent comme un grand seigneur dont j'ay ouy parler, qui, en songeant la nuit, s'estant corrompu parmy ses linceuls, les fit enterrer, tant il estoit scrupuleux, disant que c'estoit un petit enfant provenu de là qui estoit mort, et que c'estoit dommage et une très-grande perte que ce sang n'eust esté mis dans la matrice de sa femme, dont possible l'enfant fust esté en vie. Il se pouvoit bien tromper par là, d'autant que de mille habitations que le mary fait avec la femme l'année, possible, comme j'ay dit, n'en devient-elle grosse, non pas une fois en la vie, voire jamais, pour aucunes femmes qui sont bréhaignes et stériles, et ne conçoivent jamais; d'où est venu l'erreur d'aucuns mescréants, que le mariage n'avoit esté institué tant pour la procréation que pour le plaisir; ce qui est mal creu et mal parlé, car encore qu'une femme n'engroisse toutes les fois qu'on l'entreprend, c'est pour quelque volonté de Dieu à nous occulte, et qu'il en veut punir et mary et femme, et d'autant que la plus grande bénédiction que Dieu nous puisse envoyer en mariage, c'est une bonne lignée, et non par concubinage; dont il y a plusieurs femmes qui prennent un grand plaisir d'en avoir de leurs amants, et d'autres non, lesquelles ne veulent permettre qu'on leur lasche rien dedans, tant pour ne supposer des enfants à leurs marys qui ne sont à eux, que pour leur sembler ne leur faire tort et ne les faire cocus si la rosée ne leur est entrée dedans, ny plus ny moins, qu'un estomach débile et mauvais ne peut estre offensé de sa personne pour prendre de mauvais et indigestifs morceaux, pour les mettre dans la bouche, les mascher et puis les crascher à terre. Aussi par le mot de cocu, porté par les oiseaux d'avril, qui sont ainsi appelez pour aller pondre au nid des autres, les hommes s'appellent cocus par antinomie[13], quand les autres viennent pondre dans leur nid, qui est dans le c.. de leurs femmes, qui est autant à dire leur jetter leur semence et leur faire des enfants. Voilà comme plusieurs femmes ne pensent faute à leurs marys pour mettre dedans et s'esbaudir leur saoul, mais qu'elles ne reçoivent point de leur semence; ainsi sont-elles conscientieuses de bonne façon: comme d'une grande dont j'ay ouy parler, qui disoit à son serviteur: «Esbattez-vous tant que vous voudrez, et donnez-moi du plaisir; mais sur vostre vie, donnez-vous garde de ne rien m'arrouser là dedans, non d'une seule goutte, autrement il vous y va de la vie.» Si bien qu'il falloit bien que l'austre fust sage, et qu'il espiast le temps du mascaret[14] quand il devoit venir.

—J'ay ouy faire un pareil compte au chevalier de Sanzay, de Bretagne, un très-honneste et brave gentilhomme, lequel, si la mort n'eust entrepris sur son jeune age, fust esté un grand homme de mer, comme il avoit un très-bon commencement: aussi en portoit-il les marques et enseignes, car il avoit eu un bras emporté d'un coup de canon en un combat qu'il fit sur mer. Le malheur pour luy fut qu'il fut pris des corsaires, et mené en Alger. Son maistre, qui le tenoit esclave, estoit le grand-prestre de la mosquée de là, qui avoit une très-belle femme qui vint à s'amouracher si fort dudit Sanzay, qu'elle luy commanda de venir en amoureux plaisir avec elle, et qu'elle luy feroit très-bon traittement, meilleur qu'à aucun de ses autres esclaves, mais surtout elle lui commanda très-expressement, et sur la vie, ou une prison très-rigoureuse, de ne lancer en son corps une seule goutte de sa semence, d'autant, disoit-elle, qu'elle ne vouloit nullement estre polluée ny contaminée du sang chrestien, dont elle penseroit offenser grandement et sa loy et son grand prophète Mahomet; et de plus luy commanda qu'encore qu'elle fust en ses chauds plaisirs, quand bien elle luy commanderoit cent fois d'hasarder le pacquet tout à trac, qu'il n'en fist rien, d'autant que ce seroit le grand plaisir duquel elle estoit ravie qui luy feroit dire, et non pas la volonté de l'ame. Ledict Sanzay, pour avoir bon traittement et plus grande liberté, encor qu'il fust chrestien, ferma les yeux pour ce coup à sa loy; car un pauvre esclave rudement traitté et misérablement enchaisné peut s'oublier bien quelquefois. Il obéit à la dame, et fut si sage et si abstraint à son commandement, qu'il commanda fort bien à son plaisir, et moulloit au moulin de sa dame tousjours très-bien, sans y faire couller d'eau; car, quand l'escluse de l'eau vouloit se rompre et se déborder, aussitost il la retiroit, la resserroit et la faisoit escouler où il pouvoit; dont cette femme l'en ayma davantage, pour estre si abstraint à son estroit commandement, encor qu'elle luy criast: «Laschez, je vous en donne toute permission.» Mais il ne voulut onc, car il craignoit d'estre battu à la turque, comme il voyoit ses autres compagnons devant soy. Voilà une terrible humeur de femme; et pour ce il semble qu'elle faisoit beaucoup, et pour son ame qui estoit turque, et pour l'autre qui estoit chrestien, puisqu'il ne se deschargeoit nullement avec elle: si me jura-t-il qu'en sa vie il ne fut en telle peine. Il me fit un autre compte, le plus plaisant qui est possible, d'un trait qu'elle luy fit; mais d'autant qu'il est trop sallaud, je m'en tairay, de peur d'offenser les oreilles chastes. Du depuis ledict Sanzay fut achepté par les siens, qui sont gens d'honneur et de bonne maison en Bretagne, et qui appartiennent à beaucoup de grands, comme à monsieur le connestable, qui aymoit fort son frère aisné, et qui luy ayda beaucoup en cette délivrance, laquelle ayant eue, il vint à la cour, et nous en compta fort à monsieur d'Estrozze et à moy de plusieurs choses, et entr'autres il nous fit ces comptes.

Que dirons-nous maintenant d'aucuns marys qui ne se contentent de se donner du contentement et du plaisir paillard de leurs femmes, mais en donnent de l'appetit, soit à leurs compagnons et amis, soit à d'autres, ainsi j'en ai cogneu plusieurs qui leur louent leurs femmes, leur disent leurs beautez, leur figurent leurs membres et parties du corps, leur représentent leurs plaisirs qu'ils ont avec elles, et leurs follatreries dont elles usent envers eux, les leur font baiser, toucher, taster, voire voir nues? Que méritent-ils ceux-là, sinon qu'on les face cocus bien à point, ainsi que fit Gygès, par le moyen de sa bague, au roy Candaule, roy des Lydiens, lequel, sot qu'il estoit, lui ayant loüé la rare beauté de sa femme, comme si le silence luy faisoit tort et dommage, et puis la luy ayant monstrée toute nue, en devint si amoureux qu'il en joüit tout à son gré et le fit mourir, et s'impatronisa de son royaume. On dit que la femme en fut si désespérée pour avoir esté représentée ainsi, qu'elle força Gygès à ce mauvais tour, en lui disant: «Ou celuy qui t'a pressé et conseillé de telle chose, faut qu'il meure de ta main, ou toy, qui m'as regardée toute nue, que tu meures de la main d'un autre.» Certes, ce roy estoit bien de loisir de donner ainsi appetit d'une viande nouvelle, si belle et bonne, qu'il devoit tenir si chere.

—Louis, duc d'Orléans, tué à la porte Barbette[15] à Paris, fit bien au contraire, grand desbaucheur des dames de la Cour, et tousjours des plus grandes, car, ayant avec luy couché une fort belle et grande dame, ainsi que son mary vint en sa chambre pour luy donner le bon-jour, il alla couvrir la teste de sa dame, femme de l'autre, du linceul, et luy descouvrit tout le corps, luy faisant voir tout nud et toucher à son bel aise, avec desfense expresse sur la vie de n'oster le linge du visage ny la descouvrir aucunement, à quoy il n'osa contrevenir; luy demandant par plusieurs fois ce qui luy sembloit de ce beau corps tout nud: l'autre en demeura tout esperdu et grandement satisfait.

Le duc luy bailla congé de sortir de la chambre, ce qu'il fit sans avoir jamais pu cognoistre que ce fust sa femme. S'il l'eust bien vue et recogneu toute nue, comme plusieurs que j'ai veu, il l'eust cogneu à plusieurs signes possible, dont il fait bon le visiter quelquefois par le corps. Elle, après son mary party, fut interrogée de M. d'Orléans si elle avoit eu l'alarme et peur. Je vous laisse à penser ce qu'elle en dist, et la peine et l'altere en laquelle elle fut l'espace d'un quart-d'heure; car il ne falloit qu'une petite indiscrétion, ou la moindre désobéissance que son mary eust commis pour lever le linceul: il est vray, ce dist monsieur d'Orléans, mais qu'il l'eust tué aussi-tost pour l'empescher du mal qu'il eust fait à sa femme. Et le bon fut de ce mary, qu'estant la nuict d'amprès couché avec sa femme, il luy dit que M. d'Orléans lui avoit fait voir la plus belle femme nue qu'il vit jamais, mais, quant au visage, qu'il n'en sçavoit que rapporter, d'autant qu'il lui avait interdit. Je vous laisse à penser ce qu'en pouvoit dire sa femme dans sa pensée. Et de cette dame tant grande, et de M. d'Orléans, on dit que sortit ce brave et vaillant bastard d'Orléans, le soustien de la France et le fléau de l'Angleterre, et duquel est venue cette noble et généreuse race des comtes de Dunois.

—Or, pour retourner encor à nos marys prodigues de la vue de leurs femmes nues, j'en sçay un qui, pour un matin un sien compagnon l'estant allé voir dans sa chambre ainsi qu'il s'habilloit, luy monstra sa femme toute nue, étendue tout de son long toute endormie; et s'estant elle-mesme osté ses linceuls de dessus elle, d'autant qu'il faisoit grand chaud, luy tira le rideau à demy, sy bien que le soleil levant donnant dessus elle, il eut loisir de la bien contempler à son aise, où il ne vid rien que tout beau en perfection, et y put paistre ses yeux, non tant qu'il eust voulu, mais tant qu'il put; et puis le mary et luy s'en allèrent chez le Roy. Le lendemain, le gentilhomme, qui estoit fort serviteur de cette dame honneste, luy raconta cette vision et mesmes lui figura beaucoup de choses qu'il avoit remarquées en ses beaux membres, jusques aux plus cachées; et si le mary le luy confirma, et que c'estoit luy-mesme qui en avoit tiré le rideau. La dame, de dépit qu'elle conceut contre son mary, se laissa aller et s'octroya à son amy par ce seul sujet; ce que tout son service n'avoit sceu gaigner.

—J'ay cogneu un très-grand seigneur, qui, un matin, voulant aller à la chasse, et ses gentilshommes l'estant venu trouver à son lever, ainsi qu'on le chaussoit, et avoit sa femme couchée près de luy et qui luy tenoit son cas en pleine main, il leva si promptement la couverture qu'elle n'eut le loisir de lever la main où elle estoit posée, que l'on l'y vit à l'aise et la moitié de son corps; et en se riant, il dit à ces messieurs qui estoient présents: «Hé bien, messieurs, ne vous ay-je pas fait voir choses et autres de ma femme?» Laquelle fut si dépitée de ce trait, qu'elle lui en voulut un mal extrême, et mesme pour la surprise de cette main; et possible depuis elle le luy rendit bien.

—J'en sçay un autre d'un grand seigneur, lequel, cognoissant qu'un sien amy et parent estoit amoureux de sa femme, fust ou pour luy en faire venir l'envie davantage, ou du dépit et désespoir qu'il pouvoit concevoir de quoy il avoit une si belle femme et luy n'en tastoit point, la luy monstra un matin, l'estant allé voir dans le lict tous deux couchez ensemble à demye nue: et si fit bien pis, car il luy fit cela devant luy-mesme, et la mit en besogne comme si elle eust été à part; encore prioit-il l'amy de bien voir le tout, et qu'il faisoit tout cela à sa bonne grace. Je vous laisse à penser si la dame, par une telle privauté de son mary, n'avoit pas occasion de faire à son amy l'autre toute entière, et à bon escient, et s'il n'est pas bien employé qu'il en portast les cornes.

—J'ay ouy parler d'un autre et grand seigneur, qui le faisoit ainsi à sa femme devant un grand prince, son maistre, mais c'estoit par sa prière et commandement, qui se délectoit à tel plaisir. Ne sont-ils pas donc ceux-là coulpables, puis qu'ayant esté leurs propres maquereaux, en veulent estre les bourreaux? Il ne faut jamais monstrer sa femme nue, ny ses terres, pays et places, comme je tiens d'un grand capitaine, à propos de feu M. de Savoye, qui desconseilla et dissuada nostre roy Henry dernier, quand, à son retour de Pologne, il passa par la Lombardie, de n'aller ny entrer dans la ville de Milan, lui alléguant que le roy d'Espagne en pourroit prendre quelque ombre: mais ce ne fut pas cela; il craignoit que le roy y estant, et la visitant bien à point, et contemplant sa beauté, richesse et grandeur, qu'il ne fust tenté d'une extrême envie de la ravoir et reconquérir par bon et juste droit comme avoient fait ses prédécesseurs. Et voilà la vraye cause comme dit un grand prince, qui le tenoit du feu roy, qui cognoissoit cette encloëure: mais pour complaire à M. de Savoye, et ne rien altérer du costé du roy d'Espagne, il prit son chemin à costé, bien qu'il eust toutes les envies du monde d'y aller, à ce qu'il me fist cet honneur, quand il fut de retour à Lyon, de me le dire: en quoi ne faut douter que M. de Savoye ne fust plus Espagnol que François. J'estime les marys aussi condamnables, lesquels, après avoir receu la vie par la faveur de leurs femmes, en demeurent tellement ingrats, que, pour le soupçon qu'ils ont de leurs amours avec d'autres, les traittent très-rudement, jusques à attenter sur leurs vies.

—J'ay ouy parler d'un seigneur sur la vie duquel aucuns conjurateurs ayant conjuré et conspiré, sa femme, par supplication, les en destourna, et le garantit d'estre massacré, dont depuis elle en a esté très-mal recogneue, et traittée très-rigoureusement.

—J'ay veu aussi un gentilhomme, lequel ayant esté accusé et mis en justice pour avoir fait très-mal son devoir à secourir son général en une bataille, si bien qu'il le laissa tuer sans aucune assistance ni secours; estant près d'estre sentencié et condamné d'avoir la teste tranchée, nonobstant vingt mille escus qu'il présenta pour avoir la vie sauve; sa femme, ayant parlé à un grand seigneur de par le monde, et couché avec lui par la permission et supplication dudit mary, ce que l'argent n'avoit pu faire, sa beauté et son corps l'exécuta, et luy sauva la vie et la liberté. Du depuis il la traitta si mal que rien plus. Certes, tels marys, cruels et enragés, sont très-misérables. D'autres en ay-je cogneu qui n'ont pas fait de mesme, car ils ont bien sceu recognoistre le bien d'où il venoit, et honoroient ce bon trou toute leur vie, qui les avoit sauvez de mort.

—Il y a encore une autre sorte de cocus, qui ne se sont contentés d'avoir esté ombrageux en leur vie, mais allans mourir et sur le poinct du trépas le sont encores: comme j'en ay cogneu un qui avoit une fort belle et honneste femme, mais pourtant qui ne s'estoit point toujours estudiée à luy seul. Ainsi qu'il vouloit mourir, il luy disoit: «Ah! ma mye, je m'en vais mourir, et plust à Dieu que vous me tinssiez compagnie, et que vous et moy allassions ensemble en l'autre monde! ma mort ne m'en seroit si odieuse, et la prendrois plus en gré.» Mais la femme qui estoit encore très-belle, et jeune de trente-sept ans, ne le voulut point suivre ny croire pour ce coup-là, et ne voulut faire la sotte, comme nous lisons de Evadné, fille de Mars et de Thébé, femme de Capanée, laquelle l'ayma si ardemment, que, lui estant mort, aussi-tost que son corps fut jetté dans le feu, elle s'y jetta après toute vive, et se brusla et se consuma avec luy, par une grande constance et force, et ainsi l'accompagna à sa mort.

—Alceste fit bien mieux, car ayant sceu par l'oracle que son mary Admète, roy de Thessalie, devoit mourir bien-tost si sa vie n'estoit racheptée par la mort de quelque autre de ses amys, elle soudain se précipita à la mort, et ainsi sauva son mary. Il n'y a plus meshuy de ces femmes si charitables, qui veulent aller de leur gré dans la fosse avant leurs marys, ni les suivre. Non, il ne s'en trouve plus: les mères en sont mortes, comme disent les maquignons de paris des chevaux, quand on n'en trouve plus de bons. Et voilà pourquoi j'estimois ce mary, que je viens d'alléguer, mal-habile de tenir ces propos à sa femme, si fascheux pour la convier à la mort, comme si c'eust été quelque beau festin pour l'y convier. C'estoit une belle jalousie qui lui faisoit parler ainsi, qu'il concevoit en soy du déplaisir qu'il pouvoit avoir aux enfers là-bas, quand il verroit sa femme, qu'il avoit si bien dressée, entre les bras d'un sien amoureux, ou de quelque autre mary nouveau. Quelle forme de jalousie voilà, qu'il fallut que son mary en fust saisi alors, et qu'à tous les coups il luy disoit, que s'il en reschappoit, il n'endureroit plus d'elle ce qu'il avoit enduré: et, tant qu'il a vescu, il n'en avoit point esté atteint, et luy laissoit faire à son bon plaisir.

—Ce brave Tancrede n'en fit pas de mesme, luy qui d'autres-fois se fit jadis tant signaler en la guerre sainte: estant sur le point de la mort, et sa femme près de luy dolente, avec le comte de Trypoly, il les pria tous deux après sa mort de s'espouser l'un l'autre, et le commanda à sa femme; ce qu'ils firent. Pensez qu'il en avoit vu quelques approches d'amour en son vivant; car elle pouvoit être aussi bonne vesse que sa mère, la comtesse d'Anjou, laquelle, après que le comte de Bretagne l'eut entretenuë longuement, elle vint trouver le roy de France Philippes, qui la mena de mesme, et luy fit cette fille bastarde qui s'appela Cicile, et puis la donna en mariage à ce valeureux Tancrede, qui certes, par ses beaux exploits, ne méritoit d'être cocu.

—Un Albanois, ayant esté condamné de-là les Monts d'estre pendu pour quelque forfait, estant au service du roy de France, ainsi qu'on le vouloit mener au supplice, il demanda à voir sa femme et luy dire adieu, qui estoit une très-belle femme et très-agréable. Ainsi donc qu'il lui disoit adieu, en la baisant il luy tronçonna tout le nez avec belles dents, et le luy arracha de son beau visage. En quoy la justice l'ayant interrogé pourquoi il avoit fait cette vilainie à sa femme, il respondit qu'il l'avoit fait de belle jalousie, «d'autant, ce disoit-il, qu'elle est très-belle, et pour ce après ma mort je sais qu'elle sera aussi-tost recherchée et aussi-tost abandonnée à un autre de mes compagnons, car je la cognois fort paillarde, et qu'elle m'oublieroit incontinent. *Je veux donc qu'après ma mort elle ait de moy souvenance, qu'elle pleure et qu'elle soit affligée, si elle ne l'est par ma mort, au moins qu'elle le soit pour estre défigurée, et qu'aucun de mes compagnons n'en aye le plaisir que j'ay eu avec elle.*» Voilà un terrible jaloux.

—J'en ay ouy parler d'autres qui, se sentant vieux, caducs, blessés, attenuez et proches de la mort, de beau dépit et de jalousie secretement ont advancé les jours à leurs moitiés, mesmes quand elles ont esté belles.

—Or, sur ces bizarres humeurs de ces marys tyrans et cruels, qui font mourir ainsi leurs femmes, j'ay ouy faire une dispute, sçavoir, s'il est permis aux femmes, quand elles s'apperçoivent ou se doutent de la cruauté et massacre que leurs marys veulent exercer envers elles, de gaigner le devant et de joüer à la prime, et, pour se sauver, les faire joüer les premiers, et les envoyer devant faire les logis en l'autre monde.

J'ay ouy maintenir que ouy, et qu'elles le peuvent faire, non selon Dieu, car tout meurtre est défendu, ainsi que j'ay dit, mais selon le monde, prou: et ce fondent sur ce mot, qu'il vaut mieux prévenir que d'estre prévenu: car enfin chacun doit estre curieux de sa vie; et, puisque Dieu nous l'a donnée, la faut garder jusqu'à ce qu'il nous appelle par nostre mort. Autrement, sçachant bien leur mort, et s'y aller précipiter, et ne la fuir quand elles peuvent, c'est se tuer soy-même, chose que Dieu abhorre fort; parquoy c'est le meilleur de les envoyer en ambassade devant, et en parer le coup, ainsi que fit Blanche d'Anurbruckt à son mary le sieur de Flavy, capitaine de Compiegne et gouverneur, qui trahit et fut cause de la perte et de la mort de la Pucelle d'Orléans. Et cette dame Blanche, ayant sceu que son mary la vouloit faire noyer, le prévint, et, avec l'aide de son barbier, l'estouffa et l'estrangla, dont le roy Charles septième luy en donna aussi-tost sa grace, à quoy aussi ayda bien la trahison du mary pour l'obtenir, possible plus que toute autre chose. Cela se trouve aux annales de France, et principalement celles de Guyenne.

De mesmes en fit une madame de la Borne, du regne du roy François premier, qui accusa et deffera son mary à la justice de quelques folies faites et crimes possible énormes qu'il avoit fait avec elle et autres, le fit constituer prisonnier, sollicita contre luy, et luy fit trancher la teste. J'ay ouy faire ce compte à ma grand-mère, qui a disoit de bonne maison et belle femme. Celle-là gaigna bien le devant.

—La reyne Jeanne de Naples première en fit de mesmes à l'endroit de l'infant de Majorque, son tiers mary, à qui elle fit trancher la teste pour la raison que j'ay dit en son Discours; mais il pouvoit bien estre qu'elle se craignoit de luy, et le vouloit despescher le premier: à quoy elle avoit raison, et toutes ses semblables, de faire de mesme quand elles se doutent de leurs galants.

J'ay ouy parler de beaucoup de dames qui bravement se sont acquittées de ce bon office, et sont eschappées par cette façon; et mesmes j'en ay cogneu une, laquelle, ayant esté trouvée avec son amy par son mary, il n'en dit rien ny à l'un ny à l'autre, mais s'en alla courroucé, et la laissa là-dedans avec son amy, fort panthoise et désolée et en grand alteration. Mais la dame fut résolüe jusques là de dire: «Il ne m'a rien dit ni fait pour ce coup, je crains qu'il me la garde bonne et sous mine; mais, si j'estois asseurée qu'il me deust faire mourir, j'adviserois à lui faire sentir la mort le premier.» La fortune fut si bonne pour elle au bout de quelque temps, qu'il mourut de soy-mesme; dont bien luy en prit, car oncques puis il ne luy avoit fait bonne chere, quelque recherche qu'elle luy fist.

—Il y a encore une autre dispute et question sur ces fous et enragés marys, dangereux cocus, à sçavoir sur lesquels des deux ils se doivent prendre et venger, ou sur leurs femmes, ou sur leurs amants.

Il y en a qui ont dit seulement sur la femme, se fondant sur ce proverbe italien qui dit que *morta la bestia, morta la rabbia ò veneno*[16]: pensans, ce leur semble, estre bien allégés de leur mal quand ils ont tué celle qui fait la douleur, ny plus ny moins que font ceux qui sont mordus et picqués de l'escorpion: le plus souverain remede qu'ils ont, c'est de le prendre, tuer ou l'escarbouiller, et l'appliquer sur la morsure ou playe qu'il a faite; et disent volontiers et coustumièrement que ce sont les femmes qui sont plus punissables. J'entends des grandes dames et de haute guise, et non des petites, communes et de basse marche; car ce sont elles, par leurs beaux attraits, privautez, commandements et paroles, qui attacquent les escarmouches, et que les hommes ne les font que soustenir; et que plus sont punissables ceux qui demandent et lèvent guerre, que ceux qui la deffendent; et que bien souvent les hommes ne se jettent en tels lieux périlleux et hauts, sans l'appel des dames, qui leur signifient en plusieurs façons leurs amours, ainsi qu'on voit qu'en une grande, bonne et forte ville de frontière il est fort mal-aisé d'y faire entreprise ni surprise, s'il n'y a quelque intelligence sourde parmy aucuns de ceux du dedans, ou qui ne vous y poussent, attirent, ou leur tiennent la main.

Or, puisque les femmes sont un peu plus fragiles que les hommes, il leur faut pardonner, et croire que, quand elles se sont mises une fois à aymer et mettre l'amour dans l'ame, qu'elles l'exécutent à quelque prix que ce soit, ne se contentans, non pas toutes, de le couver là-dedans, et se consumer peu à peu, et en devenir seiches et allanguies, et pour ce en effacer leur beauté, qui est cause qu'elles désirent en guérir et en tirer du plaisir, et ne mourir du mal de la furette[17], comme on dit.

Certes j'ai cogneu plusieurs belles dames de ce naturel, lesquelles les premières ont plustost recherché leur androgine que les hommes, et sur divers sujets; les unes pour les voir beaux, braves, vaillants et agréables; les autres pour en escroquer quelque somme de dinari; d'autres pour en tirer des perles, des pierreries, des robes de toille d'or et d'argent, ainsi que j'en ay veu qu'elles en faisoient autant de difficulté d'en tirer comme un marchand de sa denrée (aussi dit-on que femme qui prend se vend); d'autres pour avoir de la faveur en Cour; autres des gens de justice, comme plusieurs belles que j'ay cogneues qui, n'ayant pas bon droit, le faisoient bien venir par leur cas et par leurs beautez; et d'autres pour en tirer la suave substance de leur corps.

—J'ay veu plusieurs femmes si amoureuses de leurs amants, que quasi elles les suivoient ou couroient à force, et dont le monde en portoit la honte pour elles.

J'ay cogneu une fort belle dame si amoureuse d'un seigneur de par le monde, qu'au lieu que les serviteurs ordinairement portent les couleurs de leurs dames, cette-cy au contraire les portoit de son serviteur. J'en nommerois bien les couleurs, mais elles feroient une trop grande descouverte.

J'en ay cogneu une autre de laquelle le mary ayant fait un affront à son serviteur en un tournoy qui fut fait à la Cour, cependant qu'il estoit en la salle du bal et en faisoit son triomphe, elle s'habilla de dépit, en homme, et alla trouver son amant et lui porter pour un moment son cas, tant elle en estoit si amoureuse qu'elle en mouroit.

—J'ai cogneu un honneste gentilhomme, et des moins deschirez de la Cour, lequel ayant envie un jour de servir une fort belle et honneste dame s'il en fut oncques, parce qu'elle luy en donnoit beaucoup de sujets de son costé, et de l'autre il faisoit du retenu pour beaucoup de raisons et respects; cette dame pourtant y ayant mis son amour, et à quelque hasard que ce fust elle en avoit jetté le dé, ce disoit-elle; elle ne cessa jamais de l'attirer tout à soy par les plus belles paroles de l'amour qu'elle peut dire, dont entr'autres estoit celle-cy: «Permettez au moins que je vous ayme si vous ne me voulez aymer, et ne arregardez à mes mérites, mais a mes affections et passions,» encore certes qu'elle emportast le gentilhomme au poids en perfections. Là-dessus qu'eust pu faire le gentilhomme, sinon l'aymer puis qu'elle l'aymoit, et la servir, puis demander le salaire et récompense de son service, qu'il eut, comme la raison veut que quiconque sert faut qu'on le paye?

J'alleguerois une infinité de telles dames plustost recherchantes que recherchées. Voilà donc pourquoy elles ont eu plus de coulpe que leurs amants; car si elles ont une fois entrepris leur homme, elles ne cessent jamais qu'elles n'en viennent au bout et ne l'attirent par leurs regards attirans, par leur beautez, par leurs gentilles graces qu'elle s'estudient à façonner en cent mille façons, par leurs fards subtillement appliqués sur leur visage si elles ne l'ont beau, par leurs beaux artiffets, leurs riches et gentilles coiffures et tant bien accommodées, et leurs pompeuses et superbes robes, et surtout par leurs paroles friandes et à demy lascives, et puis par leurs gentils et follastres gestes et privautez, et par présents et dons; et voilà comment ils sont pris, et estant ainsi pris, il faut qu'ils les prennent; et par ainsi dit-on que leurs marys doivent se venger sur elles.

    D'autres disent qu'il se faut prendre qui peut sur les hommes, ny plus ny moins que sur ceux qui assiégent une ville; car ce sont eux qui premiers font faire les chamades, les somment, qui premiers recognoissent, premiers font les approches, premiers dressent gabionnades et cavalliers et font les tranchées, premiers font les batteries ou premiers vont à l'assaut, premiers parlementent: ainsi dit-on des amants.

    Car comme les plus hardis, vaillants et résolus assaillent le fort de pudicité des dames, lesquelles, après toutes les formes d'assaillement observées par grandes importunités, sont contraintes de faire le signal et recevoir leurs doux ennemys dans leurs forteresses: en quoy me semble qu'elles ne sont si coulpables qu'on diroit bien; car se défaire d'un importun est bien mal aisé sans y laisser du sien; aussi que j'en ay veu plusieurs qui, par longs services et persévérances, ont jouy de leurs maistresses, qui dès le commencement ne leur eussent donné, pour manière de dire, leur cul à baiser; les contraignant jusques-là, au moins aucunes, que, la larme à l'œil, leur donnoient de cela ny plus ny moins comme l'on donne à Paris bien souvent l'aumosne aux gueux de l'hostière, plus par leur importunité que de dévotion ny pour l'amour de Dieu: ainsi font plusieurs femmes, plustost pour estre trop importunées que pour estre amoureuses, et mesmes à l'endroit d'aucuns grands, lesquels elles craignent et n'osent leur refuser à cause de leur autorité, de peur de leur desplaire et en recevoir puis après de l'escandale, ou un affront signalé, ou plus grand descriement de leur honneur, comme j'en ay veu arriver de grands inconvénients sur ces sujets.

    Voylà pourquoy les mauvais marys, qui se plaisent tant au sang et au meurtre et mauvais traitements de leurs femmes, n'y doivent estre si prompts, mais premièrement faire une enqueste sourde de toutes choses, encore que telle cognoissance leur soit fort fascheuse et fort sujette à s'en gratter la teste qui leur en demange, et mesmes qu'aucuns, misérables qu'ils sont, leur en donnent toutes les occasions du monde.

    —Ainsi que j'ai cogneu un grand prince estranger qui avoit espousé une fort belle et honneste dame; il en quitta l'entretien pour le mettre à une autre femme qu'on tenoit pour courtisane de réputation, d'autres que c'estoit une dame d'honneur qu'il avoit débauchée; et ne se contentant de cela, quand il la faisoit coucher avec luy, c'estoit en une chambre basse par dessous celle de sa femme et dessous son lict; et lorsqu'il vouloit monter sur sa maistresse, ne se contentant du tort qu'il luy faisoit, mais, par une risée et moquerie, avec une demye pique il frappoit deux ou trois coups sur le plancher, et s'escrioit à sa femme: «Brindes, ma femme.» Ce desdain et mespris dura quelques jours, et fascha fort à sa femme, qui, de desespoir et vengeance, s'accosta d'un fort honnête gentilhomme à qui elle dit un jour privement: «Un tel, je veux que vous joüissiez de moi, autrement, je scay un moyen pour vous ruiner.» L'autre, bien content d'une si belle adventure, ne la refusa pas. Parquoy, ainsi que son mary avoit sa mie entre les bras, et elle aussi son amy, ainsi qu'il lui crioit *brindes*, elle luy respondoit de mesmes, *et may à vous*, ou bien, *je m'en vais nous pleiger*. Ces *brindes* et ces paroles et responses, de telle façon et mode qu'ils s'accommodoient en leurs montures, durèrent assez longtemps, jusques à ce que ce prince, fin et douteux, se douta de quelque chose; et y faisant faire le guet, trouva que sa femme le faisoit gentiment cocu, et faisoit *brindes* aussi bien que luy par revange et vengeance. Ce qu'ayant bien au vray cogneu, tourna et changea sa comédie en tragédie; et l'ayant pour la dernière fois confiée à son *brindes*, et elle luy ayant rendu sa response et son change, monta soudain en haut, et ouvrant et faussant la porte, entre dedans et luy remonstre son tort; et elle de son costé luy dit: «Je sçay bien que je suis morte: tüe-moi hardiment; je ne crains point la mort, et la prens en gré puisque je me suis vengée de toy, et que je t'ay fait cocu et bec cornu, toy m'en ayant donné occasion, sans laquelle je ne me fusse jamais forfaitte, car je t'avois voüé toute fidélité, et je ne l'eusse jamais violée pour tous les beaux sujets du monde: tu n'estois pas digne d'une si honneste femme que moy. Or tüe-moi donc à st'heure; et, si tu as quelque pitié en ta main, pardonne, je te prie, à ce pauvre gentilhomme, qui de soy n'en peut mais, car je l'ay appelé à mon ayde pour ma vengeance.» Le prince par trop cruel, sans aucun respect les tue tous deux. Qu'eust fait là dessus cette pauvre princesse sur ces indignitez et mespriz de mary, si-non, à la desesperade pour le monde, faire ce qu'elle fit? D'aucuns l'excuseront, d'autres l'accuseront, et il y a beaucoup de pièces et raisons à rapporter là-dessus.

—Dans les *Cent Nouvelles de la Reyne de Navarre*, y a celle et très-belle de la reyne de Naples, quasi pareille à celle-cy, qui de mesme se vengea du Roy son mary; mais la fin n'en fut si tragique.

—Or laissons là ces diables et fols enragés cocus, et n'en parlons plus, car ils sont odieux et mal plaisants, d'autant que je n'aurois jamais fait si je voulois tous descrire, aussi que subject n'en est beau ny plaisant.

Parlons un peu des gentils cocus, et qui sont bons compagnons de douce humeur, d'agréable fréquentation et de sainte patience, débonnaires, traittables, fermant les yeux, et bons hommenas.

Or de ces cocus il y en a qui le sont en herbe, il y en a qui le sçavent avant se marier, c'est-à-dire que leurs dames, veufves et demoiselles, ont fait le sault; et d'autres n'en sçavent rien, mais les espousent sur leur foy, et de leurs pères et mères, et de leurs parents et amys.

—J'en ay cogneu plusieurs qui ont espousé beaucoup de femmes et de filles qu'ils sçavoient bien avoir été repassées en la monstre d'aucuns rois, princes, seigneurs, gentilshommes et plusieurs autres; et pourtant, ravys de leurs amours, de leurs biens, de leurs joyaux, de leur argent, qu'elles avoient gaigné au mestier amoureux, n'ont aucun scrupule de les espouser. Je ne parleray point à st'heure que des filles.

—J'ai ouy parler d'une fille d'un très-grand et souverain, laquelle estant amoureuse d'un gentilhomme, se laissant aller à luy de telle façon qu'ayant recueilli les premiers fruits de son amour, en fut si friande qu'elle le tint un mois entier dans son cabinet, le nourrissant de restaurents, de bouillons friands, de viandes délicates et rescaldatives, pour l'allambiquer mieux et en tirer sa substance; et ayant fait sous luy son premier apprentissage, continua ses leçons sous luy tant qu'il vesquit, et sous d'autres: et puis elle se maria en l'age de quarante-cinq ans à un seigneur[18] qui n'y trouva rien à dire, encor bien-aise pour le beau mariage qu'elle luy porta.

—Bocace dit un proverbe qui couroit de son temps, que *bouche baisée*, d'autres disent *fille f...., ne perd jamais sa fortune, mais bien la renouvelle, ainsi que fait la lune*; et ce proverbe allegue-t-il sur un conte qu'il fait de cette fille si belle du sultan d'Égypte, laquelle passa et repassa par les piques de neuf divers amoureux, les uns après les autres, pour le moins plus de trois mille fois. Enfin elle fut rendue au roy Garbe toute vierge, cela s'entend prétendue, aussi bien que quand elle lui fut du commencement compromise, et n'y trouva rien à dire, encor bien aise: le conte en est très-beau.

—J'ay ouy dire à un grand qu'entre aucuns grands, non pas tous volontiers, on n'arregarde à ces filles-là, bien que trois ou quatre les ayent passé par les mains et par les piques avant leur estre marys: et disoit cela sur un propos d'un seigneur qui estoit grandement amoureux d'une grande dame, et un peu plus qualifiée que lui, et elle l'aimoit aussi; mais il survint empeschement qu'ils ne s'espousèrent comme ils pensoient et l'un et l'autre, surquoy ce gentilhomme grand, que je viens de dire, demanda aussi-tost: «A-t-il monté au moins sur la petite bête?» Et ainsi qu'il lui fust respondu que non à son advis, encor qu'on le tinst: «Tant pis, répliqua-t-il, car au moins et l'un et l'autre eussent eu ce contentement, et n'en fust esté autre chose.» Car parmy les grands, on n'arregarde à ces reigles et scrupules de pucelage, d'autant que pour ces grandes alliances il faut que tout passe; encores trop heureux sont-ils les bons marys et gentils cocus en herbe.

—Lorsque le roy Charles fit le tour de son royaume, il fut laissé en une bonne ville que je nommerois bien une fille dont venoit d'accoucher une fille de très-bonne maison; si fut donnée en garde à une pauvre femme de ville pour la nourrir et avoir soin d'elle, et luy fut avancé deux cents écus pour la nourriture. La pauvre femme la nourrit et la gouverna si bien, que dans quinze ans elle devint très-belle et s'abandonna; car sa mère oncques puis n'en fit cas, qui dans quatre mois se maria avec un très-grand. Ah! que j'en ai cogneu de tels et telles où l'on n'y a advisé en rien!

—J'ouys une fois, estant en Espagne, conter qu'un grand seigneur d'Andalousie ayant marié une sienne sœur avec un autre fort grand seigneur aussi, au bout de trois jours que le mariage fut consommé il luy dit: «*Senor hermano, agora que soys cazado con my hermana, y l'haveys bien godida solo, jo le hago saber que siendo hija, tal y tal gozaron d'ella. De lo passado no tenga cuydado, que poca cosa es. Del futuro guardate, que mas y mucho a vos tota*[19].» Comme voulant dire que ce qui est fait est fait, il n'en faut plus parler, mais qu'il faut se garder de l'advenir, car il touche plus à l'honneur que le passé.

Il y en a qui sont de cet humeur, ne pensans estre si bien cocus par herbe comme par la gerbe, en quoy il y a de l'apparence.

—J'ay ouy aussi parler d'un grand seigneur estranger, lequel ayant une fille des plus belles du monde, et estant recherchée en mariage d'un autre grand seigneur qui la méritoit bien, luy fut accordée par le père; mais avant qu'il la laissast jamais sortir de la maison, il en voulut taster, disant qu'il ne vouloit laisser si aisément une si belle monture qu'il avoit si curieusement élevée, que premièrement il n'eust monté dessus et sceu ce qu'elle sçauroit faire à l'avenir. Je ne sçay s'il est vray, mais je l'ay ouy dire, et que non seulement luy en fit la preuve, mais bien un autre beau et brave gentilhomme; et pourtant le mary par après n'y trouva rien amer, sinon que tout sucre.

—J'ay ouy parler de mesme de force autres pères, et sur-tout d'un très-grand, à l'endroit de leurs filles, n'en faisant non plus de conscience que le cocq de la fable d'Esope, qui ayant esté rencontré par le renard et menacé qu'il le vouloit faire mourir, donc sur ce le cocq, rapportant tous les biens qu'il faisoit au monde, et surtout de la belle et bonne poulaille qui sortoit de luy: «Ha! dit le renard, c'est-là où je vous veux, monsieur le gallant, car vous estes si paillard que vous ne faites difficulté de monter sur vos filles comme sur d'autres poules;» et pour ce le fit mourir. Voilà un grand justicier et plitiq.

Je vous laisse donc à penser que peuvent faire aucunes filles avec leurs amants; car il n'y eut jamais fille sans avoir ou désirer un amy, et qu'il y en a que les pères, frères, cousins et parents ont fait de mesme.

—De nos temps, Ferdinant, roy de Naples, cogneut ainsi par mariage sa tante, fille du roy de Castille, à l'age de treize à quatorze ans, mais ce fut par dispence du pape. On faisoit lors difficulté si elle se devoit ou pouvoit donner. Cela ressent pourtant son empereur Caligula, qui débauscha et repassa toutes ses sœurs les unes après les autres, par-dessus lesquelles et sur toutes il ayma extrememement la plus jeune, nommée Drusille, qu'estant petit garçon il avoit dépucellée; et puis estant mariée avec un Lucius Cassius Longinus, homme consulaire, il la luy enleva et l'entretint publiquement, comme si ce fust esté sa femme légitime; tellement qu'estant une fois tombé malade, il la fit héritière de tous ses biens, voire de l'empire. Mais elle vint à mourir, qu'il regretta si très-tant, qu'il en fit crier les vacations de la justice et cessation de tous autres œuvres, pour induire le peuple d'en faire avec luy un deuil public, et en porta long-temps longs cheveux et longue barbe; et quand il haranguoit le sénat, le peuple et ses genres de guerre, ne juroit jamais que par le nom de Drusille.

Pour quant à ses autres sœurs, après qu'il en fut saoul, il les prostitua et abandonna à de grands pages qu'il avoit nourrys et cogneus fort vilainement: encor, s'il ne ne leur eust fait aucun mal, passe, puisqu'elles l'avoient accoustumé et que c'estoit un mal plaisant, ainsi que je l'ay veu appeler tel à aucunes filles estant dévirginées et à aucunes femmes prises à force; mais il leur fit mille indignités: il les envoya en exil, il leur osta toutes leurs bagues et joyaux pour en faire de l'argent, ayant brouillé et dépendu fort mal-à-propos tout le grand que Tibère lui avoit laissé; encor les pauvrettes, estants après sa mort retournées d'exil, voyant le corps de leur frère mal et fort pauvrement enterré sous quelques mottes, elles le firent désenterrer, le brusler et enterrer le plus honnestement qu'elles purent: bonté certes grande de sœurs à un frère si ingrat et dénaturé.

L'Italien, pour excuser l'amour illicite de ses proches, dit que *quando messer Bernado el bacieco stà in colera, el in sua rabia non riceve lege, et non perdona a nissuna dama.*

—Nous avons force exemples des anciens qui en ont fait de mesme. Mais pour revenir à nostre discours, j'ay ouy conter d'un qui ayant marié une belle et honneste demoselle à un sien amy, et se vantant qu'il lui avoit donné une belle et honneste monture, saine, nette, sans sur-ost et sans malandre, comme il dist, et d'autant plus luy estoit obligé, il luy fut respondu par un de la compagnie, qui dit à part à un de ses compagnons: «Tout cela est bon et vray si elle ne fust esté montée et chevauchée trop tost, dont pour cela elle est un peu foulée sur le devant.»

Mais aussi je voudrois bien sçavoir à ces messieurs de marys, que si telles montures bien souvent, n'avoient un si, ou à dire quelque chose en elles, ou quelque deffectuosité ou deffaut ou tare, s'ils en auroient si bon marché, et si elles ne leur cousteroient davantage? Ou bien, si ce n'estoit pour eux, ou en accommoderoit bien d'autres qui le méritent mieux qu'eux, comme ces maquignons qui se défont de leurs chevaux tarez ainsi qu'ils peuvent; mais ceux qui en sçavent les sys, ne s'en pouvant deffaire autrement, les donnent à ces messieurs qui n'en sçavent rien, d'autant (ainsi que j'ay ouy dire à plusieurs pères) que c'est une fort belle défaite que d'une fille tarée, ou qui commence à l'estre, ou a envie et apparence de l'estre.

Que je connois de filles de par le monde qui n'ont pas porté leur pucelage au lict hymenean, mais pourtant qui sont bien instruites de leurs mères, ou autres de leurs parentes et amies, très-sçavantes maquerelles de faire bonne mine à ce premier assaut, et s'aident de divers moyens et inventions avec des subtilitez, pour le faire trouver bon à leurs marys et leur monstrer que jamais il n'y avoit esté fait breche.

La plus grande part s'aident à faire une grande résistance et défence à cette pointe d'assaut, et à faire des opiniastres jusques à l'extrémité, dont il y a aucuns marys qui en sont très-contents, et croyent fermement qu'ils en ont eu tout l'honneur et fait la première pointe, comme braves et déterminez soldats; et en font leurs contes lendemain matin, qu'ils sont crestez comme petits cocqs ou jolets qui ont mangé force millet le soir, à leurs compagnons et amys, et mesme possible à ceux qui ont les premiers entré en la forteresse sans leur sceu, qui en rient à part eux leur saoul, et avec les femmes leurs maistresses, qui se vantent d'avoir bien joué leur jeu et leur avoir donné belle.

Il y a pourtant aucuns marys ombrageux qui prennent mauvais augures de ces résistances, et ne se contentent point de les voir si rebelles; comme un que je sçay, qui, demandant à sa femme pourquoy elle faisoit ainsy de la farouche et de la difficultueuse, et si elle le desdaignoit jusque-là, elle, luy pensant faire son excuse et ne donner la faute à aucun desdain, luy dit qu'elle avoit peur qu'il luy fist mal. Il lui respondit: «Vous l'avez donc esprouvé, car nul mal ne se peut connoistre sans l'avoir enduré?» Mais elle, subtile, le niant, répliqua qu'elle l'avoit ainsi ouy dire à aucunes de ses compagnes qui avoient esté mariées, et l'en avoient ainsi advisée: «Voilà de beaux advis et entretiens,» dit-il.

—Il y a un autre remède que ces femmes s'advisent, qui est de monstrer le lendemain de leurs nopces leur linge teint de gouttes de sang qu'espandent ces pauvres filles à la charge dure de leur despucellement, ainsi que l'on fait en Espagne, qui en monstrent publiquement par la fenestre ledit linge, en criant tout haut: *Virgen la tenemos*. Nous la tenons pour vierge.

Certes, encore ay-je ouy dire dans Viterbe cette coustume s'y observe tout de mesme: et d'autant que celles qui ont passé premièrement par les picques ne peuvent faire cette monstre par leur propre sang, elles se sont advisées, ainsi que j'ay ouy dire, et que plusieurs courtisanes jeunes à Rome me l'ont assuré elles-mesmes, pour mieux vendre leur virginité, de teindre ledit linge de gouttes de sang de pigeon, qui est le plus propre de tous: et le lendemain le mary le voit, qui en reçoit un extrême contentement, et croit fermement que ce soit du sang virginal de sa femme, et lui semble bien que c'est un gallant, mais il est bien trompé.

Sur quoy je feray ce plaisant conte d'un gentilhomme, lequel ayant eu l'esguillette nouée la première nuict de ses nopces, et la mariée, qui n'estoit pas de ces pucelles très-belles et de bonne part, se doutant bien qu'il dust faire rage, ne faillit, par l'advis de ses bonnes compagnes, matrosnes, parentes et bonnes amies, d'avoir le petit linge teint: mais le malheur fut tel pour elle, que le mary fut tellement noué qu'il ne put rien faire, encore qu'il ne tinst pas à elle à luy en faire la monstre la plus belle et se parer au montoir le mieux qu'elle pouvoit, et au coucher beau jeu, sans faire de la farouche ny nullement de la diablesse, ainsi que les spectateurs, cachés à la mode accoustumée, rapportoient, afin de cacher mieux son pucellage dérobé d'ailleurs; mais il n'y eut rien d'exécuté.

Le soir, à la mode accoustumée, le réveillon ayant esté porté, il y eut un quidam qui s'advisa, en faisant la guerre aux nopces, comme on fait communément, de dérober le linge qu'on trouva joliment teint de sang, lequel fust monstré soudain et crié haut en l'assistance qu'elle n'estoit plus vierge, et que c'estoit ce coup que sa membrane virginale avoit esté forcée et rompue: le mary, qui estoit assuré qu'il n'avoit rien fait, mais pourtant qui faisoit du gallant et vaillant champion, demeura fort estonné et ne sceut ce que vouloit dire ce linge teint, si-non qu'après avoir songé assez, se douta de quelque fourbe et astuce putanesques, mais pourtant n'en sonna jamais mot.

La mariée et ses confidentes furent aussi-bien faschées et estournées de quoy le mary avoit fait faux-feu, et que leur affaire ne s'en portoit pas mieux. De rien pourtant n'en fut fait aucun semblant jusques au bout de huict jours, que le mary vint à avoir l'esguillette desnoüée, et fit rage et feu, dont d'aise ne se souvenant de rien, alla publier à toute la compagnie que c'estoit à bon escient qu'il avoit fait preuve de sa vaillance et fait sa femme vraye femme et bien damée; et confessa que jusques alors il avoit esté saisi de toute impuissance: de quoy l'assistance sur ce subject en fit divers discours, et jetta diverses sentences sur la mariée qu'on pensoit estre femme par son linge teinturé; et s'escandalisa ainsi d'elle-mesme, non qu'elle en fust bien cause proprement, mais son mary, qui par sa débolesse, flaquesse et mollitude, se gasta luy-mesme.

—Il y a aucuns marys qui cognoissent aussi à leur première nuict le pucelage de leurs femmes s'ils l'ont conquis ouï ou non par la trace qu'ils y trouvent; comme un que je cognois, lequel, ayant espousé une femme en secondes nopces, et luy ayant fait accroire que son premier mary n'y avoit jamais touché par son impuissance, et qu'elle estoit vierge et pucelle aussi bien qu'auparavant estre mariée, néanmoins il la trouva si vaste et si copieuse en amplitude, qu'il se mit à dire: «Hé comment! estes-vous cette pucelle de Marolle, si serrée et si estroite qu'on me disoit! Hé! vous avez un grand empand, et le chemin y est tellement grand et battu que je n'ay garde de m'esgarer.» Si fallut-il qu'il passât par-là et le beust doux comme laict; car si son premier mary n'y avoit point touché comme il estoit vray, il y en avoit bien eu d'autres.

Que dirons-nous d'aucunes mères, qui, voyant l'impuissance de leurs gendres, ou qui ont l'esguillette noüée ou autre défectuosité, sont les maquerelles de leurs filles, et que, pour gaigner leur douaire, s'en font donner à d'autres, et bien souvent engroisser, afin d'avoir les enfants héritiers après la mort du père?

J'en cognois une qui conseilla bien cela à sa fille, et de fait n'y espargna rien; mais le malheur pour elle fut que jamais n'en put avoir. Aussi je cognois un qui, ne pouvant rien faire à sa femme, attira un grand laquais qu'il avoit, beau fils, pour coucher et dépuceler sa femme en dormant, et sauver son honneur par-là; mais elle s'en aperçeut et le laquais n'y fit rien, qui fut cause qu'ils plaidèrent long-temps: finalement ils se démarièrent.

—Le roy Henry de Castille en fit de mesme, lequel, ainsi que raconte Baptista Fulquosius[20], voyant qu'il ne pouvoit faire d'enfant à sa femme, il s'aida d'un beau et jeune gentilhomme de sa Cour pour lui en faire, ce qu'il fit; dont pour sa peine il lui fit de grands biens et l'advança en des honneurs, grandeurs et dignitez: ne faut douter si la femme ne l'en ayma et s'en trouva bien. Voilà un bon cocu.

—Pour ces esguilletes noüées, en fut dernièrement un procès en la cour du parlement de Paris, entre le sieur de Bray, trésorier, et sa femme, à qui il ne pouvoit rien faire ayant eu l'esguillette noüée, ou autre défaut, dont la femme, bien marrie, l'en appela en jugement. Il fut ordonné par la Cour qu'ils seroient visitez eux deux par grands médecins experts. Le mary choisit les siens et la femme les siens, dont en fut fait un fort plaisant sonnet à la Cour, qu'une grande dame me list elle-mesme, et me donna ainsi que je disnois avec elle. On disoit qu'une dame l'avoit fait, d'autres un homme. Le sonnet est tel:

SONNET.

Entre les médecins renommés à Paris

En sçavoir, en espreuve, en science, en doctrine,

Pour juger l'Imparfait de la coulpe androgyne,

Par de Bray et sa femme ont esté sept choisis.

De Bray a eu pour luy les trois de moindre prix,

Le Court, l'Endormy, Pietre; et sa femme, plus fine,

Les quatre plus experts en l'art de médecine,

Le Grand, le Gros, Duret et Vigoureux a pris.

On peut par-là juger qui des deux gaignera,

Et si le Grand du Court victorieux sera,

Vigoureux d'Endormy, le Gros, Duret de Pietre.

Et de Bray n'ayant point ces deux de son costé,

Estant tant imparfait que mary le peut estre,

A faute de bon droit en sera débouté.

—J'ay ouy parler d'un autre mary, lequel la première nuict tenant embrassée sa nouvelle espouse, elle se ravit en telle joye et plaisir, que, s'oubliant en elle-mesme, ne se put engarder de faire un petit mobile tordion de remuement non accoustumé de faire aux nouvelles mariées; il ne dit autre chose sinon: «Ah! j'en ay!» et continua sa route. Et voilà nos cocus en herbe, dont j'en sçai une milliasse de contes; mais je n'aurois jamais fait; et le pis que je vois en eux, c'est quand ils espousent la vache et le veau, comme on dit, et qu'ils les prennent toutes grosses.

Comme un que je sçay, qui, s'estant marié avec une fort belle et honneste demoiselle, par la faveur et volonté de leur prince et seigneur, qui aymoit fort ce gentilhomme et la luy avoit fait espouser, au bout de huit jours elle vint à estre cogneuë grosse, aussi elle le publia pour mieux couvrir son jeu. Le prince, qui s'estoit tousjours bien douté de quelques amours entre elle et un autre, lui dit: «Une telle, j'ay bien mis dans mes tablettes le jour et l'heure de vos nopces; quand on les affrontera à celuy et celle de vostre accouchement, vous aurez de la honte.» Mais elle, pour ce dire, n'en fit que rougir un peu, et n'en fut autre chose, si-non qu'elle tenoit toujours mine de *dona da ben*.

Or il y a d'aucunes filles qui craignent si fort leur père et mère, qu'on leur arracheroit plustot la vie du corps que le boucon puceau, les craignant cent fois plus que leurs marys.

—J'ay ouy parler d'une fort belle et honneste demoiselle, laquelle, estant fort pourchassée du plaisir d'amour de son serviteur, elle lui respondit: «Attendez un peu que je sois mariée, et vous verrez comme, sous cette courtine de mariage qui cache tout, et ventre enflé et descouvert, nous y ferons à bon escient.»

—Un autre, estant fort recherchée d'un grand, elle luy dit: «Sollicitez un peu nostre prince qu'il me marie bien-tost avec celui qui me pourchasse, et me face vistement payer mon mariage qu'il m'a promis; le lendemain de mes nopces, si nous ne nous rencontrons, marché nul.»

—Je sçai une dame qui, n'ayant esté recherchée d'amours que quatre jours avant ses nopces, par un gentilhomme parent de son mary, dans six après il en jouyt; pour le moins il s'en vanta, et estoit aisé de le croire; car, ils se monstroient telle privauté qu'on eust dit que toute leur vie ils avoient estés nourris ensemble; mesme il en dist des signes et marques qu'elle portoit sur son corps, et aussi qu'ils continuèrent leur jeu long-temps après. Le gentilhomme disoit que la privauté qui leur donna occasion de venir là, ce fut que, pour porter une mascarade, s'entrechangèrent leurs habillements; car il prit celui de sa maistresse, et elle celuy de son amy, dont le mary n'en fit que rire, et aucuns prindrent subject d'y redire et penser mal.

Il fut fait une chanson à la Cour d'un mary qui fut marié le mardy et fut cocu le jeudy: c'est bien avancer le temps.

—Que dirons-nous d'une fille ayant esté sollicitée longuement d'un gentilhomme de bonne maison et riche, mais pourtant nigaud et non digne d'elle, et par l'advis de ses parents, pressée de l'espouser, elle fit response qu'elle aymoit mieux mourir que de l'espouser, et qu'il se déportast de son amour, qu'on ne luy en parlast plus ny à ses parents; car, s'ils la forçoient de l'espouser, elle le feroit plustost cocu. Mais pourtant fallut qu'elle passat par-là, car la sentence luy fut donnée ainsi par ceux et celles des plus grands qui avoient sur elle puissance, et mesme de ses parents.

La vigille des nopces, ainsi que son mary la voyoit triste et pensive, luy demanda ce qu'elle avoit, elle luy respondit toute en colère: «Vous ne m'avez voulu jamais croire à vous oster de me poursuivre; vous sçavez ce que je vous ay tousjours dit, que, si je venois par malheur à estre vostre femme, que je vous ferois cocu, et je vous jure que je le feray et vous tiendray parole.»

Elle n'en faisoit point la petite bouche devant aucunes de ses compagnes et aucuns de ses serviteurs. Asseurez-vous que depuis elle n'y a pas failli; et luy monstra qu'elle estoit bien gentille femme, car elle tint bien sa parole.

Je vous laisse à penser si elle en devoit avoir blasme, puis qu'un averty en vaut deux, et qu'elle l'advisoit de l'inconvénient où il tomberoit. Et pourquoi ne s'en donnoit-il garde? Mais pour cela, il ne s'en soucia pas beaucoup.

—Ces filles qui s'abandonnent ainsi sitost après estre mariées font comme dit l'Italien: *Che la vacca, che e stata molto tempo ligata, corre più che quella che hà havuto sempre piena libertà*[21].

Ainsi que fit la première femme de Baudoüin, roy de Jérusalem, que j'ay dit ci-devant, laquelle, ayant esté mise en religion de force par son mary, après avoir rompu le cloistre et en estre sortie, et tirant vers Constantinople, mena telle paillardise qu'elle en donnoit à tous passants, allants et venants, tant gens-d'armes que pellerins vers Jérusalem, sans esgard de sa royale condition; mais le grand jeûne qu'elle en avoit fait durant sa prison en estoit cause.

J'en nommerois bien d'autres. Or, voilà donc de bonnes gens de cocus ceux-là, comme sont aussi ceux-là qui permettent à leurs femmes, quand elles sont belles et recherchées de leur beauté, et les abandonnent pour s'en ressentir et tirer de la faveur, du bien et des moyens.

Il s'en voit fort de ceux-là aux cours des grands roys et princes, lesquels s'en trouvent très-bien, car, de pauvres qu'ils auront esté, ou pour engagement de leurs biens, ou pour procès, ou bien pour voyages de guerres sont au tapis, les voilà remontez et aggrandis en grandes charges par le trou de leurs femmes, où ils n'y trouvent nulle diminution, mais plustost augmentation; for en une belle dame que j'ay ouy dire, dont elle en avoit perdu la moitié par accident, qu'on disoit que son mary luy avoit donné la vérole ou quelques chancres qui la luy avoient mangée.

Certes les faveurs et bienfaits des grands esbranlent fort un cœur chaste, et engendrent bien des cocus.

—J'ay ouy dire et raconter d'un prince estranger[22], lequel, ayant esté fait général de son prince souverain et maistre en une grande expédition d'un voyage de guerre qu'il luy avoit commandé, et ayant laissé en la Cour de son maistre sa femme, l'une des belles de la chrestienté, se mit à luy faire si bien l'amour, qu'il l'esbranla, la terrassa et l'abbattit, si beau qu'il l'engrossa.

Le mary, tournant au bout de treize ou quatorze mois, la trouva en tel estat, bien marry et fasché contr'elle. Ne faut point demander comment ce fut à elle, qui estoit fort habile, à faire ses excuses, et à un sien beau-frère.

Enfin elles furent telles qu'elle luy dit: «Monsieur, l'événement de vostre voyage en est cause, qui a esté si mal receu de vostre maistre (car il n'y fit pas bien certes ses affaires), et en vostre absence l'on vous a tant prestez de charitez pour n'y avoir point fait ses besognes, que, sans que vostre seigneur se mist à m'aymer, vous estiez perdu; et, pour ne vous laisser perdre, je me suis perdüe: il y va autant et plus de mon honneur que du vostre; pour votre avancement, je ne me suis espargnée la plus précieuse chose de moy: jugez donc si j'ay tant failly comme vous diriez bien; car, autrement, vostre vie, vostre honneur et faveur y fust esté en bransle. Vous estes mieux que jamais; la chose n'est si divulguée que la tache vous en demeure trop apparente. Sur cela, excusez-moi et me pardonnez.»

Le beau-frère, qui sçavoit dire des mieux, et qui possible avoit part à la groisse, y en adjousta autres belles paroles et prégnantes, si bien que tout servit, et par ainsi l'accord fut fait, et furent ensemble mieux que devant, vivants en toute franchise et bonne amitié; dont pourtant le prince leur maistre, qui avoit fait la débausche et le débat, ne l'estima jamais plus (ainsi que j'ay ouy dire) comme il en avoit fait, pour en avoir tenu si peu de compte à l'endroit de sa femme et pour l'avoir beu si doux, tellement qu'il ne l'estima depuis de si grand cœur comme il l'avoit tenu auparavant, encore que, dans son ame, il estoit bien aise que la pauvre dame ne patist point pour luy avoir fait plaisir. J'ay veu aucuns et aucunes excuser cette dame, et trouver qu'elle avoit bien fait de se perdre pour sauver son mary et le remettre en faveur.

Oh! qu'il y a de pareils exemples à celuy-cy, et encore à un d'une grande dame qui sauva la vie à son mary, qui avoit esté jugé à mort en pleine cour, ayant esté convaincu de grandes concussions et malles versations en son gouvernement et en sa charge, dont le mary l'en ayma après toute sa vie.

—J'ay ouy parler d'un grand seigneur aussi, qui, ayant esté jugé d'avoir la teste tranchée, si qu'estant déjà sur l'eschaffault sa grace survint, que sa fille, qui estoit des plus belles, avoit obtenue, et, descendant de l'eschaffault, il ne dit autre chose sinon: «Dieu sauve le bon c.. de ma fille, qui m'a si bien sauvé!»

—Saint Augustin est en doute si un citoyen chrestien d'Antioche pécha quand, pour se délivrer d'une grosse somme d'argent pour laquelle il estoit estroitement prisonnier, permit à sa femme de coucher avec un gentilhomme fort riche qui lui promit de l'acquitter de son debte.

Si saint Augustin est de cette opinion, que peut-il donc permettre à plusieurs femmes, veufves et filles, qui pour rachepter leurs pères, parents et marys voire mesmes, abandonnent leur gentil corps sur force inconvénients qui leur surviennent, comme de prison, d'esclavitude, de la vie, des assauts et prise de ville, bref une infinité d'autres, jusques à gaigner quelquefois des capitaines et des soldats, pour les bien faire combattre et tenir leurs partis, ou pour soutenir un long siége et reprendre une place. J'en conterois cent sujets, pour ne craindre pour eux à prostituer leur chasteté; et quel mal en peut-il arriver ny escandale pour cela? mais un grand bien.

Qui dira donc le contraire, qu'il ne face bon estre quelques fois cocu, puisque l'on en tire telles commoditez du salut de vies et de rembarquement de faveurs, grandeurs et dignitez et biens, que j'en cognois beaucoup, et en ay ouy parler de plusieurs, qui se sont bien avancés par la beauté et par le devant de leurs femmes?

Je ne veux offenser personne; mais j'oserois bien dire que je tiens d'aucuns et d'aucunes que les dames leur ont bien servy, et que certes les valeurs d'aucuns ne les ont tant fait valoir qu'elles.

—Je cognois une grande et habile dame, qui fit bailler l'ordre à son mary, et l'eut luy seul avec les deux plus grands princes de la chrestienté. Elle luy disoit souvent, et devant tout le monde (car elle estoit de plaisante compagnie, et rencontroit très-bien). «Ha! mon amy, que tu eusses couru long-temps fauvettes avant que tu eusses eu ce diable que tu portes au col.»

—J'en ay ouy parler d'un grand du temps du roy François, lequel ayant receu l'ordre, et s'en voulant prévaloir un jour devant feu M. de la Chastaigneraye mon oncle, et luy dit: «Ha! que vous voudriez avoir cet ordre pendu au col aussi bien comme moy!» Mon oncle, qui estoit prompt, haut à la main, et scalabreux s'il en fut onc, lui respondit: «J'aymerois mieux estre mort que de l'avoir par le moyen du trou que vous l'avez eu.» L'autre ne luy dit rien, car il savoit bien à qui il avoit à faire.

—J'ay ouy conter d'un grand seigneur, à qui sa femme ayant sollicité et porté en sa maison la patente d'une des grandes charges du pays où il estoit, que son prince lui avoit octroyée par la faveur de sa femme, il ne la voulut accepter nullement, d'autant qu'il avoit sceu que sa femme avoit demeuré trois mois avec le prince fort favorisée, et non sans soupçons. Il monstra bien par-là sa générosité, qu'il avoit toute sa vie manifestée: toutes fois il l'accepta, après avoir fait chose que je ne veux dire.

Et voilà comme les dames ont bien fait autant ou plus de chevaliers que les batailles, que je nommerois, les cognoissant aussi bien qu'un autre; n'estoit que je ne veux mesdire, ny faire escandale. Et si elles leur ont donné des honneurs, elles leur donnent bien des richesses.

J'en cognois un qui estoit pauvre haire lorsqu'il amena sa femme à la Cour, qui estoit très-belle; et, en moins de deux ans, ils se remirent et devinrent fort riches.

—Encore faut-il estimer ces dames qui eslèvent ainsi leurs marys en biens, et ne les rendent coquins et cocus tout ensemble: ainsi que l'on dit de Marguerite de Namur, laquelle fut si sotte de s'engager et de donner tout ce qu'elle pouvoit à Loüis duc d'Orléans, luy qui estoit si grand et si puissant seigneur, et frère du Roy, et tirer de son mary tout ce qu'elle pouvoit, si bien qu'il en devint pauvre, et fut contraint de vendre sa comté de Bloys audit M. d'Orléans, lequel, pensez qu'il la luy paya de l'argent et de la substance mesmes que sa sotte femme luy avoit donnée. Sotte bien estoit-elle, puisqu'elle donnoit à plus grand que soy; et pensez qu'après il se moqua et de l'une et de l'autre; car il estoit bien homme pour le faire, tant il estoit volage et peu constant en amours.

—Je cognois une grande dame, laquelle estant venuë fort amoureuse d'un gentilhomme de la Cour, et luy par conséquent joüissant d'elle, ne luy pouvant donner d'argent, d'autant que son mari luy tenoit son trésor caché comme un prestre, lui donna la plus grande partie de ses pierreries, qui montoient à plus de trente mille escus; si bien qu'à la Cour on disoit qu'il pouvoit bien bastir, puisqu'il avoit force pierres amassées et accumulées; et puis après, estant venue et escheue à elle une grande succession, et ayant mis la main sur quelques vingt mille escus, elle ne les garda guères que son gallant n'en eust sa bonne part. Et disoit-on que si cette succession ne luy fust eschuë, ne sçachant que luy pouvoir plus donner, luy eust donné jusques à sa robe et chemise; en quoy tels escroqueurs et escornifleurs sont grandement à blasmer, d'aller ainsi allambiquer et tirer toute la substance de ces pauvres diablesses martelées et encapriciées; car la bourse estant si souvent revisitée, ne peut demeurer toujours en son enfleure, ni en son estre, comme la bourse de devant, qui est toujours en son mesme estat, et preste à y pescher qui veut, sans y trouver à dire les prisonniers qui y sont entrés et sortis. Ce bon gentilhomme, que je dis si bien empierré, vint quelque temps après à mourir; et toutes ses hardes, à la mode de Paris, vindrent à estre criées et vendues à l'encan, qui furent appréciées à cela, et recognuës pour les avoir veuës à la dame par plusieurs personnes, non sans grande honte de la dame.

—Il y eut un grand prince, qui aymant une fort honneste dame, fit achepter une douzaine de boutons de diamants très-brillants, et proprement mis en œuvre avec leurs lettres égyptiennes et hiéroglyfiques, qui contenoient leur sens caché, dont il en fit un présent à sadite maistresse, qui, après les avoir regardées fixement, lui dit qu'il n'en estoit meshuy plus besoin à elle de lettres hiéroglyfiques, puisque les escritures estoient des-jà accomplies entre eux deux, ainsi qu'elles avoient esté entre cette dame et le gentil homme de cy-dessus.

J'ai cogneu une dame qui disoit souvent à son mary qu'elle l rendroit plustost coquin que cocu; mais ces deux mots tenant de l'équivoque, un peu de l'un de l'autre assemblèrent en elle et en son mary ces deux belles qualitez.

—J'ai bien cogneu pourtant beaucoup et une infinité de dames qui n'ont pas ainsi fait: car elles ont plus tenu serré la bourse de leurs escus que de leur gentil corps: car, encor qu'elles fussent très-grandes dames, elles ne vouloient donner que quelques bagues, quelques faveurs, et quelques autres petites gentillesses, manchons ou escharpes, pour porter pour l'amour d'elles et les faire valoir.

—J'en ay cogneu une grande qui a esté fort copieuse et liberale en cela; car la moindre de ses escharpes et faveurs qu'elle donnoit à ses serviteurs estoit de cinq cents escus, de mille et de trois mille, où il y avoit plus de broderies, plus de perles, plus d'enrichissements, de chiffres, de lettres hiérogiyfiques et belles inventions, que rien au monde n'estoit plus beau. Elle avoit raison, afin que ces présents, après les avoir faits, ne fussent cachés dans des coffres ni dans des bourses, comme ceux de plusieurs autres dames, mais qu'ils parussent devant tout le monde, et que son amy les fist valoir en les contemplant sur sa belle commémoration, et que tels présents en argent sentoient plustost leurs femmes communes qui donnent à leurs ruffians, que non pas leurs grandes et honnestes dames. Quelquefois aussi elle donnoit bien quelques belles bagues de riches pierreries; car ces faveurs et escharpes ne se portent pas communément, si-non en un beau et bon affaire; au lieu que la bague au doigt tient bien mieux et plus ordinairement compagnie à celuy qui la porte.

—Certes un gentil cavalier et de noble cœur doit estre de cette généreuse complexion, de plustost bien servir sa dame pour les beautez qui la font reluire, que pour tout l'or et l'argent qui reluisent en elle.

Quant à moy, je me puis vanter d'avoir servy en ma vie d'honnestes dames, et non des moindres; mais si j'eusse voulu prendre d'elles ce qu'elles m'ont présenté, et en arracher ce que j'eusse pu, je serois riche aujourd'huy, ou en bien, ou en argent, ou en meubles, de plus de trente mille escus que je ne suis; mais je me suis toujours contenté de faire paroistre mes affections, plus par ma générosité que par mon avarice.

Certainement il est bien raison que, puisque l'homme donne du sien dans la bourse du devant de la femme, que la femme de mesme donne du sien aussi dans celle de l'homme, mais il faut en cela peser tout; car, tout ainsi que l'homme ne peut tant jetter et donner du sien dans la bourse de la femme comme elle voudroit, il faut aussi que l'homme soit si discret de ne tirer de la bourse de la femme tant comme il voudroit, et faut que la loy en soit égale et mesurée en cela.

—J'ay bien veu aussi beaucoup de gentilshommes perdre l'amour de leurs maistresses par l'importunité de leurs demandes et avarices, et que les voyaus si grands demandeurs et si importuns d'en vouloir avoir, s'en défaisoient gentiment et les plantoient là, ainsi qu'il estoit très-bien employé.

Voilà pourquoy tout noble amoureux doit plustost estre tenté de convoitise charnelle que pécuniaire; car quand la dame seroit par trop libérale de son bien, le mary, le trouvant se diminuer, en est plus marry cent fois que de dix mille libéralitez qu'elle feroit de son corps.

Or, il y a des cocus qui se font par vengeance: cela s'entend que plusieurs qui haïssent quelques seigneurs, gentilshommes ou autres, desquels en ont receu quelques desplaisirs et affronts, se vangent d'eux en faisant l'amour à leurs femmes, et les corrompent en les rendant gallants cocus.

—J'ai cogneu un grand prince, lequel ayant receu quelques traits de rébellion par un sien sujet grand seigneur, et ne se pouvant vanger de luy, d'autant qu'il le fuyoit tant qu'il pouvoit, de sorte qu'il ne le pouvoit aucunement attraper; sa femme estant un jour venue à sa Cour sollicciter l'accord et les affaires de son mary, le prince luy donna une assignation pour en conférer un jour dans un jardin et une chambre là auprès; mais ce fut pour lui parler d'amours, desquels il jouit fort facilement sur l'heure sans grande résistance, car elle estoit de fort bonne composition: et ne se contenta de la repasser, mais à d'autres la prostitua, jusques aux valets-de-chambre; et par ainsi disoit le prince qu'il se sentoit bien vangé de son sujet, pour luy avoir ainsi repassé sa femme et couronné sa teste d'une belle couronne de cornes, puisqu'il vouloit faire du petit roy et du souverain; au lieu qu'il vouloit porter couronne de fleurs de lys[23], il lui en falloit bailler une belle de cornes.

Ce mesme prince en fit de mesmes par la suasion de sa mère, qu'il joüist d'une fille et princesse; sçachant qu'elle devoit espouser un prince qui lui avoit fait desplaisir et troublé l'Estat de son frère bien fort, la dépucella et en joüit bravement, et puis dans deux mois fut livrée audit prince pour pucelle prétendue et pour femme, dont la vengeance en fit fort douce en attendant une autre plus rude, qui vint puis après[24].

—J'ay cogneu un fort honneste gentilhomme qui, servant une belle dame et de bon lieu, lui demandant la récompense de ses services et amours, elle luy respondit franchement qu'elle ne luy en donneroit pas pour un double, d'autant qu'elle estoit très-asseurée qu'il ne l'aymoit tant pour cela, et ne luy portoit point tant d'affection pour sa beauté, comme il disoit, sinon qu'en joüissant d'elle il se vouloit vanger de son mary qui luy avoit fait quelque desplaisir, et pour ce il en vouloit avoir ce contentement dans son ame, et s'en prévaloir puis après; mais le gentilhomme, luy asseurant du contraire, continua à la servir plus de deux ans si fidèlement et de si ardent amour, qu'elle en prit cognoissance ample et si certaine, qu'elle luy octroya ce qu'elle lui avoit tousjours refusé, l'asseurant que si du commencement de leurs amours elle n'eust eu opinion de quelque vengeance projettée en luy par ce moyen, elle l'eust rendu aussi bien content comme elle fit à la fin; car son naturel estoit de l'aymer et favoriser. Voyez comme cette dame se sceut sagement commander, que l'amour ne la transporta point à faire ce qu'elle desiroit le plus, sans qu'elle vouloit qu'on l'aymast pour ses mérites et non pour le seul sujet de vindicte.

—Feu M. de Gua, un des parfaits et gallants gentilshommes du monde en tout, me convia à la Cour un jour d'aller disner avec luy; il avoit assemblé une douzaine des plus sçavants de la Cour, entre autres M. l'esvesque de Dole, de la maison d'Espinay en Bretagne, MM. de Ronsard, de Baïf, Desportes, d'Aubigny (ces deux sont encore en vie, qui m'en pourroient démentir), et d'autres desquels ne me souviens, et n'y avoit homme d'espée que M. de Gua et moy. En devisant durant le disner de l'amour et des commoditez et incommoditez, plaisirs et desplaisirs, du bien et du mal qu'il apportoit en sa joüissance, après que chacun eut dit son opinion et de l'un et de l'autre, il conclud que le souverain bien de cette joüissance gisoit en cette vengeance, et pria un chacun de tous ces grands personnages d'en faire un quatrain *impromptu*; ce qu'ils firent. Je les voudrois avoir pour les insérer icy, sur lesquels M. de Dol, qui disoit et escrivoit d'or, emporta le prix.

Et certes, M. de Gua avoit occasion de tenir cette proposition contre deux grands seigneurs que je sçay, leur faisant porter les cornes pour la haine qu'ils luy portoient; car leurs femmes estoient très-belles: mais en cela il en tiroit double plaisir, la vengeance et le contentement. J'ay cogneu force gens qui se sont revangez et délectez en cela, et si ont eu cette opinion.

—J'ay cogneu aussi de belles et honnestes dames, disant et affirmant que quand leurs marys les avoient maltraitées et rudoyées et tansées ou censurées, ou battues ou fait autres mauvais tours et outrages, leur plus grande délectation estoit de les faire cornards, et en les faisant songer à eux, les brocarder, se moquer et rire d'eux avec leurs amis, jusques-là de dire qu'elles en entroient davantage en appétit et certain ravissement de plaisir qui ne se pouvoit dire.

—J'ay ouy parler d'une belle et honneste femme, à laquelle estant demandé une fois si elle avoit jamais fait son mary cocu, elle respondit: «Et pourquoy l'aurois-je fait, puisqu'il ne m'a jamais battuë ny menacée?» Comme voulant dire que, s'il eust fait l'un des deux, son champion de devant en eust tost fait la vengeance.

—Et quant à la mocquerie, j'ay cogneu une fort belle et honneste dame, laquelle estant en ces doux altères de plaisirs, e en ces doux bains de délices et d'aise avec son amy, il lui advint qu'ayant un pendant d'oreille d'une corne d'abondance qui n'estoit que de verre noir, comme on les portoit alors, il vint, par force de se remuer et entrelasser et follastrer, à se rompre. Elle dit à son amy soudain: «Voyez comme nature est très-bien prévoyante; car pour une corne que j'ai rompue, j'en fais icy une douzaine d'autres à mon pauvre cornard de mary, pour s'en parer un jour d'une bonne feste, s'il veut.»

Une autre ayant laissé son mary couché et endormy dans le lict, vint voir son amy avant se coucher; et ainsi qu'il luy eut demandè où estoit son mary, elle luy respondit: «Il garde le lict et le nid du cocu, de peur qu'un autre n'y vienne pondre; mais ce n'est pas à son lict, ny à ses linceuls, ny à son nid que vous en voulez, c'est à moy qui vous suis venue voir, et l'ay laissé là en sentinelle, encore qu'il soit bien endormy.»

—A propos de sentinelle, j'ay ouy faire un conte d'un gentilhomme de valeur, que j'ai cogneu, lequel un jour venant en question avec une fort honneste dame que j'ay aussi cogneue, il luy demanda, par manière d'injure, si elle avoit jamais fait de voyage à Saint-Mathurin[25]. «Ouy, dit-elle; mais je ne pus jamais entrer dans l'église, car elle estoit si pleine et si bien gardée de cocus, qu'ils ne m'y laissèrent jamais entrer: et vous qui estiés des principaux, vous estiez au clocher pour faire la sentinelle et advertir les autres.»

J'en conterois mille autres risées, mais je n'aurois jamais fait: si espère-je d'en dire pourtant en quelque coin de ce livre.

—Il y a des cocus qui sont debonnaires, qui d'eux-mesmes se convient à cette feste de cocuage; comme j'en ai cogneu aucuns qui disoient à leurs femmes: «Un tel est amoureux de vous, je le cognois bien, il nous vient souvent visiter, mais c'est pour l'amour de vous, mamie. Faites-luy bonne chere; il nous peut faire beaucoup de plaisir; son accointance nous peut beaucoup servir.»

D'autres disent à aucuns: «Ma femme est amoureuse de vous, elle vous ayme; venez la voir, vous lui ferez plaisir; vous causerez et deviserez ensemble, et passerez le temps.» Ainsi convient-ils les gens à leurs despens.

Comme fit l'empereur Adrian, lequel estant un jour en Angleterre (ce dit sa vie) menant la guerre, eut plusieurs advis comme sa femme, l'imperatrice Sabine, faisoit l'amour, à toutes restes à Rome, avec force gallants gentilshommes romains. De cas de fortune, elle ayant escrit une lettre de Rome en hors à un gentilhomme romain qui estoit avec l'empereur en Angleterre, se complaignant qu'il l'avoit oubliée et qu'il ne faisoit plus compte d'elle, et qu'il n'estoit pas possible qu'il n'eust quelques amourettes par de-là, et que quelque mignone affettée ne l'eust espris dans les lacs de sa beauté; celle lettre d'avanture tomba entre les mains d'Adrian, et comme ce gentilhomme, quelques jours après, demanda congé à l'Empereur sous couleur de vouloir aller jusques à Rome promptement pour les affaires de sa maison, Adrian luy dit en se jouant: «Eh bien, jeune homme, allez-y hardiment, car l'impératrice ma femme vous y attend en bonne dévotion.» Quoy voyant le Romain, et que l'Empereur avoit descouvert le secret et luy en pourroit fort mauvais tour, sans dire adieu ny gare, partit la nuit après et s'enfuit en Irlande.

Il ne devoit pas avoir grand peur pour cela, comme l'Empereur luy-mesme disoit souvent, estant abreuvé à toute heure des amours desbordés de sa femme: «Certainement si je n'estois empereur, je me serois bientost défait de ma femme, mais je ne veux monstrer mauvais exemple.» Comme voulant dire que n'importe aux grands qu'ils soient-là logés, aussi qu'ils ne se divulguent. Quelle sentence pourtant pour les grands! laquelle aucuns d'eux ont pratiquée, mais non pour ces raisons. Voilà comme ce bon empereur assistoit joliment à se faire cocu.

—Le bon Marc Aurele, ayant sa femme Faustine une bonne vesse, et luy estant conseillé de la chasser, il respondit: «Si nous la quittons, il faut aussi quitter son douaire, qui est l'empire; et qui ne voudroit estre cocu de mesme pour un tel morceau, voire moindre?»

Son fils Antoninus Verus, dit Commodus, encore qu'il devint fort cruel, en dit de mesme à ceux qui luy conseilloient de faire mourir ladite Faustine sa mère, qui fut tant amoureuse et chaude après un gladiateur, qu'on ne la put jamais guérir de ce chaud mal, jusques à ce qu'on s'advisast de faire mourir ce maraut gladiateur et luy faire boire son sang.

—Force marys ont fait et font de mesme que ce bon Marc Aurele, qui craignent de faire mourir leurs femmes putains, de peur d en perdre les grands biens qui en procedent, et ayment mieux estre riches cocus à si bon marché qu'estre coquins.

—Mon Dieu! que j'ay cogneu plusieurs cocus qui ne cessoient jamais de convier leurs parents, leurs amys, leurs compagnons, de venir voir leurs femmes, jusques à leur faire festins pour mieux les y attirer; et y estant, les laisser seuls avec elles dans leurs chambres, leurs cabinets, et puis s'en aller et leur dire: «Je vous laisse ma femme en garde.»

—J'en ay cogneu un de par le monde, que vous eussiés dit que toute sa félicité et contentement gisoit à estre cocu, et s'estudioit d'en trouver les occasions, et surtout n'oublioit ce premier mot: «Ma femme est amoureuse de vous; l'aymez-vous autant qu'elle vous aime?» Et quand il voyoit sa femme avec son serviteur, bien souvent il emmenoit la compagnie hors de la chambre pour s'aller pourmener, les laissant tous deux ensemble, leur donnant beau loisir de traitter leurs amours; et si par cas il avoit à faire à tourner prestement en la chambre, dès le bas du degré il crioit haut, il demandoit quelqu'un, il crachoit ou il toussoit, afin qu'il ne trouvast les amants sur le fait; car volontiers, encore qu'on le sçache et qu'on s'en doute, ces vues et surprises ne sont guières agréables ny aux uns ny aux autres.

Aussi ce seigneur faisant un jour bastir un beau logis, et le maistre masson luy ayant demandé s'il ne le vouloit pas illustrer de corniches, il respondit: «Je ne sçay que c'est que corniches; demandez-le à ma femme, qui le sçait et qui sçait l'art de géométrie; et ce qu'elle dira faites-le.»

—Bien fit pis un que je sçay, qui, vendant un jour une de ses terres à un autre pour cinquante mille escus, il en prit quarante-cinq mille en or et argent, et pour les cinq restants il prit une corne de licorne; grande risée pour ceux qui le sceurent. «Comme, disoient-ils, s'il n'avoit assez de cornes chez soy sans y adjouster celle-là.»

—J'ay cogneu un très-grand seigneur, brave et vaillant, lequel vint à dire à un honneste gentilhomme qui estoit fort son serviteur, en riant pourtant: «Monsieur un tel, je ne sçay ce que vous avez fait à ma femme, mais elle est si amoureuse de vous que jour et nuict elle ne me fait que parler de vous, et sans cesse me dit vos louanges. Pour toute response je luy dis que je vous connois plustost qu'elle, et sçay vos valeurs et vos mérites, qui sont grands.» Qui fut estonné, ce fut ce gentilhomme, car il ne venoit que de mener cette dame sous le bras à vespres, où la Reyne alloit. Toutes-fois le gentilhomme s'asseura tout d'un coup et luy dit: «Monsieur, je suis très-humble serviteur de madame vostre femme, et fort redevable de la bonne opinion qu'elle a de moi, et l'honore beaucoup; mais je ne luy fais pas l'amour (disoit-il en bouffonnant), mais je luy fais bien la cour par vostre bon advis que vous me donnastes dernierement; d'autant qu'elle peut beaucoup à l'endroit de ma maistresse, que je puis espouser par son moyen, et par ainsi j'espère qu'elle m'y sera aidante.»

Ce prince n'en fit plus autre semblant, si-non que de rire et admonester le gentilhomme de courtiser sa femme plus que jamais, ce qu'il fit, estant bien-aise sous ce prétexte de servir une si belle dame de prince, laquelle luy faisoit bien oublier son autre maistresse qu'il vouloit espouser, et ne s'en soucier guières, si-non que ce masque bouchoit et déguisoit tout.

Si ne put-il faire tant qu'il n'entrast un jour en jalousie, que voyant ce gentilhomme dans la chambre de la Reyne porter au bras un ruban incarnadin d'Espagne, qu'on avoit apporté par belle nouveauté à la Cour, et l'ayant tasté et manié en causant avec luy, alla trouver sa femme, qui estoit près du lict de la Reyne, qui en avoit un tout pareil, lequel il mania et toucha tout de mesme, et trouva qu'il estoit tout semblable et de la mesme pièce que l'autre: si n'en sonna-il pourtant jamais mot, et n'en fut autre chose. Et de telles amours il en faut couvrir si bien les feux par telles cendres de discrétion et de bons advis, qu'elles ne se puissent descouvrir; car bien souvent l'escandale ainsi descouvert dépite plus les marys contre leurs femmes, que quand le tout se fait à cachettes, pratiquant en cela le proverbe: *Si non caste, tamen caute*[26].

—Que j'ay veu en mon temps de grands escandales et de grands inconvénients pour les indiscrétions et des dames et de leurs serviteurs! Que leurs marys s'en soucioient aussi peu que rien, mais qu'ils fissent bien leurs faits, *sotto coperte*[27], comme on dist, et ne fust point divulgué.

—J'en ay cogneu une qui tout à trac faisoit paroistre ses amours et ses faveurs, qu'elle départoit comme si elle n'eust eu de mary et ne fust esté sous aucune puissance, n'en voulant rien croire l'advis de ses serviteurs et amys, qui lui en remonstroient les inconvénients: aussi bien mal luy en a-t-il pris.

Cette dame n'a jamais fait ce que plusieurs autres dames ont fait: car elles ont gentiment traitté l'amour, et se sont données du bon temps sans en avoir donné grand connoissance au monde, sinon par quelques soupçons légers, qui n'eussent jamais pu monstrer la vérité aux plus clairvoyants; car elles accostoient leurs serviteurs devant le monde si dextrement, et les entretenoient si escortement[28] que ny leurs marys ny les espions de leur vie n'y eussent sceu que mordre; et quand ils alloient en quelque voyage, ou qu'ils vinssent à mourir, elles couvroient et cachoient leurs couleurs si sagement qu'on n'y connoissoit rien.

—J'ay cogneu une dame belle et honneste, laquelle, le jour qu'un grand seigneur son serviteur mourut, elle parut en la chambre de la Reyne avec un visage aussi guay et riant que le jour paravant. D'aucuns l'en estimoient de cette discrétion, et qu'elle le faisoit de peur de desplaire et irriter le Roy, qui n'aymoit pas le trespassé. D'aucuns la blasmoient, attribuant ce geste plustost à manquement d'amour, comme l'on disoit qu'elle n'en estoit guières bien garnie, ainsi que sont toutes celles qui se meslent de cette vie.

—J'ay cogneu deux belles et honnestes dames, lesquelles, ayant perdu leurs serviteurs en une fortune de guerre, firent de tels regrets et lamentations, et monstrèrent leur dueil par leurs habits bruns, plus d'eau-benistiers, d'aspergez d'or engravez, plus de testes de morts, et de toutes sortes de trophées de la mort en leurs affiquets, joyaux et bracelets qu'elles portoient, qui les escandalisèrent fort, et cela leur nuict grandement; mais leurs marys ne s'en soucioient autrement.

Voilà en quoy ces dames se transportent en la publication de leurs amours, lesquelles pourtant on doit louer et priser en leurs constances, mais non en leur discrétion; car pour cela il leur en fait très-mal. Et si telles dames sont blasmables en cela, il y a beaucoup de leurs serviteurs qui en méritent bien la réprimande aussi bien qu'elles; car ils contrefont des transis comme une chevre qui est en gesine, et des langoureux; ils jettent leurs yeux sur elles et les envoyent en ambassade; ils font des gestes passionnés, des souspirs devant le monde; ils se parent des couleurs de leurs dames si apparemment; bref, ils se laissent aller à tant de sottes indiscrétions, que les aveugles s'en appercevroient: les uns aussi bien pour le faux que pour le vray, afin de donner à entendre à toute une Cour qu'ils sont amoureux en bon lieu, et qu'ils ont bonne fortune; et Dieu sçait, possible, on ne leur en donneroit pas l'aumosne pour un liard, quand bien on en devroit perdre les œuvres de charité.

—Je cognois un gentilhomme et seigneur, lequel, voulant abrever le monde qu'il estoit venu amoureux d'une belle et honneste dame que je sçay, fit un jour tenir son petit mulet avec deux de ses pages et laquais au devant sa porte. Par cas, M. de Strozze et moy passasmes par-là et vismes ce mystere de ce mulet, ces pages et laquais. Il leur demanda soudain où estoit leur maistre; ils firent response qu'il estoit dans le logis de cette dame, à quoy M. de Strozze se mit à rire et me dire que sur sa vie il gaigeroit qu'il n'y estoit point, et soudain posa son page en sentinelle pour voir si ce faux amant sortiroit; et de-là nous en allasmes soudain en la chambre de la Reyne, où nous le trouvasmes, et non sans rire luy et moy: et sur le soir nous le vinsmes accoster, et en feignant de luy faire la guerre, nous luy demandasmes où il estoit à telle heure après-midy, et qu'il ne s'en sçauroit laver, car nous y avions veu le mulet et ses pages devant la porte de cette dame. Luy, faisant la mine d'estre fasché que nous avions veu cela, et de quoy nous luy en faisions la guerre de faire l'amour en ce bon lieu, il nous confessa vraymant qu'il y estoit; mais il nous pria de n'en sonner mot, autrement que nous le mettrions en peine, et cette pauvre dame qui en seroit escandalisée et mal venue de son mary, ce que nous luy promismes riants tousjours à pleine gorge et nous mocquant de luy, encor qu'il fust assez grand seigneur et qualifié, de n'en parler jamais et que cela ne sortiroit de nostre bouche. Si est-ce qu'au bout de quelques jours qu'il continuoit ses coups faux avec son mulet trop souvent, nous luy descouvrismes la fourbe et luy en fismes la guerre à bon escient et en bonne compagnie, dont de honte s'en desista; car la dame le sceut par nostre moyen, qui fit guetter un jour le mulet et les pages, les faisant chasser de devant sa porte comme gueux de l'hostiere: et si fismes bien mieux, car nous le dismes à son mary, et luy en fismes le conte si plaisamment, qu'il le trouva si bon qu'il en rit luy-mesmes à son aise, et dist qu'il n'avoit pas peur que cet homme le fist jamais cocu; et que s'il ne trouvoit ledit mulet et ses pages bien logés à la porte, qu'il la leur feroit ouvrir et entrer dedans, pour les mettre mieux à couvert et à leur aise, et se garder du chaud ou du froid, ou de la pluye. D'autres pourtant le faisoient bien cocu. Et voilà comme ce bon seigneur, aux despens de cette honneste dame, de laquelle en estant devenu amoureux, se vouloit prévaloir sans avoir respect d'aucun escandale.

—J'ay cogneu un gentilhomme qui escandalisa par ses façons de faire une fort belle et honneste dame, de laquelle en estant devenu amoureux quelque temps, et la pressant d'en obtenir ce bon petit morceau gardé pour la bouche du mary, elle luy refusa tout à plat, et après plusieurs refus, il luy dit comme desesperé: «Hé bien! vous ne le voulez pas, et je vous jure que je vous ruineray d'honneur.» Et pour ce faire s'advisa de faire tant d'allées et venues à cachettes, mais pourtant non si secrettes qu'il ne se montrast à plusieurs yeux exprès, et donnast moyen de s'en appercevoir de nuict et de jour, à la maison où elle se tenoit; braver et se vanter sous main de ses bonnes fausses fortunes, et devant le monde rechercher la dame avec plus de privautez qu'il n'avoit occasion de le faire, et parmy ses compagnons faire du gallant plus pour le faux que pour le vray; si bien qu'estant venu un soir fort tard en la chambre de cette dame tout bousché de son manteau, et se cachant de ceux de la maison, après avoir joué plusieurs de ces tours, fut soubçonné par le maistre d'hostel de la maison, qui fit faire le guet: et, ne l'ayant pu trouver, le mary pourtant battit sa femme et luy donna quelques soufflets, mais poussé après du maistre d'hostel, qui luy dit que ce n'estoit assez, la tua et la dagua, et en eut du Roy fort aisément sa grace. Ce fut grand dommage de cette dame, car elle estoit très-belle. Depuis, ce gentilhomme qui en avoit esté cause ne le porta guières loin, et fut tué en une rencontre de guerre par permission de Dieu, pour avoir si injustement osté l'honneur et la vie à cette honneste dame.

Pour dire la vérité sur cet exemple et sur une infinité d'autres que j'ay veus, il y a aucunes dames qui ont grand tort d'elles-mesmes, et qui sont les vrayes causes de leurs escandales et deshonneur; car elles-mesmes vont attaquer les escarmouches, et attirent les gallants à elles, et du commencement leur font les plus belles caresses du monde, des privautez, des familiaritez, leur donnent par leurs doux attraits et belles paroles des espérances; mais quand il faut venir à ce point, elles le desnient tout à plat. De sorte que les honnestes hommes qui s'estoient proposez force choses plaisantes de leur corps, se desesperent et se despitent en prenant un congé rude d'elles, les vont deshonorant et les publient pour les plus grandes vesses du monde, et en content cent fois plus qu'il n'y en a.

Donc voilà pourquoy il ne faut jamais qu'une honneste dame se mesle d'attirer à soy un gallant gentilhomme, et se laisse servir à luy, si elle ne le contenté[contente?] à la fin selon ses mérites et ses services.

Il faut qu'elle se propose cela si elle ne veut estre perdue, mesme si elle a affaire à un honneste et gallant homme; autrement, dès le commencement, s'il la vient accoster, et qu'elle voye que ce soit pour ce point tant désiré à qui il adresse ses vœux, et qu'elle n'aye point envie de luy en donner, il faut qu'elle luy donne son congé dès l'entrée du logis; car, pour en parler franchement, toutes dames qui se laissent aymer et servir s'obligent tellement, qu'elles ne se peuvent dédire du combat; il faut qu'elles y viennent tost ou tard, quoy qu'il tarde.

Mais il y a des dames qui se plaisent à se faire servir pour rien, sinon pour leurs beaux yeux, et disent qu'elles desirent estre servies, que c'est leur félicité, mais non de venir là, et disent qu'elles prennent plaisir à desirer, et non à exécuter. J'en ay veu aucunes qui me l'ont dit: toutesfois il ne faut pourtant qu'elles le prennent là, car si une fois elles se mettent à desirer, sans point de doute il faut qu'elles viennent à l'exécution; car ainsi la loy d'amour le veut, et que toute dame qui desire, ou souhaite, ou songe de vouloir desirer à soy un homme, cela est fait: si l'homme le connoist et qu'il poursuive fermement celle qu'il attaque, il en aura ou pied ou aile, ou plume ou poil, comme on dit.

—Voilà donc comme les pauvres marys se font cocus par telles opinions de dames qui veulent desirer et non pas exécuter, mais, sans y penser, elles se vont brusler à la chandelle, ou bien au feu qu'elles ont basty d'elles-mesmes, ainsi que font ces pauvres simplettes bergères, lesquelles, pour se chauffer parmy les champs en gardant leurs moutons et brebis, allument un petit feu, sans songer à aucun mal ou inconvénient; mais elles ne se donnent de garde que ce petit feu s'en vient quelquesfois à allumer un si grand, qu'il brusle tout un pays de landes et de taillis.

Il faudroit que telles dames prissent l'exemple, pour les faire sages, de la comtesse d'Escaldasor, demeurant à Pavie, à laquelle M. de Lescu, qui depuis fut appelé le mareschal de Foix, estudiant à Pavie (et pour lors le nommoit-on le protenotaire de Foix, d'autant qu'il estoit dédié à l'Église; mais depuis il quitta la robbe longue pour prendre les armes), faisant l'amour à cette belle dame, d'autant que pour lors elle emportoit le prix de la beauté sur les belles de Lombardie, et s'en voyant pressée, et ne le voulant rudement mecontenter, ny donner son congé, car il estoit proche parent de ce grand Gaston de Foix, M. de Nemours, sous le grand renom duquel alors toute l'Italie trembloit; et un jour d'une grande magnificence et de feste, qui se faisoit à Pavie, où toutes les grandes dames, et mesmes les plus belles de la ville et d'alentour, se trouvèrent ensemble, les honnestes gentilshommes ne manquèrent pas aussi de s'y trouver.

Cette comtesse parut belle entre toutes les autres, pompeusement habillée d'une robbe de satin bleu céleste, toute couverte et semée, autant pleine que vuide, de flambeaux et papillons volletans à l'entour et s'y bruslans, le tout en broderie d'or et d'argent, ainsi que de tout temps les bons brodeurs de Milan ont sceu bien faire par-dessus les autres; si bien qu'elle emporta l'estime d'estre le mieux en point de toute la troupe et compagnie.

M. le protenotaire de Foix, la menant danser, fut curieux de luy demander la signification des devises de sa robbe, se doutant bien qu'il y avoit là-dessous quelque sens caché qui ne luy plaisoit pas. Elle luy respondit: «Monsieur, j'ay fait faire ma robbe de la façon que les gens d'armes et cavaliers font à leurs chevaux rioteux et vitieux, qui ruent et qui tirent du pied; ils leur mettent sur leur crouppe une grosse sonnette d'argent, afin que, par ce signal, leurs compagnons, quand ils sont en compagnie et en foule, soient advertis de se donner garde de ce meschant cheval qui ruë, de peur qu'il ne les frappe. Pareillement, par les papillons volletans et se bruslans dans ces flambeaux, j'advertis les honnestes hommes qui me font ce bien de m'aymer et admirer ma beauté, de n'en approcher trop près, ny en desirer davantage autre chose que la veuë; car ils n'y gagneront rien, non plus que les papillons, sinon desirer et brusler, et n'en avoir rien plus.» Cette histoire est escritte dans les *Devises de Paolo Jovio*. Par ainsi, cette dame advertissoit son serviteur de prendre garde à soy de bonne heure. Je ne sçay s'il en approcha de plus près, ou comme il en fit; mais pourtant, luy, ayant été blessé à mort à la bataille de Pavie, et pris prisonnier, il pria d'estre porté chez cette comtesse, à son logis dans Pavie, où il fut très-bien receu et traitté d'elle. Au bout de trois jours, il y mourut, avec le grand regret de la dame, ainsi que j'ay ouy conter à M. de Monluc, une fois que nous estions dans la tranchée à La Rochelle, de nuit, qu'il estoit en ses causeries, et que je luy fis le conte de cette devise, qui m'asseura avoir veu cette comtesse très-belle, et qui aymoit fort ledit mareschal, et fut bien honnorablement traitté d'elle: du reste, il n'en sçavoit rien si d'autrefois ils avoient passé plus outre. Cet exemple devroit suffire pour plusieurs et aucunes dames que j'ay allegué.

—Or, y a des cocus qui sont si bons, qu'ils font prescher et admonester leurs femmes, par gens de bien et religieux, sur leur conversion et corrections; lesquelles, par larmes feintes et paroles dissimulées, font de grands vœux, promettants monts et merveilles de repentance, et de n'y retourner jamais plus; mais leur serment ne dure guieres, car les vœux et les larmes de telles dames valent autant que jurements et reniements d'amoureux. Comme j'en ay veu et cogneu une dame à laquelle un grand prince, son souverain, fit cette escorne d'introduire et apposter un cordelier d'aller trouver son mary qui estoit en une province pour son service, comme de soy-mesme et venant de la Cour, l'advertir des amours folles de sa femme et du mauvais bruit qui couroit du tort qu'elle luy faisoit; et que, pour son devoir de son estat et vacation, il l'en advertissoit de bonne heure, afin qu'il mist ordre à cette ame pécheresse. Le mary fut bien esbahy d'une telle ambassade et doux office de charité: il n'en fit autre semblant pourtant, si-non de l'en remercier et luy donner espérance d'y pourvoir; mais il n'en traitta point sa femme plus mal à son retour: car qu'y eust-il gaigné? Quand une femme une fois s'est mise à ce train, elle ne s'en détraque non plus qu'un cheval de poste qui a accoustumé si fort le gallop, qu'il ne le sçauroit changer en un autre train d'aller.

Hé! combien s'est-il veu d'honnestes dames qui, ayant été surprises sur ce fait, tancées, battues, persuadées et remonstrées, tant par force que par douceur, de n'y tourner jamais plus, elles promettent, jurent et protestent de se faire chastes, que puis après pratiquent ce proverbe, *Passato il pericolo, gabatto il santo*[29], et retournent plus que jamais en l'amoureuse guerre. Voire qu'il s'en est veu plusieurs d'elles, se sentant dans l'ame quelque ver rongeant, qui d'elles-mesmes faisoient des vœux bien saints et fort solennels, mais ne les gardoient guières, et se repentoient d'estre repenties, ainsi que dit M. du Bellay des courtisanes repenties[30]; et telles femmes affirment qu'il est bien mal-aisé de se défaire pour tout jamais d'une si douce habitude et coustume, puisqu'elles sont si peu en leur courte demeure qu'elles font en ce monde.

Je m'en rapporterois volontiers à aucunes belles filles, jeunes, repenties, qui se sont voilées et recluses, si on leur demandoit et en foy et en conscience ce qu'elles en respondroient, et comme elles desireroient bien souvent leurs hautes murailles abbattues pour s'en sortir aussi-tost.

Voilà pourquoy ne faut point que les marys pensent autrement réduire leurs femmes après qu'elles ont fait la première fausse pointe de leur honneur, si-non de leur lascher la bride, et leur recommander seulement la discrétion et tout guariment d'escandale; car on a beau porter tous les remèdes d'amour qu'Ovide a jamais appris, et une infinité qui se sont encore inventez sublins, ny mesmes les authentiques de maistre François Rabelais, qu'il apprit au vénérable Panurge, n'y serviront jamais rien; ou bien, pour le meilleur, pratiquer un refrain d'une vieille chanson qui fut faite du temps de François I, qui dit: «Qui voudroit garder qu'une femme n'aille du tout à l'abandon, il la faudrait fermer dans une pippe, et en joüir par le bondon.»

—Du temps du roy Henry, il y eut un certain quincailleur qui apporta une douzaine de certains engins à la foire de Sainct Germain pour brider le cas des femmes[31], qui estoient faits de fer et ceinturoient comme une ceinture, et venoient à prendre par le bas et se fermer à clef; si subtilement faits, qu'il n'estoit pas possible que la femme, en estant bridée une fois, s'en peust jamais prévaloir pour ce doux plaisir, n'ayant que quelques petits trous menus pour servir à pisser.

On dit qu'il y eut quelque cinq ou six marys jaloux fascheux qui en acheptèrent et en bridèrent leurs femmes de telle façon qu'elles purent bien dire: «Adieu bon temps.» Si y en eut-il une qui s'advisa de s'accoster d'un serrurier fort subtil en son art, à qui ayant monstré ledit engin, et le sien et tout, son mary estant allé dehors aux champs, il y appliqua si bien son esprit qu'il luy forgea une fausse clef, que la dame le fermoit et ouvroit à toute heure et quand elle vouloit. Le mary n'y trouva jamais rien à dire: et se donna son saoul de ce bon plaisir, en dépit du fat jaloux, cocu de mary, pensant vivre toujours en franchise de cocuage. Mais ce meschant serrurier, qui fit la fausse clef, gasta tout; et si fit mieux, à ce qu'on dit, car ce fut le premier qui en tasta et le fit cornard: aussi n'y avoit-il danger, car Vénus, qui fut la plus belle femme et putain du monde, avoit Vulcain, serrurier et forgeron, pour mary, lequel estoit un fort vilain, salle, boiteux et très-laid.

On dit bien plus, qu'il y eut beaucoup de gallants honnestes gentihommes de la Cour qui menacèrent de telle façon le quinquaillier, que, s'il se mesloit jamais de porter telles ravauderies, qu'on le tueroit, et qu'il n'y retournast plus et jettast tous les autres qui estoient restez dans le retrait, ce qu'il fit; et depuis onc n'en fut parlé, dont il fut bien sage, car c'estoit assez pour faire perdre la moitié du monde, à faute de ne le peupler, par tels bridements, serrures et fermoirs de nature, abominables et détestables ennemis de la multiplication humaine.

—Il y en a qui baillent leurs femmes à garder à des eunuques, que l'empereur Alexandre Severus rejetta fort, avec rude commandement de ne pratiquer jamais les dames romaines; mais ils y ont esté attrapés, non qu'ils engendrassent et les femmes conceussent d'eux, mais en recevoient quelques sentiments et superficies de plaisirs légers, quasi approchants du grand parfait: dont aucuns ne s'en soucient point, disants que leur principal marisson de l'adultere de leurs femmes ne procédoit pas de ce qu'elles s'en faisoient donner, mais qu'il leur faschoit grandement de nourrir et élever et tenir pour enfants ceux qu'ils n'avoient pas faits. Car sans cela ce fust esté le moindre de leurs soucis, ainsi que j'en ay cogneu aucuns et plusieurs, lesquels, quand ils trouvoient bons et faciles ceux qui les avoient faits à leurs femmes, à donner un bon revenu, à les entretenir, ne s'en donnoient aucunement soucy, ainsi qu'ils conseillent à leurs femmes de leur demander, et les prier de donner quelque pension pour nourrir et entretenir le petit qu'elles ont eu d'eux. Comme j'ay ouy conter d'une grande dame, laquelle eut Villecouvin, enfant du roi François I: elle le pria de lui donner ou assigner quelque peu de bien, avant qu'il mourust, pour l'enfant qu'il luy avoit fait; ce qu'il fit, et luy assigna deux cents mille escus en banque, qui luy profitèrent et coururent toujours d'intérêts et de change en change: en sorte qu'estant venu grand, il despensoit si magnifiquement et paroissoit en si belle despense et en jeux à la Cour, qu'un chacun s'en estonnoit, et présumoit-on qu'il joüissoit de quelque dame qu'on n'eusse point pensé, et ne croyoit-on sa mere nullement; mais d'autant qu'il ne bougeoit d'avec elle, un chacun jugeoit que la grande despense qu'il faisoit procédoit de la joüissance d'elle, et pourtant c'estoit le contraire, car elle estoit sa mere, et peu de gens le sçavoient, encore qu'on ne sceut bien sa lignée ni procréation, si ce n'est qu'il vint à mourir à Constantinople, et son aubene, comme bastard, fut donnée au mareschal de Retz, qui estoit fin et sublin à descouvrir tel pot aux roses, mesmes pour son profit, qu'il eust pris sur la glace, et vérifia la bastardise qui avoit esté si long-temps cachée, et emporta le don d'aubene pardessus M. de Teligny, qui avoit esté constitué héritier dudit Villecouvin.

D'autres disoient pourtant que cette dame avoit eu cet enfant d'autres que du Roy, et qu'elle l'avoit ainsi enrichy du sien propre; mais M. de Retz esplucha et chercha tant parmy les banques, qu'il y trouva l'argent et les obligations du roy François. Les uns disoient pourtant d'un autre prince non si grand que le Roy, ou d'un autre moindre; mais, pour couvrir et cacher tout, et nourrir l'enfant, il n'estoit pas mauvais de supposer tout à la Majesté, comme cela se voit en d'autres.

Je croy qu'il y a plusieurs femmes parmy le monde, et mesmes en France, que si elles pensoient produire des enfants à tel prix, que les roys et les grands monteroient aisément sur leurs ventres. Mais bien souvent ils y montent et n'en ont de grandes lippées; dont en ce elles sont bien trompées, car à tels grands volontiers ne s'adonnent-elles, sinon pour avoir le galardon[32], comme dit l'Espagnol.

Il y a une fort belle question sur ces enfants putatifs et incertains, à sçavoir s'ils doivent succéder aux biens paternels et maternels, et que c'est un grand péché aux femmes de les y faire succéder; dont aucuns docteurs ont dit que la femme le doit révéler au mary, et en dire la vérité. Ainsi le refere le docteur subtil. Mais cette opinion n'est pas bonne, disent autres, parce que la femme se diffameroit soy-mesme en le révélant, et pour autant elle n'y est tenuë; car la bonne renommée est un plus grand bien que les biens temporels, dit Salomon.

Il vaut donc mieux que les biens soient occupez par l'enfant, que la bonne renommée se perde; car, comme dit un ancien proverbe, *mieux vaut bonne renommée que ceinture dorée.*

De là les théologiens tirent une maxime qui dit que quand deux préceptes et commandements nous obligent, le moindre doit céder au plus grand; or est-il que le commandement de garder sa bonne renommée est plus grand que celui qui concede de rendre le bien d'autruy; il faut donc qu'il soit préféré à celuy-là.

De plus, si la femme révele cela à son mary, elle se met en danger d'estre tuée du mary mesme, ce qui est fort deffendu de se pourchasser la mort, non pas mesmes est permis à une femme de se tuer de peur d'estre violée ou après l'avoir esté; autrement elle pécheroit mortellement: si-bien qu'il vaut mieux permettre d'estre violée, si on n'y peut, en criant ou fuyant, remédier, que de se tuer soy-mesme; car le violement du corps n'est point péché, si-non du consentement de l'esprit. C'est la réponse que fit sainte Luce au tyran qui la menaçoit de la faire mener au bourdeau. »Si vous me faites, dit-elle, forcer, ma chasteté recevra double couronne.»

Pour cette raison, Lucrece est taxée d'aucuns. Il est vray que sainte Sabine et sainte Sophonienne, avec d'autres pucelles chrestiennes, lesquelles se sont privées de vie afin de ne tomber entre les mains des barbares, sont excusées de nos pères et docteurs, disant qu'elles ont fait cela pour certain mouvement du Saint-Esprit.

Par lequel Saint-Esprit, après la prise de Cypre, une damoiselle cypriotte nouvellement chrestienne, se voyant emmener esclave avec plusieurs autres pareilles dames, pour estre la proye des Turcs, mit le feu secretement dans les poudres de la gallere, si-bien qu'en un moment tout fut embrazé et consumé avec elle, disant: «A Dieu ne plaise que nos corps soient pollus et cogneus par ces vilains Turcs et Sarrasins!» Et Dieu sçait, possible, qu'il avoit esté desja pollu, et en voulut ainsi faire la pénitence; si ce n'est que son maistre ne l'avoit voulu toucher, afin d'en tirer plus d'argent la vendant vierge, comme l'on est friand de taster en ces pays, voire en tous autres, un morceau intact.

Or, pour retourner encor à la garde noble de ces pauvres femmes, comme j'ay dit, les ennuques ne laissent à commettre adultere avec elles, et faire leurs marys cocus, réservé la procréation à part.

—J'ay cogneu deux femmes en France qui se mirent à aymer deux chastrez gentilshommes, afin de n'engroisser point; et pourtant en avoient plaisir, et si ne se scandalisoient. Mais il y a eu des marys si jaloux en Turquie et en Barbarie, lesquels s'estants apperceus de cette fraude, ils se sont advisez de faire chastrer tout à trac leurs pauvres esclaves, et leur couper tout net, dont, à ce que disent et escrivent ceux qui ont pratiqué la Turquie, il n'en reschappe deux de douze ausquels ils exercent cette cruauté, qu'ils ne meurent; et ceux qui en eschappent, ils les ayment et adorent comme vrays, seurs et chastes gardiens de la chasteté de leurs femmes et garantisseurs de leur honneur.

Nous autres Chrestiens n'usons point de ces vilaines rigueurs et par trop horribles; mais au lieu de ces chastrez, nous leur donnons des vieillards sexagénaires, comme l'on fait en Espagne et mesmes à la Cour des Reynes de-là, lesquels j'ay veu gardiens des filles de leur cour et de leur suite: et Dieu sçait, il y a des vieillards cent fois plus dangereux à perdre filles et femmes que les jeunes, et cent fois plus inventifs, plus chaleureux et industrieux à les gaigner et corrompre.

Je croy que telles gardes, pour estre chenues et à la teste et au menton, ne sont pas plus seures que les jeunes, et les vieilles femmes non plus; ainsi comme une vieille gouvernante espagnole conduisant ses filles et passant par une grande salle et voyant des membres naturels peints à l'advantage, et fort gros et desmesurez, contre la muraille, se prit à dire: *Mira que tan bravos no los pintan estos hombres, como quien no los cognosciesse.* Et ses filles se tournèrent vers elles, et y prindrent avis, fors une que j'ay cogneu, qui, contrefaisant de la simple, demanda à une de ses compagnes quels oiseaux estoient ceux-là: car il y en avoit aucuns peints avec des ailes. Elle luy respondit que c'estoient oiseaux de Barbarie, plus beaux en leur naturel qu'en peinture; et Dieu sçait si elle n'en avoit point veu jamais; mais il falloit qu'elle en fist la mine.

Beaucoup de marys se trompent bien souvent en ces gardes; car il leur semble que, pourveu que leurs femmes soient entre les mains des vieilles, que les unes et les autres appellent leurs meres pour titre d'honneur, qu'elles sont très-bien gardées sur le devant, et de belles il n'y en a point de plus aisées à suborner et gaigner qu'elles; car de leur nature, estant avaricieuses comme elles sont, en prennent de toutes mains pour vendre leurs prisonnieres.

D'autres ne peuvent veiller tousjours ces jeunes femmes, qui sont tousjours en bonne cervelle, et mesmes quand elles sont en amours, que la pluspart du temps elles dorment en un coin de cheminée, qu'en leur présence les cocus se forgent sans qu'elles y prennent garde ny n'en sçachent rien.

—J'ai cogneu une dame qui le fit une fois devant sa gouvernante si subtilement, qu'elle ne s'en apperçeut jamais.

Une autre en fit de mesme devant son mary quasy visiblement, ainsi qu'il jouoit à la prime.

D'autres vieilles ont mauvaises jambes, qui ne peuvent pas suivre au grand trot leurs dames, qu'avant qu'elles arrivent au bout d'une allée, ou d'un bois, ou d'un cabinet, leurs dames ont dérobé leur coup en robbe, sans qu'elles s'en soient apperceues, n'ayant rien veu, débiles de jambes et basses de la veuë.

D'autres vieilles et gouvernantes y a-t-il qui, ayant pratiqué le mestier, ont pitié de voir jeusner les jeunes, et leur sont si débonnaires, que d'elles-mesmes elles leur en ouvrent le chemin, et les en persuadent de l'en suivre, et leur assistent de leur pouvoir.

Aussi l'Aretin disoit que le plus grand plaisir d'une dame qui a passé par-là, et tout son plus grand contentement, est d'y faire passer une autre de mesme.

Voilà pourquoy quand on se veut bien aider d'un bon ministre pour l'amour, on prend et s'adresse-t-on plustost à une vieille maquerelle qu'à une jeune femme. Aussi tiens-je d'un fort gallant homme qu'il ne prenoit nul plaisir, et le défendoit à sa femme expressément, de ne hanter jamais compagnies de vieilles, pour estre trop dangereuses, mais avec de jeunes tant qu'elle voudroit; et en alléguoit beaucoup de bonnes raisons que je laisse aux mieux discourans discourir.

Et c'est pourquoy un seigneur de par le monde, que je sçay, confia sa femme, de laquelle il estoit jaloux, à une sienne cousine, fille pourtant, pour lui servir de surveillante; ce qu'elle fit très-bien, encor que de son costé elle retinst moitié du naturel du chien de l'ortollan, d'autant qu'il ne mange jamais des choux du jardin de son maistre, et si n'en veut laisser manger aux autres; mais celle-cy en mangeoit, et n'en vouloit point faire manger à sa cousine: si est-ce que l'autre pourtant lui desroboit tousjours quelque coup en cotte, dont elle ne s'en appercevoit, quelque fine qu'elle fust, ou feignoit de s'en appercevoir.

—J'alléguerois une infinité de remedes dont usent les pauvres jaloux cocus, pour brider, serrer, gesner, et tenir de court leurs femmes qu'elles ne fassent le saut; mais ils ont beau pratiquer tous ces vieux moyens qu'ils ont ouy dire, et d'en excogiter de nouveaux, car ils y perdent leur escrime: car quand une fois les femmes ont mis ce ver-coquin amoureux dans leurs testes, les envoyent à toute heure chez Guillot le Songeur[33], ainsi que j'espere d'en discourir en un chapitre, que j'ay à demi fait, des ruses et astuces des femmes sur ce point, que je confere avec les stratagesmes et astuces militaires des hommes de guerre[34]. Et le plus beau remede, seure et douce garde, que le mary jaloux peut donner à sa femme, c'est de la laisser aller en son plein pouvoir, ainsi que j'ay ouy dire à un gallant homme marié, estant le naturel de la femme que, tant plus on luy défend une chose, tant plus elle desire le faire, et surtout en amours, où l'appetit s'eschauffe plus en le deffendant qu'au laisser courre.

—Voicy une autre sorte de cocus, dont pourtant il y a question, à sçavoir mon, si l'on à joüi d'une femme à plein plaisir durant la vie de son mary cocu, et que le mary vienne à décéder, et que ce serviteur vienne après à espouser cette femme veufve, si, l'ayant espousée en secondes nopces, il doit porter le nom et titre de cocu, ainsi que j'ay cogneu et ouy parler de plusieurs, et de grands.

Il y en a qui disent qu'il ne peut estre cocu, puisque c'est luy-mesme qui en a fait la faction, et qu'il n'y aye aucun qui l'aye fait cocu que lui-mesme, et que ses cornes sont faites de soy-mesme. Toutes fois, il y a bien des armuriers qui font des espées desquelles ils sont tuez où s'entretuent eux-mesmes.

Il y en a d'autres qui disent l'estre réellement cocu, et de fait, en herbe pourtant, ils en alleguent force raisons; mais, d'autant que le procès en est indécis, je le laisse à vuider à la première audience qu'on voudra donner pour cette cause.

Si diray-je encore cettuy-cy d'une bien grande, mariée encore, laquelle s'est compromise encore en mariage à celuy qui l'entretient encore, il y a quatorze ans, et depuis ce temps a toujours attendu et souhaité que son mary mourust. Au diable s'il a jamais pu mourir encore à son souhait; si bien qu'elle pouvoit bien dire: «Maudit soit le mary et le compagnon, qui a plus vescu que je ne voulois!» De maladies et indispositions de son corps il en a eu prou, mais de mort point.

Si bien que le roy Henry troisième, ayant donné la survivance de l'estat beau et grand qu'avoit ledict mary cocu, à un fort honneste et brave gentilhomme, disoit souvent: «Il y a deux personnes en ma Cour auxquelles moult tarde qu'un tel ne meure bientost: à l'une pour avoir son estat, et à l'autre pour espouser son amoureux: mais l'un et l'autre ont esté trompez jusques icy.»

Voilà comme Dieu est sage et provident de n'envoyer point ce que l'on souhaitte de mauvais: toutesfois l'on m'a dit que depuis peu sont en mauvais ménage, et ont bruslé leur promesse de mariage de futur, et rompu le contrat, par grand dépit de la femme et joye du marié prétendu, d'autant qu'il se vouloit pourvoir ailleurs et ne vouloit plus tant attendre la mort de l'autre mary, qui, se mocquant des gens, donnoit assez souvent des allarmes qu'il s'en alloit mourir; mais enfin il a survescu le mary prétendu.

Punition de Dieu, certes; car il ne s'ouyt jamais guères parler d'un mariage ainsi fait; qui est un grand cas, et énorme, de faire et accorder un second mariage, estant le premier encor en son entier.

J'aymerois autant d'une, qui est grande, mais non tant que l'autre que je viens de dire, laquelle, estant pourchassée d'un gentilhomme par mariage, elle l'espousa, non pour l'amour qu'elle luy portoit, mais parce qu'elle le voyoit maladif, atténué et allanguy, et mal disposé ordinairement, et que les médecins lui disoient qu'il ne vivroit pas un an, et mesme après avoir cogneu cette belle femme par plusieurs fois dans son lict: et, pour ce, elle en esperoit bientost la mort, et s'accommoderoit tost après sa mort de ses biens et moyens, beaux meubles et grands advantages qu'il luy donnoit par mariage: car il estoit très-riche et bien-aisé gentilhomme. Elle fut bien trompée; car il vit encore, gaillard, et mieux disposé cent fois qu'avant qu'il l'espousast; depuis elle est morte. On dict que ledict gentilhomme contrefaisoit ainsi du maladif et marmiteux, afin que connoissant cette femme très-avare, elle fust émue à l'espouser sous esperance d'avoir tels grands biens: mais Dieu là-dessus disposa tout au contraire, et fit brouster la chevre là où elle estoit attachée en despit d'elle.

Que dirons-nous d'aucuns qui espousent des putains et courtisannes qui ont esté très-fameuses, comme l'on fait assez coustumièrement en France mais, surtout en Espagne et en Italie, lesquels se persuadent de gaigner les œuvres de miséricorde, *por librar una anima christiana del infierno*[35], comme ils disent, en la sainte voye.

Certainement, j'ai veu aucuns tenir cette opinion et maxime, que s'ils les espousoient pour ce saint et bon sujet, ils ne doivent tenir rang de cocus; car ce qui se fait pour l'honneur de Dieu ne doit pas estre converty en opprobre: moyennant aussi que leurs femmes, estant remises en la bonne voye, ne s'en ostent et retournent à l'autre; comme j'en ay veu aucunes en ces deux pays, qui ne se rendoient plus pécheresses après estre mariées, d'autres qui s'en pouvoient corriger, mais retournoient broncher dans la première fosse.

—La première fois que je fus en Italie, je devins amoureux d'une fort belle courtisanne à Rome, qui s'appeloit Faustine; et d'autant que je n'avois pas grand argent, et qu'elle estoit en trop haut prix de dix ou douze escus pour nuict, fallut que je me contentasse de la parole et du regard. Au bout de quelque temps, j'y retourne pour la seconde fois, et mieux garny d'argent: je l'alloy voir en son logis par le moyen d'une seconde, et la trouvoy mariée avec un homme de justice, en son mesme logis, qui me recueillit de bon amour, et me contant la bonne fortune de son mariage, et me rejetant bien loin ses folies du temps passé, auxquelles elle avoit dit adieu pour jamais. Je luy monstroy de beaux escus françois, mourant pour l'amour d'elle plus que jamais. Elle en fut tentée et m'accorda ce que voulus, me disant qu'en mariage faisant elle avoit arresté et concerté avec son mary sa liberté entière, mais sans escandale pourtant ny déguisement, moyennant une grande somme, afin que tous deux se pussent entretenir en grandeur, et qu'elle estoit pour les grandes sommes, et s'y laissoit aller volontiers, mais non point pour les petites. Celuy-là estoit bien cocu en herbe et gerbe.

—J'ai ouy parler d'une dame de parmy le monde qui, en mariage faisant, voulut et arresta que son mary la laissast à la Cour pour faire l'amour, se reservant l'usage de sa forest de Mort-Bois ou Bois-Mort, comme luy plairoit; aussi, en récompense, elle lui donnoit tous les mois mille francs pour ses menus plaisirs, et ne se soucioit d'autre chose qu'à se donner du bon temps.

Par ainsi, telles femmes qui ont esté libres, volontiers ne se peuvent garder qu'elles ne rompent les serrures estroites de leurs portes, quelque contrainte qu'il y ait, mesme où l'or sonne et reluit: tesmoin cette belle fille du roy Acrise, qui, toute reserrée et renfermée dans sa grosse tour, se laissa à un doux aller à ces belles gouttes d'or de Jupiter.

Ha! que mal-aisément se peut garder, disoit un gallant homme, une femme qui est belle, ambitieuse, avare, convoiteuse d'estre brave, bien habillée, bien diaprée, et bien en point, qu'elle ne donne non du nez, mais du cul en terre, quoy qu'elle porte son cas armé, comme l'on dit, et que son mary soit brave, vaillant, et qui porte bonne espée pour le défendre.

J'en ay tant cogneu de ces braves et vaillants, qui ont passé par-là; dont certes estoit grand dommage de voir ces honnestes et vaillants hommes en venir-là, et qu'après tant de belles victoires gagnées par eux, tant de remarquables conquestes sur leurs ennemis, et beaux combats demeslez par leur valeur, qu'il faille que, parmy les belles feuilles et fleurs de leurs chapeaux triomphants qu'ils portent sur la teste, l'on y trouve des cornes entremeslées, qui les deshonorent du tout: lesquels néantmoins s'amusent plus à leurs belles ambitions par leurs beaux combats, honorables charges, vaillances et exploicts, qu'à surveiller leurs femmes et esclairer leur antre obscur; et, par ainsi, arrivent, sans y penser, à la cité et conqueste de Cornuaille, dont c'est grand dommage pourtant; comme j'en ay bien cogneu un brave et vaillant qui portoit le titre d'un fort grand, lequel un jour se plaisant à raconter ses vaillances et conquestes, il y eut un fort honneste gentilhomme et grand, son allié et famillier, qui dit à un autre: «Il nous raconte ici ses conquestes, dont je m'en estonne; car le cas de sa femme est plus grand que toutes celles qu'il a jamais fait, ny ne fera onques.»

—J'en ay bien cogneu plusieurs autres, lesquels, quelque belle grace, majesté et apparence qu'ils pussent monstrer, si avoient-ils pourtant cette encolure de cocu qui les effaçoit du tout; car, telle encolure et encloueure ne se peut cacher et feindre; quelque bonne mine et bon geste qu'on veuille faire, elle se connoist et s'aperçoit à clair; et, quant à moy, je n'en ay jamais veu en ma vie aucun de ceux-là qui n'en eust ses marques, gestes, postures, et encolures, et encloueures, fors seulement un que j'ay cogneu, que le plus clairvoyant n'y eust sceu rien voir ny mordre, sans connoistre sa femme, tant il avoit bonne grace, belle façon et apparence honnorable et grave.

Je prierois volontiers les dames qui ont de ces marys si parfaits, qu'elles ne leur fissent de tels tours et affronts: mais elles me pourront dire aussi: «Et où sont-ils ces parfait, comme vous dites qu'estoit celuy-là que vous venez d'alléguer?»

Certes, Mesdames, vous avez raison, car tous ne peuvent estre des Scipions et des Césars, et ne s'en trouve plus. Je suis d'advis doncques que vous ensuiviez en cela vos fantaisies; car, puisque nous parlons des Césars, les plus gallants y ont bien passé, et les plus vertueux et parfaits, comme j'ay dit, et comme nous lisons de cet accomply empereur Trajan, les perfections duquel ne purent engarder sa femme Plotine qu'elle s'abandonnast du tout au bon plaisir d'Adrian, qui fut empereur après, de laquelle il tira de grandes commoditez, profits et grandeurs, tellement qu'elle fut cause de son advancement; aussi n'en fut-il ingrat estant parvenu à sa grandeur, car il l'ayma et honnora toujours si bien, qu'elle estant morte, il en demena si grand deuil et en conceut une telle tristesse, qu'enfin il en perdit pour un temps le boire et le manger, et fut contraint de séjourner en la Gaule Narbonnoise, où il sceut ces tristes nouvelles trois ou quatre mois après, pendant lesquels il escrivit au sénat de colloquer Plotine au nombre des déesses, et commanda qu'en ses obseques on lui offrist des sacrifices très-riches et très-somptüeux; et cependant il employa le temps à faire bastir et édifier, à son honneur et mémoire, un très-beau temple près Nemause, ditte maintenant Nismes, orné de très-beaux et riches marbres et porfires, avec autres joyaux.

—Voilà donc comment, en matière d'amours et de ses contentements, il ne faut aviser à rien: aussi Cupidon leur dieu est aveugle; comme il paroist en aucunes, lesquelles ont des marys des plus beaux, des plus honnestes et des plus accomplis qu'on sçauroit voir, et néantmoins se mettent à en aymer n'autres si laids et si salles, qu'il n'est possible de plus.

J'en ay veu force desquelles on faisoit une question: Qui est la dame la plus putain, ou celle qui a un fort beau et honneste mary, et fait un amy laid, maussade et fort dissemblable à son mary; ou celle qui a un laid et fascheux mary, et fait un bel amy bien avenant, et ne laisse pourtant à bien aymer et caresser son mary, comme si c'estoit la beauté des hommes, ainsi que j'ay veu faire à beaucoup de femmes?

Certainement la commune voix veut que celle qui a un beau mary et le laisse pour aymer un amy laid, est bien une grande putain, ny plus ny moins qu'une personne est bien gourmande qui laisse une bonne viande pour en manger une meschante; aussi cette femme quittant une beauté pour aymer une laideur, il y a bien de l'apparence qu'elle le fait pour la seule paillardise, d'autant qu'il n'y a rien plus paillard ni plus propre pour satisfaire à la paillardise, qu'un homme laid, sentant mieux son bouc puant, ord et lascif que son homme; et volontiers, les beaux et honnestes hommes sont un peu plus délicats et moins habiles à rassasier une luxure excessive et effrénée, qu'un grand et gros ribaut barbu, ruraud et satyre.

D'autres disent que la femme qui ayme un bel amy et un laid mary, et les caresse tous les deux, est bien autant putain, pour ce qu'elle ne veut rien perdre de son ordinaire et pension.

Telles femmes ressemblent à ceux qui vont par pays, et mesmes en France, qui, estant arrivés le soir à la souppée du logis, n'oublient jamais de demander à l'hoste la mesure du mallier, et faut qu'il l'aye, quand il seroit saoul à plein jusqu'à la gorge.

Ces femmes de mesmes veulent toujours avoir à leur coucher, quoy qu'il soit, la mesure de leur mallier, comme j'en ay cogneu une qui avoit un mary très-bon embourreur de bas; encores la veulent-elles croistre et redoubler en quelque façon que ce soit, voulant que l'amy soit pour le jour qui esclaire sa beauté, et d'autant plus en fait venir l'envie à la dame, et s'en donne plus de plaisir et contentement par l'ayde de la belle lueur du jour; et monsieur laid pour la nuict, car, comme on dit que tous chats sont gris de nuict, et pourveu que cette dame rassasie ses appetits, elle ne songe point si son homme de mary est laid ou beau.

Car, comme je tiens de plusieurs, quand on est en ces extases de plaisir, l'homme ny la femme ne songent point à autre sujet ny imagination, si-non à celuy qu'ils traittent pour l'heure présente: encore que je tienne de bon lieu que plusieurs dames ont fait accroire à leurs amys que quand elles estoient-là avec leurs marys, elles addonnoient leurs pensées à leurs amys, et ne songeoient à leurs marys, afin d'y prendre plus de plaisir; et à des marys, ay-je ouy dire ainsi qu'estant avec leurs femmes songeoient à leurs maistresses, pour cette mesme occasion: mais ce sont abus.

Les philosophes naturels m'ont dit qu'il n'y a que le seul objet présent qui les domine alors, et nullement l'absent, et en alléguoient force raisons; mais je ne suis assez bon philosophe ny sçavant pour les déduire, et aussi qu'il y en a d'aucunes salles. Je veux observer la vérécondie, comme on dit. Mais pour parler de ces elections d'amours laides, j'en ay veu force en ma vie, dont je m'en suis estonné cent fois.

—Retournant une fois d'un voyage de quelque province estrangere, que ne nommeray point de peur qu'on connoisse le sujet duquel je veux parler, et discourant avec une grande dame de par le monde, parlant d'une autre grande dame et princesse que j'avois veue-là, elle me demanda comment elle faisoit l'amour. Je lui nommoy le personnage lequel elle tenoit pour son favory, qui n'estoit ny beau ni de bonne grace, et de fort basse qualité. Elle me fit response: «Vrayment elle se fait fort grand tort, et à l'amour un très-mauvais tour, puis qu'elle est si belle et si honneste comme on la tient.»

Cette dame avoit raison de me tenir ces propos, puis qu'elle n'y contrarioit point, et ne les dissimuloit par effet; car elle avoit un honneste amy et bien favory d'elle. Et quand tout est bien dit, une dame ne se fera jamais de reproche quand elle voudra aymer et faire election d'un bel object, ny de tort au mary non plus, quand ce ne seroit autre raison que pour l'amour de leur lignée; d'autant qu'il y a des marys qui sont si laids, si fats, si sots, si badauts, de si mauvaise grace, si poltrons, si coyons et de si peu de valeur, que leurs femmes venans à avoir des enfants d'eux, et les ressemblans, autant vaudroit n'en avoir point du tout, ainsy que j'ay cogneu plusieurs dames, lesquelles ayant eu des enfants de tels marys, ils ont esté tous tels que leurs peres; mais en ayant emprunté aucuns de leurs amys, ont surpassé leurs peres, freres et sœurs en toutes choses.

—Aucuns aussi des philosophes qui ont traitté de ce sujet ont tenu toujours que les enfants ainsi empruntez ou derobbez, ou faits à cachettes et à l'improviste, sont bien plus gallants et tiennent bien plus de la façon gentille dont on use à les faire prestement et habillement, que non pas ceux qui se font dans un lict lourdement, fadement, pesamment, à loisir, et quasi à demy endormis, ne songeans qu'à ce plaisir en forme brutale.

Aussi ay-je ouy dire à ceux qui ont charge des harras des roys et grands seigneurs, qu'ils ont veu souvent sortir de meilleurs chevaux derobbez par leurs meres, que d'autres faits par la curiosité des maistres du haras et estallons donnez et appostez: ainsi est-il des personnes.

Combien en ay-je veu de dames avoir produit des plus beaux et honnestes et braves enfants! Que si leurs pères putatifs les eussent faits, ils fussent esté vrays veaux et vrayes bestes.

Voilà pourquoy les femmes sont bien advisées de s'ayder et accommoder de beaux et bons estallons, pour faire de bonnes races. Mais aussi en ay-je bien veu qui avoient de beaux marys, qui s'aidoient de quelques amys laids et vilains estallons, qui procréoyent de hideuses et mauvaises lignées.

Voilà une des signalées commoditez et incommoditez de cocuage.

—J'ay cogneu une dame de par le monde, qui avoit un mary fort laid et fort impertinent; mais, de quatre filles et deux garçons qu'elle eut, il n'y eut que deux qui valussent, estants venus et faits de son amy; et les autres venus de son chalant de mary (je dirois volontiers chat-huant, car il en avoit la mine), furent fort maussades.

Les dames en cela y doivent estre bien advisées et habiles, car coustumièrement les enfants ressemblent à leurs pères, et touchent fort à leur honneur quand ils ne leur ressemblent. Ainsi que j'ay veu par expérience beaucoup de dames avoir cette curiosité de faire dire et accroire à tout le monde que leurs enfants ressemblent du tout à leur père et non à elles, encor qu'ils n'en tiennent rien; car c'est le plus grand plaisir qu'on leur sçauroit faire, d'autant qu'il y a apparence qu'elles ne l'ont emprunté d'autruy, encore qu'il soit le contraire.

—Je me suis trouvé une fois en une grande compagnie de Cour où l'on advisoit le pourtrait de deux filles d'une très-grande reyne. Chacun se mit à dire son advis à qui elles ressembloient, de sorte que tous et toutes dirent qu'elles tenoient du tout de la mère; mais moy, qui estois très-humble serviteur de la mère, je pris l'affirmative, et dis qu'elles tenoient du tout du père, et que si l'on eust cogneu et veu le père comme moy, l'on me condescendroit. Sur quoy la sœur de cette mère m'en remercia et m'en sçeut très-bon gré, et bien fort, d'autant qu'il y avoit aucunes personnes qui le disoient à dessein, pour ce qu'on la soupçonnoit de faire l'amour, et qu'il y avoit quelque poussière dans sa fleute, comme l'on dit; et par ainsi mon opinion sur cette ressemblance du père rabilla tout. Donc sur ce point, qui aymera quelque dame et qu'on verra enfants de son sang et de ses os, qu'il dit tousjours qu'ils tiennent du père du tout, bien que non.

Il est vray qu'en disant qu'ils ont de la mère un peu il n'y aura pas de mal, ainsi que dit un gentilhomme de la Cour, mon grand amy, parlant en compagnie de deux gentilshommes frères assez favoris du roy[36], à qui ils ressembloient, au père ou à la mère; il respondit que celui qui estoit froid ressembloit au père, et l'autre qui estoit chaud ressembloit à la mere; par ce brocard le donnant bon à la mère, qui estoit chaudasse; et de fait ces deux enfants participoient de ces deux humeurs froide et chaude.

—Il y a une autre sorte de cocus qui se forme par le desdain qu'ils portent à leurs femmes, ainsi que j'en ay cogneu plusieurs qui, ayant de très-belles et honnestes femmes, n'en faisoient cas, les mesprisoient et desdaignoient, celles qui estoient habiles et pleines de courage, et de bonne maison, se sentans ainsi desdaignées, se revangeoient à leur en faire de mesme: et soudain après bel amour, et de là à l'effet; car, comme dit le refrain italien et napolitain, *amor non si vince con altro che con sdegno*[37].

Car ainsi une femme belle, honneste, et qui se sent telle et se plaise, voyant que son mary la desdaigne, quand elle luy porteroit le plus grand amour marital du monde, mesme quand on la prescheroit et proposeroit les commandements de la loy pour l'aymer, si elle a le moindre cœur du monde, elle le plante là tout à plat et fait un amy ailleurs pour la secourir en ses petites nécessitez, et élit son contentement.

—J'ay cogneu deux dames de la Cour, toutes deux belles-sœurs; l'une avoit espousé un mary favory, courtisan et fort habille, et qui pourtant ne faisoit cas de sa femme comme il devoit, veu le lieu d'où elle estoit, et parloit à elle devant le monde comme à une sauvage, et la rudoyoit fort. Elle, patiente, l'endura pour quelque temps, jusques à ce que son mary vint un peu défavorisé; elle, espiant et prenant l'occasion au poil et à propos, la luy ayant gardée bonne, luy rendit aussitost le desdain passé qu'il luy avoit donné, en le faisant gentil cocu: comme fit aussi sa belle-sœur, prenant exemple à elle, qui ayant esté mariée fort jeune et en tendre age, son mary n'en faisant cas comme d'une petite fillaude, ne l'aymoit comme il devoit; mais elle, se venant advancer sur l'age, et à sentir son cœur en reconnoissant sa beauté, le paya de mesme monnoye, et luy fit un présent de belles cornes pour l'intérest du passé.

—D'autres-fois ay-je cogneu un grand seigneur, qui, ayant pris deux courtisannes, dont il y en avoit une more, pour ses plus grandes délices et amyes, ne faisant cas de sa femme, encore qu'elle le recherchast avec tous les honneurs, amitiez et révérances conjugales qu'elle pouvoit; mais il ne la pouvoit jamais voir de bon œil ny embrasser de bon cœur, et de cent nuicts il ne luy en départoit pas deux. Qu'eust-elle fait la pauvrette là-dessus, après tant d'indignitez, si-non de faire ce qu'elle fit, de choisir un autre lict vaccant, et s'accoupler avec une autre moitié, et prendre ce qu'elle en vouloit?

Au moins si ce mary eust fait comme un autre que je sçay, qui estoit de telle humeur, qui, pressé de sa femme, qui estoit très-belle, et prenant plaisir ailleurs, lui dit franchement: «Prenez vos contentements ailleurs, je vous en donne congé. Faites de vostre costé ce que vous voudrez faire avec un autre: je vous laisse en vostre liberté; et ne vous donnez peine de mes amours, et laissez-moy faire ce qu'il me plaira. Je n'empescheray point vos aises et plaisirs: aussi ne m'empeschez les miens.» Ainsi, chacun quitte de-là, tous deux mirent la plume au vent; l'un alla à dextre et l'autre à senestre, sans se soucier l'un de l'autre; et voilà bonne vie.

J'aymerois autant quelque vieillard impotent, maladif, gouteux, que j'ay cogneu, qui dist à sa femme, qui estoit très-belle, et ne la pouvant contenter comme elle le desiroit, un jour: «Je sçay bien, m'amie, que mon impuissance n'est bastante pour vostre gaillard age. Pour ce, je vous puis être beaucoup odieux, et qu'il n'est possible que vous me puissiez être affectionnée femme, comme si je vous faisois les offices ordinaires d'un mary fort et robuste. Mais j'ai advisé de vous permettre et de vous donner totale liberté de faire l'amour, et d'emprunter quelque autre qui vous puisse mieux contenter que moy. Mais, surtout, que vous en élisiés un qui soit discret, modeste, et qui ne vous escandalise point, et moy et tout, et qu'il vous puisse faire une couple de beaux enfants, lesquels j'aymeray et tiendray comme les miens propres; tellement que tout le monde pourra croire qu'ils sont vrays et légitimes enfants, veu que encore j'ay en moy quelques forces assez vigoureuses, et les apparences de mon corps suffisantes pour faire paroir qu'il sont miens.»

Je vous laisse à penser si cette belle jeune femme fut aise d'avoir cette agréable, jolie petite remontrance, et licence de jouir de cette plaisante liberté, qu'elle pratiqua si bien, qu'en un rien elle peupla la maison de deux ou trois beaux petits enfants, où le mary, parce qu'il la touchoit quelquefois et couchoit avec elle, y pensoit avoir part, et le croyoit, et le monde et tout; et, par ainsi, le mary et la femme furent très-contents, et eurent belle famille.

—Voici une autre sorte de cocus qui se fait par une plaisante opinion qu'ont aucunes femmes, c'est à sçavoir qu'il n'y a rien plus beau ny plus licite, ny plus recommandable que la charité, disant qu'elle ne s'estend pas seulement à donner aux pauvres qui ont besoin d'estre secourus et assistez des biens et moyens des riches, mais aussi d'ayder à esteindre le feu aux pauvres amants langoureux que l'on voit brusler d'un feu d'amour ardent: «Car, disent-elles, quelle chose peut-il estre plus charitable, que de rendre la vie à un que l'on voit se mourir, et raffraîchir du tout celui que l'on voit se brusler?» Ainsi, comme dit ce brave palladin, le seigneur de Montauban, soustenant la belle Geneviève dans l'Arioste, que celle justement doit mourir qui oste la vie à son serviteur, et non celle qui la luy donne. S'il disoit cela d'une fille, à plus forte raison telles charitez sont plus recommandées à l'endroit des femmes que des filles, d'autant qu'elles n'ont point leurs bourses déliées ny ouvertes encor comme les femmes, qui les ont, au moins aucunes, très-amples et propres pour en eslargir leurs charitez.

Sur-quoy je me souviens d'un conte d'une fort belle dame de la Cour, laquelle pour un jour de Chandelleur s'estant habillée d'une robe de damas blanc, et avec toute la suitte de blanc, si bien que ce jour rien ne parut de plus beau et de plus blanc, son serviteur ayant gaigné une sienne compagne qui estoit belle dame aussi, mais un peu plus aagée et mieux parlante, et propre à intercéder pour luy; ainsi que tous trois regardoient un fort beau tableau où estoit peinte une Charité toute en candeur et voile blanc, icelle dit à sa compagne: «Vous portez aujourd'huy le mesme habit de cette Charité; mais, puisque la représentez en cela, il faut aussi la représenter en effet à l'endroit de vostre serviteur, n'estant rien si recommandable qu'une miséricorde et une charité, en quelque façon qu'elle se face, pourveu que ce soit en bonne intention, pour secourir son prochain. Usez-en donc: et si vous avez la crainte de vostre mary et du mariage devant les yeux, c'est une vaine superstition que nous autres ne devons avoir, puisque nature nous a donné des biens en plusieurs sortes, non pour s'en servir en espargne, comme une salle avare de son tresor, mais pour les distribuer honnorablement aux pauvres souffreteux et nécessiteux. Bien est-il vray que nostre chasteté est semblable à un tresor, lequel on doit espargner en choses basses: mais, pour choses hautes et grandes, il le faut despenser en largesse, et sans espargne. Tout de mesmes faut-il faire part de nostre chasteté, laquelle on doit eslargir aux personnes de mérite et vertu, et de souffrance, et la dénier à ceux qui sont viles, de nulle valeur, et de peu de besoin. Quant à nos marys, ce sont vrayement de belles idoles, pour ne donner qu'à eux seuls nos vœux et nos chandelles, et n'en départir point aux autres belles images! car c'est à Dieu seul à qui on doit un vœu unique, et non à d'autres.» Ce discours ne deplut point à la dame, et ne nuisit non plus nullement au serviteur, qui, par un peu de persévérance, s'en ressentit. Tels presches de charité pourtant sont dangereux pour les pauvres marys.

—J'ay ouy conter (je ne sçay s'il est vray, aussi ne veux-je affirmer) qu'au commencement que les Huguenots plantèrent leur religion, faisoient leurs presches la nuict et en cachettes, de peur d'estre surpris, recherchés et mis en peine, ainsi qu'ils furent un jour en la rue Saint-Jacques à Paris, du temps du roy Henri second, où des grandes dames que je sçay, y allans pour recevoir cette charité, y cuidèrent estre surprises. Après que le ministre avoit fait son presche, sur la fin leur recommandoit la charité, et incontinent après on tuoit leurs chandelles, et là un chacun et chacune l'exerçoit envers son frère et sa sœur chrestienne, se la départans l'un à l'autre selon leur volonté et pouvoir; ce que je n'oserois bonnement asseurer, encore qu'on m'asseurast qu'il estoit vray; mais possible que cela est pur mensonge et imposture. Toutefois je sçay bien qu'à Poitiers pour lors il y avoit une femme d'un advocat, qu'on nommoit la belle Gotterelle[38], que j'ay veue, qui estoit des plus belles femmes, ayant la plus belle grace et façon, et des plus désirables qui fussent en la ville pour lors; et pour ce chacun lui jettoit les yeux et le cœur. Elle fut repassée au sortir du presche, par les mains de douze escoliers, l'un après l'autre, tant au lieu du consistoire que sous un auvent, encore ay-je ouy dire sous une potence du Marche Vieux, sans qu'elle en fist un seul bruit ny autre refus; mais, demandant seulement le mot du presche, les recevoit les uns après les autres courtoisement, comme ses vrays freres en Christ. Elle continua envers eux cette aumosne long temps, et jamais elle n'en voulut prester pour un double à un papiste: si en eut-ils néantmoins plusieurs papistes qui, empruntans de leurs compagnons huguenots le mot et le jargon de leur assemblée, en jouirent. D'autres alloient au presche exprès, et contrefaisoient les Réformez, pour l'apprendre, afin de joüir de cette belle femme. J'étois lors à Poitiers jeune garçon estudiant, que plusieurs bons compagnons, qui en avoient leur part, me le dirent et me le jurèrent: mesme le bruit estoit tel en la ville. Voilà une plaisante charité, et conscientieuse femme, faire ainsi choix de son semblable en la religion!

Il y a une autre forme de charité qui se pratique, et s'est pratiquée souvent, à l'endroit des pauvres prisonniers qui sont ès prisons, et privez des plaisirs des dames, desquels les geollieres et les femmes qui en ont la garde, ou, les castellanes qui ont dans les chasteaux des prisonniers de guerre, en ayant pitié, leur font part de leur amour, et leur donnent de cela par charité et miséricorde; ainsi que dit une fois une courtisanne romaine à sa fille de laquelle un gallant estoit extresmement amoureux, et ne luy en vouloit pas donner pour un double. Elle luy dit: *E da gli al manco per misericordia*[39].

Ainsi ces geollieres, castellanes et autres, traittent leurs prisonniers, lesquels, bien qu'ils soient captifs et misérables, ne laissent à sentir les picqueures de la chair, comme au meilleur temps qu'ils pourroient avoir. Aussi dit-on en vieil proverbe: «L'envie en vient de pauvreté;» et aussi bien sur la paille et sur la dure messer Priape hausse la teste, comme dans le lict du monde le meilleur et le plus doux. Voilà pourquoy les gueux et les prisonniers, parmi leurs hospitaux et prisons, sont aussi paillards que les roys, les princes et les grands, dans leurs beaux pallais et licts royaux et délicats.

Pour en confirmer mon dire, j'allégueray un conte que me fit un jour le capitaine Beaulieu, capitaine de galleres, duquel j'ay parlé quelquefois. Il estoit à feu M. le grand-prieur de France, de la maison de Lorraine, et estoit fort aymé de luy: l'allant un jour trouver à Malthe dans une frégatte, il fut pris des galleres de Sicile, et mené prisonnier au Castel à Mare de Palerme, où il fut resserré en une prison fort estroite, obscure et misérable, et très-mal traité, l'espace de trois mois. Par cas, le castellan, qui estoit Espagnol, avoit deux fort belles filles, qui, l'oyant plaindre et attrister, demandèrent un jour congé au pere pour le visiter pour l'honneur de Dieu, qui leur permit librement. Et d'autant que le capitaine Beaulieu estoit fort gallant homme certes, et disoit des mieux, il les sceut si bien gagner dès l'abord de cette première visite, qu'elles obtindrent du pere qu'il sortist de cette meschante prison, et fust mis en une chambre assez honneste, et receust meilleur traitement. Ce ne fut pas tout, car elles obtindrent congé de l'aller voir librement tous les jours une fois et causer avec luy. Tout cela se demena si bien que toutes deux en furent amoureuses, bien qu'il ne fust pas beau et elles très-belles, que, sans respect aucun, ny de prison plus rigoureuse, ny d'hazard de mort, mais tenté de privautez, il se mit à joüir de toutes deux bien et beau tout à son aise; et dura ce plaisir sans escandale, et fut si heureux en cette conqueste l'espace de huict mois, qu'il n'en arriva nul escandale, mal, inconvénient, ni de ventre enflé, ny d'aucune surprise ny découverte: car ces deux sœurs s'entendoient et s'entredonnoient si bien la main, et se relevoient si gentiment de sentinelle, qu'il n'en fut jamais autre chose; et me jura, car il estoit fort mon amy, qu'en sa plus grande liberté il n'eut jamais si bon temps, ny plus grande ardeur, ny appetit à cela, qu'en cette prison, qui luy estoit très-belle, bien qu'on die n'y en avoir jamais aucunes belles. Et luy dura tout ce bon temps l'espace de huict mois, que la trève fut faite entre l'Empereur et le roi Henri second, que tous les prisonniers sortirent et furent relaschés: et me jura que jamais il ne se fascha tant que de sortir de cette si bonne prison; mais bien gasté laisser ces belles filles, tant favorisé d'elles, qui au départir en firent tous les regrets du monde.

Je luy demanday si jamais il appréhenda inconvenient s'il fust esté découvert. Il me dit bien qu'ouy, mais non qu'il le craignist: car, au pis aller, on l'eust fait mourir; et il eust autant aymé mourir que rentrer en sa première prison. De plus, il craignoit que s'il n'eust contenté ces honnestes filles, puisqu'elles le recherchoient tant, qu'elles en eussent conceu un tel desdaing et dépit, qu'il en eust eu quelque pire traitement encore; et pour ce, bandant les yeux à tout, il se hasarda à cette belle fortune. Certes on ne sçauroit assez louer ces bonnes filles espagnoles si charitables: ce ne sont pas les premieres ny les dernieres.

—On a dit d'autres fois en nostre France, que le duc d'Ascot, prisonnier au bois de Vincennes, se sauva de prison par le moyen d'une honneste dame, qui toutesfois s'en cuida trouver mal, car il y alloit du service du Roy[40]: et telles charitez sont réprouvables, qui touchent le party du général, mais fort bonnes et louables, quand il n'y va que du particulier, et que le seul joly corps s'y expose; peu de mal pour cela. J'alléguerois force braves exemples faisant à ce sujet, si j'en voulois faire un discours à part, qui n'en seroit pas trop mal plaisant. Je ne diray que cettuy-ci, et puis nul autre, pour estre plaisant et antique.

Nous trouvons dans Tite-Live que les Romains, après qu'ils eurent mis la ville de Capoue à totale destruction, aucuns des habitants vindrent à Rome pour représenter au sénat leur misere, le prierent d'avoir pitié d'eux. La chose fut mise au conseil: entr'autres qui opinèrent fut M. Atilius Regulus, qui tint qu'il ne leur falloit faire aucune grace, «car il ne sauroit trouver en tout, disoit-il, aucun Capoüan, depuis la révolte de leur ville, qu'on pust dire avoir porté le moindre brin d'amitié et d'affection à la république romaine, que deux honnestes femmes: l'une, Vesta Opia, atellane, de la ville d'Atelle, demeurant à Capoüe pour lors; et l'autre, Francula Cluvia;» qui toutes deux avoient esté autresfois filles de joye et courtisanes, en faisant le mestier publiquement. L'une n'avoit laissé passer un seul jour sans faire prieres et sacrifices pour le salut et victoire du peuple romain; et l'autre, pour avoir secouru à cachettes de vivres les pauvres prisonniers de guerre mourans de faim et pauvreté.

Certes voilà des charitez et piétez très-belles; dont sur ce un gentil cavalier, une honneste dame et moy, lisants un jour ce passage, nous nous entredismes soudain que, puisque ces deux honnestes dames s'estoient desjà avancées et estudiées à de si bons et pies offices, qu'elles avoient bien passé à d'autres, et à leur départir les charitez de leurs corps; car elles en avoient distribué d'autres fois à d'autres estans courtisanes, ou possible qu'elles l'estoyent encore; mais le livre ne le dit pas, et a laissé le doute-là; car il se peut présumer. Mais quand bien elles eussent continué le mestier et quitté pour quelque temps, elles le purent reprendre ce coup-là, n'estant rien si aisé et si facile à faire; et peut-estre aussi qu'elles y cogneurent et receurent encore quelques uns de leurs bons amoureux, de leurs vieilles connoissances, qui leur avoient autresfois sauté sur le corps, et leur en voulurent encor donner sur quelques vieilles erres, ou du tout: aussi que, parmi les prisonniers, elles y en purent voir aucuns incogneus qu'elles n'avoient jamais veu que cette fois, et les trouvoient beaux, braves et vaillants, de belles façons, qui méritoient bien la charité tout entière, et pour ce ne leur espargnant la belle joüissance de leur corps, il ne se peut faire autrement. Ainsi, en quelque façon que ce fust, ces honnestes dames méritoient bien la courtoisie que la république romaine leur fit et recogneut, car elle leur fit rentrer en tous leurs biens, et en joüirent aussi paisiblement que jamais; encor plus, leur firent à sçavoir qu'elles demandassent ce qu'elles voudroient, elles l'auroient; et pour en parler au vray, si Tite-Live ne fust esté si abstraint, comme il ne devoit, à la vérécondie et modestie, il devoit franchir le mot tout à trac d'elles, et dire qu'elles ne leur avoient espargné leur gent corps; et ainsi ce passage d'histoire fust esté plus beau et plaisant à lire, sans aller l'abbréger, et laisser au bout de la plume le plus beau de l'histoire. Voilà ce que nous en discourusmes pour lors.

—Le roy Jean, prisonnier en Angleterre, receut de mesme plusieurs faveurs de la comtesse de Salsberiq, et si bonnes, que, ne la pouvant oublier, et les bons morceaux qu'elle luy avoit donnés, qu'il s'en retourna la revoir, ainsi qu'elle luy fit jurer et promettre.

—D'autres dames y a-t-il qui sont plaisantes en cela pour certain poinct de conscientieuse charité; comme une qui ne vouloit permettre à son amant, tant qu'il couchoit avec elle, qu'il la baisast le moins du monde à la bouche, alléguant par ses raisons que sa bouche avoit fait le serment de foy et de fidélité à son mary, et ne la vouloit point souiller par la bouche qui l'avoit fait et presté; mais quant à celle du ventre, qui n'en avoit point parlé ni rien promis, lui laissoit faire à son bon plaisir, et ne faisoit point de scrupule de la prester, n'estant en puissance de la bouche du haut de s'obliger pour celle du bas, ny celle du bas pour celle du haut non plus; puisque la coustume du droit ordonnoit de ne s'obliger pour autruy sans consentement et parole de l'une et de l'autre, ny un seul pour le tout en cela.

—Une autre conscentieuse et scrupuleuse, donnant à son amy joüissance de son corps, elle vouloit toujours faire le dessus, et sous-mettre à soy son homme, sans passer d'un seul iota cette regle; et, l'observant estroitement et ordinairement, disoit-elle que si son mary ou autre lui demandoit si un tel luy avoit fait cela, qu'elle pust jurer et renier, et seurement protester, sans offenser Dieu, que jamais il ne luy avoit fait ny monté sur elle. Ce serment sceut-elle si bien pratiquer, qu'elle contenta son mary et autres par ses jurements serrez en leurs demandes, et la creurent, veu ce qu'elle disoit, «mais n'eurent jamais l'advis de demander, ce disoit-elle, si jamais elle avoit fait le dessus, surquoy m'eussent bien mespris et donner à songer.» Je pense en avoir encor parlé cy-dessus; mais on ne se peut pas toujours souvenir de tout; et aussi il y en a cettuy-cy plus qu'en l'autre, s'il me semble.

—Coustumièrement, les dames de ce mestier sont grandes menteuses, et ne disent mot de vérité; car elles ont tant appris et accoustumé à mentir (ou si elles font autrement sont des sottes, et mal leur en prend) à leurs marys et amants sur ces sujets et changements d'amour, et à jurer qu'elles ne s'adonnent à autres qu'à eux, que, quand elles viennent à tomber sur autres sujets de conséquence, ou d'affaires, ou discours, jamais ne font que mentir, et ne leur peut-on croire.

D'autres femmes ay-je cogneu et ouy parler, qui ne donnoyent à leur amant leur joüissance, si-non quand elles estoient grosses, afin de n'engroisser de leur semence; en quoy elles faisoient grande conscience de supposer aux marys un fruit qui n'estoit pas à eux, et le nourrir, alimenter et élever comme le leur propre. J'en ay encore parlé cy-dessus. Mais, estant grosses une fois, elles ne pensoient point offenser le mary, ny le faire cocu, en se prostituant. Possible aucunes le faisoient pour les mesmes raisons que faisoit Julia, fille d'Auguste, et femme d'Agrippa, qui fut en son temps une insigne putain, dont son pere en enrageoit plus que le mary. Luy estant demandé une fois si elle n'avoit point de crainte d'engroisser de ses amys, et que son mary s'en aperceust et ne l'affolast, elle respondit: «J'y mets ordre, car je ne reçois jamais personne ny passager dans mon navire, si-non quand il est chargé et plein.»

Voicy encore une autre sorte de cocus; mais ceux-là sont vrays martyrs, qui ont des femmes laides comme diables d'enfer, qui se veulent mesler de taster de ce doux plaisir aussi bien que les belles, ausquelles le seul privilége est deu, comme dit le proverbe: *Les beaux hommes au gibet, et les belles femmes au bourdeau*[41]: et, toutesfois, ces laides charbonnières font la folie comme les autres, lesquelles il faut excuser, car elles sont femmes comme les autres, et ont pareille nature, mais non si belle. Toutesfois, j'ai veu des laides, au moins en leur jeunesse, qui s'apprécient tant pourtant comme les belles, ayant opinion que femme ne vaut autant, si-non ce qu'elle se veut faire valloir et se vendre; aussi qu'en un bon marché toutes denrées se vendent et se dépositent[42], les unes plus, les autres moins, selon qu'on en a à faire, et selon l'heure tardive que l'on vient au marché après les autres, et selon le bon prix que l'on y trouve; car, comme l'on dit, l'on court toujours au meilleur marché, encore que l'estoffe ne soit la meilleure, mais selon la faculté du marchand et de la marchande. Ainsi est-il des femmes laides, dont j'en ay veu aucunes, qui, ma foy, estoient si chaudes et lubriques, et duites à l'amour aussi bien que les plus belles, et se mettoyent en place marchande, et vouloient s'avancer et se faire valloir tout de mesmes. Mais le pis que je vois en elles, c'est qu'au lieu que les marchands prient les plus belles, celles-cy laides prient les marchands de prendre et d'achepter de leurs denrées, qu'elles leur laissent pour rien et à vil prix: mesmes font-elles mieux; car le plus souvent leur donnent de l'argent pour s'accoster de leurs chalanderies et se faire fourbir à eux; dont voilà la pitié: car pour telle fourbissure, il n'y faut petite somme d'argent; si bien que la fourbissure couste plus que ne vaut la personne, et la lexive que l'on y met pour bien la fourbir, et cependant monsieur le mary demeure cocu et coquin tout ensemble d'une laide, dont le morceau est bien plus difficile à digérer que d'une belle; outre que c'est une misere extresme d'avoir à ses costez un diable d'enfer couché, au lieu d'un ange. Sur quoy j'ay ouy souhaitter à plusieurs galants hommes une femme belle et un peu putain, plustost qu'une femme laide et la plus chaste du monde; car en une laideur n'y loge que toute misere et desplaisir, et nul brin de félicité. En une belle, tout plaisir et félicité y abonde, et bien peu de misere, selon aucuns. Je m'en rapporte à ceux qui ont battu cette sente et chemin. A aucuns j'ay ouy dire que, quelques fois, pour les marys, il n'est si besoin aussi qu'ils ayent leurs femmes si chastes; car elles en sont si glorieuses, je dis celles qui ont ce don très-rare, que quasi vous diriez qu'elles veulent dominer, non leurs marys seulement, mais le ciel et les astres: voire qu'il leur semble, par telle orgueilleuse chasteté, que Dieu leur doive du retour. Mais elles sont bien trompées; car j'ay ouy dire à de grands docteurs que Dieu ayme plus une pauvre pécheresse, humiliante et contrite (comme il fit la Magdelaine), que non pas une orgueilleuse et superbe qui pense avoir gagné le paradis, sans autrement vous loir miséricorde ny sentence de Dieu.

—J'ay ouy parler d'une dame si glorieuse pour sa chasteté qu'elle vint tellement à mépriser son mary, que, quand on lui demandoit si elle avoit couché avec son mary: «Non, disoit-elle, mais il a bien couché avec moy.» Quelle gloire! Je vous laisse donc à penser comme ces glorieuses sottes femmes chastes gourmandent leurs pauvres marys, d'ailleurs qui ne leur sçauroient rien reprocher, et comme font aussi celles qui sont chastes et riches, d'autant que cette-cy, chaste et riche du sien, fait de l'olimbrieuse, de l'altière, de la superbe et de l'audacieuse, à l'endroit de son mary: tellement que, pour la trop grande présomption qu'elle a de sa chasteté et de son devant tant bien gardé, ne la peut retenir qu'elle ne fasse de la femme emperiere, qu'elle ne gourmande son mary sur la moindre faute qu'il fera, comme j'en ay veu aucunes, et sur tout sur son mauvais menage. S'il joüe, s'il dépend, ou s'il dissipe, elle crie plus, elle tempeste, fait que sa maison paroist plus un enfer qu'une noble famille: et s'il faut vendre de son bien pour subvenir à un voyage de cour ou de guerre, ou à ses procès, nécessitez, ou à ses petites folies et despenses frivolles, il n'en faut pas parler; car la femme a pris telle impériosité sur lui, s'appuyant et se fortifiant sur sa pudicilé, qu'il faut que le mary passe par sa sentence, ainsi que dit fort bien Juvenal en ses satyres.

Animus uxoris si deditus uni,

Nil unquam invitâ donabis conjuge vendes.

Hac obstante nihil hæc si nolit emetur[43].

Il note bien par ces vers que telles humeurs des anciennes Romaines correspondoient à aucunes de nostre temps quant à ce poinct; mais, quand une femme est un peu putain, elle se rend bien plus aisée, plus sujette, plus docile, craintive, de plus douce et agréable humeur, plus humble et plus prompte à faire tout ce que le mary veut, et lui condescend en tout; comme j'en ay veu plusieurs telles, qui n'osent gronder, ny crier, ny faire des acariastres, de peur que le mary ne les menace de leur faute, et ne leur mette au devant leur adultere, et leur fasse sentir aux despens de leur vie; et si le galant veut vendre quelque bien du leur, les voilà plustost signées au contract que le mary ne l'a dit. J'en ay veu de celles-là force: bref, elles font ce que leurs marys veulent.

Sont-ils bien gastez ceux-là donc d'estre cocus de si belles femmes, et d'en tirer de si belles denrées et commoditez que celles-là, outre le beau et délicieux plaisir qu'ils ont de paillarder avec de si belles femmes, et nager avec elles comme dans un beau et clair courant d'eau, et non dans un salle et laid bourbier? Et puisqu'il faut mourir, comme disoit un grand capitaine que je sçay, ne vaut-il pas mieux que ce soit par une belle jeune espée, claire, nette, luisante et bien tranchante, que par une lame vieille, rouillée et mal fourbie, là où il y faut plus d'émeric que tous les fourbisseurs de la ville de Paris ne sçauroient fournir?

Et ce que je dis des jeunes laides, j'en dis autant d'aucunes vieilles femmes qui veulent estre fourbies et se faire tenir et nettes et claires comme les plus belles du monde (j'en fais ailleurs un discours à part[44] de cela): et voilà le mal; car, quand leurs marys n'y peuvent vacquer, les maraudes appellent des suppléments, et comme estants si chaudes, ou plus, que les jeunes: comme j'en ay veu qui ne sont pas sur le commencement et mitan prestes d'enrager, mais sur la fin. Et volontiers l'on dit que la fin en ces mestiers est plus enragée que les deux autres, le commencement et le mitan, pour le vouloir; car, la force et la disposition leur manquent, dont la douleur leur est très-griefve, d'autant que le vieil proverbe dit que c'est une grande douleur et dommage, quand un c... a très-bonne volonté, et que la force lui défaut. Si y en a-t-il toujours quelques-unes de ces pauvres vieilles haires qui passent par bardot[45], et departent leurs largesses aux despens de leurs deux bourses; mais celle de l'argent fait trouver bonne et estroite l'autre de leurs corps. Aussi dit-on que la libéralité en toutes chose est plus à estimer que l'avarice et la chicheté, fors aux femmes, lesquelles, tant plus sont libérales de leurs cas, tant moins sont estimées, et les avares et chiches tant plus. Cela disoit une fois un grand seigneur de deux grandes dames sœurs que je sçay, dont l'une estoit chiche de son honneur, et libérale de la bourse et despense, et l'autre fort escarce[46] de sa bourse et despense, et très-libérale de son devant.

—Or, voici encore une autre race de cocus qui est certes par trop abominable et exécrable devant Dieu et les hommes, qui, amouraschés de quelque bel Adonis, leur abandonnent leurs femmes pour jouir d'eux. La première fois que je fus jamais en Italie, j'en ouys un exemple à Ferrare, par un conte qui m'y fut fait d'un qui, espris d'un jeune homme beau, persuada à sa femme d'octroyer sa joüissance audit jeune homme qui estoit amoureux d'elle, et qu'elle luy assignast jour, et qu'elle fist ce qu'il luy commanderoit. La dame le voulut très-bien, car elle ne desiroit manger autre venaison que de celle-là. Enfin le jour fut assigné, et l'heure estant venue que le jeune homme et la femme estoient en ces douces affaires et alteres, le mary, qui s'estoient caché, selon le concert d'entre luy et sa femme, voici qu'il entra; et les prenant sur le fait, approcha la dague à la gorge du jeune homme, le jugeant digne de mort sur tel forfait, selon les loix d'Italie, qui sont un peu plus rigoureuses qu'en France. Il fut contraint d'accorder au mary ce qu'il voulut, et firent eschange l'un de l'autre: le jeune homme se prostitua au mary, et le mary abandonna sa femme au jeune homme; et par ainsi, voilà un mary cocu d'une vilaine façon.

—J'ai ouy conter qu'en quelque endroit du monde (je ne le veux pas nommer) il y eut un mary, et de qualité grande, qui estoit vilainement espris d'un jeune homme qui aimoit fort sa femme, et elle aussi luy: soit ou que le mary eust gaigné sa femme, ou que ce fust une surprise à l'improviste, les prenant tous deux couchés et accouplés ensemble, menaçant le jeune homme s'il ne luy complaisoit, l'investit tout couché, et joint et collé sur sa femme, et en joüit; dont sortit le problème, comme trois amants furent joüissants et contents tout à un mesme coup ensemble.

—J'ay ouy conter d'une dame, laquelle esperdument amoureuse d'un honneste gentilhomme qu'elle avoit pris pour amy et favory, luy se craignant que le mary luy feroit et à elle quelque mauvais tour, elle le consola, lui disant: «N'ayez pas peur; car il n'oseroit rien faire, craignant que je l'accuse de m'avoir voulu user de l'arrière-Vénus, dont il en pourroit mourir si j'en disois le moindre mot et le déclarois à la justice. Mais je le tiens ainsi en eschec et en allarme; si bien que, craignant mon accusation, il ne m'ose pas rien dire.» Certes telle accusation n'eust pas porté moins de préjudice à ce pauvre mary que de la vie: car les légistes disent que la sodomie se punit pour la volonté; mais possible que la dame ne voulut pas franchir le mot tout à trac, et qu'il n'eust passé plus avant sans s'arrêter à la volonté.

—Je me suis laissé conter qu'un de ces ans un jeune gentilhomme françois, l'un des beaux qui fust esté veu à la cour longtemps, estant allé à Rome pour y apprendre les exercices, comme autres ses pareils, fut arregardé de si bon œil, et par si grande admiration de sa beauté, tant des hommes que des femmes, que quasi on l'eust couru à force: et là où ils le sçavoient aller à la messe, ou autre lieu public et de congrégation, ne failloient, ny les uns, ny les autres, de s'y trouver pour le voir; si bien que plusieurs marys permirent à leurs femmes de lui donner assignation d'amours en leurs maisons, afin qu'y estant venu et surpris, fissent eschange, l'un de sa femme, et l'autre de luy: dont luy en fut donné advis de ne se laisser aller aux amours et volontez de ces dames, d'autant que le tout avoit esté fait et apposté pour l'attrapper; en quoy il se fit sage, et préféra son honneur et sa conscience à tous les plaisirs détestables, dont il en acquist une louange très-digne. Enfin, pourtant, son escuyer le tua. On en parle diversement pourquoy: dont ce fut très-grand dommage, car c'estoit un fort honneste jeune homme, de bon lieu, et qui promettoit beaucoup de luy, autant de sa physionomie, pour ses actions nobles, que pour ce beau et noble trait: car, ainsi que j'ay ouy dire à un fort gallant homme de mon temps, et qu'il est aussi vray, nul jamais b....., n'y bardasch, ne fut brave, vaillant et généreux, que le grand Jules César; aussi que par la grande permission divine telles gens abominables sont rédigés et mis à sens reprouvez: en quoy je m'estonne que plusieurs, que l'on a veu tachés de ce méchant vice, sont esté continuez du ciel en grands prospéritez; mais Dieu les attend, et à la fin on en voit ce que doit estre d'eux.

Certes, de telle abomination, j'en ay ouy parler que plusieurs marys en sont esté atteints bien au vif; car, malheureux qu'ils sont et abominables, ils se sont accommodez de leurs femmes plus par le derriere que par le devant, et ne se sont servis du devant que pour avoir des enfants; et traittent ainsi leurs pauvres femmes, qui ont toute leur chaleur en leurs belles parties de la devantière. Sont-elles pas excusables si elles font leurs marys cocus, qui ayment leurs ordes et salles parties de derriere?

Combien y a-t-il de femmes au monde, que si elles estoient visitées par des sages femmes, médecins et chirurgiens experts, ne se trouveroient non plus pucelles par le derrière que par le devant, et qui feroient le procès à leurs marys à l'instant; lesquelles le dissimulent, et ne l'osent découvrir, de peur d'escandaliser, et elles et leurs marys ou possible qu'elles y prennent quelque plaisir plus grand que nous ne pouvons penser; ou bien, pour le dessein que je viens de dire, pour tenir leurs maris en telle sujection, si elles font l'amour d'ailleurs, mesmes qu'aucuns marys leur permettent; mais pourtant tout cela ne vaut rien.

—Summa Benedicti dit que si le mary veut recognoistre sa partie ainsi contre l'ordre de nature, qu'il offense mortellement; et s'il veut maintenir qu'il peut disposer de sa femme comme il luy plaist, il tombe en détestable et vilaine hérésie d'aucuns Juifs et mauvais rabins, dont on dit que *duabus mulieribus apud synagogam conquestis se fuisse à viris suis cognita sodomiquo cognitis, responsum est ab illis rabinis, virum esse uxoris dominum, proinde posse uti ejus utcunque libuerit, non aliter quàm is qui piscem emit: ille enim, tam anterioribus quàm posterioribus partibus, ad arbitrium vesci potest.* J'ay mis cela en latin sans le traduire en françois, car il sonne très-mal à des oreilles bien honnestes et chastes. Abominables qu'ils sont! laisser une belle, pure et concédée partie, pour en prendre une villaine, salle, orde et défendue, et mise en sens réprouvé!

Et si l'homme veut ainsi prendre la femme, il est permis à elle se séparer de luy, s'il n'y a autre moyen de le corriger: et pourtant, dit-il encore, celles qui craignent Dieu n'y doivent jamais consentir, ains plustost doivent crier à la force, nonobstant l'escandale qui pourroit arriver en cela, et le deshonneur ny la crainte de mort; car il vaut mieux mourir, dit la loy, que de consentir au mal. Et dit encor ledit livre une chose que je trouve fort estrange: qu'en quelque mode que le mary connoisse sa femme, mais qu'elle en puisse concevoir, ce n'est point péché mortel, combien qu'il puisse estre véniel: si y a-t-il pourtant des méthodes pour cela fort salles et villaines, selon que l'Arétin les représente en ses figures, et ne ressentent rien la chasteté maritale; bien que, comme j'ay dit, il soit permis à l'endroit des femmes grosses, et aussi de celles qui ont l'haleine forte et puante, tant de la bouche que du nez: comme j'en ay cogneu et ouy parler de plusieurs femmes, lesquelles baiser et alleiner autant vaudroit qu'un anneau de retrait; ou bien comme j'ai ouy parler d'une très-grande dame, mais je dis très-grande, qu'une de ses dames dit un jour que son halleine sentoit plus qu'un pot-à-pisser d'airain; ainsi m'usa-t-elle de ces mots: un de ses amis fort privé, et qui s'approchoit près d'elle, me le confirma aussi: si est-il vray qu'elle estoit un peu sur l'âge.

Là-dessus que peut faire un mary ou un amant, s'il n'a recours à quelque forme extravagante, mais surtout qu'elle n'aille point à l'arrière-Vénus? J'en dirois davantage, mais j'ai horreur d'en parler: encore m'a-t-il fasché d'en avoir tant dit; mais si faut-il quelquefois descouvrir les vices du monde pour s'en corriger.

—Or il faut que je die une mauvaise opinion que plusieurs ont eue et ont encores de la cour de nos roys, que les filles et femmes y bronchent fort, voire coustmièrement: en quoy bien souvent sont-il trompez, car il y en a de très-chastes, honnestes et vertueuses, voire plus qu'ailleurs, et la vertu y habite aussi-bien, voire mieux qu'en tous autres lieux, que l'on doit fort priser pour estre bien à preuve. Je n'allégueray que ce seul exemple de madame la grande duchesse de Florence d'aujourd'huy, de la maison de Lorraine, laquelle estant arrivé à Florence le soir que le grand-duc l'épousa, et qu'il voulut aller coucher avec elle pour la dépuceler, il la fit avant pisser dans un beau urinal de cristal, le plus beau et le plus clair qu'il put, et en ayant vue l'urine, il la consulta avec son médecin, qui estoit un très-grand et très-savant et expert personnage, pour savoir de luy par cette inspection si elle estoit pucelle, ouy ou non. Le médecin l'ayant bien fixement et doctement inspicée, il trouva qu'elle estoit telle comme quand sortit du ventre de sa mère, et qu'il y allast hardiment, et qu'il n'y trouveroit point le chemin nullement ouvert, frayé ni battu; ce qu'il fit, et en trouva la vérité telle; et puis, le lendemain en admiration, dit: «Voilà un grand miracle, que cette fille soit ainsi sortie pucelle de cette cour de France!» Quelle curiosité et quelle opinion! Je ne sçai s'il est vrai, mais il me l'a ainsi esté asseuré pour véritable. Voilà une belle opinion de nos cours; mais ce n'est d'aujourd'huy, ains de long-temps, qu'on tenoit que toutes les dames de Paris et de la cour n'estoient si sages de leur corps comme celles du plat pays, et qui ne bougeoient de leurs maisons, il y a eu des hommes qui estoient si consciencieux de n'espouser que des filles et femmes qui eussent fort paysé, et veu le monde tant soit peu. Si bien qu'en notre Guyenne, du temps de mon jeune aage, j'ay ouy dire à plusieurs gallants hommes et veu jurer qu'ils n'espouseroient jamais fille ou femme qui auroit passé le port de Pille, pour tirer de longue vers la France. Pauvres fats qu'ils estoient en cela, encor qu'ils fussent fort habiles et gallants en autres choses, de croire que le cocuage ne se logeast dans leurs maisons, dans leurs foyers, dans leurs chambres, dans leurs cabinets, aussi bien, ou possible mieux, selon la commodité, qu'aux palais royaux et grandes villes royales! car on leur alloit suborner, gagner, abattre et rechercher leurs femmes, ou quand ils alloient eux-mesmes à la Cour, à la guerre, à la chasse, à leurs procez ou à leurs promenoirs, si bien qu'ils ne s'en appercevoyent; et estoient si simples de penser qu'on ne leur osoit entamer aucun propos d'amour, si-non que de mesnageries, de leurs jardinages, de leurs chasses et oiseaux; et, sous cette opinion et legere creance, se faisoient mieux cocus qu'ailleurs; car, partout, toute femme belle et habile, et aussi tout homme honneste et gallant, sçait faire l'amour, et se sçait accommoder. Pauvres fats et idiots qu'ils estoient! Et ne pouvoient-ils pas penser que Vénus n'a nulle demeure prefisse, comme jadis en Cypre, en Paros et Amatonte, et qu'elle habite par-tout jusques dans les cabanes des pastres et girons des bergères, voire des plus simplettes?

Depuis quelque temps en çà, ils ont commencé à perdre ces sottes opinions; car, s'estant apperceu que par-tout y avoit du danger pour ce triste cocuage, ils ont pris femmes partout où il leur a plu et ont pu; et si ont mieux fait: ils les ont envoyées ou menées à la Cour, pour les faire valoir ou parestre en leurs beautez, pour en faire venir l'envie aux uns ou aux autres, afin de s'engendrer des cornes. D'autres les ont envoyées, et menées playder et solliciter leurs procez, dont aucuns n'en avoient nullement, mais faisoient à croire qu'ils en avoient; ou bien s'ils en avoient, les allongeoient le plus qu'ils pouvoient, pour allonger mieux leurs amours. Voire quelquefois les marys laissoient leurs femmes à la garde du palais, et à la galerie et salle, puis s'en alloient en leurs maisons, ayant opinion qu'elles feroient mieux leurs besognes, et en gaigneroient mieux leurs causes: comme de vray, j'en sçay plusieurs qui les ont gaignées mieux par la dextérité et beauté de leur devant, que par leur bon droit, dont bien souvent en devenoient enceintes; et, pour n'estre escandalisées (si les drogues avoient failly de leur vertu pour les en garder), s'encouroient vistement en leurs maisons à leurs marys, feignant qu'elles alloient quérir des tiltres et piéces qui leur faisoient besoin, ou alloient faire quelque enqueste, ou que c'estoit pour attendre la Sainct Martin, et que, durant les vacations, n'y pouvant rien servir, alloient au bouc, et voir leurs mesnages et leurs marys. Elles y alloient de vray, mais bien enceintes. Je m'en rapporte à plusieurs conseillers, rapporteurs et présidents, pour les bons morceaux qu'ils en ont tastez des femmes des gentilshommes.

—Il n'y a pas long-temps qu'une très-belle, honneste et grande dame que j'ay cogneue, allant ainsi solliciter son procez à Paris, il y eut quelqu'un qui dit: «Qu'y va-t-elle faire? Elle le perdra; elle n'a pas grand droit.—Et ne porte-t-elle pas son droit sur la beauté de son devant, comme César portoit le sien sur le pommeau et sur la pointe de son espée?» Ainsi se font les gentilshommes cocus au palais, en récompense de ceux que messieurs les gentilshommes font sur mesdames les présidentes et conseilleres: dont aussi aucunes de celles-là ay-je veu, qui ont bien vallu sur la monstre autant que plusieurs dames, damoiselles et femmes de seigneurs, chevaliers et grands gentilshommes de la Cour, et autres.

—J'ay cogneu une dame grande, qui avoit esté très-belle, mais la vieillesse l'avoit effacée. Ayant un procez à Paris, et voyant que sa beauté n'estoit plus pour ayder à solliciter et gaigner sa cause, elle mena avec elle une sienne voisine, jeune et belle dame; et pour ce l'appointa d'une bonne somme d'argent, jusques à dix mille escus; et, ce qu'elle ne put ou eust bien voulu faire elle-mesme, elle se servit de cette dame, dont elle s'en trouva fort bien, et la jeune aussi; et tout en deux bonnes façons. N'y a pas long-temps que j'ay veu une dame mere y mener une de ses filles, bien qu'elle fust mariée, pour luy ayder à solliciter son procez, n'y ayant autre affaire; et de fait elle est très-belle, et vaut bien la sollicitation.

Il est temps que je m'arreste dans ce grand discours de cocuage; car enfin mes longues paroles, tournoyées dans ces profondes eaux et ces grands torrents, seroient noyées, et n'aurois jamais fait, ny n'en sçaurois jamais sortir, non plus que d'un grand labyrinthe qui fust autresfois, encore que j'eusse le plus long et le plus fort fillet du monde pour guide et sage conduite. Pour fin je concluray que si nous faisons des maux, donnons des tourments, des martyres et des mauvais tours à ces pauvres cocus, nous en portons bien la folle enchere, comme l'on dit, et en payons les triples intérests; car la plupart de leurs persécuteurs et faiseurs d'amour, et de ces dameretz, en endurent bien autant de maux; car ils sont plus subjects à jalousies, mesmes qu'ils en ont des marys aussi bien que de leurs corrivals: ils portent des martels, des capriches, se mettent aux hazards en danger de mort, d'estropiements, de playes, d'affronts, d'offenses, de querelles, de craintes, peines et mort; endurent froidures, pluyes, vents et chaleurs. Je ne conte pas la vérole, les chancres, les maux et maladies qu'ils y gaignent, aussi bien avec les grandes que les petites; de sorte que bien souvent ils acheptent bien cher ce qu'on leur donne, et la chandelle n'en vaut pas le jeu. Tels y en avons-nous veu misérablement mourir, qu'ils estoient battants pour conquérir tout un royaume, tesmoin M. de Bussi, le nompair de son temps, et force autres. J'en alléguerois une infinité d'autres que je laisse en arrière, pour finir et dire, et admonester ces amoureux qu'ils pratiquent le proverbe de l'Italien qui dit: *Che molto guadagna chi putana perde*[47].

—Le comte Amé second disoit souvent: «En jeu d'armes et d'amours, pour une joie cent doulours;» usant ainsi de ce mot anticq pour mieux faire sa rime. Disoit-il encore que la colere et l'amour avoient cela en soy fort dissemblable, que la colere passe tost, et se deffait fort aisément de sa personne quand elle y est entrée, mais mal-aisément l'amour. Voilà comment il se faut garder de cette amour, car elle nous couste bien autant qu'elle nous vaut, et bien souvent en arrive beaucoup de malheurs. Et pour parler au vray, la pluspart des cocus patients ont cent fois meilleur temps, s'ils se sçavoient connoistre et bien s'entendre avec leurs femmes, que les agents; et plusieurs en ay-je veu, qu'encor qu'il y allast de leurs cornes, se mocquoient de nous et se rioient de toutes les humeurs et façons de faire de nous autres qui traittons l'amour avec leurs femmes, et mesmes quand nous avions à faire à des femmes rusées, qui s'entendent avec leurs marys et nous vendent: comme j'ay cogneu un fort brave et honneste gentilhomme qui, ayant longuement aymé une belle et honneste dame, et eu d'elle la joüissance, ce qu'il en desiroit longtemps, s'estant un jour apperceu que le mary et elle se mocquoient de luy sur quelque trait, il en prit un si grand depit qu'il la quitta et fit bien; et, faisant un voyage lointain pour en divertir sa fantaisie, ne l'accosta jamais plus, ainsi qu'il me dit. Et de telles femmes rusées, fines et changeantes, il s'en faut donner garde comme d'une beste sauvage; car, pour contenter et appaiser leurs marys, quittent leurs anciens serviteurs, et en prennent puis après d'autres, car elles ne s'en peuvent passer.

Si ay-je cogneu une fort honneste et grande dame, qui a eu cela en elle de malheur, que, de cinq ou six serviteurs que je luy ay veu de mon temps avoir, se sont morts tous les uns après les autres, non sans un grand regret qu'elle en portoit; de sorte qu'on eust dit d'elle que c'estoit le cheval de Séjan, d'autant que tous ceux qui montoient sur elle mouroient et ne vivoient guieres; mais elle avoit cela de bon en soy et cette vertu, que, quoy qui ait esté, n'a jamais changé ny abandonné aucun de ses amis vivans pour en prendre d'autres; mais, eux venans à mourir, elle s'est voulu tousjours remonter de nouveau pour n'aller à pied; et aussi, comme disent les légistes, qu'il est permis de faire valoir ses lieux et sa terre par quiconque soit, quand elle est déguerpie de son premier maistre. Telle constance a esté fort en cette dame recommandable; mais si celle-là a esté jusques-là ferme, il y en a eu une infinité qui ont bien branslé. Aussi, pour en parler franchement, il ne se faut jamais envieillir dans un seul trou, et jamais homme de cœur ne le fit: il faut estre aussi bien aventurier deçà et delà, en amour comme en guerre, et en autres choses; car si l'on ne s'asseure que d'une seule ancre en son navire, venant à se décrocher, aisément on le perd, et mesme quand l'on est en pleine mer et en une tempeste, qui est plus subjecte aux orages et vagues tempestueuses que non en une calme ou en un port. Et dans quelle plus grande et haute mer ne sçauroit-on mieux mettre et naviguer que de faire l'amour à une seule dame? Que si de soy elle n'a esté rusée du commencement, nous autres la dressons et l'affinons par tant de pratiques, que nous menons avec elle, dont bien souvent il nous en prend mal, en la rendant telle pour nous faire la guerre, l'ayant façonnée et aguerrie. Tant y a, comme disoit quelque galant homme, qu'il vaut mieux se marier avec quelque belle femme et honneste, encore qu'on soit en danger d'estre un peu touché de la corne et de ce mal de cocuage commun à plusieurs, que d'endurer tant de traverses à faire les autres cocus, contre l'opinion de M. du Gua pourtant, auquel moy ayant tenu propos un jour de la part d'une grande dame qui m'en avoit prié, pour le marier, me fit cette response seulement: qu'il me pensoit de ses plus grands amis, et que je luy en faisois perdre la créance par tel propos pour luy pourchasser la chose qu'il haïssoit plus, que le marier et faire cocu, au lieu qu'il faisoit les autres; et qu'il espousoit assez de femmes l'année, appelant le mariage un putanisme secret de réputation et de liberté, ordonné par une belle loy, et que le pis en cela, ainsi que je voy et ay noté, c'est que la pluspart, voire toute, de ceux qui se sont ainsi delectez à faire les autres cocus, quand ils viennent à se marier, infailliblement ils tombent en mariage, je dis en cocuage; et n'en ay jamais veu arriver autrement, selon le proverbe: *Ce que tu feras à autruy, il te sera fait.*

—Avant que finir je diray encore ce mot: que j'ay veu faire une dispute qui n'est encore indécise, en quelles provinces et régions de nostre chrestienté et de nostre Europe il y a plus de cocus et de putains. L'on dit qu'en Italie les dames sont fort chaudes, et par ce, fort putains, ainsi que dit M. de Beze en une épigramme, d'autant qu'où le soleil, qui est chaud et donne le plus, y eschauffe davantage les femmes, en usant de ce vers:

Credibile est ignes multiplicare suos[48].

L'Espagne est de mesme, encore qu'elle soit sur l'occident; mais le soleil y eschauffe bien les dames autant qu'en orient. Les Flamandes, les Suisses, les Allemandes, Anglaises et Escossaises, encore qu'elles tirent sur le midy, et septentrion, et soient régions froides, n'en participent pas moins de cette chaleur natule, comme je les ai cogneues aussi chaudes que toutes les autres nations. Les Grecques ont raison de l'estre, car elles sont fort sur le levant. Ainsi souhaitte-t-on en Italie *Greca in letto*: comme de vray elles ont beaucoup de choses et vertus attrayantes en elles, que, non sans cause, le temps passé elles ont esté les délices du monde, et en ont beaucoup appris aux dames italiennes et espagnolles, depuis le vieux temps jusques à ce nouveau; si bien qu'elles en surpassent quasi leurs anciennes et modernes maistresses aussi la reyne et impériere des putains, qui estoit Vénus, estoit Grecque.

Quant à nos belles Françoises, on les a veues le temps passé fort grossieres, et qui se contentoient de le faire à la grosse mode; mais, depuis cinquante ans en ça, elles ont emprunté et appris des autres nations tant de gentillesses, de mignardises, d'attraits et de vertus, d'habits, de belles graces, lascivetez, ou d'elles-mesmes se sont si bien estudiées à se façonner, que maintenant il faut dire qu'elles surpassent toutes les autres en toutes façons; et, ainsi que j'ay ouy dire, mesme aux estrangers, elles valent beaucoup plus que les autres, outre que les mots de paillardise françoise en la bouche sont plus paillards, mieux sonnants et esmouvants que les autres. De plus, cette belle liberté françoise, qui est plus à estimer que tout, rend bien nos dames plus desirables, accostables, aimables et plus passables que toutes les autres: et aussi que tous les adulteres n'y sont si communément punis comme aux autres provinces, par la providence de nos grands sénats et législateurs françois, qui, voyant les abus en provenir par telles punitions, les ont un peu bridés, et un peu corrigé les loix rigoureuses du temps passé des hommes, qui s'estoient donnez en cela toute liberté de s'esbattre et l'ont ostée aux femmes; si bien qu'il n'estoit permis à la femme innocente d'accuser son mary d'adultere, par aucunes lois impériales et canon (ce dit Cajetan). Mais les hommes fins firent cette loy pour les raisons que dit cette stance italienne, qui est telle:

Perche di quel che natura concede

Nel vieti tutan dura legge d'honore.

Ella a noi liberal largo ne diede

Com' agli altri animai legge d'amore.

Ma l'huomo fraudulento, e senza fede,

Che fu legislator di quest' errore,

Vedendo nostre forze e buona schiena ,

Copri la sua debolezza con la pena[49].

Pour fin, en France il fait bon faire l'amour. Je m'en rapporte à nos authentiques docteurs d'amour, et mesme à nos courtisans, qui sçauront mieux sophistiquer là-dessus que moi: et, pour en parler bien au vray, putains par-tout, et cocus par-tout, ainsi que je le puis bien tester, pour avoir veu toutes ces régions que j'ay nommées, et autres; et la chasteté n'habite pas en une région plus qu'en l'autre.

Si feray-je encore cette question, et puis plus, qui possible n'a point esté recherchée de tout le monde, ny possible songée: à sçavoir mon, si deux dames amoureuses l'une de l'autre, comme il s'est veu et se voit souvent aujourd'huy, couchées ensemble, et faisant ce qu'on dit, *donna con donna*, en imitant la docte Sapho lesbienne, peuvent commettre adultere, et entre elles faire leurs maris cocus. Certainement, si l'on veut croire Martial en son Ier livre, épigram. CXIX, elles commettent adultere; où il introduit et parle à une femme nommée Bassa, tribade, luy faisant fort la guerre de ce qu'on ne voyoit jamais entrer d'hommes chez elle, de sorte qu'on la tenoit pour une seconde Lucrèce: mais elle vint à estre descouverte, en ce que l'on y voyoit aborder ordinairement force belles femmes et filles; et fut trouvé qu'elle-mesme leur servoit et contrefaisoit d'homme et d'adultere, et se conjoignoit avec elles, et use de ces mots: *geminos committere cunnos*. Et puis s'escriant, il dit et donne à songer et deviner cette énigme par ce vers latin:

Hic ubi vir non est, ut sit adulterium[50].

Voilà un grand cas, dit-il, que, là où il n'y a point d'homme, il y ait de l'adultere.

J'ai cogneu une courtisanne à Rome, vieille et rusée s'il en fust oncques, qui s'appeloit Isabelle de Lune, Espagnolle, laquelle prit en telle amitié une courtisanne qui s'appeloit la Pandore, l'une des belles pour lors de tout Rome, laquelle vint à estre mariée avec un sommeiller de M. le cardinal d'Armaignac, sans pourtant se distraire de son premier mestier: mais cette Isabelle l'entretenoit, et couchoit ordinairement avec elle; et, comme desbordée et désordonnée en paroles qu'elle estoit, je luy ay souvent ouy dire qu'elle la rendoit plus putain, et lui faisoit faire des cornes à son mary plus que tous les ruffiants que jamais elle avoit eus. Je ne sçay comment elle entendoit cela, si ce n'est qu'elle se fondast sur cette épigramme de Martial.

On dit que Sapho de Lesbos a esté une fort bonne maistresse en ce mestier, voire, dit-on, qu'elle l'a inventé, et que depuis les dames lesbiennes l'ont imitée en cela et continué jusques aujourd'huy, ainsi que dit Lucian, que telles femmes sont les femmes de Lesbos, qui ne veulent pas souffrir les hommes, mais s'approchent des autres femmes, ainsi que les hommes mesmes; et telles femmes qui aiment cet exercice ne veulent souffrir les hommes, mais s'adonnent à d'autres femmes, ainsi que les hommes mesmes, s'appellent *tribades*, mot grec dérivé, ainsi que j'ai appris des Grecs, de τρίβω, τρίβειν, qui est autant à dire que *fricare*, frayer, ou friquer, ou s'entrefrotter; et tribades se disent *fricatrices*, en françois fricatrices, ou qui font la friquarelle en mestier de *donne con donne*, comme l'on l'a trouvé ainsi aujourd'huy.

Juvenal parle aussi de ces femmes quand il dit: *frictum Grissantis adorat*, parlant d'une pareille tribade qui adoroit et aimoit la fricarelle d'une Grissante.

Le bon compagnon Lucian en fait un chapitre, et dit ainsi que les femmes viennent mutuellement à conjoindre comme les hommes, conjoignants des instruments lascifs, obscurs et monstrueux, faits d'une forme stérile, et ce nom, qui rarement s'entend dire de ces fricarelles, vacque librement partout, et qu'il faille que le sexe féminin soit Filenes, qui faisoit l'action de certaines amours hommasses. Toutesfois il adjouste qu'il est bien meilleur qu'une femme soit adonnée à une libidineuse affection de faire le masle, que n'est à l'homme de s'efféminer; tant il se monstre peu courageux et noble. La femme donc, selon cela, qui contrefait ainsi l'homme, peut avoir réputation d'estre plus valeureuse et courageuse qu'une autre, ainsi que j'en ay cogneu aucunes, tant pour leurs corps que pour l'ame.

En un autre endroit, Lucian introduit deux dames devisantes de cet amour; et une demande à l'autre si une telle avoit esté amoureuse d'elle, et si elle avoit couché avec elle, et ce qu'elle luy avoit fait. L'autre luy respondit librement. «Premièrement, elle me baisa ainsi que font les hommes, non pas seulement en joignant les levres, mais en ouvrant aussi la bouche, cela s'entend en pigeonne, la langue en bouche; et encore qu'elle n'eust point le membre viril, et qu'elle fust semblable à nous autres, si est-ce qu'elle disoit avoir le cœur, l'affection et tout le reste viril; et puis je l'embrassay comme un homme, et elle me le faisoit, me baisoit et allentoit[51] (je n'entends point bien ce mot), et me sembloit qu'elle y prit plaisir outre mesure, et cohabita d'une certaine façon beaucoup plus agréable que d'un homme.» Voilà ce qu'en dit Lucian.

Or, à ce que j'ay ouy dire, il y a en plusieurs endroits et régions force telles dames lesbiennes, en France, en Italie et en Espagne, Turquie, Grèce et autres lieux; et où les femmes sont recluses et n'ont leur entière liberté, cet exercice s'y continue fort; car telles femmes bruslantes dans le corps, il faut bien, disent-elles, qu'elles s'aydent de ce remède, pour se rafraischir un peu ou du tout qu'elles bruslent. Les Turques vont aux bains plus pour cette paillardise que pour autre chose, et s'y adonnent fort: mesme les courtisannes qui ont les hommes à commandement et à toute heure, encore usent-elles de ces friquarelles, s'entre-cherchent et s'entr'aiment les unes les autres, comme je l'ay ouy dire à aucunes en Italie et en Espagne. En nostre France, telles femmes sont assez communes; et si dit-on pourtant qu'il n'y a pas long-temps qu'elles s'en sont meslées, mesme que la façon en a esté portée d'Italie par une dame de qualité que je ne nommeray point.

—J'ay ouy conter à feu M. de Clermont-Tallard le jeune, qui mourut à La Rochelle, qu'estant petit garçon, et ayant l'honneur d'accompagner M. d'Anjou, depuis nostre roy Henry troisiesme, en son estude, et estudier avec lui ordinairement, duquel M. de Gournay estoit précepteur, un jour, estant à Thoulouse, estudiant avec son dit maistre dans son cabinet, et estant assis dans un coin à part, il vid, par une petite fente (d'autant que les cabinets et chambres estoient de bois, et avoient esté faits à l'improviste et à la haste, par la curiosité de M. le cardinal d'Armaignac, archevesque de là, pour mieux recevoir et accommoder le Roy et toute sa cour), dans un autre cabinet, deux fort grandes dames, toutes retroussées et leurs caleçons bas, se coucher l'une sur l'autre, s'entrebaiser en forme de colombe, se frotter, s'entrefriquer, bref, se remuer fort, paillarder, et imiter les hommes; et dura leur esbattement près d'une bonne heure, s'estant si très-fort eschauffées et lassées, qu'elles en demeurèrent si rouges et si en eau, bien qu'il fist grand froid, qu'elles n'en peurent plus et furent contraintes de se reposer autant; et disoit qu'il veid joüer ce jeu quelques autres jours, tant que la Cour fut là, de mesme façon; et oncques plus n'eut-il la commodité de voir cet esbattement, d'autant que ce lieu le favorisoit en cela, et aux autres il ne put. Il m'en contoit encore plus que je n'en ose escrire, et me nommoit les dames. Je ne sçay s'il est vray; mais il me l'a juré et affirmé cent fois par bons serments; et, de fait, cela est bien vray-semblable; car telles deux dames ont bien eu tousjours cette réputation de faire et continuer l'amour de cette façon et de passer ainsi leur temps.

J'en ay cogneu plusieurs autres qui ont traité de mesmes amours, entre lesquelles j'en ay ouy conter d'une de par le monde, qui a esté fort superlative en cela, et qui aimoit aucunes dames, les honoroit et les servoit plus que les hommes, et leur faisoit l'amour comme un homme à sa maistresse; et si les prenoit avec elle, les entretenoit à pot et à feu, et leur donnoit ce qu'elles vouloient. Son mary en estoit très-aise et fort content; ainsi que beaucoup d'autres martyrs que j'ay eus, qui estoient fort aises que leurs femmes menassent ces amours plutost que celles des hommes (n'en pensant leurs femmes si folles ny putains). Mais je croy qu'ils sont bien trompez, car ce petit exercice, à ce que j'ay ouy dire, n'est qu'un apprentissage pour venir à celuy grand des hommes; car après qu'elles se son eschauffées et mises bien en rut les unes les autres, leur chaleur ne se diminuant pour cela, faut qu'elles se baignent par une eau vive et courante, qui raffraischist bien mieux qu'une eau dormante, ainsi que je tiens de bons chirurgiens, et veu que, qui veut bien panser et guérir une playe, il ne faut qu'il s'amuse à la médicamenter et nettoyer alentour ou sur le bord, mais il la faut sonder jusques au fond, et y mettre une sonde et une tente bien avant.

Que j'en ay veu de ces Lesbiennes, qui, pour toutes leurs fricarelles et entre-frottements, n'en laissent d'aller aux hommes! mesme Sapho, qui en a esté la maistresse, ne se mit-elle pas à aymer son grand amy Phaon, après lequel elle mouroit? Car, enfin, comme j'ay ouy raconter à plusieurs dames, il n'y a que les hommes; et que de tout ce qu'elles prennent avec les autres femmes, ce ne sont que des tiroüers pour s'aller paistre de gorges-chaudes avec les hommes: et ces fricarelles ne leur servent qu'à faute des hommes; que si elles les trouvent à propos et sans escandale, elles lairroient bien leurs compagnes pour aller à eux et leur sauter au collet.

J'ay cogneu de mon temps deux belles et honnestes damoiselles de bonnes maisons, toutes deux cousines, lesquelles ayant couché ensemble dans un mesme lit l'espace de trois ans, s'accoustumèrent si fort à cette fricarelle, qu'après s'estre imaginées que le plaisir estoit assez maigre et imparfait au prix de celuy des hommes, se mirent à le taster avec eux, et en devinrent très bonnes putains, et confessèrent après à leurs amoureux que rien ne les avoit tant desbauchées et esbranlées à cela que cette fricarelle, la détestant pour en avoir esté la seule cause de leur desbauche: et, nonobstant, quand elles se rencontroyent, ou avec d'autres, elles prenoient tousjours quelque repas de cette fricarelle, pour y prendre tousjours plus grand appetit de l'autre avec les hommes. Et c'est ce que dit une fois une honneste damoiselle que j'ay cogneue, à laquelle son serviteur demandoit un jour si elle ne faisoit point cette fricarelle avec sa compagne, avec qui elle couchoit ordinairement. «Ah! non, dit-elle en riant, j'ayme trop les hommes;» mais pourtant elle faisoit l'un et l'autre.

Je sçay un honneste gentilhomme, lequel, désirant un jour à la Cour pourchasser en mariage une fort honneste damoiselle, en demanda l'advis à une sienne parente. Elle luy dit franchement qu'il y perdroit son temps; «d'autant, me dit-elle, qu'une telle dame, qu'elle me nomma, et de qui j'en savois des nouvelles, ne permettra jamais qu'elle se marie.» J'en cogneus soudain l'encloüeure, parce que je sçavois bien qu'elle tenoit cette damoiselle en ses délices à pot et à feu, et la gardoit précieusement pour sa bouche. Le gentilhomme en remercia sa dite cousine de ce bon advis, non sans lui faire la guerre en riant, qu'elle parloit ainsi en cela pour elle comme pour l'autre; car elle en tiroit quelques petits coups en robbe quelquesfois: ce qu'elle me nia pourtant. Ce trait me fait ressouvenir d'aucuns qui ont ainsi des putains à eux qu'ils ayment tant, qu'ils n'en feroient part pour tous les biens du monde, fust à un prince, à un grand, fust à leur compagnon, ni à leur amy, tant ils en sont jaloux, comme un ladre de son barillet; encore le présente-t-il à boire à qui en veut. Mais cette dame vouloit garder cette damoiselle toute pour soy, sans en départir à d'autres: pourtant si la faisoit-elle cocue à la dérobade avec aucunes de ses compagnes.

On dit que les belettes sont touchées de cet amour, et se plaisent de femelle à femelle à s'entreconjoindre et habiter ensemble; si que par lettres hiéroglyfiques les femmes s'entr'aimantes de cet amour estoient jadis représentées par des belettes. J'ay ouy parler d'une dame qui en nourrissoit tousjours, et qui se mesloit de cet amour, et prenoit plaisir de voir ainsi ses petites bestioles s'entre-habiter.

Voici un autre poinct, c'est que ces amours féminines se traittent en deux façons, les unes par friquarelle, et par, comme dit ce poëte, *geminos committere connos*.

Cette façon n'apporte point de dommages, ce disent aucuns, comme quand on s'aide d'instruments façonnés de....., mais qu'on a voulu appeler des g........[52].

J'ay ouy conter qu'un grand prince, se doutant de deux dames de sa cour qui s'en aydoient, leur fit faire le guet si bien qu'il les surprit, tellement que l'une se trouva saisie et accommodée d'un gros entre les jambes, gentiment attaché avec de petites bandelettes à l'entour du corps, qu'il sembloit un membre naturel. Elle en fut si surprise qu'elle n'eut loisir de l'oster; tellement que ce prince la contraignit de luy monstrer comment elles deux se le faisoient. On dit que plusieurs femmes en sont mortes, pour engendrer en leurs matrices des apostumes faites par mouvements et frottements point naturels. J'en sçay bien quelques-unes de ce nombre, dont ç'a esté grand dommage, car c'estoient de très-belles et honnestes dames et damoiselles, qu'il eust bien mieux vallu qu'elles eussent eu compagnie de quelques honnestes gentilshommes, qui pour cela ne les font mourir, mais vivre et ressusciter ainsi que j'espere le dire ailleurs; et mesmes, que, pour la guérison de tel mal, comme j'ay ouy conter à aucuns chirurgiens, qu'il n'y a rien plus propre que de les faire bien nettoyer là-dedans par ces membres naturels des hommes, qui sont meilleurs que des pesseres qu'usent les médecins et chirurgiens avec des eaux à ce composées; et toutesfois il y a plusieurs femmes, nonobstant les inconvénients qu'elles en voyent arriver souvent, si faut-il qu'elles en ayent de ces engins contrefaits.

—J'ay ouy faire un conte, moy estant lors à la cour, que la Reyne-mere ayant fait commandement de visiter un jour les chambres et coffres de tous ceux qui estoient logés dans le Louvre, sans épargner dames et filles, pour voir s'il n'y avoit point d'armes cachées et mesmes des pistolets, durant nos troubles, il y en eut une qui fut trouvée saisie dans son coffre par le capitaine des gardes, non point de pistolets, mais de quatre gros g........ gentiment façonnez, qui donnèrent bien de la risée au monde, et à elle bien de l'estonnement. Je cognois la damoiselle: je croy qu'elle vit encores: mais elle n'eut jamais bon visage. Tels instruments enfin sont très dangereux. Je feray encore ce conte de deux dames de la cour qui s'entr'aimoient si fort, et estoient si chaudes à leur mestier, qu'en quelque endroit qu'elles fussent ne s'en pouvoient garder ny abstenir que pour le moins ne fissent quelques signes d'amourettes ou de baiser, qui les escandalisoient si fort, et donnoient à penser beaucoup aux hommes. Il y en avoit une veufve, et l'autre mariée; et comme la mariée, un jour d'une grand magnificence, se fust fort bien parée et habillée d'une robe de toile d'argent, ainsi que leur maistresse estoit allée à vespres, elles entrèrent dans son cabinet, et sur sa chaise percée se mirent à faire leur fricarelle si rudement et si impétueusement, qu'elle en rompit sous elles, et la dame mariée qui faisoit le dessous tomba avec sa belle robe de toile d'argent à la renverse tout à plat sur l'ordure du bassin, si bien qu'elle se gasta et souilla si fort, qu'elle ne sçeut que faire que s'essuyer le mieux qu'elle peut, se trousser, et s'en aller à grande haste changer de robbe dans sa chambre, non sans pourtant avoir esté apperceue et bien sentie à la trace, tant elle puoit: dont il en fut ryt assez par aucuns qui en sceurent le conte; mesme leur maistresse le sceut, qui s'en aidoit comme elles, et en rist son saoul. Aussi il falloit bien que cette ardeur les maistrisast fort, que de n'attendre un lieu et un temps à propos, sans s'escandaliser. Encore excuse-t-on les filles et femmes veufves pour aimer ces plaisirs frivoles et vains, aimans bien mieux s'y adonner et en passer leurs chaleurs, que d'aller aux hommes et de se faire engroisser et se deshonorer, ou de faire perdre leur fruict, comme plusieurs ont fait et font; et ont opinion qu'elles n'en offensent pas tant Dieu, et n'en sont pas tant putains comme avec les hommes: aussi y a-t-il bien de la différence de jeter de l'eau dans un vase, ou de l'arrouser seulement alentour et au bord. Je m'en rapporte à elles. Je ne suis pas leur censeur ny leur mary, s'ils le trouvent mauvais, encore que je n'en ay point veu qui ne fussent très-aises que leurs femmes s'amourachassent de leurs compagnes, et qu'ils voudroient qu'elles ne fussent jamais plus adultères qu'en cette façon; comme de vray telle cohabitation est bien différente de celle d'avec les hommes, et, quoy que die Martial, ils n'on sont pas cocus pour cela. Ce n'est pas texte d'Évangile, que celuy d'un poëte fol. Donc, comme dit Lucian, il est bien plus beau qu'une femme soit virile ou vraye amazone, ou soit ainsi lubrique, que non pas un homme soit féminin, comme un Sardanapale et Héliogabale, ou autres force leurs pareils; car d'autant plus qu'elle tient de l'homme, d'autant plus elle est courageuse: et de tout cecy je m'en rapporte à la décision du procès.

 M. du Gua et moy lisions une foi un petit livre italien, qui s'intitule *de la Beauté*, fait en dialogue par le seigneur Angello Fiorenzolle, Florentin, et tombasmes sur un passage où il dit qu'aucunes femelles qui furent faites par Jupiter au commencement, furent créées de cette nature, qu'aucunes se mirent à aymer les hommes, et les autres la beauté de l'une et de l'autre; mais aucunes purement et saintement, comme de ce genre s'est trouvée de notre temps, comme dit l'auteur, la très-illustre Marguerite d'Austriche, qui ayma la belle Laodamie, forte en guerre; les autres lascivement et paillardement, comme Sapho Lesbienne, et de nostre temps à Rome la grande courtisanne Cécile vénétienne; et icelles de nature haissent à se marier, et fuyent la conversation des hommes tant qu'elles peuvent. Là-dessus M. du Gua, reprit l'auteur, disant que cela estoit faux que cette belle Marguerite aimast cette belle dame de pur et saint amour; car puis qu'elle l'avoit mise plustost sur elle que sur d'autres qui pouvoient estre aussi belles et vertueuses qu'elle, il estoit à présumer que c'estoit pour s'en servir en délices, ne plus ne moins comme d'autres; et pour en couvrir sa lasciveté, elle disoit et publioit qu'elle l'aimoit saintement, ainsi que nous en voyons plusieurs ses semblables, qui ombragent leurs amours par pareils mots. Voilà ce qu'en disoit M. du Gua; et qui en voudra outre plus en discourir là-dessus, faire se peut. Cette belle Marguerite fust la plus belle princesse qui fust de son temps en la chrestienté. Ainsi, beautez et beautez s'entr-aiment de quelque amour que ce soit, mais du lascif plus que de l'autre. Elle fut remariée en tierces nopces, ayant en premieres espousé le roi Charles huitiesme, en secondes Jean, fils du roi d'Arragon, et le troisiesme avec le duc de Savoye qu'on appeloit le Beau; si que, de son temps, on les disoit le plus beau pair et le plus beau couple du monde; mais la princesse n'en joüit guiere de cette copulation, car il mourut fort jeune, et en sa plus grande beauté, dont elle en porta les regrets très-extrêmes, et pour ce ne se remaria jamais. Elle fit faire bastir cette belle église qui est vers Bourg en Bresse, l'un des plus beaux et plus susperbes bastiments de la chrestienté. Elle estoit tante de l'empereur Charles-Quint, et assista bien à son nepveu; car elle vouloit tout appaiser, ainsi qu'elle et madame la régente au traité de Cambray firent, où toutes à deux se virent et s'assemblèrent là, où j'ay ouy dire aux anciens et anciennes qu'il faisoit beau voir ces deux grandes princesses.

—Corneille Agrippa a fait un petit traité *de la vertu des femmes*, et tout en la loüange de cette Marguerite. Le livre en est très-beau, qui ne peut estre autre pour le beau sujet, et pour l'auteur, qui a esté un très-grand personnage.

—J'ay ouy parler d'une grande dame princesse, laquelle, parmi les filles de sa suite, elle en aimoit une par-dessus toutes et plus que les autres: en quoy on s'estonnoit, car il y en avoit d'autres qui la surpassoient en tout; mais enfin il fut trouvé et descouvert qu'elle estoit hermaphrodite, qui lui donnoit du passe-temps sans aucun inconvénient ni escandale. C'estoit bien autre chose qu'à ses tribades: le plaisir pénétroit un peu mieux. J'ay ouy nommer une grande qui est aussi hermaphrodite, et qui a ainsi un membre viril, mais fort petit, tenant pourtant plus de la femme, car je l'ay veu très-belle. J'ay entendu d'aucuns grands medecins qui en ont veu assez de telles, et surtout très-lascives. Voilà enfin ce que je diray du sujet de ce chapitre, lequel j'eusse pu allonger mille fois plus que je n'ay fait, ayant eu matière si ample et si longue, que si tous les cocus et leurs femmes qui les font se tenoient tous par la main, et qu'il s'en peust faire un cercle, je crois qu'il seroit assez bastant pour entourer et circuir la moitié de la terre.

—Du temps du roy François fut une vieille chanson, que j'ay ouy conter à une fort honneste et ancienne dame, qui disoit:

Mais quand viendra la saison

Que les cocus s'assembleront,

Le mien ira devant, qui portera la bannière;

Les autres suivront après, le vostre sera au darrière,

La procession en sera grande,

L'on y verra une très-longue bande.

Je ne veux pourtant taxer beaucoup d'honnestes et sages femmes mariées, qui se sont comportées vertueusement et constamment en la foy saintement promise à leurs marys; et en espere faire un chapitre à part à leur louange, et faire mentir maistre Jean de Mun[53], qui, en son *Roman de la Rose*, dit ces mots: «Toutes vous autres femmes estes ou fustes, de fait ou de volonté, putes;» dont il encourut une telle inimitié des dames de la cour pour lors, qu'elles par une arrestée conjuration et avis de la Reyne, entreprirent un jour de le foüetter, et le dépouillèrent tout nud; et estant prestes à donner le coup, il les pria qu'au moins celle qui estoit la plus grande putain de toutes commençast la première: chacune, de honte, n'osa commencer; et par ainsi il évita le fouet. J'en ay veu l'histoire représentée dans une vieille tapisserie des vieux meubles du Louvre. J'aimerois autant un prescheur qui, preschant un jour en bonne compagnie, ainsi qu'il reprenoit les mœurs d'aucunes femmes, et leurs marys qui enduroient estre cocus d'elles, il se mit à crier: «Oui, je les connois, je les vois, et m'en vais jetter ces deux pierres à la teste des deux plus grands cocus de la compagnie;» et, faisant semblant de les jetter, il n'y eut homme du sermon qui ne baissast la teste, ou mist son manteau, ou sa cape, ou son bras au-devant, pour se garder du coup. Mais luy, les retenant, leur dit: «Ne vous dis-je pas? je pensois qu'il n'y eust que deux ou trois cocus en mon sermon; mais, à ce que je voy, il n'y en a pas un qui ne le soit.» Or, quoy que disent ces fols, il y a de fort sages et honnestes femmes, ausquelles s'il falloit livrer bataille à leurs dissemblables, elles l'emporteroient, non pour le nombre, mais par la vertu, qui combat et abat son contraire aisément. Et si ledit maistre Jean de Mun blasme celles qui sont de volonté putes, je trouve qu'il les faut plustost loüer et exalter jusqu'au ciel, d'autant que si elles bruslent si ardemment dans le corps et dans l'ame, et, ne venant point aux effets, font parestre leur vertu, leur constance et la générosité de leur cœur, aymant plustost brusler et se consumer dans leurs propres feux et flammes, comme un phénix rare, que de forfaire ni souiller leur honneur, et comme la blanche hermine, qui aime mieux mourir que de se souiller (devise d'une très-grande dame que j'ay cogneue, mais mal d'elle pratiquée pourtant), puisqu'estant en leur puissance d'y pouvoir remédier, se commandent si généreusement, et puisqu'il n'y a plus belle vertu ny victoire que de se commander et vaincre soy-mesme. Nous en avons une histoire très-belle dans les *Cent Nouvelles de la Reyne de Navarre*, de cette honneste dame de Pampelune, qui, estant dans son ame et de volonté pute, et bruslant de l'amour de M. d'Avanes, si beau prince, elle ayma mieux mourir dans son feu que de chercher son remede, ainsi qu'elle luy sceut bien dire en ses derniers propos de sa mort. Cette honneste et belle dame se donnoit bien la mort très-iniquement et injustement; et, comme j'ouys dire sur ce passage à un honneste homme et honneste dame, cela ne fut point sans offenser Dieu, puisqu'elle se pouvoit délivrer de la mort; et se la pourchasser et avancer ainsi, cela s'appelle proprement se tuer soy-mesme; ainsi plusieurs de ses pareilles qui, par ces grandes continences et abstinences de ce plaisir, se procurent la mort, et pour l'ame et pour le corps.

—Je tiens d'un très-grand médecin (et pense qu'il en a donné telle leçon et instruction à plusieurs honnestes dames) que les corps humains ne se peuvent jamais guieres bien porter, si tous leurs membres et parties, depuis les plus grandes jusqu'aux plus petites, ne font ensemblement leurs exercices et fonctions, que la sage nature leur a ordonné pour leur santé, et n'en fassent une commune accordance, comme d'un concert de musique, n'estant raison qu'aucunes desdites parties et membres travaillent, et les autres chaument. Ainsi qu'en une république il faut que tous officiers, artisans, manouvriers et autres, fassent leur besogne unanimement, sans se reposer ny se remettre les uns sur les autres, si l'on veut qu'elle aille bien, et que son corps demeure soin et entier: de mesme est le corps humain. Telles belles dames, putes dans l'ame et chastes du corps, méritent d'éternelles loüanges; mais non pas celles qui sont froides comme marbre, lasches et immobiles plus qu'un rocher, et ne tiennent de la chair, n'ayant aucuns sentiments (il n'y en a guieres pourtant), qui ne sont point ny belles ny recherchées, et, comme dit le poëte,

. . . . casta quam nemo rogavit,

chaste qui n'a jamais été priée. Sur quoy je cognois une grande dame qui disoit à aucunes de ses compagnes qui estoient belles: «Dieu m'a fait une grande grace de quoy il ne m'a fait belle comme vous autres, mesdames; car aussi bien que vous j'eusse fait l'amour, et fusse esté pute comme vous.» A cause de quoy peut-on loüer ces belles ainsi chastes, puisqu'elles sont de telle nature. Bien souvent aussi sommes-nous trompez en telles dames; car aucunes y en a qu'à les voir mesme mineuses, piteuses, marmiteuses, froides, discrètes, serrées, et modestes en leurs paroles, et en leurs habits réformez, qu'on les prendroit pour des saintes et très-prudes femmes, qui sont au dedans et par volonté, et au dehors par bons effets, bonnes putains. D'autres en voyons-nous qui, par leur gentillesse et leurs paroles follastres, leurs gestes gays et leurs habits mondains et affectés, on les prendroit pour fort débauchées, et prestes pour s'adonner aussi-tost: mais pourtant de leurs corps sont fort femmes de bien devant le monde: en cachette, il s'en faut rapporter à la vérité aussi cachée. J'en alléguerois force exemples que j'ai veus et sceus; mais je me contenteray d'alleguer cettuy-ci, que Tite-Live allégue et Bocace encore mieux, d'une gentille dame romaine nommée Claudie Quintiene, laquelle, paroissant dans Rome par-dessus toutes les autres en ses habits pompeux et peu modestes, et en ses façons gayes et libres, mondaine plus qu'il ne le falloit, acquit très-mauvais bruit touchant son honneur; mais, le jour venu de la réception de la déesse Cybelle, elle l'esteignit du tout; car elle eut l'honneur et la gloire, pardessus toutes les autres, de la recevoir hors du bateau, la toucher et la transporter à la ville; dont tout le monde en demeura estonné; car il avoit esté dit que le plus homme de bien et la plus femme de bien estoient dignes de cette charge. Voilà comme le monde est fort trompé en plusieurs de nos dames. L'on doit premierement fort les cognoistre et examiner avant que de les juger, tant d'une que de l'autre sorte.

Si faut-il, avant que fermer ce pas, que je die une autre belle vertu et propriété que porte le cocuage, que je tiens d'une fort honneste et belle dame de bonne part, au cabinet de laquelle estant un jour entré, je la trouvay sur le point qu'elle venoit d'achever d'escrire un conte de sa propre main, qu'elle me monstra fort librement, car j'estois de ses bons amis, et ne se cachoit point de moy: elle estoit fort spirituelle et bien disante, et fort bien duite à l'amour; et le commencement du conte estoit tel: »Il semble, dit-elle, qu'entr'autres belles propriétez que le cocuage peut apporter, c'est ce beau et bon sujet par lequel on peut bien connoistre combien gentiment l'esprit s'exerce pour le plaisir et contentement de la nature humaine, d'autant que c'est luy qui veille, et qui invente et façonne l'artifice nécessaire à y pourvoir sans que la nature y fournisse que le désir et l'appetit sensuel, comme l'on peut cacher par tant de ruses et astuces qui se pratiquent au mestier de l'amour, qui est celuy qui imprime les cornes; car il faut tromper un mary jaloux, soupçonneux et colere; il faut tromper et voiler les yeux des plus prompts à recevoir du mal, et pervertir les plus curieux de la connoissance de la vérité, faire croire de la fidélité là où il n'y a que toute déception; plus de franchise là où il n'y a que dissimulation et crainte, et plus de crainte là où il n'y a plus de licence: bref, par toutes ces difficultez, et pour venir dessus ces discours, ce ne sont pas actes à quoy la vertu naturelle puisse parvenir; il en faut donner l'advantage à l'esprit, lequel fournit le plaisir et bastit plus de cornes que le corps qui les plante et cheville.« Voilà les propres mots du discours de cette dame, sans les changer aucunement, qu'elle fait au commencement de son conte, qui se faisoit d'elle-mesme; mais elle l'adombroit par d'autres noms et puis, poursuivant les amours de la dame et du seigneur avec qui elle avoit à faire, et pour venir là et à la perfection, elle allégue que l'apparence de l'amour n'est qu'une apparence de consentement. Il est du tout sans forme jusqu'à son entière joüissance et possession, et bien souvent l'on croit qu'elle soit venue à cette extrémité, que l'on est bien loin de son compte, et, pour récompense, il ne reste rien que le temps perdu, duquel l'on porte un extrême regret (il faut bien peser et noter ces dernières paroles, car elles portent coup, et de quoy à blasonner). Pourtant il n'y a que la joüissance en amour et pour l'homme et pour la femme, pour ne regretter rien du temps passé. Et pour cette honneste dame, qui escrivoit ce conte, donna un rendez-vous à son serviteur dans un bois, où souvent s'alloit pourmener en une fort belle allée, à l'entrée de laquelle elle laissa ses femmes, et le va trouver sous un beau et large chesne ombrageux; car c'estoit en esté! «Là où, dit la dame en son conte par ces propres mots, il ne faut point douter la vie qu'ils demenèrent pour un peu, et le bel autel qu'ils dressèrent au pauvre mary au temple de Cératon, bien qu'ils ne fussent en Delos, qui estoit fait tout de cornes: pensez que quelque bon compagnon l'avoit fondé.» Voilà comment cette dame se moquoit de son mary, aussi bien en ses escrits comme en ses délices et effects: et qu'on note tous ses mots, ils portent de l'efficace, estans prononcés mesmes et escrits d'une si habile et honneste femme.

Le conte en est très-beau, que j'eusse volontiers ici mis et inséré; mais il est trop long, car les pourparlers, avant que de venir là, sont fort beaux et longs aussi, reprochant à son serviteur, qui la loüoit extremement, qu'il y avoit en luy plus d'œuvre de naturelle et nouvelle passion qu'aucun bien qui fust en elle, bien qu'elle fust des belles et honnestes; et, pour vaincre cette opinion, il fallut au serviteur faire de grandes preuves de son amour, qui sont fort bien spécifiées en ce conte: et puis estant d'accord, l'on y voit des ruses, des finesses et tromperies d'amour en toutes sortes, et contre le mary et contre le monde, qui sont certes fort belles et très-fines. Je priay cette honneste dame de me donner le double de ce conte; ce qu'elle fist très-volontiers, et ne voulust qu'autre le doublast qu'elle, de peur de surprise. Cette dame avoit raison de donner cette vertu et propriété au cocuage; car avant que se mettre à l'amour, elle estoit fort peu habile; mais l'ayant traité, elle devint l'une des spirituelles et habiles femmes de France, tant pour ce sujet que pour d'autres. Et de fait, ce n'est pas la seule que j'ay veue qui s'est habilitée, pour avoir traité l'amour, car j'en ay veu une infinité très-sottes et mal-habiles à leur commencement; mais elles n'avoient demeuré un an à l'académie de Cupidon et Vénus madame sa mère, qu'elles en sortoient très-habiles et très-honnestes femmes en tout; et quant à moy je n'ay veu jamais putain qui ne fust très-habile et qui ne levast la paille.

—Si feray-je encor cette question; en quelle saison de l'année se fait plus de cocus, et laquelle est plus propre à l'amour, et à esbranler une fille, une femme ou une veuve? Certainement la plus commune voix est qu'il n'y a pour cela que le printemps, qui esveille les corps et les esprits endormis de l'hyver fascheux et mélancolique; et puisque tous les oiseaux et animaux s'en réjoüissent et entrent tous en amours, les personnes qui ont autres sens et sentiment s'en ressentent bien davantage, et surtout les femmes (selon l'opinion de plusieurs philosophes et médecins), qui entrent lors en plus grande ardeur et amour qu'en tout autre temps, ainsi que je l'ay ouy dire à aucunes honnestes et belles dames, et mesmes à une grande qui ne failloit jamais, le printemps venu, en estre plus touchée et picquée qu'en autre saison; et disoit qu'elle sentoit la pointe de l'herbe et hannissoit après comme les juments et chevaux, et qu'il falloit qu'elle en tastast, autrement elle s'amaigriroit; ce qu'elle faisoit, je vous en asseure, et devenoit lors plus lubrique. Aussi, trois ou quatre amours nouvelles que je luy ay veu faire en sa vie, elle les a faites au printemps, et non sans cause; car de tous les mois de l'an, avril et may sont les plus consacrez, et dédiés à Vénus, où lors les belles dames s'accommencent, plus que devant, à s'accommoder, dorloter, et se parer gentiment, se coiffer follastrement, se vestir légèrement; qu'on dirait que tous ces nouveaux changements, et d'habits et de façons, tendent tous à la lubricité, et à peupler la terre de cocus, marchant dessus, aussi bien que le ciel et l'air en produisent de volants en avril et en may. De plus, ne pensez pas que les belles femmes, filles ou veuves, quand elles voient de toutes parts en leurs pourmenades de leurs bois, de leurs forests, garennes, parcs, prairies, jardins, bocages et autres lieux récréatifs, les animaux et les oiseaux s'entrefaire l'amour et lascivement paillarder, n'en ressentent d'estranges piqueures en leur chair, et n'y veulent soudain rapporter leurs remèdes; et c'est l'une des persuasives remonstrances qu'aucuns amants et aucunes amantes s'entrefont, s'entrevoyants sans chaleurs, ny flamme, ny amour, en leur remonstrant les animaux et oyseaux, tant des champs que des maisons, comme les passereaux et pigeons domestiques et lascifs, et ne faire que paillarder, germer, engendrer, et foissonner jusqu'aux arbres et plantes; et c'est ce que sceut dire un jour une gente dame espagnole à un cavalier froid ou trop respectueux: *Sa, gentil cavallero, mira como los amores de todas suertes se tratan y trionfan en este verano, y V.S. queda flaco y abatrido!* C'est-à-dire: «Voici[54], gentil cavalier, comme sortes d'amours se mennent et triomphent en cette prime; et vous demeurez flac et abattu.» Le printemps passé fait place à l'esté, qui vient après et porte avec soy ses chaleurs: et ainsi qu'une chaleur amène l'autre, la dame par conséquent double la sienne; et nul rafraischissement ne la luy peut oster si bien qu'un bain chaud et trouble de sperme vénériq: ce n'est pas contraire par son contraire et guérir, ains semblable par son semblable; car, bien que tous les jours elle se baignast, se plongeast dans la plus claire et fraische fontaine de tout un pays, cela n'y sert, ny quelques légers habillements qu'elle puisse porter pour s'en donner fraischeur, et qu'elle les retrousse tant qu'elle voudra, jusques à laisser les calessons, ou mettre le vertugadin dessus eux, sans les mettre sur le cotillon, comme plusieurs le font; et là c'est le pis, car, en tel estat, elles s'arregardent, se ravissent, se contemplent à la belle clarté du soleil, que, se voyant ainsi belles, blanches, caillées, poupines et en bon point, entrent soudain en rut et tentation; et, sur ce, faut aller au masle ou de tout brusler toutes vives, dont on en a veu fort peu; aussi seroient-elles bien sottes: et si elles sont couchées dans leurs beaux lits ne pouvants endurer ny couvertes, ny linceux, se mettent en leurs chemises retroussées à demy nues, et le matin, le soleil levant donnant sur elles, et venants à se regarder encore mieux à leur aise de tous costez et toutes parts, souhaitent leurs amys, et les attendent: que si par cas ils arrivent sur ce point, sont aussitost les bien venus, pris et embrassés; «car lors, disent-elles, c'est la meilleure embrassade et joüissance d'aucune heure du jour; d'autant, disoit un jour une grande, que le c.. est bien confit, à cause du doux chaud et feu de la nuict, qui l'a ainsi cuit et confit, et qu'il en est beaucoup meilleur et savoureux.» L'on dit pourtant par un proverbe ancien: *Juin et juillet, la bouche mouillée et le v.. sec*; encor met-on le mois d'aoust: cela s'entend pour les hommes, qui sont en danger quand ils s'échauffent par trop en ces temps; et mesme quand la chaude canicule domine, à quoy ils y doivent adviser; mais s'ils se veulent brusler à leur chandelle, à leur dam. Les femmes ne courent jamais ceste fortune, car tous mois, toutes saisons, tous temps, tous signes leur sont bons. Or les bons fruits de l'esté surviennent, qui semblent devoir rafraischir ces honnestes et chaleureuses dames. A aucunes j'en ay veu manger peu, et à d'autres prou. Mais pourtant on ny a guieres veu de changement de leur chaleur ny aux unes ny aux autres, pour s'en abstenir ny pour en manger; car le pis est que, s'il y a aucuns fruits qui puissent rafraischir, il y a bien force autres qui reschauffent bien autant, auxquels les dames courent le plus souvent, comme à plusieurs simples qui sont en leur vertu et bons et plaisants à manger en leurs potages et salades, et comme aux asperges, aux artichaux, aux truffles, aux morilles, aux mousserons et potirons, et aux viandes nouvelles, que leurs cuisiniers, par leurs ordonnances, sçavent très-bien accoustrer et accoustumer à la friandise et lubricité, et que les médecins aussi leur sçavent bien ordonner. Que si quelqu'un bien expert et gallant entreprenoit à desduire ce passage, il s'en acquitteroit bien mieux que moy. Au partir de ces bons mangers, donnez-vous garde, pauvres amants et marys. Que si vous n'estes bien préparez, vous voilà déshonorez, et bien souvent on vous quitte pour aller au change. Ce n'est pas tout; car il faut avec ces fruits nouveaux, et fruits des jardins et des champs, y adjouter de bons grands pastez que l'on a inventez depuis quelques temps, avec force pistaches, pignons, et autres drogues d'apoticaires scaldives, mais sur-tout des crestes et c........ de cocq, que l'esté produit et donne plus en abondance que l'hyver et autres saisons; et se fait aussi plus grand massacre en général de ces jolets et petits cocqs qu'en hyver des grands cocqs, n'estant si bons et si propres que les petits, qui sont chauds ardents et plus gaillards que les autres. Voila un entr-autres, des bons plaisirs et commoditez que l'esté rapporte pour l'amour. Et de ces pastez ainsi composez de menusailles de ces petits cocqs et culs d'artichaux et truffles, ou autres friandises chaudes en usent souvent quelques dames que j'ai ouy dire; lesquelles, quand elles en mangent et y peschent, mettant la main dedans ou avec les fourchettes, et en rapportant et en remettant en la bouche ou l'artichault, ou la truffle, ou la pistache, ou la creste de cocq, ou autre morceau, elles disent avec une tristesse morne: *Blanque*; et quand elles rencontrent les gentils c........ de cocq, et les mettent sous la dent, elles disent d'une allégresse: *Bénéfice*; ainsi qu'on fait à la blanque en Italie, et comme si elles avaient rencontré et gagné quelque joyau très-précieux et riche. Elles en ont cette obligation à messieurs les petits cocqs et jolets, que l'esté produit avec la moitié de l'automne pourtant, que j'entremesle avec l'esté, qui nous donne force autres fruits et petits volatiles qui sont cent fois plus chaudes que celles de l'hyver et de l'autre moitié de l'automne prochaine et voisine de l'hyver, qui, bien qu'on les puisse et doive joindre ensemble, si n'y peut-on si bien recueillir tous ces bons simples en leur vigueur, ny autre chose comme en la saison chaude, encore l'hyver s'efforce de produire ce qu'il peut, comme les bonnes cardes qui engendrent bien de la bonne chaleur et de la concupiscence, soit qu'elles soient cuittes ou crues, jusques aux petits chardons chauds, dont les asnes vivent et en baudoüinent mieux, que l'esté rend durs, et l'hyver les rend tendres et délicats, dont l'on en fait de fort bonnes salades nouvellement inventées. Et outre tout cela, on fait tant d'autres recherches de bonnes drogues chez les apoticaires, drogueurs et parfumeurs, que rien n'y est oublié, soit pour ces pastez, soit pour les bouillons: et ne trouve-t-on à dire guieres de la chaleur en l'hyver par ce moyen et entretenement tant qu'elles peuvent; «car, disent-elles, puisque nous sommes curieuses de tenir chaud l'extérieur de nostre corps par des habits pesants et bonnes fourrures, pourquoy n'en ferons-nous de mesme à l'intérieur?» Les hommes disent aussi: «Et de quoy leur sert-il d'adjouster chaleur sur chaleur, comme soye sur soye, contre la Pragmatique, et que d'elles-mesmes elles sont assez chaleureuses, et qu'à toute heure qu'on les veut assaillir elles sont tousjours prestes de leur naturel, sans y apporter aucun artifice? Qu'y feriez-vous? Possible qu'elles craignent que leur sang chaud et bouillant se perde et se resserre dans les veines et devienne froid et glacé si on ne l'entretient, ny plus ny moins que celuy d'un hermite qui ne vit que de racines.»

Or laissons-les faire: cela est bon pour les bons compagnons; car, elles estant en si fréquente ardeur, le moindre assaut d'amour qu'on leur donne, les voilà prises, et messieurs les pauvres marys cocus et cornus comme satyres. Encor font-elles mieux, les honnestes dames: elles font quelquesfois part de leurs bons pastez, bouillons et potages à leurs amants par miséricorde, afin d'estre plus braves et n'estre atténuez par trop quand ce vient à la besogne, et pour s'en ressentir mieux et prévaloir plus abondamment et leur en donnent aussi des receptes pour en faire faire en leur cuisine à part: dont aucuns y sont bien trompez, ainsi que j'ay ouy parler d'un galant gentilhomme, qui, ayant ainsi pris son bouillon, et venant tout gaillard aborder sa maîtresse, la menaça qu'il la meneroit beau et qu'il avoit pris son bouillon, et mangé son pasté. Elle lui respondit: «Vous ne me ferez que la raison; encore ne sçay-je:» et s'estant embrassez et investis, ces friandises ne luy servirent que pour deux opérations de deux coups seulement. Sur quoy elle luy dit ou que son cuisinier l'avoit mal servy ou y avoit espargné des drogues et compositions qu'il y falloit, ou qu'il n'avoit pas pris tous ses préparatifs pour la grande médecine, ou que son corps pour lors estoit mal disposé pour la prendre et la rendre: et ainsy elle se moqua de luy. Tous simples pourtant, toutes drogues, toutes viandes et médecines, ne sont propres à tous; aux uns elles opèrent, aux autres blanque, encore ay-je veu des femmes qui, mangeant ces viandes chaudes et qu'on leur en faisoit la guerre que par ce moyen il pourroit avoir du débordement ou de l'extraordinaire ou avec le mary ou l'amant, ou avec quelque pollution nocturne, elles disoient, juroient et affirmoient que, pour tel manger, la tentation ne leur en survenoit en aucune manière; et Dieu sait il falloit qu'elles fissent ainsi des rusées. Or les dames qui tiennent le party de l'hiver disent que, pour les bouillons et mangers chauds, elles en sçavent assez de receptes d'en faire d'aussi bons l'hyver qu'aux autres saisons: elles en font assez d'expérience, et pour faire l'amour le disent aussi très-propre; car, tout ainsi que l'hyver est sombre, ténébreux, quiete, coy, retiré de compagnies et caché, ainsi faut que soit l'amour et qu'il soit fait en cachette, en lieu retiré et obscur, soit en un cabinet à part, ou en un coin de cheminée près d'un bon feu qui engendre bien, s'y tenant de près et long-temps autant de chaleur vénéricque que le soleil d'esté. Comme aussi fait-il bon en la ruelle d'un lit sombre, que les yeux des autres personnes, cependant qu'elles sont près du feu à se chauffer, pénétrent fort mal-aisément, ou assises sur des coffres et lits à l'escart faisant aussi l'amour, ou les voyant se tenir près les unes des autres, et pensant que ce soit à cause du froid, et se tenir plus chaudement; cependant font de bonnes choses, les flambeaux à part bien loin reculez, ou sur la table, ou sur le buffet. De plus, qui est meilleur quand l'on est dans le lit? c'est tous les plaisirs du monde aux amants et amantes de s'entr'embrasser, de s'entreserrer et se baiser, s'entre-trousser l'un sur l'autre de peur de froid, non pour un peu, mais pour un long temps, et s'entre-eschauffer doucement, sans se sentir nullement du chaud démesuré que produit l'esté, et d'une sueur extrême, qui incommode grandement le déduit de l'amour; car, au lieu de s'entretenir au large et fort à l'escart: et qui est le meilleur, disent les dames, par l'advis des médecins, les hommes sont plus propres, ardants et déduits à cela l'hyver qu'en l'esté.

—J'ay cogneu d'autres fois une très-grande princesse, qui avoit un très-grand esprit et parloit et escrivoit des mieux. Elle se mit un jour à faire des stances à la louange et faveur de l'hyver, et sa propriété pour l'amour. Pensez qu'elle l'avoit trouvé pour elle très-favorable et traitable en cela. Elles estoient très-bien faites, et les ay tenues long-temps en mon cabinet, et voudrois avoir donné beaucoup et les tenir pour les insérer ici; l'on y verroit et remarqueroit-on les grandes vertus de l'hyver, propriétés et singularitez pour l'amour.

—J'ay cogueu une très-grande dame et des belles du monde, laquelle, veufve de frais, faisant semblant ne vouloir, pour son nouvel habit et estat, aller les après-soupers voir la Cour, ni le bal, ni le coucher de la Reine, et n'estre estimée trop mondaine, ne bougeoit de la chambre, laissoit aller ou renvoyoit un chacun ou une chacune à la danse, et son fils et tout, se retiroit en une ruelle; et là son amant, d'autres fois bien traité, aymé et favorisé d'elle estant en mariage, arrivoit, ou bien, ayant soupé avec elle, ne bougeoit, donnant le bonsoir à un sien beau-frère, qui estoit de grand garde, et là traitoit et renouvelloit ses amours anciennnes, et en pratiquoit de nouvelles pour secondes noces, qui furent accomplies en l'esté après. Ainsi que j'ay considéré depuis toutes ces circonstances, je croy que les autres saisons ne fussent esté si propres pour cet hyver, et comme je l'ay ouy dire à une de ses dariolettes. Or, pour faire fin, je dis et affirme que toutes saisons sont propres pour l'amour, quand elles sont prises à propos, et selon les caprices des hommes et des femmes qui les surprennent: car, tout ainsi que la guerre de Mars se fait en toutes saisons et tout temps, et qu'il donne ses victoires comme il luy plaît et comme aussi il trouve ses gens d'armes bien appareillés et encouragés de donner leur bataille, Vénus en fait de mesmes, selon qu'elle trouve ses troupes d'amants et d'amantes bien disposées au combat: et les saisons n'y font guères rien, ny leur acception ny élection n'y a pas grand lieu; non plus ne servent guères leurs simples, ny leur fruits, ny leurs drogues, ny drogueurs, ny quelque artifice que fassent ny les unes ny les autres, soit pour augmenter leur chaleur, soit pour la rafraischir. Car, pour le dernier exemple, je connois une grande dame à qui sa mère, dez son petit age, la voyant d'un sang chaud et bouillant qui la menoit un jour tout droit au chemin du bourdeau, luy fit user par l'espace de trente ans, ordinairement en tous ses repas, du jus de vinette, qu'on appelle en France ozeille, fust en ses viandes, fust en ses potages et avec bouillons, fust pour en boire de grandes escüelles à oreilles, sans autres choses entremeslées; bref, toutes ses sausses estoient jus de vinette. Elle eut beau faire tous ces mystères réfrigératifs, qu'enfin ç'a esté une très-grandissime et illustrissime putain, et qui n'avoit point besoin de ces pastés que j'ay dit pour luy donner de la chaleur, car elle en a assez; et si pourtant elle est aussi goulue à les manger que toute autre. Or je fais fin, bien que j'en eusse dit davantage et eusse rapporté davantage de raisons et exemples; mais il ne faut pas tant s'amuser à ronger un mesme os; et aussi que je donne la plume à un autre meilleur discoureur que moi, qui sçaura soustenir le party des unes et des autres raisons: me rapportant à un souhait et désir que fairoit une fois une honneste dame espagnole, qui souhaitoit et désiroit de devenir hyver, quand sa saison seroit, et son ami un feu, afin, quand elle viendroit s'eschauffer à luy par le grand froid qu'elle auroit, qu'il eust ce plaisir de la chauffer, et elle de prendre sa chaleur quand elle s'y chaufferoit, et de plus se présenter et se faire voir à luy souvent et à son aise, et se chauffant retroussée, escarquillée, et eslargie de cuisses et de jambes, pour participer à la vüe de ses beaux membres cachés sous son linge et habillements d'auparavant; aussi pour la reschauffer encore mieux et luy entretenir son autre feu du dedans et sa chaleur paillarde. Puis desiroit venir printemps, et son amy un jardin tout en fleurs, desquelles elle s'en ornast sa teste, sa belle gorge, son beau sein, voire s'y veautrant parmy elles son beau corps tout nud entre les draps. De mesmes après desiroit devenir esté, et par conséquent son amy une claire fontaine ou reluisant ruisseau, pour la recevoir en ses belles et fraisches eaux quand elle iroit s'y baigner et esgayer, et bien à plein se faire voir à luy, toucher, retoucher et manier tous ses membres beaux et lascifs. Et puis, pour la fin, desiroit pour son automne retourner en sa première forme et devenir femme et son mary homme, pour puis après tous deux avoir l'esprit le sens et la raison à contempler et rememorer tout le contentement passé, et vivre en ces belles imaginations et contemplations passées, et pour sçavoir et discourir entr'eux quelle saison leur avoit esté plus propre et delicieuse. Voilà comment ceste honneste dame départoit et compassoit les saisons; en quoy je me remets au jugement des mieux discourants, quelle des quatre en ces formes pouvoit estre à l'un et à l'autre plus douce et plus agréable.

—Maintenant à bon escient je me départs de ce discours. Qui en voudra sçavoir davantage et des diverses humeurs des cocus, qu'il fasse une recherche d'une vieille chanson qui fut faite à la Cour, il y a quinze ou seize ans, des cocus, dont le refrain est

Un cocu meine l'autre, et toujours sont en peine,

Un cocu l'autre meine.

Je prie toutes les honnestes dames qui liront dans ce chapitre aucuns contes, si par cas elles y passent dessus, me pardonner s'ils sont un peu gras en saupiquets, d'autant que je ne les eusse sceu plus modestement déguiser, veu la sauce qu'il leur faut; et diray bien plus, que j'en eusse allégué d'autres encore bien plus saugreneux et meilleurs, n'estoit que, ne les pouvant ombrager bien d'une belle modestie, j'eusse eu crainte d'offenser les honnestes dames qui prendront cette peine et me feront cet honneur de lire mes livres; et si vous diray de plus, que ces contes que j'ay faits icy ne sont point contes menus de villes ny villages, mais viennent de bons et hauts lieux; et si ce sont de viles et basses personnes, ne m'estant voulu mesler que de coucher les grands et hauts subjets, encore que j'aye le dire bas; et, en ne nommant rien, je ne pense pas scandaliser rien aussi.

Femmes, qui transformez vos marys en oiseaux,

Ne vous en lassez point, la forme en est très-belle;

Car si vous les laissez en leurs premières peaux,

Ils voudront vous tenir toujours en curatelle,

Et comme homme voudront user de leur puissance;

Au lieu qu'estants oiseaux ne vous feront d'offense.

AUTRE.

Ceux qui voudront blasmer les femmes amiables
Qui font secrètement leurs bons marys cornards,
Les blasment à grand tort et ne sont que bavards;
Car elles font l'aumosne et sont fort charitables
En gardant bien la loy à l'aumosne donner,
Ne faut en hypocrit la trompette sonner.

Vieille rime du jeu d'amours, que j'ay trouvée dans des vieux papiers.

Le jeu d'amours, ou jeunesse s'esbat,
A un tablier se peut comparer.
Sur un tablier les dames on abat,
Puis il convient le trictrac préparer.
Et en celui ne faut que se parer.
Plusieurs font Jean: n'est-ce pas jeu honneste,
Qui par nature un joüeur admoneste
Passer le temps de cœur joyeusement?
Mais en défaut de trouver la raye nette
Il s'en ensuit un grand jeu de torment.

Ce mot *raye nette* s'entend en deux façons: l'une, pour le jeu de la *raye nette* du trictrac; et l'autre, que, pour ne trouver la *raye nette* de la dame avec qui l'on s'esbat, on y gagne bonne vérole, de bon mal et du torment.

DISCOURS SECOND

Sur le sujet qui contente le plus en amour, ou le toucher, ou la veuë, ou la parole.

INTRODUCTION.

Voici une question en matière d'amours qui mériteroit un plus profond et meilleur discoureur que moy, sçavoir qui contente plus en la joüissance d'amour, ou le tact qui est l'attouchement, ou la parole, ou la veuë? M. Pasquier, très-grand personnage certes, en sa jurisprudence, qui est sa profession, comme en autres belles et humaines sciences, en fait un discours dans ses lettres qu'il nous a laissées par escrit; mais il a esté trop bref, et, pour estre si grand homme, il ne devoit tant là-dessus espargner sa belle parole comme il a fait; car, s'il l'eust voulue un peu eslargir et en dire bien au vray et au naturel ce qu'il en eust sceu dire, sa lettre qu'il en fait là-dessus en eust esté cent fois bien plus plaisante et agréable.

Il en fonde son discours principal sur quelques rimes anciennes du comte Thibault de Champagne, lesquelles je n'avois jamais vues, sinon ce petit fragment que ce M. Pasquier produit là; et trouve que ce bon et brave et ancien chevalier dit très-bien, non en si bons termes que nos gallants poëtes d'aujourd'hui, mais pourtant en très-bon sens et bonnes raisons; aussi avoit-il un très-beau et digne sujet pourquoy il disoit si bien, qui estoit la reyne Blanche de Castille, mère de saint Louis, de laquelle il fut aucunement espris, voire beaucoup, et l'avoit prise pour maistresse. Mais, pour cela, quel mal? et quel reproche pour cette reyne? encore qu'elle fust esté très-sage et vertueuse, pouvoit-elle engarder le monde de l'aymer et brusler au feu de sa beauté et de ses vertus, puisque c'est le propre de la vertu et d'une perfection que de se faire aymer? Le tout est de ne se laisser aller à la volonté de celuy qui ayme.

Voylà pourquoy il ne faut trouver estrange ny blasmer cette reyne si elle fut tant aimée, et que, durant son regne et autorité, il y ait eu en France des divisions, séditions et querelles: car, comme j'ay ouy dire à un très-grand personnage, les divisions s'esmeuvent autant pour l'amour que pour les brigues de l'Estat; et, du temps de nos pères, il se disoit un proverbe ancien que tout le monde voloit du c.. de la reine folle.

Je ne sçay pour quelle reyne ce proverbe se fit, comme possible, fit ce comte Thibault, qui, possible, ou pour n'estre bien traité d'elle comme il vouloit, ou qu'il en fust desdaigné, ou un autre mieux aimé que luy, conceut en soy ces dépits qui le précipitèrent et firent perdre en ces guerres et tumultes, ainsi qu'il arrive souvent quand une belle ou grande reyne ou dame, ou princesse, se met à régir un Estat: un chacun désire la servir, honorer et respecter, autant pour avoir l'heur d'estre bien venu d'elle et estre en ses bonnes graces, comme de se vanter de régir et gouverner l'Estat avec elle et en tirer du profit. J'en alléguerois quelques exemples, mais je m'en passeray bien.

Tant y a, que ce comte Thibault prit sur ce beau sujet, que je viens de dire, à bien escrire, et possible à faire cette demande que nous représente M. Pasquier, auquel je renvoye le lecteur curieux, sans en toucher icy aucunes rimes; car ce ne seroit qu'une superflüité. Maintenant, il me suffira d'en dire ce qu'il m'en semble tant de moy que de l'avis des plus gallants que moy.

ARTICLE PREMIER.

De l'attouchement en amour

Or, quant à l'attouchement, certainement il faut avouer qu'il est très délectable, d'autant que la perfection de l'amour c'est de joüir, et ce joüir ne se peut faire sans l'attouchement; car, tout ainsi que la faim et la soif ne se peut soulager et appaiser, sinon par le manger et le boire, aussi l'amour ne se passe ny par l'ouye ny par la veuë, mais par le toucher, l'embrasser et par l'usage de Vénus: à quoi le badin fat Diogène cynique rencontra badinement, mais salaudement pourtant, quand il souhaitoit qu'il peust abattre sa faim en se frottant le ventre, tout ainsi qu'en se frottant la verge il passoit sa rage d'amour. J'eusse voulu mettre cecy en paroles plus nettes, il le faut passer fort légèrement; ou bien comme fit cet amoureux de Lamia, qui, ayant esté par trop excessivement rançonné d'elle pour joüir de son amour, n'y put ou n'y voulut entendre; et, pour ce, s'advisa, songeant en elle, se corrompre, se polluer, et passer son envie en son imagination: ce qu'elle ayant sceu, le fit convenir devant le juge qu'il eust à l'en satisfaire et la payer, lequel ordonna qu'au son et tintement de l'argent qu'il lui monstreroit, elle seroit payée, et en passeroit ainsi son envie, de mesme que l'autre par songe et imagination, avoit passé la sienne.

Il est bien vray que l'on m'alléguera force especes de Vénus que les anciens philosophes deguisent; mais de ce, je m'en rapporte à eux et aux plus subtils qui en voudront discourir. Tant y a, puisque le fruit de l'amour mondain n'est autre chose que la joüissance, il ne faut point la penser bien avoir, qu'en touchant et embrassant. Si est-ce que plusieurs ont bien eu opinion que ce plaisir estoit fort maigre sans la veuë et la parole; et de ce nous en avons un bel exemple dans les *Cent Nouvelles de la Reyne de Navarre*, de cet honneste gentilhomme, lequel, ayant joüy plusieurs fois de cette honneste dame de nuict, bouchée avec son touret de nez (car les masques n'estoient encore en usage), en une galerie sombre et obscure, encore qu'il cogneust bien au toucher qu'il n'y avoit rien que de bon, friant et exquis, ne se contenta point de telle faveur, mais voulut savoir à qui il avoit à faire: par quoy, en l'embrassant et la tenant un jour, il la marqua d'une craye au derrière de sa robe, qui estoit de velours noir; et puis le soir après souper (car leurs assignations estoient à certaine heure assignée), ainsi que les dames entroient dans la salle du bal, il se mit derrière la porte; et, les espiant attentivement passer, il vient à voir entrer la sienne marquée sur l'espaule, qu'il n'eust jamais pensé, car, en ses façons, contenances et paroles, on l'eust prise pour la Sapience de Salomon, et telle que la Reyne la descrit. Qui fust esbahy, ce fut ce gentilhomme, pour sa fortune assise sur une femme qui n'eust jamais creu moins d'elle que de toutes les dames de la Cour; vray est qu'il voulut passer plus outre, et ne s'arrester là, car il luy voulut le tout descouvrir, et sçavoir d'elle pourquoy elle se cachoit ainsi de luy, et se faisoit ainsi servir à couvert et cachettes; mais elle, très-bien rusée, nia et renia tout, jusques à sa part de paradis et la damnation de son ame, comme est la coustume des dames, quand on leur va objecter des choses de leur cas qu'elles ne veulent qu'on les sache, encore qu'on en soit bien certain et qu'elles soient très-vrayes. Elle s'en dépita; et par ainsi ce gentilhomme perdit sa bonne fortune. Bonne, certes, elle estoit; car la dame estoit grande et valoit le faire, et, qui plus est, parce qu'elle faisoit de la sucrée, de la chaste, de la prude, de la feinte; en cela il pouvoit avoir double plaisir: l'un pour cette joüissance si douce, si bonne, si délicate; et le second, à la contempler souvent devant le monde en sa mixte cointe mine, froide et modeste, et sa parole toute chaste, rigoureuse et rechignarde, songeant en soy son geste lascif, folastre maniement et paillardise, quand ils estoient ensemble. Voilà pourquoy ce gentilhomme eut grand tort de luy en avoir parlé, mais devoit tousjours continuer ses coups et manger sa viande, aussi bien sans chandelle qu'avec tous les flambeaux de sa chambre. Bien devoit-il sçavoir qui elle estoit, et en faut loüer sa curiosité, d'autant que, comme dit le conte, il avoit peur avoir à faire avec quelque espèce de diable; car volontiers ces diables se transforment et prennent la forme des femmes pour habiter avec les hommes, et les trompent ainsi; auxquels pourtant, à ce que j'ay ouy dire à aucuns magiciens subtils, est plus aisé de s'accommoder de la forme et visage de femme, que non pas de la parole. Voilà pourquoy ce gentilhomme avoit raison de la vouloir voir et cognoistre; et, à ce qu'il disoit luy-même, l'abstinence de la parole lui faisoit plus d'appréhension que la veuë, et le mettoit en resverie de monsieur le diable; dont en cela il monstra qu'il craignoit Dieu. Mais, après avoir le tout descouvert, il ne devoit rien dire. Mais quoy! ce dira quelqu'un, l'amitié et l'amour n'est point bien parfaite, si on ne la déclare et du cœur et de la bouche; et pour ce, ce gentilhomme la luy vouloit faire bien entendre; mais il n'y gagna rien, car il y perdit tout. Aussi, qui eust cogneu l'humeur de ce gentilhomme, il sera pour excusé, car il n'estoit si froid ny discret pour joüer ce jeu, et se masquer d'une telle discrétion; et, à ce que j'ay ouy dire à ma mère, qui estoit à la Reyne de Navarre, et qui en sçavoit quelques secrets de ses Nouvelles, et qu'elle en estoit l'une des devisantes, c'estoit feu mon oncle de La

Chastaigneraye, qui estoit brusq, prompt et un peu volage. Le conte est déguisé pourtant pour le cacher mieux, car mon dict oncle ne fut jamais au service de la grand princesse, maistresse de cette dame, ouy bien du roy son frère: et si n'en fut autre chose, car il estoit fort aymé et du Roy et de la princesse. La dame, je ne la nommeray point, mais elle estoit veufve et dame d'honneur d'une très-grande princesse, et qui sçavoit faire la mine de prude plus que dame de la Cour.

—J'ay ouy conter d'une dame de la cour de nos derniers roys, que je cognois, laquelle, estant amoureuse d'un fort honneste gentilhomme de la Cour, vouloit imiter la façon d'amour de cette dame précédente: mais autant de fois qu'elle venoit de son assignation et de son rendez-vous, elle s'en alloit à sa chambre, et se faisoit regarder de tous costez à une de ses filles ou femmes de chambre si elle n'estoit point marquée; et, par ce moyen, se garda d'estre méprise et reconnue. Aussi ne fut-elle jamais marquée qu'à la neufiesme assignation, que la marque fut aussitost descouverte et recogneue de ses femmes; et pour ce, de peur d'estre scandalisée, et tomber en opprobre, elle brisa là, et oncques puis ne retourna à l'assignation. Il eust mieux valu, ce dit quelqu'un, qu'elle luy eust laissé faire ses marques tant qu'il eust voulu, et autant de faites les deffaire et effacer; et pour ce eust eu double plaisir, l'un de ce contentement amoureux, et l'autre de se mocquer de son homme, qui travailloit tant à cette pierre philosophale pour la descouvrir et cognoistre, et n'y pouvoit jamais parvenir.

—J'en ay ouy conter d'un autre du temps du roy François, de ce beau escuyer Gruffy, qui estoit un escuyer de l'escurie du dit roy, et mourut à Naples au voyage de M. de Lautrec, et d'une très-grande dame de la Cour, dont en devint très-amoureuse: aussi estoit-il très-beau et ne l'appeloit-on ordinairement que le beau Gruffy, dont j'en ay veu le pourtrait qui le monstre tel. Elle attira un jour un sien vallet-de-chambre en qui elle se fioit, pourtant incogneu et non veu, en sa chambre, qui luy vint dire un jour, luy bien habillé, qu'il sentoit son gentilhomme, qu'une très-honneste et belle dame se recommandoit à luy, et qu'elle en estoit si amoureuse qu'elle en désiroit fort l'accointance plus que d'homme de la Cour, mais par tel si, qu'elle ne vouloit, pour tout le bien du monde, qu'il la vist ni la connust; mais qu'à l'heure du coucher, et qu'un chacun de la Cour seroit retiré, il le viendroit quérir et prendre en un certain lieu qu'il lui diroit, et de là il le meneroit coucher avec cette dame; mais par telle pache aussi, qu'il luy vouloit bouscher les yeux avec un beau mouchoir blanc, comme un trompette qu'on meine en ville ennemie, afin qu'il ne peust voir ny recognoistre le lieu ny la chambre là où il le meneroit, et le tiendroit tousjours par les mains afin de ne deffaire ledit mouchoir; car ainsi luy avoit commandé sa maistresse luy proposer ces conditions, pour ne vouloir estre connue de luy jusques à quelque temps certain et préfix qu'il luy dit, et lui promit; et pour ce qu'il y pensast et advisast bien s'il y vouloit venir à cette condition, afin qu'il luy sceut dire lendemain sa response; car il le viendroit quérir et prendre en un lieu qu'il luy dit, et surtout qu'il fust seul, et il le meneroit en une part si bonne, qu'il ne s'en repentiroit point d'y estre allé. Voilà une plaisante assignation et composée d'une estrange condition. J'aimerois autant celle-là d'une dame espagnole, qui manda à un une assignation, mais qu'il portast avec lui trois S. S. S., qui estoient à dire: *sabio, solo, segreto*; *sage, seul, secret*: l'autre luy manda qu'il iroit, mais qu'elle se garnist et fournist de trois F. F. F., qui sont qu'elle ne fust *fea, flaca* n'y *fria*; qui ne fust n'y *laide, flaque* n'y *froide*. Attant, le messager se départit d'avec Gruffy. Qui fut en peine et en songe, ce fut luy, ayant grand sujet de penser que ce fust quelque partie jouée de quelque ennemy de Cour, pour luy donner quelque venue, ou de mort ou de charité envers le Roy. Songeoit aussi quelle dame pouvoit-elle estre, ou grande, ou moyenne, ou petite, ou belle, ou laide, qui plus luy faschoit (encore que tous chats sont gris la nuit, ce dit-on, et tous c... sont c... sans clarté). Par-quoy, après en avoir conféré à un de ses compagnons les plus privez, il se résolut de tenter la risque, et que pour l'amour d'une grande, qu'il présumoit bien estre, il ne falloit rien craindre et appréhender. Par-quoy, le lendemain que le Roy, les Reynes, les dames et tous et toutes de la Cour se furent retirez pour se coucher, ne faillit de se trouver au lieu que le messager lui avoit assigné, qui ne faillit aussi-tost l'y venir trouver avec un second, pour luy aider à faire le guet si l'autre n'estoit point suivy de page ni de laquais, ny vallet, ny gentilhomme. Aussi-tost qu'il le vit, luy dit seulement: «Allons, monsieur, madame vous attend.» Soudain il le banda, et le mena par lieux obscurs, estroits, et traverses incogneues, de telle façon que l'autre luy dit franchement qu'il ne sçavoit là où il le menoit; puis il entra dans la chambre de la dame, qui estoit si sombre et si obscure qu'il ne pouvoit rien voir ni cognoistre, non plus que dans un four. Bien la trouva-t-il sentant à bon, et très-bien parfumée, qui luy fit esperer quelque chose de bon; parquoy le fit deshabiller aussi-tost, et luy-même le deshabilla, et après le mena par la main, luy ayant osté le mouchoir, au lict de la dame qui l'attendoit en bonne dévotion, et se mit auprès d'elle à la taster, l'embrasser, la carresser, où il n'y trouva rien que très-bon et exquis, tant à sa peau qu'à son linge et lict très-superbe, qu'il tastonnoit avec les mains; et ainsi passa joyeusement la nuict avec cette belle dame, que j'ay bien ouy nommer. Pour fin, tout lui contenta en toutes façons, et cogneut bien qu'il estoit très-bien hébergé pour cette nuict; mais rien ne lui faschoit, disoit-il, si-non que jamais il n'en sceut tirer aucune parole. Elle n'avoit garde, car il parloit assez souvent à elle le jour comme aux autres dames, et, pour ce, l'eust cogneue aussitost. De folatries, de mignardises, de carresses, d'attouchements et de toute autre sorte de démonstrations d'amour et paillardises, elle n'y espargnoit aucune: tant y a qu'il se trouva bien. Le lendemain, à la pointe du jour, le messager ne faillit de venir esveiller, et le lever et habiller, le bander et le retourner au lieu où il l'avoit pris, et recommander à Dieu jusques au retour, qui seroit bien-tost; et ne fut sans lui demander s'il luy avoit menty, et s'il se trouvoit bien de l'avoir creu, et ce qu'il luy en sembloit de luy avoir servi de fourrier, et s'il luy avoit donné bon logement. Le beau Gruffy, après l'avoir remercié cent fois, luy dit adieu, et qu'il seroit tousjours prest de retourner pour si bon marché, et revoler quand il voudroit; ce qu'il fit, et la feste en dura un bon mois, au bout duquel fallut à Gruffy partir pour son voyage de Naples, qui prit congé de sa dame et luy dit adieu à grand regret, sans en tirer d'elle un seul parler aucunement de sa bouche, sinon soupirs et larmes qu'il lui sentoit couler des yeux. Tant y a qu'il partit d'avec elle sans la cognoistre nullement ny s'en appercevoir. Depuis on dit que cette dame pratiqua cette vie avec deux ou trois autres de cette façon, se donnant ainsi du bon temps: et disoit-on qu'elle s'accommodoit de cette astuce, d'autant qu'elle estoit fort avare, et par ainsi elle espargnoit le sien et n'estoit sujette à faire présents à ses serviteurs; car enfin, toute grande dame pour son honneur doit donner, soit peu ou prou, soit argent, soit bagues ou joyaux, ou soyent riches faveurs: par ainsi la gallante se donnoit joye à son c.., et espargnoit sa bourse, en ne se manifestant seulement quelle estoit; et pour ce, ne se pouvoit estre reprise de ses deux bourses, ne se faisant jamais cognoistre. Voilà une terrible humeur de grand dame. Aucuns ne trouveront la façon bonne, autres la blasmeront, autres la tiendront pour très-excorte, aucuns l'estimeront bonne mesnagere; mais je m'en rapporte à ceux qui en discourront mieux que moy: si est-ce que cette dame ne peut encourir tel blasme que cette reyne qui se tenoit à l'hostel de Nesle à Paris, laquelle, faisant le guet aux passants, et ceux qui lui revenoyent et agréoient le plus, de quelques sortes de gens que ce fussent, les faisoit appeler et venir à soy; et, après en avoir tiré ce qu'elle en vouloit, les faisoit précipiter du haut de la tour, qui paroist encores, en bas en l'eau, et les faisoit noyer[55]. Je ne puis dire que cela soit vray; mais le vulgaire, au moins la pluspart de Paris, l'affirme; et n'y a si commun, qu'en luy monstrant la tour seulement, et en l'interrogeant, que de luy-mesme ne le die.

 Laissons ces amours, qui sont plustost des avortons que des amours, lesquelles plusieurs de nos dames d'aujourd'hui abhorrent, comme elles en ont raison, voulant communiquer avec leurs serviteurs, et non comme avec rochers ou marbres: mais après les avoir bien choisis, se sçavent bravement et gentiment faire servir et aimer d'eux. Et puis, en ayant cogneu leurs fidélitez et loyale persévérance, se prostituent avec eux par une fervente amour, et se donnent du plaisir avec eux, non en masques, ny en silence, ny muettes, ny parmi les nuicts et ténèbres, mais en beau plein jour se font voir, taster, toucher, embrasser, les entretiennent de beaux et lascifs discours, de mots folastres et paroles lubriques: quelques fois pourtant s'aident de masques, car il y a plusieurs dames qui quelques fois sont contraintes d'en prendre en le faisant, si c'est au hasle qu'elles le facent, de peur de se gaster le teint ou ailleurs, afin que, si elles s'échauffent par trop, et si sont surprises, qu'on ne cognoisse leur rougeur ny leur contenance estonnée, comme j'en ay veu: et le masque cache tout, et ainsi trompent le monde.

ARTICLE II.

De la parole en amour.

J'ay ouy dire à plusieurs dames et cavalliers qui ont mené l'amour, que, sans la veüe et la parole, elles aymeroient autant ressembler les bestes brutes, lesquelles, par un appétit naturel et sensuel, n'ont autres soucy ne amitié que de passer leur rage et chaleur. Aussi ay-je ouy dire à plusieurs seigneurs et gallants gentilshommes qui ont couché avec de grandes dames, ils les ont trouvées cent fois plus lascives et débordées en paroles, que les femmes communes et autres. Elles le peuvent faire à finesse, d'autant qu'il est impossible à l'homme, tant vigoureux soit-il, de tirer au collier et labourer tousjours; mais, quand il vient à la pose et au relasche, il trouve si bon et si appétissant quand sa dame l'entretient de propos lascifs et mots folastrement prononcés, que, quand Vénus seroit la plus endormie du monde, soudain elle est esveillée; mesmes que plusieurs dames, entretenant leurs amants devant le monde, fust aux chambres des reynes et princesses et ailleurs, les pipoient, car elles leur disoient des paroles si lascives et si friandes qu'elles et eux se corrompoient comme dedans un lict: nous, les arregardans, pensions qu'elles tinssent autres propos. C'est pourquoy Marc Antoine aima tant Cléopatre et la préféra à sa femme Octavia, qui estoit cent fois plus aimable et belle que la Cléopatre; mais cette Cléopatre avoit la parole si affettée, et le mot si à propos, avec ses façons et graces lascives, qu'Antoine oublia tout pour son amour. Plutarque nous en fait foy sur aucuns brocards ou sobriquets qu'elle disoit si gentiment, que Marc Antoine, la voulant imiter, ne ressembloit à ses devis (encore qu'il voulust faire du gallant) qu'un soldat et gros gendarme, au prix d'elle et de sa belle frase de parler. Pline fait un conte d'elle que je trouve fort beau, et, par ce, je le répéteray ici un peu. C'est qu'un jour, ainsi qu'elle estoit en ses plus gaillardes humeurs, et qu'elle s'estoit habillée à l'advenant et à l'advantage, et surtout de la teste d'une guirlande de diverses fleurs convenante à toute paillardise, ainsi qu'ils estoient à table, et que Marc Antoine voulut boire, elle l'amusa de quelque gentil discours, et cependant qu'elle parloit, à mesure elle arrachoit de ses belles fleurs de sa guirlande, qui néantmoins estoient toutes semées de poudre empoisonnée, et les jettoit peu à peu dans la coupe que tenoit Marc Antoine pour boire; et ayant achevé son discours, ainsi que Marc Antoine voulut porter la coupe au bec pour boire, Cléopatre luy arreste tout court la main, et ayant aposté un esclave ou criminel qui estoit là près, le fit venir à luy, et lui fit donner à boire ce que Marc Antoine alloit avaler, dont soudain il en mourut; et puis, se tournant vers Marc Antoine, lui dit: «Si je ne vous aimois comme je fais, je me fusse maintenant défaite de vous, et eusse fait le coup volontiers, sans que je vois bien que ma vie ne peut estre sans la vostre.» Cette invention et cette parole pouvoient bien confirmer Marc Antoine en son amitié, voire le faire croupir davantage aux costez de sa charnure. Voilà comment servit l'éloquence à Cléopatre, que les histoires nous ont escrite très-bien disante: aussi ne l'appeloit-il que simplement la Reyne, pour plus grand honneur, ainsi qu'il escrit à Octave César, avant qu'ils fussent déclarés ennemys. «Qui t'a changé, dit-il, pour ce que j'embrasse la Reyne? elle est ma femme. Ay-je commencé dès ast heure? Tu embrasses Drusille, Tortale, Leontile, ou Rufile, ou Salure Litiseme, ou toutes: que t'en chaut-il sur quelle tu donnes, quand l'envie t'en prend?» Par là Marc Antoine louoit sa constance et blasmoit la variété de l'autre d'en aimer tant au coup, et luy n'aimoit que sa Reyne, dont je m'estonne qu'Octave ne l'aima après la mort de Marc Antoine. Il se peut faire qu'il la vit quand il la vit et la fit venir seule en sa chambre, et qu'elle l'harangua: possible qu'il n'y trouva pas ce qu'il pensoit, ou la meprisa pour quelque autre raison, et en voulut faire son triomphe à Rome et la monstrer en parade; à quoi elle remédia par sa mort advancée.

Certes, pour retourner à notre dire premier, quand une dame se veut mettre sur l'amour, ou qu'elle y est une fois bien engagée, il n'y a orateur au monde qui die mieux qu'elle. Voyez comme Sophonisba nous a esté descrite de Tite Live, d'Appian et d'autres, si bien disante à l'endroit de Massinissa, lorsqu'elle vint à luy pour l'aimer, gaigner et réclamer, et après quand il lui fallut avaller le poison. Bref, toute dame, pour estre bien aimée, doit bien parler, et volontiers on en voit peu qui ne parlent bien et n'ayent des mots pour esmouvoir le ciel et la terre, et fust-elle glacée en plein hyver. Celles surtout qui se mettent à l'amour, et si elles ne savent rien dire, elles sont si dessavourées, que le morceau qu'elles vous donnent n'a ny goust ny saveur: et quand M. du Bellay, parlant de sa courtisanne et déclarant ses mœurs, dit qu'elle estoit sage au parler et folastre à la couche[56], cela s'entend en parlant devant le monde et entretenant l'un et l'autre; mais lorsque l'on est à part avec son amy, toute gallante dame veut estre libre en sa parole et dire ce qu'il luy plaist, afin de tant plus esmouvoir Vénus.

J'ay ouy faire des contes à plusieurs qui ont joüi de belles et grandes dames, ou qui ont esté curieux de les escouter parlant avec d'autres dedans le lict, qu'elles estoient aussi libres et folles en leur parler que courtisannes qu'on eust sceu connoistre: et qui est un cas admirable, est que, pour estre ainsi accoustumées à entretenir leurs marys, ou leurs amys, de mots, propos et discours sallaux et lascifs, mesmes nommer tout librement ce qu'elles portent au fond du sac sans farder, et pourtant, quand elles sont en leurs discours, jamais ne s'extravaguent, ni aucun de ces mots sallaux leur vient à la bouche: il faut bien dire qu'elles se savent bien commander et dissimuler; car il n'y a rien qui frétille tant que la langue d'une dame ou fille de joie. Sy ay-je cogneu une très-belle et honneste dame de par le monde, qui, devisant avec un honneste gentilhomme de la Cour des affaires de la guerre durant ces civiles, elle lui dit: «J'ay ouy dire que le Roy à fait rompre tous les c... de ce pays-là.» Elle vouloit dire *les ponts*. Pensez que, venant de coucher d'avec son mary, ou songeant à son amant, elle avoit encore ce nom frais en la bouche: et le gentilhomme s'en eschauffa en amours d'elle pour ce mot.

—Une autre dame que j'ai cogneue, entretenant une autre grand dame plus qu'elle, et luy louant et exaltant ses beautez, elle lui dit après: «Non, madame, ce que je vous en dis, ce n'est point pour vous adultérer;» voulant dire *adulater*, comme elle le rhabilla ainsi: pensez qu'elle songeoit à l'adultère et à adultérer. Bref, la parole en jeu d'amours a une très-grande efficace; et où elle manque le plaisir en est imparfait: aussi, à la vérité, si un beau corps n'a une belle ame, il ressemble mieux son idole qu'un corps humain; et s'il se veut faire bien aimer, tant beau soit-il, il faut qu'il se fasse seconder d'une belle ame: que s'il ne l'a de nature, il la faut façonner par art.

—Les courtisannes de Rome se moquent fort des gentilles dames de Rome, lesquelles ne sont apprises à la parole comme elles; et disent que *chiavano come cani, ma che sono quiete della bocca como sassi*[57].

Et voilà pourquoy j'ay cogneu beaucoup d'honnestes gentilshommes qui ont refusé l'accointance de plusieurs dames, je vous dis très-belles, parce qu'elles estoient idiotes, sans ame, sans esprit et sans parole, et les ont quittées tout à plat: et disoient qu'ils aimoient autant avoir à faire avec une belle statue de quelque beau marbre blanc, comme celuy qui en aima une à Athenes jusques à en joüir.

Et pour ce, les estrangers qui vont par pays ne se mettent à guières aymer les femmes estrangères, ny volontiers s'en caprichent pour elles, d'autant qu'ils ne s'entendent point, ny leur parole ne leur touche aucunement au cœur; j'entends ceux qui n'entendent leur langage: et s'ils s'accostent d'elles, ce n'est que pour contenter autant nature, et esteindre le feu naturel bestialement, et puis *andar in barca*[58]; comme dist un Italien un jour desembarqué à Marseille, allant en Espagne, et demandant où il y avoit des femmes. On luy monstre un lieu où se faisoit le bal de quelques nopces. Ainsi qu'une dame le vint accoster et arraisonner, il lui dit: *V. S. mi perdonna, non voglio parlare, voglio solamente chiavare, e poi me n'andar in barca*[59].

Le François ne prend grand plaisir avec une Allemande, une Suisse, une Flamande, une Angloise, Écossoise, une Esclavonne ou autre estrangère, encore qu'elle babillast le mieux du monde, s'il ne l'entend; mais il se plaist grandement avec sa dame françoise ou avec l'Italienne ou l'Espagnolle, car coustumièrement, la plus part des François aujourd'hui, au moins ceux qui ont veu un peu, sçavent parler ou entendent ce langage; et Dieu sait s'il est affetté et propre pour l'amour? Car quiconque aura à faire avec une dame françoise, italienne, espagnolle ou grecque, et qu'elle soit diserte, qu'il die hardiment qu'il est pris et vaincu.

D'autres fois nostre langue françoise n'a esté si belle ny si enrichie comme elle l'est aujourd'hui; mais il y a long-temps que l'italienne, l'espagnolle et la grecque le sont: et volontiers n'ay-je guieres veu dame de cette langue, si elle a pratiqué tant soit peu le mestier de l'amour, qui ne sache très-bien dire. Je m'en rapporte à ceux qui ont traitté celles-là.

Tant y a qu'une belle dame et remplie de belle parole contente doublement.

ARTICLE III.

De la veuë en amour.

Parlons maintenant de la veuë. Certainement, puisque les yeux sont les premiers qui attaquent le combat de l'amour, il faut advouer qu'ils donnent un très-grand contentement quand ils nous font voir quelque chose de rare en beauté.

Hé, quelle est la chose au monde que l'on puisse voir plus belle qu'une belle femme, soit habillée ou bien parée, ou nue entre deux draps? Pour l'habillée, vous n'en voyez que le visage à nud; mais aussi, quand un beau corps, orné d'une riche et belle taille, d'un port et d'une grace, d'une apparence et superbe majesté, à nous se présente à plein, quelle plus belle monstre et agréable veuë peut-il estre au monde? Et puis, quand vous en venez à joüir tout ainsi couverte et superbement habillée, la convoitise et joüissance en redoublent, encore que l'on ne voye que le seul visage de tout le reste des autres parties du corps: car malaisément peut-on joüir d'une grande dame selon toutes les commoditez que l'on désireroit bien, si ce n'estoit dans une chambre bien à loisir et lieu secret, ou dans un lict bien à plaisir; car elle est tant éclairée.

Et c'est pourquoy une grande dame, dont j'ay ouy parler, quand elle rencontroit son serviteur à propos, et hors de veuë et descouverte, elle prenoit l'occasion tout aussi-tost, pour s'en contenter le plus promptement et briefvement qu'elle pouvoit, en lui disant un jour: «C'estoient les sottes, le temps passé, qui, par trop se voulant délicater en leurs amours et plaisirs, se renfermoient, ou en leurs cabinets, ou autres lieux couverts, et là faisoient tant durer leurs jeux et esbats, qu'aussi-tost elles estoient descouvertes et divulguées. Aujourd'huy, il faut prendre le temps, et le plus bref que l'on pourra, et, aussi-tost assailly, aussi-tost investy et achevé; et par ainsi nous ne pouvons estre scandalisées.» Je trouve que cette dame avoit raison; car ceux qui se sont meslez de cet estat d'amour, ils ont toujours tenu cette maxime, qu'il n'y a que le coup en robbe.

Aussi, quand l'on songe que l'on brave, l'on foule, presse et gourmande, abat et porte par terre les draps d'or, les toiles d'argent, les clinquants, les estoffes de soye, avec des perles et pierreries, l'ardeur, le contentement, s'en augmentent bien davantage, et certes, plus qu'en une bergere ou autre femme de pareille qualité, quelque belle qu'elle soit.

Et pourquoy jadis Vénus fut trouvée si belle et tant désirée, sinon qu'avec sa beauté elle estoit toujours gentiment habillée, et ordinairement parfumée, qu'elle sentoit toujours bon de cent pas loin? Aussi tenoit-on que les parfums animent fort à l'amour.

Voilà pourquoy les empérieres et grandes dames de Rome s'en accommodoient bien fort, comme font aussi nos grandes dames de France, et sur-tout aussi celles d'Espagne et d'Italie, qui, de tout temps, en sont esté plus curieuses et exquises que les nostres, tant en parfums qu'en parures de superbes habits, desquelles nos dames en ont pris depuis les patrons et belles inventions; aussi les autres les avoient apprises des médailles et statues antiques de ces dames romaines, que l'on voit encor parmy plusieurs antiquitez qui sont encore en Espagne et en Italie; lesquelles, qui les contemplera bien, trouvera leurs coiffures et leurs habits en perfection, et très-propres à se faire aimer. Mais aujourd'huy, nos dames françoises surpassent tout: à la reyne de Navarre elles en doivent ce grand-mercy.

Voilà pourquoy il fait bon et beau d'avoir à faire à ces belles dames si bien en poinct, si richement et pompeusement parées.

De sorte que j'ay ouy dire à aucuns courtisans, mes compagnons, ainsi que nous devisions ensemble, qu'ils les aimoient mieux ainsi que desacoustrées et couchées nues entre deux linceux, et dans un lict le plus enrichy de broderies que l'on sceut faire.

D'autres disoient, qu'il n'y avoit que le naturel, sans aucun fard ny artifice, comme un grand prince que je sçay, lequel pourtant faisoit coucher ses courtisannes ou dames dans des draps de taffetas noir[60] bien tendus, toutes nues, afin que leur blancheur et délicatesse de chair parust bien mieux parmy ce noir, et donnast plus d'esbat.

Il ne faut douter vrayment que la veuë ne soit plus agréable que toutes celles du monde d'une belle femme toute parfaite en beauté; mais mal-aisément se trouve-t-elle.

Aussi on trouve par escrit que Zeuxis, cet excellent peintre, ayant este prié, par quelques honnestes dames et filles de sa connoissance, de leur donner le pourtrait de la belle Helaine et la leur représenter si belle comme l'on disoit qu'elle avoit esté, il ne leur en voulut point refuser; mais, avant qu'en faire le pourtrait, il les contempla toutes fixement, et en prenant de l'une et de l'autre ce qu'il y put trouver de plus beau, il en fit le tableau comme de belles pièces rapportées, et en représenta par icelles Helaine si belle, qu'il n'y avoit rien à dire, et qui fut tant admirable à toutes, mais, Dieu mercy, à elles, qui y avoient bien tant aidé par leurs beautez et parcelles, comme Zeuxis avoit fait par son pinceau. Cela vouloit dire, que de trouver sur Helaine toutes les perfections de beauté il n'estoit pas possible, encore qu'elle ait esté en extrémité très-belle.

En cas qu'il ne soit vrai, l'Espagnol dit que pour rendre une femme toute parfaite et absolue en beauté, il lui faut trente beaux sis[61], qu'une dame espagnolle me dit une fois dans Tolede, là où il y en a de très-belles, bien gentilles et bien apprises. Les trente donc sont telles:

Tres cosas blancas: el cuero, los dientes, y las manos.

Tres negras: los ojos, las cejas, y las pestannas.

Tres coloradas: los labios, las mexillas, y las unnas.

Tres longas: el cuerpo, los cabellos, y las manos.

Tres cortas: los dientes, las orejas, y los pies.

Tres anchas: los pechos, la frente, y el entrejeco.

Tres estrechas: la boca, l'una y otra, la cinta, y l'entrada del pie.

Tres gruessas: el braço, el muslo, y la paniorilla.

Tres delgaldas: los dedos, los cabellos, y los labios.

Tres pequennas: las tetas, la nariz, y la cabeça.

Qui sont en françois, afin qu'on l'entende:

Trois choses blanches: la peau, les dents et les mains.

Trois noires: les yeux, les sourcils et les paupières.

Trois rouges: les lèvres, les joues et les ongles.

Trois longues: le corps, les cheveux et les mains.

Trois courtes: les dents, les oreilles et les pieds.

Trois larges: la poitrine ou le sein, le front et l'entre-sourcil.

Trois estroites: la bouche, l'une et l'autre, la ceinture ou la taille, et l'entrée du pied.

Trois grosses: le bras, la cuisse et le gros de la jambe.

Trois déliées: les doigts, les cheveux et les lèvres.

Trois petites: les tetins, le nez et la teste.

Sont trente en tout.

Il n'est pas inconvénient, et se peut que tous ces sis en une dame peuvent estre tous ensemble; mais il faut qu'elle soit faite au moule de la perfection; car de les voir tous assemblez sans qu'il y en ait quelqu'un à redire et qu'il ne soit en défaut, il n'est possible.

Je m'en rapporte à ceux qui ont veu de belles femmes, ou en verront, et qui voudront estre soigneux de les contempler et essayer ce qu'ils en sauront dire. Mais pourtant, encore qu'elles ne soient accomplies ny embellies de tous ces poincts, une belle femme sera tousjours belle, mais qu'elle en aye la moitié et en aye les points principaux que je viens de dire: car j'en ay veu force qui en avoient à dire plus de la moitié, qui estoient très-belles et fort aimables; ny plus ny moins qu'un bocage est trouvé tousjours beau en printemps, encore qu'il ne soit remply de tant de petits arbrisseaux qu'on voudroit bien; mais que les beaux et grands arbres touffus paroissent, c'est assez de ces grands qui peuvent estouffer la deffectuosité des autres petits.

M. de Ronsard me pardonne, s'il lui plaist; jamais sa maistresse, qu'il a faite si belle, ne parvint à cette beauté, ny quelqu'autre dame qu'il ait veue de son temps ou en ait escrit: et fust sa belle Cassandre qui je sçay bien qu'elle a esté belle, mais il l'a déguisée d'un faux nom: ou bien sa Marie, qui n'a jamais autre nom porté que celuy-là, quant à celle-là; mais il est permis aux poëtes et peintres dire et faire ce qu'il leur plaist, ainsi que vous avez dans Roland le furieux de très-belles beautez, descrites par l'Arioste, d'Alcine et autres.

Tout cela est bon; mais, comme je tiens d'un très-grand personnage, jamais nature ne sçauroit faire une femme si parfaite comme une ame vive et subtile de quelque bien-disant, ou le crayon et pinceau de quelque divin peintre la nous pourroient représenter. Baste, les yeux humains se contentent toujours de voir une belle femme de visage beau, blanc, bien fait: et encore qu'il soit brunet, c'est tout un; il vaut bien quelquefois le blanc, comme dit l'Espagnole: *Aunque io sia mormica, no soy da menos preciar*; «encor que je sois brunette, je ne suis à mépriser.» Aussi la belle Marfise *era brunetta alquanto*[62]. Mais que le brun n'efface le blanc par trop: un visage aussi beau, faut qu'il soit porté par un corps façonné et fait de mesme: je dis autant des grands que des petits; mais les grandes tailles passent tout.

Or, d'aller chercher des points si exquis de beauté, comme je viens de dire ou qu'on nous les dépeint, nous nous en passerons bien, et nous resjoüirons à voir nos beautez communes: non que je les veuille dire communes autrement, car nous en avons de si rares, que, ma foy, elles valent bien plus que toutes celles que nos poëtes fantasques, nos quinteux peintres et nos pindariseurs de beautez, sçauroient représenter.

Hélas! voicy le pis; telles beautez belles, tels beaux visages, en voyons-nous aucuns, admirons, desirons leur beau corps, pour l'amour de leurs belles faces, que néantmoins, quand elles viennent à estre descouvertes et mises à blanc, nous en font perdre le goust; car ils sont si laids, tarez, tachez, marquez et si hideux, qu'ils en démentent bien le visage; et voilà comme souvent nous y sommes trompez.

Nous en avons un bel exemple d'un gentilhomme de l'isle de Mojorque, qui s'appelloit Raymond Lulle, de fort bonne, riche et ancienne maison, qui, pour sa noblesse, valeur et vertu, fut appelé en ses plus belles années au gouvernement de cette isle. Estant en cette charge, comment souvent arrive aux gouverneurs des provinces et places, il devint amoureux d'une belle dame de l'isle des plus habilles, belles et mieux disantes de-là. Il la servit longuement et fort bien; et luy demandant toujours ce bon point de joüissance, elle, après l'en avoir refusé tant qu'elle put, luy donna un jour assignation, où il ne manqua ny elle aussi, et comparut plus belle que jamais et mieux en point. Ainsi qu'il pensoit entrer en paradis, elle luy vint à descouvrir son sein et sa poitrine toute couverte d'une douzaine d'emplastres, et, les arrachant l'un après l'autre, et de dépit les jetant par terre, luy monstra un effroyable cancer, et, les larmes aux yeux, luy remonstra ses misères et son mal, luy disant et demandant s'il y avoit tant de quoy en elle qu'il en dust estre tant espris; et sur ce, lui en fit un si pitoyable discours, que luy, tout vaincu de pitié du mal de cette belle dame, la laissa; et l'ayant recommandée à Dieu pour sa santé, se défit de sa charge et se rendit hermite. Et estant de retour de la guerre sainte, où il avoit fait vœux, s'en alla estudier à Paris sous Arnaldus de Villanova, sçavant philosophe, et ayant fait son cours, se retira en Angleterre, où le Roy pour lors le receut avec tous les bons recueils du monde pour son grand sçavoir, et qu'il transmua plusieurs lingots et barres de fer, de cuivre et d'estain, mesprisant cette commune et triviale façon de transmuer le plomb et le fer en or, parce qu'il sçavoit que plusieurs de son temps sçavoient faire cette besogne aussi bien que luy, qui sçavoit faire l'un et l'autre: mais il vouloit faire un pardessus les autres.

Je tiens ce conte d'un gallant homme qui m'a dit le tenir du jurisconsulte Oldrade, qui parle de Raymond Lulle au commentaire qu'il a fait sur le code *de falsa Moneta*. Aussi le tenoit-il, ce disoit-il, de Carolus Bovillus[63], Picard de nation, qui a composé un livre en latin de la *vie de Raymond de Lulle*[64].

Voilà comment il passa sa fantaisie de l'amour de cette belle dame; si que possible d'autres n'eussent pas fait, et n'eussent laissé à l'aimer et fermer les yeux, mesme en tirer ce qu'il vouloit, puisqu'il estoit à mesme; car la partie où il tendoit n'estoit touchée d'un tel mal.

J'ay cogneu un gentilhomme et une dame veufve de par le monde, qui ne firent pas ses scrupules; car la dame estant touchée d'un gros vilain cancer au tetin, il ne laissa de l'espouser, et elle aussi le prendre, contre l'advis de sa mère, et toute malade et maléficiée qu'elle estoit, et elle et luy s'esmeurent et se remuèrent tellement toute la nuict, qu'ils en rompirent et enfoncèrent le fond du chalit.

J'ai cogneu aussi un fort honneste gentilhomme, mon grand amy, qui me dit qu'un jour estant à Rome, il luy advint d'aimer une dame espagnolle, et des belles qui fust en la ville jamais. Quand il l'accostoit, elle ne vouloit permettre qu'il la vist, ny qu'il la touchast par ses cuisses nues, si-non avec ses callesons; si bien que quand il la vouloit toucher, elle lui disoit en espagnol: *Ah! no me tocays, hareis me cosquillas*[65], qui est à dire: «Vous me chatouillez.» Un matin, passant devant sa maison, trouvant sa porte ouverte, il monte tout bellement, où estant entré sans rencontrer ny fantesque ny page, ny personne, et entrant dans sa chambre, la trouva qui dormoit si profondément, qu'il eut loisir de la voir toute nue sur le lict, et la contempler à son aise, car il faisoit très-grand chaud; et il dit qu'il ne vid jamais rien de si beau que ce corps, fors qu'il vit une cuisse belle, blanche, pollie et refaite, mais l'autre elle l'avoit toute seiche, atténuée et estiomenée, qui ne paroissoit pas plus grosse que le bras d'un petit enfant. Qui fust estonné? ce fut le gentilhomme, qui la plaignit fort, et oncques plus ne la tourna visiter ny avoir à faire avec elle.

Il se voit force dames qui ne sont pas ainsi estiomenées de catherres; mais elles sont si maigres, dénuées, asséchées et descharnées, qu'elles n'en peuvent rien monstrer que le bastiment: comme j'ay cogneu une très-grande que M. l'evesque de Cisteron, qui disoit le mot mieux qu'homme de la Conr, en brocardant affermoit qu'il valoit mieux de coucher avec une ratoire de fil d'archal qu'avec elle; et, comme dit aussi un honneste gentilhomme de la Cour, auquel nous faisions la guerre qu'il avoit à faire avec une dame assez grande: «Vous vous trompez, dit-il, car j'aime trop la chair, et elle n'a que les os;» et pourtant, à voir ces deux dames, si belles par leurs beaux visages, on les eust jugées pour des morceaux très-charnus et bien friands.

Un très-grand prince de par le monde vint une fois à estre amoureux de deux belles dames tout à coup, ainsi que cela arrive souvent aux grands, qui ayment les variétez. L'une estoit fort blanche, et l'autre brunette, mais toutes deux très-belles et fort aimables. Ainsi qu'il venoit un jour de voir la brunette, la blanche jalouse luy dit: «Vous venez de voller pour corneille.» A quoy lui respondit le prince un peu irrité, et fasché de ce mot: «Et quand je suis avec vous, pour qui volle-je?» La dame respondit: «Pour un phénix.» Le prince, qui disoit des mieux, répliqua: «Mais dites plustost pour l'oiseau de paradis, là où il y a plus de plume que de chair;» la taxant par là qu'elle estoit maigre aucunement: aussi estoit-elle fort jovanote pour estre grasse, ne se logeant coustumièrement que sur celles qui entrent dans l'aage, qu'elles commencent à se fortifier et renforcer de membres et autres choses.

—Un gentilhomme la donna bonne à un grand seigneur que je sçay. Tous deux avoient belles femmes. Ce grand seigneur trouva celle du gentilhomme fort belle et bien advenante. Il luy dit un jour: «Un tel, il faut que je couche avec vostre femme.» Le gentilhomme, sans songer, car il disoit très-bien le mot, luy respondit: «Je le veux, mais je couche avec la vostre.» Le seigneur lui répliqua: «Qu'en ferois-tu? car la mienne est si maigre, que tu n'y prendrois nul goust.» Le gentilhomme respondit: «Je la larderay si menu, que je la rendray de bon goust.»

—Il s'en voit tant d'autres que leurs visages poupins et gentils font desirer leurs corps; mais quand on y vient, on les trouve si décharnées, que le plaisir et la tentation en sont bien-tost passez. Entr'autres, l'on y trouve l'os *barré* qu'on appelle, si sec et si décharné, qu'il foule et masche plus tout nud que le bast d'un mulet qu'il auroit sur luy. A quoy pour suppléer, telles dames sont coustumières de s'aider de petits coussins bien mollets et délicats à soutenir le coup et engarder de la mascheure; ainsi que j'ay ouy parler d'aucunes, qui s'en sont aidées souvent, voire de callesons gentiment rembourez et faits de satin, de sorte que les ignorants, les venants à toucher, n'y trouvent rien que tout bon, et croyent fermement que c'est leur embonpoint naturel; car par-dessus ce satin il y avoit des petits callesons de toile volante et blanche; si bien que l'amant, donnant le coup en robbe, s'en alloit de sa dame si content et satisfait, qu'il l'a tenoit pour très-bonne robbe.

D'autres y a-t-il encore qui sont de la peau fort maléficiées et marquetées comme marbre, ou en œuvre à la mosaïque, tavellées comme faons de bische, gratteleuses, et subjectes à dartes farineuses et fascineuses; bref, gastées tellement, que la veuë n'en est pas guieres plaisante.

—J'ay ouy parler d'une dame grande, et l'ay cogneue et cognois encore, qui est pelue, velue sur la poitrine, sur l'estomac, sur les espaules et le long de l'eschine, et à son bas, comme un sauvage.

Je vous laisse à penser ce que veut dire cela: si le proverbe est vray, *que personne ainsi velue est ou riche, ou lubrique*, celle-là a l'un et l'autre, je vous en asseure, et s'en fait fort bien donner, se voir et desirer.

D'autres ont la chair d'oison ou d'estourneau plumé, harée, brodequinée, et plus noire qu'un beau diable.

D'autres sont opulentes en tetasses avalées, pendantes plus que d'une vache allaitant son veau.

Je m'asseure que ce ne sont pas les beaux tetins d'Hélaine, laquelle, voulant un jour présenter au temple de Diane une coupe gentille par certain vœu, employant l'orfevre pour la luy faire, luy en fit prendre le modelle sur un de ses beaux tetins, et en fit la coupe d'or blanc, qu'on ne sçauroit qu'admirer de plus, ou la coupe ou la ressemblance du tetin sur quoy il avoit pris le patron, qui se monstroit si gentil et si poupin, que l'art en pouvoit faire desirer le naturel. Pline dit cecy par grande spéciauté, où il traite qu'il y a de l'or blanc. Ce qui est fort estrange est que cette coupe fut faite d'or blanc.

Qui voudroit faire des coupes d'or sur ces grandes tetasses que je dis et que je cognois, il faudroit bien fournir de l'or à monsieur l'orfevre, et ne seroit après sans coust et grand risée, quand on diroit: «Voilà des coupes faites sur le modelle des testins de telles et telles dames.»

Ces coupes ressembleroient, non pas coupes, mais de vrayes auges, qu'on voit de bois toutes rondes, dont on donne à manger aux pourceaux; et d'autres y a-t-il, que le bout de leur tetin ressemble à une vraye guine pourrie.

D'autres y a-t-il, pour descendre plus bas, qui ont le ventre si mal poly et ridé, qu'on les prendroit pour de vieilles gibessières ridées de sergents ou d'hosteliers; ce qui advient aux femmes qui on eu des enfants, et qui ne sont esté bien secourues et graissées de graisse de baleine de leurs sages-femmes. Mais d'autres y a-t-il, qui les ont aussi beaux et polis, et le sein aussi follet, comme si elles estoient encore filles.

D'autres il y en a, pour venir encore plus bas, qui ont leurs natures hideuses et peu agréables. Les unes y ont le poil nullement frisé, mais si long et pendant, que vous diriez que ce sont les moustaches d'un Sarrasin; et pourtant n'en ostent jamais la toison, et se plaisent à la porter telle, d'autant qu'on dit: *Chemin jonchu et c.. velu sont fort propres pour chevaucher.* J'ay ouy parler de quelqu'une très-grande qui les porte ainsi.

J'ay ouy parler d'une autre belle et honneste dame qui les avoit ainsi longues, qu'elle les entortilloit avec des cordons ou rubans de soye cramoisie ou autre couleur, et se les frisonnoit ainsi comme des frisons de perruques, et puis se les attachoit à ses cuisses, et en tel estat quelquefois se les présentoit à son mary et à son amant, ou bien se les destortoit de son ruban et cordon, si qu'elles paroissoient frisonnées par après, et plus gentilles qu'elles n'eussent fait autrement.

Il y avoit bien là de la curiosité, et de la paillardise et tout; car, ne pouvant d'elle-mesme faire et suivre ses frisons, il falloit qu'une de ses femmes, de ses plus favorites, la servît en cela; en quoy ne peut estre autrement qu'il n'y ayt de la lubricité en toutes façons qu'on la pourra imaginer.

Aucunes, au contraire, se plaisent le tenir et porter raz, comme la barbe d'un prestre.

D'autres femmes y a-t-il, qui n'ont de poil point du tout, ou peu, comme j'ay ouy parler d'une fort grande et belle dame que j'aye cogneue; ce qui n'est guières beau, et donne un mauvais soupçon: ainsi qu'il y a des hommes qui n'ont que de petits boucquets de barbe au menton, et n'en sont pas plus estimez de bon sang, ainsi que sont les blanquets et blanquettes[66].

D'autres en ont l'entrée si grande, vague et large, qu'on la prendroit pour l'antre de la Sibylle.

J'en ay ouy parler d'aucunes, et bien grandes, qui les ont telles qu'une jument ne les a si amples, encore qu'elles s'aident d'artifice le plus qu'elles peuvent pour estrecir la porte; mais, dans deux ou trois fréquentations, la mesme ouverture tourne: et, qui plus est, j'ay ouy dire que, quand bien on les arregarde le cas d'aucunes, il leur cloise comme celuy d'une jument quand elle est en chaleur. L'on m'en a conté trois qui monstrent telles cloyses quand on y prend garde de les voir.

—J'ay ouy parler d'une dame grande, belle et de qualité, à qui un de nos roys avoit imposé le nom de *Pan de c.*, tant il estoit large et grand; et non sans raison, car elle se l'est fait en son vivant souvent mesurer à plusieurs merciers et arpenteurs, et que tant plus elle s'estudioit le jour de l'estrecir, la nuict en deux heures on le lui eslargissoit si bien, que ce qu'elle faisoit en une heure, on le défaisoit en l'autre, comme la toille de Penelope. Enfin, elle en quitta tous artifices, et en fut quitte pour faire élection des plus gros moules qu'elle pouvoit trouver.

Tel remède fut très bon, ainsi que j'ay ouy dire d'une fort belle et honneste fille de la Cour, laquelle l'eut au contraire si petit et si estroit, qu'on en désespéroit à jamais le forcement du pucelage; mais par advis de quelques médecins ou de sages-femmes, ou de ses amys ou amyes, elle en fit tenter le gué ou le forcement par des plus menus et petits moules, puis vint aux moyens, puis aux grands, à mode des talus que l'on fait, ainsi que Rabelais ordonna les murailles de Paris imprenables; et puis, par tels essays les uns après les autres, s'accoustuma si bien à tous, que les plus grands ne luy faisoient la peur que les petits paravant faisoient si grande.

Une grande princesse estrangere que j'ay cogneue, laquelle l'avoit si petit et estroit, qu'elle aima mieux de n'en taster jamais que de se faire inciser, comme les médecins le conseilloient. Grande vertu certes de continence, et rare!...

D'autres en ont les labies longues et pendantes plus qu'une creste de coq d'Inde quand il est en colere; comme j'ay ouy dire que plusieurs dames ont, non-seulement elles, mais aussi des filles.

—J'ay ouy faire ce conte à feu M. de Randan, qu'une fois estants de bons compagnons à la Cour ensemble, comme M. de Nemours, M. le vidame de Chartres, M. le comte de la Rochefoucault, MM. de Montpezaz, Givry, Genlis et autres, ne sachants que faire, allèrent voir pisser les filles un jour, cela s'entend cachés en bas et elles en haut. Il y en eut une qui pissa contre terre: je ne la nomme point; et d'autant que le plancher estoit de tables, elle avoit ses lendilles si grandes, qu'elles passèrent par la fente des tables si avant, qu'elle en monstra la longueur d'un doigt, si que M. de Randan, par cas fortuit, ayant un baston qu'il avoit pris à un laquais, où il y avoit un fiçon, en perça si dextrement ses lendilles, et les cousit si bien contre la table, que la fille, sentant la piqûre, tout à coup s'esleva si fort, qu'elle les escarta toutes, et de deux parts qu'il en avoit en fit quatre, et les dites lendilles en demeurerent decoupées en forme de barbe d'escrevisses, dont pourtant la fille s'en trouva très-mal, et la maistresse en fut fort en colere.

M. de Randan et la compagnie en firent conte au roy Henry, qui estoit bon compagnon, qui en rit pour sa part son saoul, et en apaisa le tout envers la Reyne sans rien en déguiser.

Ces grandes lendilles sont cause qu'une fois j'en demanday la raison à un médecin excellent, qui me dit que, quand les filles et femmes estoient en ruth, elles les touchoient, manioient, viroyent, contournoient, allongeoient et tiroient si souvent, qu'estants ensemble s'entredonnoient mieux du plaisir.

Telles filles et femmes seroient bonnes en Perse, non en Turquie, d'autant qu'en Perse les femmes sont circoncises, parce que leur nature ressemble de je ne sçay quoy le membre viril (disent-ils): au contraire, en Turquie, les femmes ne le sont jamais, et pour ce les Perses les appellent hérétiques, pour n'estre circoncises, d'autant que leur cas, disent-ils, n'a nulle forme, et ne prennent plaisir de les regarder comme les Chrestiens. Voilà ce qu'en disent ceux qui ont voyagé en Levant.

Telles femmes et filles, disoit ce médecin, sont fort sujettes à faire la fricarelle, *donna con donna*.

J'ay ouy parler d'une très-belle dame, et des plus qui ait esté en la Cour, qui ne les a si longues; car elles luy sont accourcies pour un mal que son mary luy donna, voire qu'elle n'a de levre d'un costé pour avoir esté tout mangé de chancres; si bien qu'elle peut dire son cas estropié et à demy demembré; et néanmoins cette dame a esté fort recherchée de plusieurs, mesme elle a esté la moitié d'un grand quelques fois dans son lict.

Un grand disoit à la Cour un jour qu'il voudroit que sa femme ressemblast à celle-là, et qu'elle n'en eust qu'à demy, tant elle en avoit trop.

J'ay aussi ouy parler d'une autre bien plus grande qu'elle cent fois, qui avoit un boyau qui luy pendilloit long d'un grand doigt au dehors de sa nature, et, disoit-on, pour n'avoir pas esté bien servie en l'une de ses couches par sa sage-femme; ce qui arrive souvent aux filles et femmes qui ont fait des couches à la dérobade, ou qui par accident se sont gastées et grevées; comme une des belles femmes de par le monde que j'ay cogneue, qui, estant veufve, ne voulut jamais se remarier, pour estre descouverte d'un second mary de cecy, qui l'en eust peu prisée, et possible mal-traitée.

Cette grande que je viens de dire, nonobstant son accident, enfantoit aussi aisément comme si elle eust pissé; car on disoit sa nature très-ample; et si pourtant elle a esté bien aimée et bien servie à couvert; mais mal-aisément se laissoit-elle voir là.

Aussi volontiers, quand une belle et honneste femme se met à l'amour et à la privauté, si elle ne vous permet de voir ou taster cela, dites hardiment qu'elle y a quelque tare, ou si que la veue ni le toucher n'approuvera guières, ainsi que je tiens d'une honneste femme; car s'il n'y en a point, et qu'il soit beau (comme certes il y en a et de plaisants à voir et manier), elle est aussi curieuse et contente d'en faire la monstre et en prester l'attouchement, que de quelqu'autre de ses beautez qu'elle ait, autant pour son honneur à n'estre soupçonnée de quelque défaut ou laideur en cet endroit, que pour le plaisir qu'elle y prend elle-mesme à le contempler et mirer, et surtout aussi pour accroistre la passion et tentation davantage à son amant.

De plus, les mains et les yeux ne sont pas membres virils pour rendre les femmes putains et leurs marys cocus, encore qu'après la bouche aident à faire de grands approches pour gaigner la place.

D'autres femmes y a-t-il qui ont la bouche de là si pasle, qu'on diroit qu'elles y ont la fievre: et telles ressemblent aucuns yvrognes, lesquels, encor qu'ils boivent plus de vin qu'une truie de laict, ils sont pasles comme trespassez: aussi les appelle-t-on traistres au vin, non pas ceux qui sont rubiconds: aussi telles par ce costé-là on les peut dire traistraisses à Vénus, si ce n'est que l'on dit *pasle putain et rouge paillard.* Tant y a que cette partie ainsi pasle et transie n'est point plaisante à voir, et n'a garde de ressembler à celle d'une des plus belles dames que l'on voye, et qui tient grand rang, laquelle j'ay veu qu'on disoit qu'elle portoit là trois belles couleurs ordinairement ensemble, qui estoient incarnat, blanc et noir: car cette bouche de là estoit colorée et vermeille comme corail, le poil d'alentour gentiment frisonné et noir comme ébene; ainsi le faut-il, et c'est l'une des beautez: la peau estoit blanche comme albastre, qui estoit ombragée de ce poil noir. Cette veuë est belle de celle-là, et non des autres que je viens de dire.

D'autres il y en a aussi qui sont si bas ennaturées et fendues jusques au cul, mesme les petites femmes, que l'on devroit faire scrupule de les toucher pour beaucoup d'ordes et salles raisons que je n'oserois dire; car on diroit que, les deux rivières s'assemblant et se touchant quasi ensemble, il est en danger de laisser l'une et naviguer à l'autre: ce qui est par trop vilain.

J'ay ouy conter à madame de Fontaine-Chalandray, dite la belle Torcy, que la reyne Eléonor sa maistresse, estant habillée et vestue, paroissoit une très-belle princesse, comme il y en a encor plusieurs qui l'ont veue telle en nostre Cour, et de belle et riche taille; mais, estant déshabillée, elle paroissoit du corps une géante, tant elle l'avoit long et grand: mais tirant en bas, elle paroissoit une naine, tant elle avoit les cuisses et les jambes courtes avec le reste.

D'une autre grande dame ay-je ouy parler qui estoit bien au contraire; car par le corps elle se monstroit une naine, tant elle l'avoit court et petit, et du reste en bas une géante ou colosse, tant elle avoit ses cuisses et jambes grandes, hautes et fendues et pourtant bien proportionnées et charnues, si qu'elle en couvroit son homme sous elle, mais qu'il fust petit, fort aisément, comme d'une tirasse de chien couchant.

—Il y a force marys et amys parmi nos Chrestiens, qui voulans en tout differer des Turcs, ne prennent plaisir d'arreguarder le cas des dames, d'autant, disent-ils, comme je viens de dire, qu'ils n'ont nulle forme: nos Chrestiens au contraire qui en ont, disent-ils, de grands contentements à les contempler fort et se délecter en telles visions, et non-seulement se plaisent à les voir, mais à les baiser, comme beaucoup de dames l'ont dit et descouvert à leurs amants, ainsi que dit une dame espagnole à son serviteur, qui, la saluant un jour, luy dit: *Bezo las manos y los pies, senora*[67]; elle luy dit: *Senor, en el medio esta la mejor station*[68]. Comme voulant dire qu'il pouvoit baiser le mitant aussi-bien que les pieds et mains. Et, pour ce, disent aucunes dames que leurs marys et serviteurs y prennent quelque délicatesse et plaisir, et en ardent davantage: ainsi que j'ay ouy dire d'un très-grand prince, fils d'un grand roy de par le monde, qui avoit pour maistresse une très-grande princesse. Jamais il ne la touchoit qu'il ne luy vist cela et ne le baisast plusieurs fois. Et la première fois qu'il le fit, ce fut par la persuasion d'une très-grande dame, favorite du roy; laquelle, tous trois un jour estants ensemble, ainsi que ce prince muguettoit sa dame, luy demanda s'il n'avoit jamais veu cette belle partie dont il jouissoit. Il respondit que non: «Vous n'avez donc rien fait, dit-elle, et ne sçavez ce que vous aimez; vostre plaisir est imparfait, il faut que vous le voyiés.» Par-quoy, ainsi qu'il s'en vouloit essayer et qu'elle en faisoit de la revesche, l'autre vint par derrière, et la prit et renversa sur un lict, et la tint tousjours jusques à ce que le prince l'eust contemplée à son aise et baisée son saoul, tant qu'il le trouvoit beau et gentil; et pour ce, continua tousjours.

D'autres y a-t-il qui ont leurs cuisses si mal proportionnées, mal advenantes et si mal faites en olive, qu'elles ne méritent d'estre regardées et désirées, comme de leurs jambes, qui en sont de même, dont aucunes sont si grosses qu'on en diroit le gras estre le ventre d'une conille qui est pleine.

D'autres les ont si gresles et menues, et si heronnières, qu'on les prendroit plustost pour des fleutes que pour cuisses et jambes; je vous laisse à penser que peut estre le reste.

Elles ne ressemblent pas une belle et honneste dame dont j'ay ouy parler, laquelle estant en bon point; et non trop en extrémité (car en toutes choses il faut un *medium*), après avoir donné à coucher à son amy, elle luy demanda le lendemain au matin comment il s'en trouvoit. Il luy respondit que très-bien, et que sa bonne et grasse chair luy avoit fait grand bien. «Pour le moins, dit-elle, avez-vous couru la poste sans emprunter de coissinet.»

D'autres dames y a-t-il qui ont tant d'autres vices cachés, ainsi que j'en ay ouy parler d'une qui estoit dame de réputation, qui faisoit ses affaires fécales par le devant; et de ce j'en demanday la raison à un médecin suffisant, qui me dit parce qu'elle avoit esté percée trop jeune et d'un homme trop fourny et robuste; dont ce fut grand dommage, car c'estoit une très-belle femme et veufve, qu'un honneste gentilhomme que je sçay la vouloit espouser; mais, en sachant tel vice, la quita soudain, et un autre après la prit aussi-tost.

—J'ay ouy parler d'un gallant gentilhomme qui avoit une des belles femmes de la Cour et n'en faisoit cas. Un autre, n'estant si scrupuleux que luy, habitant avec elle, trouva que son cas puoit si fort qu'on ne pouvoit endurer cette senteur, et, par ainsi, cogneut l'encloüeure du mary.

J'ay ouy parler d'une autre, laquelle estant l'une des filles d'une grande princesse, qui petoit de son devant: des médecins m'ont dit que cela se pouvoit faire à cause des vents et ventositez qui peuvent sortir par-là, et mesmes quand elles font la fricarelle.

Cette fille estoit avec cette princesse lorsqu'elle vint à Moulins, la Cour y estant, du temps du roy Charles neuviesme, qui en fut abreuvé, dont on en rioit bien.

D'autres y en a-t-il qui ne peuvent tenir leur urine, qu'il faut qu'elles ayent toujours la petite esponge entre les jambes, comme j'en ay cogneu deux grandes, et plus que dames, dont l'une estant fille, fit l'évasion tout à trac dans la salle du bal, du temps du roy Charles neuviesme, dont fut fort scandalisée.

D'une autre grande dame ay-je ouy parler, que quand on luy faisoit cela, elle se compissoit à bon escient, ou sur le fait, ou après, comme une jument quand elle a esté saillie: à elle falloit-il jetter le seillaud d'eau comme à la jument, pour la faire retenir.

Tant d'autres y a-t-il qui sont ordinairement en sang et leurs mois, et autres qui sont viciées, tarottées, marquetées et marquées, tant par accident de vérolle de leurs marys ou de leurs amys, que par leurs mauvaises habitudes et humeurs; comme celles qui ont les jambes louventines et autres fluxions et marques, que par les envies de leurs mères estant enceintes d'elles, portent sur elles, comme j'en ay ouy parler d'une qui est toute rouge par une moitié du corps, et l'autre non, comme un eschevin de ville.

D'autres sont si sujettes à leurs flux menstruaux, que quasi ordinairement leur nature flue comme un mouton à qui on a coupé la gorge de frais; dont leurs marys ou amants ne s'en contentent guieres, pour l'assiduë fréquentation que Vénus ordonne et desire en ces jeux: car, si elles sont saines et nettes une semaine du mois, c'est tout, et leur font perdre le reste de l'année: si que des douze mois ils n'en ont cinq ou six francs, voire moins; c'est beaucoup, à la mode de nos soldats desbandez, auxquels à la monstre les commissaires et trésoriers font perdre, de douze mois de l'an, plus de quatre, en leur faisant monter les mois jusques à quarante et cinquante jours, si que les douze mois de l'an ne leur reviennent pas à huit. Ainsi s'en trouvent les marys et amants qui telles femmes ont et se servent, si ce n'est que, du tout, pour assoupir leur paillardise, se veulent souiller vilainement sans aucun respect d'impudicité; et leurs enfants qui en sortent s'en trouvent mal et s'en ressentent.

Si j'en voulois raconter d'autres, je n'aurois jamais fait, et aussi que les discours en seroient trop sallauds et déplaisants: et ce que j'en dis et dirois ce ne seroit des femmes petites et communes, mais des grandes et moyennes dames qui de leurs visages beaux font mourir le monde, et point le couvert.

Si feray-je encore ce petit conte, qui est plaisant, d'un gentilhomme qu'il me fit, qui est qu'en couchant avec une fort belle dame, et d'estoffe, en faisant sa besogne il luy trouva en cette partie quelques poils si piquants et si aigus, qu'avec toutes les incommodités il la put achever, tant cela le piquoit et le fiçonnoit. Enfin, ayant fait, il voulut taster avec la main: il trouva qu'alentour de sa motte il y avoit une demi-douzaine de certains fils garnis de ces poils si aigus, longs, roides et piquants, qu'ils en eussent servy aux cordonniers à faire des rivets comme de ceux de pourceaux, et les voulut voir; ce que la dame luy permit avec grande difficulté; et trouva que tels fils entournoient la pièce ny plus ny moins que vous voyez une médaille entournée de quelques diamants et rubis, pour servir et mettre en enseigne en un chapeau ou au bonnet.

—Il n'y a pas long-temps qu'en une certaine contrée de Guyenne, une damoiselle mariée, de fort bon lieu et bonne part, ainsi qu'elle advisoit estudier ses enfants, leur précepteur, par une certaine manie et frénésie, ou possible pour rage d'amour qui luy vint soudain, il prit une espée qui estoit de son mary sur le lict, et luy en donna si bien, qu'il luy perça les deux cuisses et les deux labies de sa nature de part en part, dont depuis elle en cuida mourir, sans le secours d'un bon chirurgien. Son cas pouvoit bien dire qu'il avoit esté en deux diverses guerres et attaqué fort diversement. Je crois que la veuë après n'en estoit guères plaisante, pour estre ainsi balafré et ses aisles ainsi brisées: je les dis aisles, par ce que les Grecs appellent ces labies *hymenœa*; les Latins les nomment *alæ*, et les François, labies, lèvres, landrons, landilles et autres mots: mais je trouve qu'à bon droit les Latins les appellent aisles; car il n'y a ny animal ny oiseau, soit-il faucon, niais ou sor, comme celuy de nos fillaudes, soit-il de passage, ou hagard ou bien dressé, de nos femmes mariées ou veufves, qui aille mieux ny ait l'aisle si viste.

Je le puis appeler aussi animal avec Rabelais, d'autant qu'il s'esmeut de soy-mesme; et, soit à le toucher ou à le voir, on le sent et le void s'esmouvoir et remuer de luy-mesme, quand il est en appetit.

D'autres, de peur de rhumes et catheres, se couvrent dans le lict de couvre-chefs alentour de la teste, par Dieu, plus que sorcières: au partir de-là, bien habillées, elles sont saffrettes comme poupines, et d'autres fardées et peintrées comme images, belles au jour, et la nuict dépeintes et très-laides.

Il faudroit visiter telles dames avant les aimer, espouser et en jouir, ainsi que faisoit Octave César avec ses amis, qui faisoit despouiller aucunes grandes dames et matrosnes romaines, voire des vierges mûres d'aage, et les visitoit d'un bout à l'autre, comme si ce fussent esclaves et serves vendues par un certain maquignon nommé Torane; et selon qu'il les trouvoit à son gré et son point, ny tarées, il en joüissoit.

De mesme en font les Turcs en leur bazestan de Constantinople et autres grandes villes, quand ils achettent des esclaves de l'un et de l'autre sexe.

Or je n'en parleray plus, encore pensé-je en avoir trop dit; et voilà comment nous sommes bien trompez en beaucoup de veuës que nous pensons et croyons très-belles. Mais, si nous y sommes bien autant édifiés et satisfaits en d'aucunes autres, lesquelles sont si belles, si nettes, propres, fraisches, caillées, si aimables et si en bon point, bref, si accomplies en toutes parties du corps, qu'après elles toutes veuës mondaines sont chétives et vaines; dont il y a des hommes qui, en telles contemplations, s'y perdent tellement, qu'ils ne songent qu'aux actions: aussi, bien souvent telles dames se plaisent à se monstrer sans nulle difficulté, pour ne se sentir taschées d'aucunes macules, pour nous faire plus entrer en tentation et concupiscence.

Nous estans un jour au siége de La Rochelle, le pauvre feu M. de Guise, qui me faisoit l'honneur de m'aimer, s'en vint me monstrer des tablettes qu'il venoit de prendre à Monsieur, frère du Roy, nostre général, dans la poche de ses chausses, et me dit: «Monsieur me vient de faire un desplaisir et la guerre pour l'amour d'une dame; mais je veux avoir ma revanche; voyez ce que j'y ai mis dedans et lisez.» Me donnant les tablettes, je vis escrits de sa main ces quatre vers qu'il venoit de faire, mais le mot de f...... y estoit tout à trac.

Si vous ne m'avez coguue

Il n'a pas tenu à moy;

Car vous m'avez bien veu nue,

Et vous ay monstré de quoy.

Puis, me nommant la dame, ou pour mieux dire fille, de laquelle je me doutois pourtant, je lui dis que je m'estonnois fort qu'il ne l'eust touchée et cogneue, d'autant que les approches en avoient esté grandes, et que le bruit en estoit par trop commun; mais il m'asseura que non, et que ce n'avoit esté que sa faute. Je luy replicquay: «Il falloit donc, Monsieur, ou qu'alors il fust si las et recreu d'ailleurs, qu'il n'y pust fournir, ou qu'il fust si ravi en la contemplation de cette beauté nue, qu'il ne se souciast de l'action!—Possible, me respondit ce prince, qu'il se pourroit faire; mais tant y a que ce coup il y faillit, et je luy en fais la guerre, et je luy vais remettre ces tablettes dans sa poche, qu'il visitera selon sa coustume, et y lira ce qu'il y faut; et, amprès, me voilà vengé.» Ce qu'il fit, et ne fut amprès sans en rire tous deux à bon escient, et s'en faire la guerre plaisamment; car, pour lors, c'estoit une très-grande amitié et privauté entr'eux deux, bien depuis estrangement changée.

—Une dame de par le monde, ou plustost fille, estant fort aimée et privée d'une très-grande princesse, estoit dans le lict se rafraischissant, comme estoit la coutume: vint un gentilhomme la voir, qui pour elle brusloit d'amour; mais il n'en avoit autre chose. Cette dame fille estant ainsi aimée et privée de sa maistresse, s'approchant d'elle tout bellement, sans faire semblant de rien, tout-à-coup vint à tirer toute la couverture de dessus elle, si bien que le gentilhomme, point paresseux de ses yeux aucunement, les jetta aussi-tost, dessus qui vid, à ce que depuis il m'a fait le conte, la plus belle chose qu'il vid ny qu'il verra jamais, qui estoit ce beau corps nud, et ses belles parties, et cette blanche, jolie et belle charnure, qu'il pensa voir les beautez du paradis. Mais cela ne dura guieres; car, tout aussi-tost la couverture fut tournée prendre par la dame, la fille en estant partie de là, et de bonheur. Cette belle dame, tant plus elle se remuoit à reprendre la couverture, tant plus elle se faisoit paroistre; ce qui n'endommageoit nullement la veuë et le plaisir du gentilhomme, qui autrement ne s'empeschoit à la recouvrir, bien sot fust esté: pourtant, tellement quellement, elle recouvra sa couverture, se remit, en se courouçant assez doucement contre la fille, et luy disant qu'elle le payeroit. La demoiselle luy dit, qui estoit un petit à l'escart: «Madame, vous m'en aviez

- 135 -

fait une; pardonnez-moy si je vous l'ay renduë;» et, passant la porte, s'en alla. Mais l'accord fut fait aussi-tost.

Cependant le gentilhomme se trouva si bien de telle veuë, et en telle extase de plaisir et contentement, que je luy ay ouy dire cent fois qu'il n'en vouloit d'autre en sa vie, que de vivre au songer de cette ordinaire contemplation; et certes il avoit raison: car, selon la monstre de son beau visage, le non-pareil, et sa belle gorge, dont elle a tant repeu le monde, pouvoit assez monstrer que dessous il y avoit de caché de plus exquis; et me disoit qu'entre telles beautez, c'estoit la dame la mieux flanquée et le plus haut qu'il eust jamais veue: ainsi le pouvoit-elle estre, car elle estoit de très-riche taille; mesme entre les beautez il faut qu'elle le soit, ny plus ny moins qu'une forteresse de frontière.

Amprès que ce gentilhomme m'eut tout conté, je ne lui peus que dire: «Vivez donc, vivez, mon grand amy, avec cette contemplation divine et cette beatitude que jamais ne puissiez-vous mourir; et moy au moins, avant mourir, puisse-je avoir une telle veuë!»

Ledit gentilhomme en eut pour jamais cette obligation à la demoiselle, et tousjours depuis l'honora et l'aima de tout son cœur. Aussy luy estoit-il serviteur fort; mais il ne l'espousa, car un autre plus riche que luy la luy embla, ainsi qu'est la coustume à toutes de courir aux biens.

Telles veuës sont belles et agréables; mais il se faut donner garde qu'elles ne nuisent, comme celle de la belle Diane nuë au pauvre Actéon, ou bien une que je vais dire.

—Un Roy de par le monde aima fort en son temps une bien belle, honneste et grand dame veufve, si bien qu'on l'en tenoit charmé; car peu il se soucioit des autres, voire de sa femme, si non que par intervalles, car cette dame emportoit tousjours les plus belles fleurs de son jardin; ce qui faschoit fort à la Reyne, car elle se sentoit aussi belle et agréable que serviable, et digne d'avoir d'aussi friands morceaux, dont elle s'en esbahissoit fort; de quoy en ayant fait sa complainte à une sienne grand'dame favorite, elle complotta avec elle d'aviser s'il y avoit tant de quoy, mesmes espier par un trou le jeu que joüeroient son mary et la dame. Par quoy elle advisa de faire plusieurs trous au-dessus de la chambre de ladite dame, pour voir le tout et la vie qu'ils demeneroient tous deux ensemble: dont se mirent à tel spectacle; mais ils n'y virent rien que très-beau, car elles y apperceurent une femme très-belle, blanche, délicate et très-fraische, moitié en chemise et moitié nue, faire des caresses à son amant, des mignardises, des folastreries bien grandes, et son amant lui rendre la pareille, de sorte qu'ils sortoient du lict, et tout en chemise se couchoient et s'esbattoient sur le tapis velu qui estoit auprès du lict, affin d'éviter la chaleur du lict, et pour mieux en prendre le frais; car c'estoit aux plus grandes chaleurs.

Ainsi que j'ay cogneu aussi un très-grand prince, qui prenoit de mesme son déduit avec sa femme, qui estoit la plus belle femme du monde, affin d'éviter le chaud que produisoient les grandes chaleurs de l'esté, ainsi que luy-mesme disoit.

Cette princesse donc, ayant veu et apperceu le tout, de dépit s'en mit à plorer, gémir, souspirer et attrister, luy semblant, et aussi le disant, que son mary ne luy rendoit le semblable, et ne faisoit les folies qu'elle luy avoit veu faire avec l'autre.

L'autre dame qui l'accompagnoit se mit à la consoler et luy remonstrer pourquoy elle s'attristoit ainsi, ou bien, puisqu'elle avoit esté si curieuse de voir telles choses, quil n'en falloit pas espérer de moins.

La princesse ne respondit autre chose, si non: «Hélas, ouy! j'ay voulu voir chose que je ne devois avoir voulu voir, puisque la veuë m'en fait mal.»

Toutesfois, après s'estre consolée et résolue, elle ne s'en soucia plus, et le plus qu'elle put, continua ce passe-temps de veuë, et le convertit en risée, et possible en autre chose.

—J'ay ouy parler d'une grande dame de par le monde, mais grandissime, qui, ne se contentant de la lascivité naturelle, car elle estoit grand putain, et mariée et veufve, aussi estoit-elle fort belle: pour se provoquer et exciter davantage, elle faisoit despouiller ses dames et filles, je dis les plus belles, et se délicatoit fort à les voir; et puis elle les battoit du plat de la main sur les fesses avec de grandes claquades et plamussades assez rudes, et les filles qui avoient délinqué quelque chose, avec de bonnes verges; et alors son contentement estoit de les voir remüer et faire les mouvements et tordions de leur corps et fesses, lesquelles, selon les coups qu'elles recevoient, en monstroient de bien estranges et plaisantes.

Aucunes fois, sans les despouiller, les faisoit trousser en robbe (car pour lors elles ne portoient pas de calsons), et les claquetoit et foüettoit sur les fesses, selon le sujet qu'elles luy donnoient, ou pour les faire rire, ou pour plorer: et, sur ces visions et contemplations, y aiguisoit si bien ses appetis, qu'après elle les alloit passer bien souvent à bon escient avec quelque gallant homme bien fort et robuste.

Quelle humeur de femme! Si bien qu'on dit qu'ayant une fois veu par la fenestre de sont chasteau, qui visoit sur la rue, un grand cordonnier, estrangement proportionné, pisser contre la muraille dudit chasteau, elle eut envie d'une si belle et grande proportion; et de peur de gaster son fruit pour son envie, elle luy manda par un page de la venir trouver en une allée secrète de son parc, où elle s'estoit retirée, et là elle se prostitua à luy en telle façon qu'elle en engrossa. Voilà ce que servit la veuë à cette dame.

Et de plus, j'ay ouy dire qu'outre ses femmes et filles ordinaires qui estoient à sa suite, les estrangeres qui la venoient voir, dans les deux ou trois jours, ou toutes les fois qu'elles y venoient, elle les apprivoisoit aussi-tost à ce jeu, faisant monstrer aux siennes premierement le chemin, et aller devant elles, et les autres après; si bien qu'elles estoient estonnées de ce jeu les unes, et les autres non. Vrayment, voilà un plaisant exercice!

—J'ay ouy parler d'un grand aussi qui prenoit plaisir de voir ainsi sa femme nue ou habillée, et la fouetter de claquades, et la voir manier de son corps.

—J'ay ouy dire à une honneste dame qu'estant fille sa mère la fouettoit tous les jours deux fois, non pour avoir forfait, mais parce qu'elle pensoit qu'elle prenoit plaisir à la voir ainsi remuer les fesses et le corps, pour autant d'en prendre d'appetit ailleurs: et tant plus elle alla sur l'age de quatorze ans, elle persista et s'y acharna de telle façon, qu'à mode qu'elle l'accostoit elle la contemploit encore plus.

—J'ay bien ouy dire pis d'un grand seigneur et prince, il y a plus de quatre-vingts ans, qu'avant qu'aller habiter avec sa femme se faisoit fouetter, ne pouvant s'esmouvoir ny relever sa nature baissante sans ce sot remede. Je desirerois volontiers qu'un médecin excellent m'en dist la raison.

Ce grand personnage, Picus Mirandula, raconte avoir veu un certain gallant en son temps, qui, d'autant plus qu'on l'estrilloit à grandes sanglades d'estrivieres, c'estoit lors qu'il estoit le plus enragé après les femmes; et n'estoit jamais si vaillant après elles s'il n'estoit ainsi estrillé: après il faisoit rage. Voilà de terribles humeurs de personnes!

Encore celle de la veuë des autres est plus agréable que la derniere.

—Moy estant à Milan, un jour on me fit un conte de bonne part, que feu M. le marquis de Pescaire, dernier mort, vice-roy en Sicile, vint grandement amoureux d'une fort belle dame; si-bien qu'un matin, pensant que son mary fust allé dehors, l'alla visiter qu'il la trouva encores au lict; et, en devisant avec elle, n'en obtint rien que la voir et la contempler à son aise sous le linge, et la toucher de la main.

Sur ces entrefaites survint le mary, qui n'estoit du calibre du marquis en rien, et les surprit de telle sorte, que le marquis n'eut loisir de retirer son gand, qui s'estoit perdu, je ne sçai comment, parmy les draps, comme il arrive souvent. Puis, luy ayant dit quelques mots, il sortit de la chambre, conduit pourtant du gentilhomme, qui amprès estre retourné, par cas fortuit trouva le gand du marquis perdu dans les draps, dont la dame ne s'en estoit pas apperceue. Il le prit et le serra, et puis faisant la mine froide à sa femme, demeura long-temps sans coucher avec elle, ny la toucher: parquoy un jour elle seule dans sa chambre, mettant la main à la plume, se mit à faire ce quatrain:

Vigna era, vigna son.

Era podata, or più non son;

E son sò per qual cagion

Non mi poda il mio patron.

Et puis laissant ce quatrain escrit sur la table, le mary vint, qui vid ces vers sur la table, prend la plume et fait response:

Vigna eri, vigna sei,

Eri podata, e più non sei,

Per la granfa del leon,

Non ti poda il tuo patron.

Et puis les laissa aussi sur la table. Le tout fut appporté au marquis, qui fit response:

A la vigna che voi dicete

Io fui, e qui restete;

Alzai il pamparo, guardas la vite;

Mà non toccai, si Dio m' ajute.

Cela fut rapporté au mary, qui, se contentant d'une si honorable réponse et juste satisfaction, reprit sa vigne et la cultiva aussi-bien que devant; et jamais mary et femme ne furent mieux.

Je m'en vais les traduire en françois, afin que chacun l'entende.

Je suis esté une belle vigne et le suis encore,

Je suis esté d'autrefois très-bien cultivée;

Ast heure je ne le suis point; et si ne sçay

Pourquoi mon patron ne me cultive plus.

Response.

Ouy, vous avez esté vigne telle, et l'estes encore

Et d'autrefois bien cultivée, ast heure plus;

Pour l'amour de la griffe du lyon,

Vostre mary ne vous cultive plus.

Response du marquis.

A la vigne que vous autres dites

Je suis esté certes, et y restay un peu;

J'en haussay le pampre et en regardai la vis et le reasin.

Mais Dieu ne me puisse aider si jamais j'y ay touché!

Par cette griffe de lion il veut dire le gand qu'il avoit trouvé esgare entre les linceuls. Voylà encor un bon mary qui ne sombragea pas trop, et se despouillant de soubçon, pardonna ainsi à sa femme: et certes il y a des dames, lesquelles se plaisent tant en elles-mesmes, qu'elles se contemplent et se regardent nues, de sorte qu'elles se ravissent se voyans si belles, comme Narcissus. Que pouvons-nous donc faire les voyant et arregardant?

—Marianne, femme d'Hérode, belle et honneste femme, son mary voulant un jour coucher avec elle en plein midy et voir à plein ce qu'elle portoit, lui refusa à plat, ce dit Josephe. Il n'usa pas de puissance de mary, comme un grand seigneur que j'ay cogneu, à l'endroit de sa femme, qui estoit des belles, qu'il assaillit ainsi en plein jour, et la mit toute nue, elle le déniant fort. Après il luy renvoya ses femmes pour l'habiller, qui la trouverent toute honteuse et esplorée.

—D'autres dames y a-t-il lesquelles à dessein ne font pas grand scrupule de faire à pleine veuë la monstre de leur beauté, et se descouvrir nues, afin de mieux encapricier et marteller leurs serviteurs, et les mieux attirer à elles; mais ne veulent permettre nullement la touche précieuse, au moins aucunes, pour quelque temps; car, ne se voulans arrester en si beau chemin, passent plus outre, comme j'en ay ouy parler de plusieurs, qui ont ainsi long-temps entretenu leurs serviteurs de si beaux aspects. Bien-heureux sont-ils ceux qui s'y arrestent aux patiences, sans se perdre par trop en tentation: et faut que celuy soit bien enchanté de vertu, qui, en voyant une belle femme, ne se gaste point les yeux; ainsi que disoit Alexandre quelquesfois à ses amis, que les filles des Perses faisoient grand mal aux yeux à ceux qui les regardoient; et, pour ce, tenant les filles du roy Darius ses prisonnieres, jamais ne les saluoit qu'avec les yeux baissez, et encor le moins qu'il pouvoit, de peur qu'il avoit d'estre surpris de leur excellente beauté. Ce n'est dès-lors seulement, mais d'aujourd'hui, qu'entre toutes les femmes d'Orient les Persiennes ont le los et le prix d'estre les plus belles et accomplies en proportions de leur corps et beauté naturelle, gentilles, propres en leurs habits et chaussures, mesmement, et sur toutes, celles de l'ancienne et royale ville de Seiras, lesquelles sont tellement loüées en leurs beautez, blancheurs et plaisantes civilitez et bonne grace, que les Mores, par un antique et commun proverbe, disent que leur prophete Mahomet ne voulut jamais aller à Seiras, de crainte que s'il y eust veu une fois ces belles femmes, jamais amprès sa mort son ame ne fust entrée en paradis. Ceux qui y ont esté et en ont escrit le disent ainsi; en quoy on notera l'hypocrite contenance de ce bon marault et rompu prophete, comme s'il ne se trouvoit pas escrit, ce dit Belon, en un livre arabe, intitulé *Des bonnes coustumes de Mahomet*, le loüant de ses forces corporelles, qui se vantoit de pratiquer et repasser ces unze femmes qu'il avoit en une mesme heure l'une après l'autre. Au diable soit le marault! n'en parlons plus: quand tout est dit, je suis bien à loisir d'en parler. J'ay veu faire cette question, sur ce trait d'Alexandre que je viens de dire, et de Scipion l'Afriquain, lequel des deux acquist plus grand louange de continence. Alexandre, se défiant des forces de sa chasteté, ne voulut point voir ces belles dames persiennes: Scipion, après la prise de Carthage la neufve, vid cette belle fille espagnole que ses soldats luy amenerent, et luy offrirent pour la part de son butin, laquelle estoit si excellente en beauté et en si bel aage de prise, que par-tout où elle passoit elle animoit et admiroit les yeux de tous à la regarder, et Scipion mesme; lequel, l'ayant saluée fort courtoisement, s'enquist de quelle ville d'Espagne elle estoit, et de ses parents. Il luy fut dit, entr'autres choses, qu'elle estoit accordée à un jeune homme nommé Alucius, prince des Celtibériens, à qui il la rendit, et à ses pere et mere, sans la toucher; dont il obligea la dame, les parents et le fiancé, si bien qu'ils se rendirent depuis très-affectionnez à la ville de Rome et à la République. Mais que sçait-on si dans son ame cette belle dame n'eust point desiré avoir esté un peu percée et entamée premièrement de Scipion, de luy, dis-je, qui estoit beau, jeune, brave, vaillant et victorieux? Possible que si quelque privé ou privée des siennes et des siens luy eust demandé en foy et conscience si elle ne l'eust pas voulu, je laisse à penser ce qu'elle eust respondu, ou fait quelque petite mine approchant de l'avoir desiré, et, s'il vous plaist, si son climat d'Espagne et son soleil couchant ne la sçavoit pas rendre, et plusieurs autres dames d'aujourd'huy et de cette contrée, belles et pareilles à elle, chaudes et aspres à cela, comme j'en ay veu quantité. Il ne faut donc point douter si cette belle et honneste fille fut esté requise et sollicitée de ce beau jeune homme Scipion, qu'elle ne l'eust pris au mot, voire sur l'autel de ses dieux prophanes. En cela ce Scipion a esté certes loüé d'aucuns de ce grand don de continence; d'autres il en a esté blasmé: car en quoy peut monstrer un brave et valleureux cavallier la générosité de son cœur, qu'envers une belle et honneste dame, si-non luy faire parestre par effet qu'il prise sa beauté et l'ayme beaucoup, sans luy user de ces respects, froideurs, modesties et discrétions, que j'ay veu souvent appeler, à plusieurs cavalliers et dames, plustost sottises et faillement de cœur que vertus. Non, ce n'est pas qu'une belle et honneste dame aime dans son cœur, mais une bonne joüissance, sage, discrete et secrete. Enfin, comme dist un jour une honneste dame lisant cette histoire, c'estoit un sot que Scipion, tout brave et généreux capitaine qu'il fust, d'aller obliger des personnes à soy et au party romain par un si sot moyen, qu'il eust pu faire par un autre plus convenable, et mesmes puis que c'estoit un butin de guerre, duquel en cela on doit triompher autant ou plus que de toute autre chose. Le grand fondateur de sa ville ne fit pas ainsi, quand les belles dames sabines furent ravies, à l'endroit de celle qu'il eust pour sa part, et en fit à son bon plaisir, sans aucun respect; dont elle s'en trouva bien, et ne s'en soucia guières, ny elle ny ses compagnes, qui firent leur accord aussi-tost avec leurs marys et ravisseurs, et ne s'en formalisèrent comme leurs peres et meres, qui en firent esmouvoir grosse guerre. Il est vray qu'il y a gens et gens, femmes et femmes, qui ne veulent accointance de tout le monde en cette façon: et toutes ne sont pareilles à la femme du roy Ortragon, l'un des roys gaulois d'Asie, qui fut belle en perfection; et, ayant esté prise en sa deffaite par un centenier romain, et sollicitée de son honneur, la trouvant ferme, elle qui eut horreur de se prostituer à luy, et à une personne si vile et basse, il la prit par force et violence, que la fortune et advanture de guerre lui avoit donné par droit d'esclavitude; dont bien-tost il s'en repentit et en eut la vengeance; car elle luy ayant promis une grande rançon pour sa liberté, et tous deux estants allez au lieu assigné pour en toucher l'argent, le fit tuer ainsi qu'il le contoit, et puis l'emporta et la teste à son mary, auquel confessa librement que celuy-là lui avoit violé véritablement sa chasteté, mais qu'elle en avoit eu la vengeance en cette façon: ce que son mary l'approuva et l'honora grandement. Et depuis ce temps-là, dit l'histoire, conserva son honneur jusques au dernier de sa vie avec toute sainteté et gravité: enfin elle en eut ce bon morceau, fust qu'il vint d'un homme de peu. Lucrèce n'en fit pas de mesme, car elle n'en tasta point, bien qu'elle fust sollicitée d'un brave roy: en quoy elle fit doublement de la sotte, de ne luy complaire sur-le-champ et pour un peu, et de se tuer.

 Pour tourner encore à Scipion, il ne sçavoit point encore bien le train de la guerre pour le butin et pour le pillage: car, à ce que je tiens d'un grand capitaine des nostres, il n'est telle viande au monde pour cela qu'une femme prise de guerre, et se mocquoit de plusieurs autres de ses compagnons, qui recommandoient sur toutes choses, aux assauts et surprises des villes, l'honneur des dames, mesmes aux autres lieux et rencontres: car elles aiment les hommes de guerre toujours plus que les autres, et leur violence leur en fait venir plus d'appetit et puis on n'y trouve rien à redire, le plaisir leur en demeure, l'honneur des marys et d'elles n'en est nullement honny; et puis les voilà bien gastées! et qui plus est, sauvent les biens et les vies de leurs marys, ainsi que la belle Eunoe, femme de Bogud ou Bocchus, roy de Mauritanie, à laquelle César fit de grands biens et à son mary, non tant, faut-il croire, pour avoir suivy son party, comme Juba, roy de Bithynie, celuy de Pompée, mais parce que c'estoit une belle femme, et que César en eut l'accointance et douce joüissance. Tant d'autres commoditez de ces amours y a-t-il que je passe: et toutesfois, ce disoit ce grand capitaine, ses autres grands compagnons pareils à luy, s'amusants à de vieilles routines et ordonnances de guerre, veulent qu'on garde l'honneur des femmes, desquelles il faudroit auparavant sçavoir en secret et en conscience l'advis, et puis en décider: ou possible sont-ils du naturel de notre Scipion, lequel, ne se contentant tenir de celuy du chien de l'ortolan, lequel, comme j'ay dit cy-devant, ne voulant manger des choux du jardin, empesche que les autres n'en mangent. Ainsi qu'il fit à l'endroit du pauvre Massinissa, lequel ayant tant de fois hazardé sa vie pour luy et pour le peuple romain, tant peiné, sué et travaillé pour lui acquérir gloire et victoire, il luy refusa et osta la belle reyne Sophonisba, qu'il avoit prise et choisie pour son principal et précieux butin: il la luy enleva pour l'envoyer à Rome à vivre le reste de ses jours en misérable esclave, si Massinissa n'y eust remedié. Sa gloire en fust esté plus belle et plus ample si elle eust comparu en glorieuse et superbe reyne, femme de Massinissa, et que l'on eust dit, la voyant passer: «Voilà l'une des belles vestiges des conquestes de Scipion;» car la gloire certes gist bien plus en l'apparence des choses grandes et hautes, que des basses. Pour fin, Scipion en tout ce discours fit de grandes fautes, ou bien il estoit ennemy du tout du sexe féminin, ou du tout impuissant de le contenter, bien qu'on die que sur ses vieux jours il se mit à faire l'amour à une des servantes de sa femme: ce qu'elle comporta fort patiemment pour des raisons qui se pourroient là-dessus alléguer. Or, pour sortir de la digression que je viens d'en faire, et pour rentrer au plain chemin que j'avois laissé, je dis, pour faire fin à ce discours, que rien au monde n'est si beau à voir et regarder qu'une belle femme pompeusement habillée, ou délicatement deshabillée et couchée, mais qu'elle soit saine, nette, sans tare, suros ny mallandre, comme j'ay dit. Le roy François disoit qu'un gentilhomme, tant superbe soit-il, ne sçauroit mieux recevoir un seigneur, tant grand soit-il, en sa maison ou chasteau, mais qu'il y opposast à sa vue et première rencontre une belle femme sienne, un beau cheval et un beau levrier: car, en jettant son œil tantost sur l'un, tantost sur l'autre, et tantost sur le tiers, il ne se sçauroit jamais fascher en cette maison; mettant ces trois choses belles pour très-plaisantes à voir et admirer, et en faisant cet exercice très-agréable. La reyne de Castille disoit qu'elle prenoit un très-grand plaisir de voir quatre choses: *Hombre d'armas en campo, obisbo puesto en pontifical linda dama en la cama, y ladron en la horca*. C'est-à-dire: «Un homme d'armes sur les champs, un évesque en son pontifical, une belle dame dans un lict, et un larron au gibet.»

 J'ay ouy raconter à feu M. le cardinal de Lorraine le Grand, dernier décédé, que, lorsqu'il alla à Rome vers le pape Paul IV, pour rompre la treve faite avec l'Empereur, il passa à Venise, où il fut très-honorablement receu. Il n'en faut point douter, puis qu'il estoit un si grand favory d'un si grand roy. Tout ce grand et magnifique sénat alla au-devant de luy; et, passant par le grand canal, où toutes les fenestres des maisons estoient bordées de toutes les femmes de la ville, et des plus belles, qui estoient là accourues pour voir cette entrée, il y en eut un des plus grands qui l'entretenoit sur les affaires de l'Estat, et luy en parloit fort: mais, ainsi qu'il jettoit fort les yeux fixement sur ces belles dames, il luy dit en son patois langage: «Monseigneur, je crois que vous ne m'entendez, et avez raison, car il y a bien plus de plaisir et difference de voir ces belles dames à ces fenestres, et se ravir en elles, que d'ouyr parler un fascheux vieillard comme moy, et parlast-il de quelque grande conqueste à vostre advantage.» M. le cardinal, qui n'avoit faute d'esprit et de mémoire, luy respondit de mot à mot à tout ce qu'il avoit dit; laissant ce bon vieillard fort satisfait de luy, et en admirable estime qu'il eut de luy qui, pour s'amuser à la veuë de ces belles dames, il n'avoit rien oublié ny obmis de ce qu'il luy avoit dit. Qui aura veu la Cour de nos roys François premier et Henry deuxiesme et autres roys ses enfants, advouera bien, quel qu'il soit, et eust-il veu tout le monde, n'avoir rien veu jamais de si beau que nos dames qui sont estées en leur Cour, et de nos reynes, leurs femmes, meres et sœurs; mais plus belle chose encore eust-il veu, ce dit quelqu'un, si le grand-pere de maistre Gonnin eust vescu, qui, par ses inventions, illusions et sorcelleries et enchantements, les eust peu représenter devestues et nues, comme l'on dit qu'il le fit une fois en quelque compagnie privée, que le roy François luy commanda; car il estoit un homme fort expert et subtil en son art; et son petit-fils, que nous avons veu, n'y entendoit rien au prix de luy. Je pense que cette veuë seroit aussi plaisante comme fut jadis celle des dames égyptiennes en Alexandrie à l'accueil et réception de leur grand dieu Apis, au devant duquel elles alloient en très-grande cérémonie, et levant leurs robbes, cottes et chemises, et les retroussant le plus haut qu'elles pouvoient, les jambes fort eslargies et escarquillées, leur montroient leur cas tout-à-fait; et puis, ne le revoyant plus, pensez qu'elles cuidoient l'avoir bien payé de cela. Qui en voudra voir le conte, pu'il lise *Alexand. ab Alexandra*, au sixiesme livre des *Jours jovials*. Je pense que telle veuë en estoit bien plaisante, car pour lors les dames d'Alexandrie estoient belles, comme encor sont aujourd'huy. Si les vieilles et laides faisoient de mesme passe, car la veuë ne se doit jamais estendre que sur le beau, et fuir le laid tant que l'on peut.

En Suisse, les hommes et les femmes sont pesle mesle aux bains et estuves sans faire aucun acte deshonneste, et en sont quittes en mettant un linge devant: s'il est bien délié, encor peut-on voir chose qui plaist ou desplait, selon le beau ou le laid.

Avant que finir ce discours, si diray-je encor ce mot. En quelles tentations et récréations de veuë pouvoient entrer aussi les jeunes seigneurs, chevaliers, gentilshommes, plébéans et autres Romains, le temps passé, le jour que se célébroit la feste de Flora à Rome, laquelle on dit avoir esté la plus gentille et la plus triomphante courtisanne qu'oncques exerça le putanisme dans Rome, voire ailleurs! et qui plus la recommandoit en cela, c'est qu'elle estoit de bonne maison et de grande lignée; et, pour ce, telles dames de si grande estoffe volontiers plaisent plus, et la rencontre en est plus excellente que des autres. Aussi cette dame Flora eut cela de bon et de meilleur que Lays, qui s'abandonnoit à tout le monde comme une bagasse, et Flora aux grands; si bien que sur le seuil de sa porte elle avoit mis cet escriteau: «Roys, princes, dictateurs, consuls, censeurs, pontifes, questeurs, ambassadeurs, et autres grands seigneurs, entrez, et non d'autres.» Lays se faisoit tousjours payer avant la main, et Flora point, disant qu'elle faisoit ainsi avec les grands, afin qu'ils fissent de mesme avec elle comme grands et illustres, et aussi qu'une femme d'une grande beauté et haut lignage sera tousjours autant estimee qu'elle se prise: et si ne prenoit si non ce qu'on luy donnoit, disant que toute dame gentille devoit faire plaisir à son amoureux pour amour, et non pour avarice, d'autant que toutes choses ont certain prix, fors l'amour. Pour fin, en son temps elle fit si gentiment l'amour, et se fit si bravement servir, que quand elle sortoit du logis quelquesfois pour se promener en ville, il y avoit assez à parler d'elle pour un mois, tant pour sa beauté, ses belles et riches parures, ses superbes façons, sa bonne grace, que pour la grande suite des courtisans et serviteurs, et grands seigneurs qui estoient avec elle, et qui la suivoient et accompagnoient comme vrays esclaves, ce qu'elle enduroit fort patiemment: et les ambassadeurs estrangers, quand ils s'en retournoient en leurs provinces, se plaisoient plus à faire des contes de la beauté et singularité de la belle Flora que de la grandeur de la république de Rome, et sur-tout de sa grande libéralité, contre le naturel pourtant de telles dames; mais aussi estoit-elle outre le commun, puisqu'elle estoit noble. Enfin elle mourut si riche et si opulente, que la valeur de son argent, meubles et joyaux, estoit suffisante pour refaire les murs de Rome, et encor pour desengager la République. Elle fit le peuple romain son héritier principal, et pour ce luy fut édifié dans Rome un temple très-somptueux, qui de Flora fut appelé Florian.

La première feste que l'empereur Galba célébra jamais fut celle de l'amoureuse Flora, en laquelle estoit permis aux Romains et Romaines de faire toutes les desbauches, deshonnestetez, sallauderies et débordements à l'envy dont se pourroient adviser; en sorte que l'on estimoit la plus sainte et la plus gallante celle qui, ce jour-là, faisoit plus de la dissolue et de la deshonnestetez débordée. Pensez qu'il n'y avoit ny fiscaigne (que les chambrieres et esclaves mores dansent les dimanches à Malthe en pleine place devant le monde), ny sarabande qui en approchast, et qu'elles n'y oublioient ny mouvement ny remuements lascifs, ny gestes paillards, ny tordions bizarres; et qui en pouvoit escogiter de plus dissolus et débordez, tant plus gallante estoit la dame; d'autant que telle opinion estoit parmi les Romains, que, qui alloit au temple de cette déesse en habit et geste et façon plus lascive et paillarde, auroit mesme grace et opulents biens que Flora avoit eu. Vrayment voilà de belles opinions et belle solemnisation de festes; aussi estoient-ils payens: là-dessus ne faut douter si elles y oublioient nul genre de lasciveté, et si longtemps avant ces bonnes dames estudioient leurs leçons, ny plus ny moins que les nostres à apprendre un ballet, et si elles estoient affectionnées en cela. Les jeunes hommes, voire les vieux, y estoient bien autant empressez à voir et contempler telles lascives simagrées. Si telles se pouvoient représenter parmy nous, le monde en feroit bien son proffit en toutes sortes; et pour estre à telles veuës le monde se tueroit de la presse. Il y a assez-là à gloser qui voudra; je le laisse aux bons galands: qu'on lise Suetone, Pausanias grec et Manilius latin, aux livres qu'ils ont fait des dames illustres, fameuses et amoureuses, on verra tout. Ce conte encor, et puis plus.

Il se lit que les Lacédémoniens allèrent une fois pour mettre le siége devant Messene, à quoy les Mecéniens les prévindrent, car ils sortirent d'abord sur eux les uns et les autres, tirerent et coururent à Lacédémone, pensant la surprendre et la piller cependant qu'ils s'amusoient devant leur ville; mais ils furent valeureusement repoussés et chassés par les femmes qui estoient demeurées: ce que sçachants, les Lacédémoniens rebroussèrent chemin et tournerent vers leur ville: mais de loin ils decouvrent leurs femmes toutes en armes, qui avoient donné la chasse, dont ils furent en alarme; mais elles se firent aussi-tost à eux recognoistre et leur racontèrent leur fortune, dont ils se mirent de joie à les baiser, embrasser et caresser, de telle sorte que, perdants toute honte, et sans avoir la patience d'oster leurs armes, ny eux ni elles, leur firent cela bravement en mesme place qu'ils les rencontrèrent, où l'on put voir choses et autres, et ouyr un plaisent son et cliquetis d'armes et d'autre chose; en mémoire de quoy ils firent bastir un temple et simulacre à la déesse Vénus, qu'ils appelèrent *Vénus l'armée*, au contraire de tous les autres, qui la peignent toute nue. Voilà une plaisante cohabitation, et un beau sujet de peindre Vénus armée, et l'appeler ainsi! Il se voit souvent parmi les gens de guerres, mesmes aux prises de villes par assauts, force soldats tous armés joüir des femmes, n'ayant le loisir et la patience de se désarmer pour passer leur rage et appetit, tant ils sont tentez; mais de voir le soldat armé habiter avec la femme armée, il s'en void peu. Il faut là-dessus songer le plaisir qui s'en peut ensuivre, et quel plus grand pouvoir estre en ce beau mystère, ou pour l'action ou pour la veuë, ou pour la sonnerie des armes. Cela gist en l'imagination qu'on en pourroit faire, tant pour les agents que pour les arregardants qui estoient là pour lors. Or c'est assez, faisons fin: j'eusse fait ce discours plus ample de plusieurs exemples, mais je craignois que, pour estre trop lascif, j'en eusse encouru mauvaise reputation.

Si faut-il qu'après avoir tant loüé les belles femmes, que je fasse le conte d'un Espagnol qui, voulant mal à une femme, me le dépeignit un jour comme il falloit, et me dit: *Senor, vieja; es como la lampada azeintunada d'iglesia, y de hechura del armario larga y desvayada, el color y gesto como mascara mal pintada, et talle como una campana ò mola de molino, la vista como idolo del tiempo antiquo, el andar y vision d'una antigua fantasma de la noche, que tanto tuviesse encontrar la de noche, come ver una mandagora. Iesus, Iesus, Dios me libre de su malencuentro, no se contenta de tener en su casa por huesped al provisor de obisbo, ny se contenta con la demasia da conversacion del vicario, ny del guardian, ny de la amistad antigua del deen, sino que agora de nuevo atomado al que pide para las animas de purgatorio, paracabar su negra vida.* C'est-à-dire: «Voyez-la; elle est comme une lampe vieille et toute graisseuse d'huile d'église; de forme et façon, elle ressemble un armoire grand et vague et mal basti; la couleur et la grace comme d'un masque mal peint; la taille comme une cloche de monastère ou meule de moulin; le visage comme d'un idole du temps passé; le regard et l'aller comme un fantosme antique qui va de nuict: de sorte que je craindrois autant de la rencontrer de nuict comme de voir une mandragore. Jesus! Jesus! Dieu m'en garde de telle rencontre! Elle ne se contente pas d'avoir pour hoste ordinaire chez soy le proviseur de l'evesque, ny se contente de la demesurée conversation du vicaire, ny de la continuë visite du gardien, ny de l'ancienne amitié du doyen, sinon qu'à cette heure de nouveau elle a pris en main celui qui demande pour les ames du Purgatoire, et ce pour achever sa noire vie.» Voilà comment l'Espagnol, qui a si bien dépeint les trente beautez d'une dame, comme j'ay dit cy-dessus en ce discours, quand il veut, la sçait bien déprimer.

DISCOURS TROISIEME.

Sur la beaute de la belle jambe et de la vertu qu'elle a.

Entre plusieurs belles beautez que j'ay veu loüer quelques fois parmi nous autres courtisans, et autant propres à attirer à l'amour, c'est qu'on estime fort une belle jambe à une belle dame, dont j'ay veu plusieurs dames en avoir gloire, et soin de les avoir et entretenir belles. Entre autres, j'ay ouy raconter d'une très-grande princesse de par le monde, que j'ay cogneu, laquelle aimoit une de ses dames par-dessus toutes les siennes, et la favorisoit par-dessus les autres, seulement parce qu'elle luy tiroit ses chausses si bien tenduës, et en accommodoit la greve, et mettoit si proprement la jarretiere, et mieux que toute autre, de sorte qu'elle estoit fort avancée auprès d'elle, mesme luy fit de grands biens: et par ainsi, sur cette curiosité qu'elle avoit d'entretenir ainsi sa jambe belle, faut penser que ce n'estoit pour la cacher sous sa juppe, ny son cotillon ou sa robbe, mais pour en faire parade quelques fois avec de beaux calleçons de toille d'or et d'argent, ou d'autre estoffe, très-proprement et mignonnement faits, qu'elle portoit d'ordinaire: car l'on ne se plaist point tant en soy, que l'on n'en veuille faire part à d'autres de la veuë et du reste. Cette dame aussi ne se pouvoit pas excuser en disant que c'estoit pour plaire à son mary, comme la pluspart d'elles le disent, et mesmes les vieilles, quand elles se font si pimpantes et gorgiases, encores qu'elles soient vieilles; mais cette-cy estoit veufve: il est vray que du temps de son mary elle faisoit de mesme, et pour ce ne voulut discontinuer par amprès, l'ayant perdu. J'ay cogneu force belles, honnestes dames et filles, qui sont autant curieuses de tenir ainsi précieuses et propres et gentilles leurs belles jambes: aussi elles en ont raison, car il y gist plus de lasciveté qu'on ne pense. J'ay ouy parler d'une très-grande dame, du temps du roy François, et très-belle, laquelle, s'estant rompu une jambe, et se l'estant faitte rabiller, elle trouva qu'elle n'estoit pas bien, et estoit demeurée toute torte: elle fut si resolue, qu'elle se la fit rompre une autre fois au rabilleur, pour la remettre en son point, comme auparavant, et la rendre aussi belle et aussi droite. Il y en eut quelqu'une qui s'en esbahit fort; mais à celle une autre belle dame fort entendue fit response et lui dit: «A ce que je vois, vous ne savez pas quelle vertu amoureuse porte en soy une belle jambe.»

—J'ay cogneu autresfois une fort belle et honneste fille de par le monde, laquelle estant fort amoureuse d'un grand seigneur, pour l'attirer à soy, et en escroquer quelque bonne pratique, et n'y pouvant parvenir, un jour, estant en une allée de parc, et le voyant venir, elle fit semblant que sa jarretiere lui tomboit; et, se mettant un peu à l'escart, haussa sa jambe, et se mit à tirer sa chausse et rabiller sa jarretiere. Ce grand seigneur l'advisa fort, et en trouva la jambe très-belle, et s'y perdit si bien, que cette jambe opéra en luy plus que n'avoit fait son beau visage; jugeant bien en soy que ces deux belles colonnes soustenoient un beau bastiment; et depuis l'advoua-t-il à sa maistresse, qui en disposa après comme elle voulut. Notez cette invention et gentille façon d'amour.

—J'ay ouy parler aussi d'une belle et honneste dame, surtout fort spirituelle, de plaisante et bonne humeur, laquelle, se faisant un jour tirer sa chausse à son vallet-de-chambre, elle luy demanda s'il n'entroit point pour cela en ruth, tentation et concupiscence[69]: encore dit-elle et franchit le mot tout outre. Le vallet, pensant bien, pour le respect qu'il luy portoit, respondit que non. Elle soudain, haussant la main, luy donna un grand soufflet. «Allez, dit-elle, vous ne me servirez jamais plus; vous estes un sot, je vous donne vostre congé.» Il y a force vallets de filles aujourd'huy qui ne sont si continents, en levant, habillant et chaussant leurs maistresses: il y a aussi des gentilshommes qui n'eussent fait ce trait, voyant un si bel appas.

Ce n'est d'aujourd'huy seulement que l'on a estimé la beauté des belles jambes et beaux pieds, car c'est une mesme chose; mais, du temps des Romains, nous lisons que Lucius Vitellius, pere de l'empereur Vitellius, estant fort amoureux de Messaline, et desirant estre en grace avec son mary par son moyen, la pria un jour de luy faire cet honneur de luy accorder un don. L'Emperiere luy demanda: «Et quoy?—C'est, madame, dit-il, qu'il vous plaise qu'un jour je vous deschausse vos escarpins.» Messaline, qui estoit toute courtoise pour ses sujets, ne luy voulut refuser cette grace; et l'ayant deschaussée, en garda un escarpin et le porta tousjours sur soy entre la chemise et la peau, le baisant le plus souvent qu'il pouvoit, adorant ainsi le beau pied de sa dame par l'escarpin, puisqu'il ne pouvoit avoir à sa disposition le pied naturel ny la belle jambe. Vous avez le Milord d'Angleterre des *Cent Nouvelles de la Reyne de Navarre*, qui porta de mesme le gand de sa maistresse à son costé, et si bien enrichy. J'ay cogneu force gentilshommes qui, premier que porter leurs bas de soye, prioient les dames et maistresses de les essayer et les porter devant eux quelques huict ou dix jours, du plus que du moins, et puis les portoient en très-grand vénération et contentement d'esprit et de corps.

—J'ai cogneu un seigneur de par le monde, qui, estant sur la mer avec une grande dame des plus belles du monde, qui, voyageant par son pays, et d'autant que ses femmes estoient malades de la marette, et par ce très-mal disposées pour la servir, le bonheur fut pour luy qu'il fallut qu'il la couchast et levast; mais en la couchant et levant, la chaussant et deschaussant, il en devint si amoureux qu'il s'en cuida desesperer, encor qu'il luy fust proche: comme certes la tentation en est par trop extresme, et il n'y a nul si mortifié qui ne s'en esmeust. Nous lisons de Poppea Sabina, femme de Néron, qui estoit la plus favorite des siennes, laquelle, outre qu'elle fut la plus profuse en toutes sortes de superfluïtez, d'ornements, de parures, de pompes et de ses coustrements d'habits, elle portoit des escarpins et pianelles toutes d'or. Cette curiosité ne tendoit pas pour cacher sa jambe ny son pied à Néron, son cocu de mary: luy seul n'en avoit pas tout le plaisir ny la veuë, il y en avoit bien d'autres. Elle pouvoit bien avoir cette curiosité pour elle, puisqu'elle faisoit ferrer les pieds de ses jumens qui traisnoient son coche de fers d'argent. M. Saint Jerosme reprend bien fort une dame de son temps qui estoit trop curieuse de la beauté de sa jambe, par ces propres mots: «Par la petite botine brunette, et bien tirée et luisante, elle sert d'appeau aux jeunes gens, et d'amorces par le son des bouclettes.» Pensez que c'estoit quelque façon de chaussure qui couroit de ce temps-là, qui estoit par trop affetée, et peu séante aux prudes femmes. La chaussure de ces botines est encore aujourd'huy en usage parmy les dames de Turquie, et des plus grandes et plus chastes. J'ay veu discourir et faire question quelle jambe estoit plus tentative et attrayante, ou la nue ou la couverte et chaussée. Plusieurs croyent qu'il n'y a que le naturel, mesme quand elle est bien faite au tour de la perfection et selon la beauté que dit l'Espagnol que j'ay dit cy-devant, et qu'elle est bien blanche, belle et bien polie, et monstrée à propos dans un beau lict; car autrement, si une dame la vouloit monstrer toute nue en marchant ou autrement, et des souliers aux pieds, quand bien elle seroit la plus pompeusement habillée du monde, elle ne seroit jamais trouvée bien décente ny belle; comme une qui seroit bien chaussée d'une belle chaussure de soye de couleur ou de fillet blanc, comme on fait à Fleurence pour porter l'esté, dont j'ay veu d'autresfois nos dames en porter avant le grand usage que nous avons eu depuis des chausses de soye; et après faudroit qu'elle fust tirée et tendue comme la peau d'un tabourin, et puis attachée ou avec esguillettes ou autrement, selon la volonté et l'humeur des dames: puis faut accompagner le pied d'un bel escarpin blanc, et d'une mule de velours noir ou d'autre couleur, ou bien d'un beau petit patin, tant bien fait que rien plus, comme j'en ay veu porter à une très-grande dame de par le monde, des mieux faits et plus mignonnement. En quoy faut adviser aussi la beauté du pied; car s'il est par trop grand il n'est plus beau; s'il est par trop petit, il donne mauvaise opinion et signifiance de sa dame, d'autant qu'on dit *petit pied grand c..*, ce qui est un peu odieux: mais il faut qu'il soit un peu mediocre, comme j'en ay veu plusieurs qui en ont porté grandes tentations, et mesmes quand leurs dames le faisoient sortir et paroistre à demy hors du cotillon, et le faisoient remüer et fretiller par certains petits tours et remuements lascifs, estant couverts d'un beau petit patin peu liégé, et d'un escarpin blanc, pointu et point quarré par le devant, et le blanc est le plus beau. Mais ces petits patins et escarpins sont pour les grandes et hautes femmes, non pour les courtaudes et nabottes, qui ont leurs grands chevaux de patins liégés de deux pieds: autant vaudroit voir remüer cela comme la massue d'un géant ou la marotte d'un fou. D'une autre chose aussi se doit bien garder la dame, de ne déguiser son sexe, et ne s'habiller en garçon, soit pour une mascarade ou autre chose: car encor qu'elle eust la plus belle jambe du monde, elle s'en monstre difforme, d'autant qu'il faut que toutes choses ayent leur propriété et leur séance; tellement qu'en dementant leur sexe, defigurent du tout leur beauté et gentillesse naturelle. Voylà pourquoy il n'est bien-séant qu'une femme se garçonne pour se faire monstrer plus belle, si ce n'est pour se gentiment adoniser d'un beau bonnet avec la plume à la Guelfe ou Gibeline attachée, ou bien au-devant du front, pour ne trancher ny de l'un ny de l'autre, comme depuis peu de temps nos dames d'aujourd'huy l'ont mis en vogue: mais pourtant à toutes il ne sied pas bien; il faut en avoir le visage poupin et fait exprès, ainsi que l'on a vu à nostre reyne de Navarre, qui s'en accommodoit si bien, qu'à voir le visage seulement adonisé, on n'eust sceu juger de quel sexe elle tranchoit, ou d'un beau jeune enfant, ou d'une très-belle dame qu'elle estoit.

Dont il me souvient qu'une de par le monde que j'ay cogneue qui, la voulant imiter sur l'age de vingt-cinq ans, et de par trop haute et grande taille, hommasse et nouvellement venuë à la Cour, pensant faire de la galante, comparut un jour en la salle du bal, et ne fut sans estre fort regardée et assez brocardée, jusques au Roy qui en donna aussi-tost sa sentence, car il disoit des mieux de son royaume, et dit qu'elle ressembloit fort bien une batteleuse, ou, pour dire plus proprement, de ces femmes en peinture que l'on porte de Flandres, et que l'on met au-devant des cheminées d'hostellerie et cabarets avec des fleustes d'Allemant au bec; si bien qu'il luy fit dire, si elle comparessoit plus en cet habit et contenance, qu'il luy feroit signifier de porter sa fleuste pour donner l'aubade et récréation à la noble compagnie. Telle guerre lui fit-il, autant pour ce que cette coiffure lui séoit mal, que pour haine qu'il portoit à son mary. Voilà pourquoy tels déguisements ne siezent bien à toutes dames; car quand bien cette reyne de Navarre, qui est la plus belle du monde, se fust voulu autrement déguiser de son bonnet, elle n'eust jamais comparu si belle comme elle est, et n'eust peu: aussi, qu'auroit-elle sceu prendre forme plus belle que la sienne, car de plus belle n'en pouvoit-elle prendre n'y emprunter de tout le monde? Et si elle eust voulu monstrer sa jambe, que j'ay ouy dire à aucunes de ses femmes, et la peindre pour la plus belle et mieux faite du monde, autrement qu'en son naturel, ou bien estant chaussée proprement sous ses beaux habits, on ne l'eust jamais trouvée si belle. Ainsi faut-il que les belles dames comparoissent et fassent monstre de leurs beautez.

—J'ay lu dans un livre espagnol, intitulé *el Viage del Principe*[70], qui fut celui que le roy d'Espagne fit en ses Pays-Bas du temps de l'empereur Charles son père, entr'autres beaux recueils qu'il receut parmi ses riches et opulentes villes, ce fut de la reyne d'Hongrie en sa belle ville de Bains, dont le proverbe dit: *Mas brava que las fiestas de Bains*[71]. Entre autres magnificences fut que, durant le siège d'un chasteau qui fut battu en feinte, et assiégé en forme de place de guerre (je le descris ailleurs), elle fit un jour un festin, sur tous autres, à l'Empereur son bon frère, à la reyne Eleonor sa sœur, au Roy son nepveu, et à tous les seigneurs, chevaliers et dames de la Cour. Sur la fin du festin comparut une dame, accompagnée de six nymphes Oréades, vestues à l'antique, à la nymphale et mode de la vierge chasseresse, toutes vestues d'une toille d'argent et vert, et un croissant au front, tout couvert de diamants, qu'ils sembloient imiter la lueur de la lune, portant chacune son arc et ses flèches en la main, et leurs carquois fort riches au costé, leurs botines de mesme toille d'argent, tant bien tirées que rien plus. Et ainsi entrèrent en la salle, menans leurs chiens après elles, et présentèrent à l'Empereur, et luy mirent sur sa table toute sorte de venaison en paste, qu'elles avoient prise en leur chasse. Et, après, vint Palès, la déesse des pasteurs, avec six nymphes Napées, vestues toutes de blanc de toille d'argent, avec les garnitures de mesme en la teste, toutes couvertes de perles; et avoient aussi des chausses de pareille toille avec l'escarpin blanc, qui portèrent de toute sorte de laitage, et le posèrent devant l'Empereur. Puis, pour la troisième bande, vint la déesse Pomona, avec ses nymphes Nayades, qui portèrent le dernier service du fruict. Cette déesse estoit la fille de donna Béatrix Pacheco, comtesse d'Autremont, dame d'honneur de la reyne Eleonor, laquelle pouvoit avoir alors que neuf ans. C'est celle qui est aujourd'huy madame l'admirale de Chastillon, que M. l'admiral espousa en secondes nopces; laquelle fille et déesse apporta, avec ses compagnes, toutes sortes de fruicts qui se pouvoient alors trouver, car c'estoit en esté, des plus beaux et plus exquis, et les présenta à l'Empereur avec une harangue si éloquente, si belle, et prononcée de si bonne grace, qu'elle s'en fit fort aimer et admirer de l'Empereur et de toute l'assemblée, veu son jeune age, que dès lors on présagea qu'elle seroit ce qu'elle est aujourd'huy, une belle, sage, honneste, vertueuse, habile et spirituelle dame. Elle estoit pareillement habillée à la nymphale comme les autres, vestue de toilles d'argent et blanc, chaussée de mesme, et garnie à la teste de force pierreries; mais c'estoient toutes esmeraudes, pour représenter en partie la couleur du fruict qu'elles apportoient; et outre le présent du fruict, elle en fit un à l'Empereur et au roy d'Espagne d'un rameau de victoire tout esmaillé de verd, les branches toutes chargées de grosses perles et pierreries, ce qui estoit fort riche à voir et inestimable; à la reyne Eleonor un esvantail, avec un mirouer dedans, tout garni de pierreries de grande valeur. Certes cette princesse et reyne d'Hongrie monstroit bien qu'elle estoit une honneste dame en tout, et qu'elle savoit son entregent aussi bien que le mestier de la guerre; et à ce que j'ay ouy dire, l'Empereur son frère avoit un grand contentement et soulagement d'avoir une si honneste sœur et digne de luy. Or, l'on me pourroit objecter pourquoy j'ay fait cette disgression en forme de discours. C'est pour dire que toutes ces filles, qui avoient joué ces personnages avoient esté choisies et prises pour les plus belles d'entre toutes celles des reynes de France et de Hongrie et madame de Lorraine, qui estoient françoises, italiennes, flamandes, allemandes et lorraines; parmy lesquelles n'y avoit faute de beauté; et Dieu sait si la reyne d'Hongrie avoit esté curieuse d'en choisir de plus belles et de meilleure grace. Madame de Fontaine-Chalandry, qui est encore en vie, en sauroit bien que dire, qui estoit lors fille de la reyne Eleonor, et des plus belles: on l'appeloit aussi la belle Torcy, qui m'en a bien conté. Tant il y a que je tiens d'elle et d'ailleurs, que les seigneurs, gentilshommes et cavaliers de cette cour, s'amusèrent à regarder et contempler les belles jambes, greves et beaux petits pieds de ces dames; car, vestues ainsi à la nymphale, elles estoient courtement habillées et en pouvoient faire une très belle monstre, plus que de leurs beaux visages qu'ils pouvoient voir tous les jours, mais non leurs belles jambes; dont aucuns en vindrent plus amoureux par la veuë et monstre d'icelles belles jambes, que non pas de leurs belles faces; d'autant qu'au dessus des belles colonnes, coustumièrement il y a de belles corniches de frize, de beaux architraves, riches chapiteaux, bien polis et entaillés. Si faut-il que je fasse encor cette digression et que j'en fasse ma fantaisie, puisque nous sommes sur les feintes et représentations. Quasi en mesme temps que ces belles festes se faisoient es Pays-Bas, et surtout à Bains, sur la réception du roy d'Espagne, se fit l'entrée du roy Henry, tournant de visiter son pays de Piedmond et ses garnisons à Lyon, qui certes fut des belles et plus triomphantes, ainsi que j'ay ouy dire à d'honnestes dames et gentilshommes de la Cour qui y estoient. Or, si cette feinte et représentation de Diane et de sa chasse fut trouvée belle en ce royal festin de la reyne d'Hongrie, il s'en fit une à Lyon, qui fut bien autre et mieux imitée; car, ainsi que le Roy marchoit, venant à rencontrer un grand obélisque à l'antique, à costé de la main droite, il rencontra de mesme un préau ceint, sur le grand chemin, d'une muraille de quelque peu plus de six pieds de hauteur, et ledit préau aussi haut de terre, lequel avoit esté distinctement remply d'arbres de moyenne fustaye, entreplantez de taillis espais et à force de touffes d'autres petits arbrisseaux, avec aussi force arbres fruitiers. Et en cette petite forest s'esbattoient force petits cerfs tous en vie, biches, chevreuils, toutefois privez. Et lors Sa Majesté entrouyt aucuns cornets et trompes sonner, et tout aussitost apperceut venir, au travers ladite forest, Diane chassant avec ses compagnes et vierges forestières, elle tenant à la main un riche arc turquois, avec sa trousse pendant au costé, accoutrée en atours de nymphe, à la mode que l'antiquité nous la représente encore; son corps estoit vestu avec un demy bas à six grands lambeaux ronds de toile d'or noire, semée d'estoiles d'argent, les manches et le demeurant de satin cramoisy, avec profilure d'or, troussée jusques à demy jambe, decouvrant sa belle jambe et greve, et ses botines à l'antique de satin cramoisy, couvertes de perles en broderie: ses cheveux estoient entrelacés de gros cordons de riches perles, avec quantité de pierreries et joyaux de grand valeur; et au dessus du front un petit croissant d'argent, brillant de menus petits diamants; car d'or ne fust esté si beau ny si bien représentant le croissant naturel, qui est clair et argentin.

Ses compagnes estoient accoutrées de diverses façons d'habits et de taffetas rayez d'or, tant plein que vuide, le tout à l'antique, et de plusieurs autres couleurs à l'antique, entremeslées tant pour la bizarreté que pour la gayté; les chausses et botines de satin; leurs testes adornées de mesme à la nymphale, avec force perles et pierreries. Aucunes conduisoient des limiers et petits levriers, espaigneuls et autres chiens, en laisse avec des cordons de soye blanche et noire, couleurs du Roy pour l'amour d'une dame du nom de Diane qu'il aimoit: les autres accompagnoient et faisoient courre les chiens courants qui faisoient grand bruit. Les autres portoient de petits dards de bresil, le fer doré avec de petites et gentilles houppes pendantes, de soye blanche et noire, les cornets et trompes mornées d'or et d'argent pendantes en escharpes à cordons de fil d'argent et soye noire. Et ainsi qu'elles apperceurent le Roy, un lion sortit du bois, qui estoit privé et fait de longue main à cela, qui se vint jetter aux pieds de la dite déesse, lui faisant feste; laquelle, le voyant ainsi doux et privé, le prit avec un gros cordon d'argent et de soye noire, et sur l'heure le présenta au Roy; et s'approchant avec le lion jusque sur le bord du mur du préau joignant le chemin, et à un pas près de Sa Majesté, lui offrit ce lion par un dixain en rime, tel qu'il se faisoit de ce temps, mais non pourtant trop mal limée et sonnante; et par icelle rime, qu'elle prononça de fort bonne grace, sous ce lion doux et gracieux luy offroit sa ville de Lyon, toute douce, gracieuse, et humiliée à ses loix et commandements. Cela dit et fait de fort bonne grace, Diane et toutes ses compagnes lui firent une humble révérence, qui, les ayant toutes regardées et saluées de bon œil, monstrant qu'il avoit très-agréable leur chasse, et les en remerciant de bon cœur, se partit d'elles et suivit son chemin de son entrée. Or notez que cette Diane et toutes ses belles compagnes estoient les plus apparentes et belles femmes mariées, veufves et filles de Lyon, où il n'y en a point de faute, qui joüerent leurs mystères si bien et de si bonne sorte, que la pluspart des princes, seigneurs, gentilhommes et courtisans, en demeurèrent fort ravis. Je vous laisse à penser s'ils en avoient raison. Madame de Valentinois, dite Diane de Poictiers, que le Roy servoit, au nom de laquelle cette chasse se faisoit, n'en fut pas moins contente, et en aima toute sa vie fort la ville de Lyon; aussi estoit-elle leur voisine, à cause de la duché de Valentinois qui en est fort proche. Or, puis que nous sommes sur le plaisir qu'il y a de voir une belle jambe, il faut croire, comme j'ay ouy dire, que non le Roy seulement, mais tous ces gallants de la Cour, prirent un beau et merveilleux plaisir à contempler et mirer celles de ces belles nymphes si folastrement accoutrées et retroussées, qu'elles en donnoient autant ou plus de tentation pour monter au second estage, que d'admiration et de sujet à loüer une si gentille invention.

Pour laisser donc notre digression et retourner où je l'avois prise, je dis que nous avons veu faire en nos Cours et représenter par nos Reynes, et principalement par la Reyne-mere, de fort gentils ballets; mais d'ordinaire, entre nous autres courtisans, nous jettions nos yeux sur les pieds et jambes des dames qui les représentoient, et prenions par dessus très-grand plaisir leur voir porter leurs jambes si gentiment, et demener et fretiller leurs pieds si affettement que rien plus; car leurs robbes et cottes estoient bien plus courtes que de l'ordinaire, mais non pourtant si bien à la nymphale que de l'ordinaire, ny si hautes comme il le falloit et qu'on eust desiré; néantmoins nos yeux s'y baissoient un peu, et mesme lorsqu'on dansoit la volte, qui, en faisant voleter la robbe, monstroit toujours quelque chose agréable à la veuë, dont j'en ay veu plusieurs s'y perdre et s'en ravir entr'eux-mesmes. Ces belles dames de Sienne, au commencement de la révolte de leur ville et république, firent trois bandes des plus belles et des plus grandes dames qui fussent; chacune bande montoit à mille, qui estoit en tout trois mille, l'une vestue de taffetas violet, l'autre de blanc, et l'autre incarnat; toutes habillées à la nymphale d'un fort court accoustrement, si-bien qu'à plein elles monstroient la belle jambe et belle greve; et firent ainsi leur monstre par la ville devant tout le monde, et mesme devant M. le cardinal de Ferrare et M. de Thermes, lieutenants-généraux de nostre roy Henry; toutes resolues, et promettant de mourir pour la république et pour la France, et toutes prestes de mettre la main à l'œuvre pour la fortification de la ville, comme desjà elles avoient la fascine sur l'espaule; ce qui rendit en admiration tout le monde. Je mets ce conte ailleurs, où je parle des femmes généreuses; car il touche l'un des plus beaux traits qui fut jamais fait parmy galantes dames. Pour ce coup je me contenteray de dire que j'ay ouy raconter à plusieurs gentilshommes et soldats, tant François qu'estrangers, mesmes à aucuns de la ville, que jamais chose du monde plus belle ne fut veuë, à cause qu'elles estoient toutes grandes dames, et principales citadines de ladite ville, les unes plus belles que les autres, comme l'on sçait qu'en cette ville la beauté n'y manque point parmy les dames, car elle y est très-commune; mais s'il faisoit beau voir leur beau visage, il faisoit bien autant beau voir et contempler leurs belles jambes et greves, par leurs gentilles chaussures tant bien tirées et accommodées, comme elles sçavent très-bien faire, et aussi qu'elles s'estoient fait faire leurs robbes fort courtes à la nymphale, afin de plus légèrement marcher, ce qui tentoit et eschauffoit les plus refroidis et mortifiés; et ce qui faisoit bien autant de plaisir aux regardants, estoit que les visages estoient bien veus toujours et se pouvoient voir, mais non pas ces belles jambes et greves. Et ne fut sans raison qui inventa cette forme d'habiller à la nymphale; car elle produisit beaucoup de bons aspects et belles œillades; car si l'accoustrement en est court, il est fendu par les costez, ainsi que nous voyons encor par ces belles antiquitez de Rome, qui en augmente davantage la veuë lascive. Mais aujourd'huy les belles dames et filles de l'isle de Sio, quoi et qui les rend aimables? Certes ce sont bien leurs beautez et leurs gentillesses, mais aussi leurs gorgiases façons de s'habiller, et surtout leurs robbes fort courtes, qui monstrent à plein leurs belles jambes et belles greves et leurs pieds affetiez et bien chaussés. Surquoy il me souvient qu'une fois à la Cour, une dame de fort belle et riche taille, contemplant une belle et magnifique tapisserie de chasse où Diane et toute sa bande de vierges chasseresses y estoient fort naïfvement représentées, et toutes vestues montroient leurs beaux pieds et belles jambes, elle avoit une de ses compagnes auprès d'elle, qui estoit de fort basse et petite taille, qui s'amusoit aussi à regarder avec elle icelle tapisserie; elle luy dit: «Ha! petite, si nous nous habillions toutes de cette façon, vous le perdriez comptant, et n'auriez grand avantage, car vos gros patins vous decouvriroient, et n'auriez jamais telle grace en vostre marcher, ny à monstrer vostre jambe, comme nous autres qui avons la taille grande et haute: par quoy il vous faudroit cacher et ne paroistre guières. Remerciez donc la saison et les robbes longues que nous portons, qui vous favorisent beaucoup et qui vous couvrent vos jambes si dextrement, qu'elles ressemblent, avec vos grands et hauts patins d'un pied de hauteur, plustost une massuë qu'une jambe, car qui n'auroit de quoy se battre il ne faudroit que vous couper une jambe et la prendre par le bout, et du costé de vostre pied chaussé et enté dans vos patins, et on feroit rage de bien battre.» Cette dame avoit beaucoup de sujet de dire de telles paroles, car la plus belle jambe du monde, si elle est ainsi enchassée dans ces gros patins, elle perd du tout sa beauté, d'autant que ce gros pied bot luy rend une difformité par trop grande, car si le pied n'accompagne la jambe en belle chaussure et gentille forme, tout n'en vaut rien. Pourquoy les dames qui prennent ces gros et grands lourdauts de patins pensent embellir et enrichir leurs tailles et par elles s'en faire mieux aimer et paroistre; mais de leur costé elles appauvrissent leur belle jambe et belle greve, qui vaut bien autant en son naturel qu'une grande taille contrefaite. Aussi, le temps passé, le beau pied portoit une telle lasciveté en soy, que plusieurs dames romaines prudes et chastes, au moins qui le vouloient contrefaire, et encore aujourd'huy plusieurs autres en Italie, à l'imitation du vieux temps, font autant de scrupule de le monstrer au monde comme leur visage, et le cachent sous leurs grandes robbes le plus qu'elles peuvent afin qu'on ne le voye pas, et conduisent en leur marcher si sagement, discretement et compassément, qu'il ne passe jamais devant la robbe. Cela est bon pour celles qui sont confites en preud'hommie ou semblance, et qui ne veulent point donner de tentation; nous leur devons cette obligation, mais je croy que, si elles avoient la liberté, elles feroient monstre et du pied et de la jambe et d'autres choses. Aussi qu'elles veulent monstrer à leurs marys, par certaine hypocrisie et ce petit scrupule, qu'elles sont dames de bien: d'ailteurs je m'en rapporte à ce qui en est.

Je sçay un gentilhomme fort galent et honneste, qui, pour avoir veu à Rheims, au sacre du roy dernier, la belle jambe, chaussée d'un bas de soie blanc, d'une belle et grande dame veufve et de haute taille, par dessous les eschaffaux que l'on fait pour les dames à voir le sacre, en devint si épris, que depuis il se cuida désespérer d'amour; et ce que n'avoit peu faire le beau visage, la belle jambe et la belle greve le firent: aussi cette dame méritoit bien en toutes ses belles parties de faire mourir un honneste gentilhomme. J'en ay tant cogneu d'autres pareils en ceste humeur. Tant y a, pour fin, ainsi que j'ay veu tenir par maxime à plusieurs gallants courtisans mes compagnons, la monstre d'une belle jambe et d'un beau pied estre fort dangereuse et ensorceler les yeux lascifs à l'amour; et je m'estonne que plusieurs bons escrivains, tant de nos poëtes qu'autres, n'en ont escrit des loüanges comme ils ont fait d'autres parties de leur corps. De moy, j'en eusse écrit davantage; mais j'aurois peur que, pour trop loüer ces parties du corps, l'on m'objectast que je ne me souciasse gueres des autres, et aussi qu'il me faut escrire d'autres sujets, et ne m'est permis de m'arrester tant sur un. Parquoy je fais fin en disant ce petit mot: «Pour Dieu, Mesdames ne soyez si curieuses à vous faire paroistre grandes de taille et vous monstrer autres, que vous n'advisiés à la beauté de vos jambes, lesquelles vous avez belles, au moins aucunes; mais vous en gastez le lustre par ces hauts patins et grands chevaux. Certes il vous en faut bien; mais si demesurément, vous en dégoustez le monde plus que vous ne pensez.»

Sur ce discours loüera qui voudra les autres beautez de la dame, comme ont fait plusieurs poëtes; mais une belle jambe, une greve bien façonnée et un beau pied, ont une grande faveur et pouvoir à l'empire d'amour.

DISCOURS QUATRIÈME.

Sur les femmes mariées, les veufves et les filles; sçavoir desquelles les unes sont plus portées à l'amour que les autres.

INTRODUCTION.

Moy estant un jour à Madrid à la cour d'Espagne, et discourant avec une fort honneste dame, comme il arrive d'ordinaire, selon la coutume du pays, elle me vint faire cette demande: *Qual era mayor fuego d'amor, et de la biuda, et du la casada, o de la hija moça?* c'est-à-dire, quel estoit le plus grand feu, ou celuy de la veufve, ou de la mariée, ou de la fille jeune. Après luy avoir dit mon advis, elle me dit le sien en telles paroles: *Lo que me parece desta cosa es, que aunque las moças con el hevor de la sangre se disponen a querer mucho, no deve ser tanto come lo que quieren las casadas y biudas, con la grand experiencia del negocio. Esta rason deve ser natural, como lo seria del que por haver nacido ciego, de la perfection de la luz, no puede judiciar de ella con tanto desseo come el que vido, y fue privado de la vista*; ce qui sonne en françois: «Ce qui me semble de cette chose est qu'encore que les filles, avec cette grande ferveur de sang, soient disposées d'aimer fort, toutefois elles n'aiment point tant comme les femmes mariées et les veufves, par une grande expérience de l'affaire; et la raison naturelle y est en cela, d'autant qu'un aveugle né, et qui dès sa naissance est privé de la veuë, il ne la peut tant desirer comme celuy qui en a joüi si doucement, et après l'a perdue.» Puis adjousta: *Que con menos pena se abstienne d'una cosa la persona que nunca supo, que aquella que vive enamorada degusto passado*; ce qui signifie: «D'autant qu'avec moins de peine on s'abstient d'une chose que l'on n'a jamais tasté, que de celle que l'on a aimé et esprouvé.» Voilà les raisons qu'en alléguoit cette dame sur ce sujet.

Or le vénérable et docte Bocace, parmy ses questions de son *Philocoppe*[72], en la neufiesme, fait celle-là mesme: De laquelle de ces trois, de la mariée, de la veufve et de la fille, l'on se doit plutost rendre amoureux pour plus heureusement conduire son desir à effect. Bocace respond, par la bouche de la Reyne qu'il introduit parlante, que, combien que ce soit très-mal fait, et contre Dieu et sa conscience, de desirer la femme mariée, qui n'est nullement à soy, mais subjecte à son mary, il est fort aisé d'en venir à bout, et non pas de la fille et veufve, quoy que telle amour soit périlleuse, d'autant que plus on souffle le feu il s'allume davantage, autrement il s'esteint. Aussi toutes les choses faillent en les usant, fors la luxure, qui en augmente. Mais la veufve, qui a esté long-temps sans tel effect, ne le sent quasi point, et ne s'en soucie non plus que si jamais elle n'eust esté mariée, et est plus-tost reschauffée de la mémoire que de la concupiscence. Et la pucelle, qui ne sçait et ne connoist encore ce que c'est, si-non par imagination, le souhaite tièdement. Mais la mariée, eschauffée plus que les autres, desire souvent venir en ce point, dont quelquesfois elle en est outragée de paroles par son mary et bien battue; mais, desirant s'en venger (car il n'y a rien de si vindicatif que la femme, et mesme par cette chose), le fait cocu à bon escient, et en contente son esprit: et aussi que l'on s'ennuye à manger tousjours d'une mesme viande, mesme les grands seigneurs et dames bien souvent délaissent les bonnes et délicates viandes pour en prendre d'autres. Davantage, quant aux filles, il y a trop de peine et consommation de temps, pour les réduire et convertir à la volonté des hommes: et si elles aiment, elles ne sçavent qu'elles aiment. Mais, aux veufves, l'ancien feu aisément reprend sa force, leur faisant desirer aussi-tost ce que par longue discontinuation de temps elles avoient oublié, et leur tarde de retourner et parvenir à tel effect, regrettant le temps perdu et les longues nuicts passées froidement dans leurs licts de viduïté peu eschauffées.

Sur ces raisons de cette reyne parlante, un certain gentilhomme, nommé Farrament, respondit à la Reyne, et laissant les femmes mariées à part, comme estant aisées a esbranler sans user de grands discours, pour dire le contraire, reprend celuy des filles et des veufves, et maintient la fille estre plus ferme en amour que non pas la veufve; car la veufve, qui a resenty par le passé les secrets d'amour, n'aime jamais fermement, ains en doute et lentement, desirant promptement l'un, puis l'autre, ne sachant auquel elle se doive conjoindre pour son plus grand profit et honneur: et quelquesfois ne veut aucun des deux, ainsi vacille en sa délibération, et la passion amoureuse n'y peut prendre pied ny fermeté. Mais tout le contraire se rencontre en la pucelle, et toutes telles choses lui sont inconnues: laquelle ne tend seulement qu'à faire un amy et y mettre toute sa pensée, après l'avoir bien choisi, et luy complaire en tout, croyant que ce luy est un très-grand honneur d'estre ferme en son amour; et attend avec une ardeur plus grande les choses qui n'ont jamais esté ny veuës d'elle, ny ouyes, ny esprouvées, et souhaite beaucoup plus que les autres femmes expérimentées de voir, ouyr et esprouver toutes choses. Aussi le desir qu'elle a de voir choses nouvelles la maistrise fort: elle s'enquiert à celles qui sont expérimentées, lesquelles luy augmentent le feu davantage; et par ainsi elle desire la conjonction de celuy qu'elle a fait seigneur de sa pensée. Cette ardeur ne se rencontre pas en la veufve, d'autant qu'elle y a desjà passé.

Or la reyne de Bocace, reprenant la parole, et voulant mettre fin à cette question, conclud que la veufve est plus soigneuse du plaisir d'amour cent fois que la pucelle, d'autant que la pucelle veut garder chèrement sa virginité et son pucelage, veu que tout son honneur y consiste: joint que les pucelles sont naturellement craintives, et mesmes en ce fait mal-habiles, et ne sont pas propres à trouver les inventions et commoditez aux occasions qu'il faut pour tels effects. Ce qui n'est pas ainsi en la veufve, qui est desjà fort exercée, hardie et rusée en cet art, ayant desjà donné et aliéné ce que la pucelle attend de donner: ce qui est occasion qu'elle ne craint d'estre visitée ou accusée par quelque signal de bresche: elle connoist mieux les secretes voyes pour parvenir à son attente. Au reste, la pucelle craint ce premier assaut de virginité, car il est à d'aucunes quelquesfois plus ennuyeux et cuisant que doux et plaisant; ce que les veufves ne craignent point, mais s'y laissent aller et couler très-doucement, quand bien l'assaillant seroit des plus rudes: et ce plaisir est contraire à plusieurs autres, duquel dès le premier coup on s'en rassasie le plus souvent, et se passe légèrement; mais en cettuy-cy l'affection du retour en croist tousjours. Parquoy la veufve, donnant le moins, et qui la donne souvent, est cent fois plus libérale que la pucelle, à qui il convient abandonner sa très-chère chose, à quoy elle songe mille fois. C'est pourquoy, conclud la Reyne, il vaut mieux s'adresser à la veufve qu'à la fille, estant plus aisée à gagner et corrompre.

ARTICLE PREMIER.

De l'amour des femmes mariées.

Or maintenant, pour prendre et déduire les raisons de Bocace, et les esplucher un peu, et discourir sur icelles, selon les discours que j'en ay veu faire aux honnestes gentilshommes et dames sur ce sujet, comme l'ayant bien expérimenté, je dis qu'il ne faut douter nullement que, qui veut tost avoir joüissance d'un amour, il se faut adresser aux dames mariées, sans que l'on s'en donne grande peine et que l'on consomme beaucoup de temps; d'autant que, comme dit Bocace, tant plus on attise un feu et plus il se fait ardent. Ainsi est-il de la femme mariée, laquelle s'eschauffe si fort avec son mary, que, luy manquant de quoy esteindre le feu qu'il donne à sa femme, il faut bien qu'elle emprunte d'ailleurs, ou qu'elle brusle toute vive. J'ay connu une dame assez grande, et de bonne sorte, qui disoit une fois à son amy, qui me l'a conté, que de son naturel elle n'estoit aspre à cette besogne tant que l'on diroit bien (mais qui sait?), et que volontiers aisément bien souvent elle s'en passeroit, n'estoit que son mary, la venant attiser, et n'estant assez suffisant et capable pour luy amortir sa chaleur, qu'il luy rendoit si grande et si chaude qu'il falloit qu'elle courust au secours à son amy: encore, ne se contentant de luy bien souvent, se retiroit seule, ou en son cabinet, ou en son lict, et là toute seule passoit sa rage tellement quellement, ou à la mode lesbienne, ou autrement par quelque autre artifice; voire jusques-là, disoit-elle, que, n'eust esté la honte, elle s'en fust fait donner par les premiers qu'elle eust trouvés dans une salle du bal, à l'escart ou sur des degrez, tant elle estoit toumentée de cette mauvaise ardeur. Semblable en cela aux juments qui sont sur les confins de l'Andalousie, lesquelles devenant si chaudes, et ne trouvant leurs estalons pour se faire saillir, se mettent leur nature contre le vent qui regne en ce temps-là, qui leur donne dedans, et par ce moyen passent leurs ardeurs et s'emplissent de la sorte: d'où viennent ces chevaux si vistes que nous voyons venir deçà, comme retenans la vitesse naturelle du vent leur pere. Je croy qu'il y a plusieurs marys qui desireroient fort que leurs femmes trouvassent un tel vent qui les rafraischist et leur fist passer leur chaleur, sans qu'elles allassent rechercher leurs amoureux et leur faire des cornes fort vilaines.

Voilà un naturel de femme que je viens d'alléguer, qui est bien estrange, d'autant qu'il ne brusle si-non lorsqu'on l'attise. Il ne s'en faut pas estonner, car, comme disoit une dame espagnole: *Que quanto mas me quiero socao de la braza, tanto mas mi marido me abraza in et brazero*; c'est-à-dire: «Que tant plus je me veux oster des braises, tant plus mon mary me brusle en mon brasier.» Et certes elles y peuvent brusler, et de cette façon, veu que par les paroles, par les seuls attouchements et embrassements, voire par attraits, elles se laissent aller fort aisément, quand elles trouvent les occasions, sans aucun respect du mary.

Car, pour dire le vray, ce qui empesche plus toute fille ou femme d'en venir là bien souvent, c'est la crainte qu'elles ont d'enfler par le ventre: ce que les mariées ne craignent nullement; car, si elles enflent, c'est le pauvre mary qui a tout fait, et porte toute la couverture. Et quant aux loix d'honneur qui leur défendent cela, qu'allègue Bocace, la pluspart des femmes s'en mocquent, disant pour leurs raisons valables que les loix de la nature vont devant, et que jamais elle ne fit rien en vain, et qu'elle leur a donné des membres et des parties tant nobles, pour en user et mettre en besogne, et non pour les laisser chomer oisivement, ne leur défendant ny imposant plus qu'aux autres aucune vacation. Disent plus (au moins aucunes de nos dames), que cette loy d'honneur n'est que pour celles qui n'aiment point et qui n'ont fait d'amys honnestes, ausquelles est très-mal-séant et blasmable, de s'aller abandonner et prostituer leur chasteté et leur corps, comme si elles estoient quelques courtisannes: mais celles qui aiment, et qui ont fait des amys, cette loy ne leur défend nullement qu'elles ne les assistent en leurs feux qui les bruslent, et ne leur donnent de quoy pour les esteindre; et que c'est proprement donner la vie à un qui la demande, se monstrant en cela benignes, et nullement barbares ny cruelles, comme disoit Regnaud sur le discours de la pauvre Geneviefve affligée. Sur quoy j'ai cogneu une fort honneste dame et grande, laquelle, un jour son amy l'ayant trouvée en son cabinet, qui traduisoit cette stance dudit Regnaud, *una dona deve donque morire*, en vers françois aussi beaux et bien faits que j'en vis jamais (car je les vis depuis), et ainsi qu'il luy demanda ce qu'elle avoit escrit: «Tenez, voilà une traduction que je viens de faire, qui sert d'autant de sentence par moy donnée, et arrest formé pour vous contenter en ce que vous desirez, dont il n'en reste que l'exécution;» laquelle, après la lecture, se fit aussitost. Lequel arrest fut bien meilleur que s'il eust esté rendu à la Tournelle; car, encore que l'Arioste ornast les paroles de Regnaud de très-belles raisons, je vous asseure qu'elle n'en oublia aucune à les très-bien traduire et représenter, bien que la traduction valoit bien autant pour esmouvoir que l'original; et donna bien à entendre à tel amy qu'elle lui vouloit donner la vie, et ne luy estre nullement inexorable, ainsi que l'autre en sceut bien prendre le temps.

Pourquoy donc une dame, quand la nature la fait bonne et miséricordieuse, n'usera-t-elle librement des dons qu'elle lui a donnés, sans en estre ingrate, ou sans répugner et contredire du tout contre elle? Comme ne fit pas une dame dont j'ay ouy parler, laquelle, voyant un jour dans une salle son mary marcher et se pourmener, elle se peut empescher de dire à son amant: «Voyez, dit-elle, notre homme marcher; n'a-t-il pas la vraye encloüeure d'un cocu? N'eusse-je pas donc offensé grandement la nature, puis qu'elle l'avoit fait et destiné tel, si je l'eusse démentie et contrefaite?» J'ay ouy parler d'une autre dame, laquelle, se plaignant de son mary, qui ne la traitoit pas bien, l'espioit avec jalousie, et se doutoit qu'elle lui faisoit des cornes. «Mais il est bon! disoit-elle à son amy; il luy semble que son feu est pareil au mien: car je luy esteins le sien en un tournemain, et en quatre ou cinq gouttes d'eau; mais, au mien, qui a un braisier bien plus grand et une fournaise plus ardente, il y en faut davantage: car nous sommes du naturel des hydropiques ou d'une fosse de sable, qui d'autant plus qu'elle avale d'eau, et plus elle en veut avaler.»

Une autre disoit bien mieux, qu'elles estoient semblables aux poules qui ont la pépie faute d'eau, et qui en peuvent mourir si elles ne boivent. L'on peut dire le mesme de ces femmes, que la soif engendre la pépie, et qu'elles en meurent bien souvent si on ne leur donne à boire souvent; mais il faut que ce soit d'autre eau que de fontaine. Une autre dame disoit qu'elle estoit du naturel du bon jardin, qui ne se contente pas de l'eau du ciel, mais en demande à son jardinier, pour en estre plus fructueux. Une dame disoit qu'elle vouloit ressembler aux bons œconomes et mesnagers, lesquels ne donnent tout leur bien à mesnager et faire valoir à un seul, mais le départent à plusieurs mains; car une seule n'y pourroit fournir pour le bien esvaluer. Semblablement vouloit-elle ainsi mesnager son cas, pour le méliorer, et elle s'en trouvoit mieux. J'ay ouy parler d'une honneste dame qui avoit un amy fort laid et un beau mary, et de bonne grace, aussi la dame estoit très-belle. Une sienne familière luy remonstrant pourquoy elle n'en choisissoit un plus beau: «Ne savons-nous pas, dit-elle, que pour bien cultiver une terre, il y faut plus d'un laboureur, et volontiers les plus beaux et les plus délicats n'y sont pas les plus propres, mais les plus ruraux et les plus robustes?» Une autre dame que j'ay cogneue, qui avoit un mary fort laid et de fort mauvaise grace, choisit un amy aussi laid que luy; et comme une sienne compagne luy demanda pourquoy: «C'est, dit-elle, pour mieux m'accoustumer à la laideur de mon mary.»

Une autre dame discourant un jour de l'amour, tant à son esgard que des autres de ses compagnes, dit ces paroles: «Si les femmes estoient tousjours chastes, elles ne sçauroient ce que c'est de leur contraire,» se fondant en cela sur l'opinion d'Héliogabale, qui disoit que la moitié de la vie devoit estre employée à cultiver les vertus, et l'autre moitié dans les vices; autrement si l'on estoit toujours d'une mesme façon, tout bon ou tout mauvais, il seroit impossible de juger de son contraire, qui sert souvent de tempérament. J'ay veu de grands personnages appprouver cette maxime, et mesme pour les femmes. Aussi la femme de l'empereur Sigismond, qui s'appeloit Barbe, disoit qu'estre tousjours en un mesme estat de chasteté appartenoit aux sottes, et en reprenoit fort ses dames et damoiselles qui persistoient en cette sotte opinion; ainsi que de son costé elle la renvoya bien loin, car tout son plaisir fut en festes, danses, bals et amour, en se mocquant de celles qui ne faisoient pas de mesmes, ou qui jeusnoient pour macérer leur chair, et qui faisoient des retraites. Je vous laisse à penser s'il faisoit bon à la cour de cet empereur et impératrice, je dis pour ceux et celles qui se plaisoient à l'amour.

—J'ay ouy parler d'une fort honneste dame et de réputation, laquelle venant à estre malade du mal d'amour qu'elle portoit à son serviteur, sans vouloir hazarder ce petit honneur qu'elle portoit entre ses jambes, à cause de cette rigoureuse loy d'honneur tant recommandée et preschées des marys; et d'autant que de jour en jour elle alloit bruslant et seichant, de sorte qu'en un instant elle se vid devenir seiche, maigre, allanguie, tellement que, comme auparavant, elle s'estoit veue fraische, grasse et en bon point, et puis toute changée par la connoissance qu'elle en eust dans son miroir: «Comment, dit-elle alors, seroit-il donc dit qu'à la fleur de mon aage, et qu'à l'appétit d'un léger point d'honneur et volage scrupule pour retenir par trop mon feu, je vinse ainsi peu à peu à me seicher, me consumer et devenir vieille et laide avant le temps, ou que j'en perdisse le lustre de ma beauté qui me faisoit estimer, priser et aimer, et qu'au lieu d'une dame de belle chair je devinsse une carcasse, ou plustost une anatomie, pour me faire chasser et bannir de toute bonne compagnie, et estre la risée d'un chacun? Non, je m'en garderay bien, mais je m'aidray des remedes que j'ay en ma puissance.» Et, par ainsi, elle exécuta tout ce qu'elle avoit dit, et, se donnant de la satisfaction et à son amy, reprit son embonpoint, et devint belle comme devant, sans que son mary sceust le remede dont elle avoit usé, mais l'attribuant aux médecins, qu'il remercioit et honoroit fort, pour l'avoir ainsi remise à son gré pour en faire mieux son profit.

—J'ay ouy parler d'une autre bien grande, de fort bonne humeur, et qui disoit bien le mot, laquelle estant maladive, son médecin luy dit un jour qu'elle ne se trouveroit jamais bien si elle ne le faisoit; elle soudain respondit: «Eh bien! faisons-le donc.» Le médecin et elle s'en donnèrent au cœur joye, et se contentèrent admirablement bien. Un jour, entre autres, elle luy dit: «On dit partout que vous me le faites; mais c'est tout un, puisque je me porte bien;» et franchissoit tousjours le mot galant qui commence par f. «Et tant que je pourray je le feray, puis que ma santé en dépend.» Ces deux dames ne ressembloient pas à cette honneste dame de Pampelone que j'ay dit encore ci-devant, dans les *Cent Nouvelles de la Reyne de Navarre*, laquelle, estant devenue esperduement amoureuse de M. d'Avannes, aima mieux cacher son feu et le couver dans sa poictrine qui en brusloit, et mourir, que de faillir son honneur. C'est de quoy j'ay ouy discourir cy-dessus à quelques honnestes dames et seigneurs. C'estoit une sotte, et peu soigneuse du salut de son ame, d'autant qu'elle-mesme se donnoit la mort, estant en sa puissance de l'en chasser, et pour peu de chose. Car enfin, comme disoit un ancien proverbe françois, *d'une herbe de pré tondue, et d'un c.. f....., le dommage est bien-tost rendu.* Et qu'est-ce après que tout cela est fait? La besogne, comme d'autres, après qu'elle est faite, paroist-elle devant le monde? La dame en va-t-elle plus mal droit? y connoist-on rien? Cela s'entend quand on besogne à couvert, à huis clos, et que l'on n'en voit rien. Je voudrois bien sçavoir si beaucoup de grandes dames que je connois (car c'est en elles que l'amour va plustost loger, comme dit cette dame de Pampelone, c'est aux grands portaux que battent de grands vents) delaissent de marcher la teste haut eslevée, ou en cette Cour ou ailleurs, et de paroistre braves comme une Bradamante ou une Marfise. Et qui seroit celuy tant présomptueux qui osast leur demander si elles en viennent? Leurs marys mesmes (vous dis-je) ne leur oseroient dire quoy que ce soit, tant elles savent si bien contrefaire les prudes et se tenir en leur marche altiere; et si quelqu'un de leurs marys pense leur en parler ou les menacer, ou outrager de paroles ou d'effet, les voilà perdus; car, encore qu'elles n'eussent songé aucun mal contre eux, elles se jettent aussi-tost à la vengeance, et la leur rendent bien; car il y a un proverbe ancien qui dit que, quand et aussi-tost que le mary bat sa femme, son cas en rit: cela s'appelle qu'il espere faire bonne chere, connoissant le naturel de sa maistresse qui le porte, et qui, ne pouvant se vanger d'autres armes, s'aide de luy pour son second et grand amy, pour donner la venuë au galant de son mary, quelque bonne garde et veille qu'il fasse auprès d'elle. Car, pour parvenir à leur but, le plus souverain remede qu'elles ont, c'est d'en faire leurs plaintes entre elles-mesmes, ou à leurs femmes et filles-de-chambre, et puis les gagner, ou à faire des amys nouveaux, si elles n'en ont point; ou, si elles en ont, pour les faire venir aux lieux assignez: elles font la garde que leurs marys n'entrent et ne les surprennent. Or ces dames gagent leurs filles et femmes, et les corrompent par argent, par présents, par promesses, et bien souvent aucunes composent et contractent avec elles, à sçavoir que leur dame et maistresse de trois venuës que l'amy leur donnera, la servante en aura la moitié ou au moins le tiers. Mais le pis est que bien souvent les maistresses trompent leurs servantes en prenant tout pour elles, s'excusant que l'amy ne leur en a pas plus donné, ains si petite portion, qu'elles-mesmes n'en ont pas eu assez pour elles; et paissent ainsi de bayes ces pauvres filles, femmes et servantes, pendant qu'elles sont en sentinelle et font bonne garde: en quoy il y a de l'injustice; et je croy que si cette cause estoit plaidée par des raisons alléguées d'un costé et d'autre, il y auroit bien à débattre et à rire; car enfin c'est un vray larcin de leur dérosber ainsi leur salaire et pension convenue. Il y a d'autres dames qui tiennent fort bien leur pact et promesse, et ne leur en desrobent rien, et sont comme les bons facteurs de boutique, qui font juste part de leur gain et profit du talent à leur maistre ou compagnon; et, par ainsi, telles dames méritent d'estre bien servies pour estre si bien reconnoissantes des peines qu'on a pris à les si bien veiller et garder. Car enfin, elles se mettent en danger et hazard. Ce qui est arrivé à une que je sçay, qui faisant un jour le guet pendant que sa maistresse estoit en sa chambre avec son amy et faisoit grande chere, et ne chaumoit point, le maistre d'hostel du mary la reprit et la tança aigrement de ce qu'elle faisoit, et qu'il valoit mieux qu'elle fust avec sa maistresse que d'estre ainsi maquerelle et faire la garde au dehors de sa chambre, et un si mauvais tour au mary de sa maistresse; et adjouta qu'il l'en advertiroit. Mais la dame le gagna par le moyen d'une autre de ses filles-de-chambre de laquelle il estoit amoureux, luy promettant quelque chose par les prières de la maistresse; et aussi qu'elle luy fit quelque présent, dont il fut appaisé. Toutefois, depuis elle ne l'ayma plus et luy garda bonne; car, espiant une occasion prise à la volée, le fit chasser par son mary.

—Je sçay une belle et honneste dame, laquelle ayant une servante en qui elle avoit mis son amitié, luy faisoit beaucoup de bien, mesme usoit envers elle de grandes privautez et l'avoit très-bien dressée à telles menées; si bien que quelquefois, quand elle voyoit le mary de cette dame longuement absent de sa maison, empesché à la Cour et en autre voyage, bien souvent elle regardoit sa maistresse en l'habillant, qui estoit des plus belles et des plus aimables, et puis disoit: «Hé! n'est-il pas bien malheureux, ce mary, d'avoir une si belle femme et la laisser ainsi seule si long-temps sans la venir voir? ne mérite-t-il pas que vous le fassiez cocu tout à plat? Vous le devez; car si j'estois aussi belle que vous, j'en ferois autant à mon mary s'il demeuroit autant absent.» Je vous laisse à penser si la dame et maistresse de cette servante trouvoit goust à cette noix, mesme si elle n'avoit pas trouvé chaussure à son pied, et ce qu'elle pouvoit faire par après par le moyen d'un si bon instrument. Or, il y a des dames qui s'aydent de leurs servantes pour couvrir leurs amours, sans que leurs maris s'en apperçoivent, et leur mettent en main leurs amants, pour les entretenir et les tenir pour serviteurs, afin que, sous cette couverture, les marys, entrant dans la chambre de leurs femmes, croyent que ce sont les serviteurs de telles ou de telles damoiselles: et, sous ce prétexte, la dame a un beau moyen de jouer son jeu, et le mary n'en connoist rien.

—J'ay connu un fort grand prince qui se mit à faire l'amour à une dame d'autour d'une grande princesse, seulement pour savoir les secrets des amours de sa maistresse, pour y mieux parvenir en après. J'ay veu joüer en ma vie quantité de ces traits, mais non pas de la façon que faisoit une honneste dame de par le monde, que j'ay connue, laquelle fut si heureuse d'estre servie de trois braves et galants gentilshommes, l'un après l'autre, lesquels, la laissant venoient à aimer et servir une très-grande princesse qui estoit sa dame, si bien qu'elle rencontra là-dessus gentiment qu'elle estoit reyne des Romains[73]. Ce qui lui estoit un honneur bien plus grand qu'à une que je sçay, laquelle, estant à la suite d'une grande dame mariée, ainsi que cette grande dame fut surprise dans sa chambre par son mary, lors qu'elle ne venoit que de recevoir un petit poulet de papier de son amy, vint à estre si bien secondée par cette dame qui estoit avec elle, qu'aussi-tost elle prit finement le poulet, et l'avala tout entier, sans en faire à deux fois ny que le mary s'en apperceust, qui l'en eust sans doute très-mal traitée s'il eust veu le dedans: ce qui fut une très-grande obligation de service, que la grande dame a tousjours reconnu. Je sçay bien bien des dames pourtant qui se sont trouvées mal pour s'estre trop fiées à leurs servantes, et d'autres aussi qui ont couru le mesme hazard pour ne s'y estre pas fiées. J'ay ouy parler d'une dame belle et honneste, qui avoit pris et choisi un gentilhomme des braves, vaillants et accomplis de la France, pour lui donner joüissance et plaisir de son gentil corps. Elle ne se voulut jamais fier à pas une de ses femmes, et le rendez-vous ayant esté donné en un logis autre que le sien, il fut dit et concerté qu'il n'y auroit qu'un lict en la chambre, et que ses femmes coucheroient à l'antichambre. Comme il fust arresté ainsi fut-il joüé; et d'autant qu'il se trouva une chatonnière à la porte, sans y penser et sans y avoir préveu que sur le coup, ils s'advisèrent de la boucher avec un ais, afin que, si l'on la venoit à pousser, qu'elle fist bruit, qu'on l'entendist, et qu'ils fissent silence et y pourveussent. Or, d'autant qu'il y avoit anguille sous roche, une de ses femmes, faschée et despitée de ce que sa maistresse se deffioit d'elle, qu'elle tenoit pour la plus confidente des siennes, ainsi qu'elle luy avoit souventes-fois monstré, elle s'advisa, quand sa maistresse fut couchée, de faire le guet et estre aux escoutes à la porte. Elle l'entendoit bien gazouiller tout bas; mais elle connut que ce n'estoit point la lecture qu'elle avoit accoustumé de faire en son lict, quelques jours auparavant, avec sa bougie, pour mieux colorer son fait. Sur cette curiosité qu'elle avoit de sçavoir mieux le tout, se présenta une occasion fort bonne et fort à propos: car, estant entré d'avanture un jeune chat dans la chambre, elle le prit avec ses compagnes, le fourra et le poussa par la chatonnière en la chambre de sa maistresse, non sans abattre l'ais qui l'avoit fermée, ny sans faire bruit. Si bien que l'amant et l'amante, en estant en cervelle, se mirent en sursaut sur le lict, et advisèrent, à la lueur de leur flambeau et bougie, que c'estoit un chat qui estoit entré et avoit fait tomber la trappe. Parquoy, sans autrement se donner de la peine, se recouchèrent, voyant qu'il estoit tard et qu'un chacun pouvoit dormir, et ne refermèrent pourtant la dite chatonnière, la laissant ouverte pour donner passage au retour du chat, qu'ils ne vouloient laisser là-dedans renfermé tout la nuict. Sur cette belle occasion, la dite dame suivante, avec ses compagnes, eut moyen de voir choses et autres de sa maistresse, lesquelles, depuis, déclarèrent le tout au mary, d'où s'ensuivit la mort de l'amant et le scandale de la dame. Voilà à quoy sert un despit et une mesfiance que l'on prend quelquefois des personnes, qui nuit aussi souvent que la trop grand confiance. Ainsi que je sçay d'un très-grand personnage, qui eut une fois dessein de prendre toutes les filles-de-chambre de sa femme, qui estoit une très-grande et belle dame, et les faire gesner, peur leur faire confesser tous les desportements de sa femme et les services qu'elles lui faisoient en ses amours. Mais cette partie pour ce coup fut rompue, pour éviter plus grand scandale. Le premier conseil vint d'une dame que je ne nommeray pas, qui vouloit mal à cette grande dame: Dieu l'en punit après.

Pour venir à la fin de nos femmes, je conclus qu'il n'y a que les femmes mariées dont on puisse tirer de bonnes denrées, et prestement; car elles sçavent si bien leur mestier, que les plus fins et les plus haut hupez de marys y sont trompez. J'en ay dit assez au chapitre des cocus[74] sans en parler davantage.

ARTICLE II.
De l'amour des filles.

Partant, suivant l'ordre de Bocace, notre guide en ce discours, je viens aux filles, lesquelles, certes, il faut advoüer que de leur nature, pour le commencement, elles sont très-craintives et n'osent abandonner ce qu'elles tiennent si cher, à raison des continuelles persuasions et recommandations que leur font leurs pères et mères et maistresses, avec les menaces rigoureuses; si-bien que, quand elles en auraient toutes les envies du monde, elles s'en abstiennent le plus qu'elles peuvent: et aussi elles ont peur que ce meschant ventre les accuse aussi-tost, sans lequel elles mangeroient de bons morceaux. Mais toutes n'ont pas ce respect, car, fermant les yeux à toutes considérations, elles y vont hardiment non la teste baissée, mais très-bien renversée: en quoy elles errent grandement, d'autant que le scandale d'une fille desbauchée est très-grand, et d'importance mille fois plus que d'une femme mariée ny d'une veufve; car elle, ayant perdu ce beau trésor, en est scandalisée, vilipendée, monstrée au doigt de tout le monde, et perd de très-bons partis de mariage, quoy que j'en aye bien cogneu plusieurs qui ont eu tousjours quelque malotru, qui, ou volontairement, ou à l'improviste, ou sciemment, ou dans l'ignorance, ou bien par contrainte, s'est allé jetter entre leurs bras, et les espouser telles qu'elles estoient, encore bien-aises.

J'en ay cogneu quantité des deux espèces qui ont passé par-là, entr'autres une servante qui se laissa fort scandaleusement engrosser et aller à un prince de par le monde, et sans cacher ny mettre ordre à ses couches; et estant descouverte, elle ne respondoit autre chose sinon: «Qu'y saurois-je faire? il ne m'en faut pas blasmer, ny ma faute, ny la pointe de ma chair, mais mon peu de prévoyance: car, si j'eusse esté bien fine et bien avisée, comme la plupart de mes compagnes, qui ont fait autant que moy, voire pis, mais qui ont très-bien sceu remédier à leurs grossesses et à leurs couches, je ne fusse pas maintenant mise en cette peine, et on n'y eust rien connu.» Ses compagnes, pour ce mot, luy en voulurent très-grand mal, et elle fut renvoyée hors de la troupe par sa maistresse, qu'on disoit pourtant luy avoir commandé d'obéir aux volontez du prince; car elle avoit affaire de luy et desiroit le gagner. Au bout de quelque temps, elle ne laissa pour cela de trouver un bon party et se marier richement; duquel mariage en estoit sorty une très-belle lignée. Voilà pourquoy, si cette pauvre fille eust été rusée comme ses compagnes et autres, cela ne luy fust arrivé; car, certes, j'ay veu en ma vie des filles aussi rusées et fines que les plus anciennes femmes mariées, voire jusqu'à estre très-bonnes et rusées maquerelles, ne se contentent de leur bien, mais en pourchassoient à autruy.

—Ce fut une fille en nostre Cour qui inventa et fit joüer cette belle comédie intitulée *le Paradis d'Amour*, dans la salle de Bourbon, à huis clos, où il n'y avoit que les comédiens, qui servoient de joüeurs et de spectateurs tout ensemble. Ceux qui en sçavent l'histoire m'entendent bien. Elle fut joüée par six personnages de trois hommes et trois femmes; l'un estoit prince, qui avoit sa dame qui estoit grande, mais non pas trop aussi; toute-fois il l'aimoit fort: l'autre estoit un seigneur, et celui-là joüoit avec la grande dame, qui estoit de riche matière: le troisiesme estoit gentilhomme, qui s'apparioit avec la fille: car, la galante qu'elle estoit, elle vouloit joüer son personnage aussi bien que les autres. Aussi costumierement l'auteur d'une comédie joüe son personnage ou le prologue, comme fit celle-là, qui certes, toute fille qu'elle estoit, le joüa aussi bien, ou possible, mieux que les mariées. Aussi avoit-elle vu son monde ailleurs qu'en son pays, et, comme dit l'Espagnol, *raffinada en Secobia*, «raffiné en Ségovie,» qui est un proverbe en Espagne, d'autant que les bons draps se raffinent en Ségovie.

—J'ay ouy parler et raconter de beaucoup de filles, qui, en servant leurs dames et maistresses de dariolettes[75], vouloient aussi taster de leurs morceaux. Telles dames aussi souvent sont esclaves de leurs damoiselles, craignants qu'elles ne les descouvrent et publient leurs amours. Ce fut une fille à qui j'ouys dire un jour que c'estoit une grande sottise aux filles de mettre leur honneur à leur devant, et que, si les unes, sottes, en faisoient scrupule, qu'elle n'en daignoit faire: et qu'à tout cela il n'y a que le scandale: mais la mode de tenir son cas secret et caché rabille tout; et ce sont des sottes et indignes de vivre au monde, qui ne s'en sçavent aider et la pratiquer. Une dame espagnole, pensant que sa fille appréhendast le forcement du premier lict nuptial, et y allant, se mit à l'exhorter et persuader que ce n'estoit rien, et qu'elle n'y auroit point de douleur, et que de bon cœur elle voudroit estre en sa place pour luy faire mieux à connoistre; la fille respondit: *Bezo las manos, senora madre, de tal merced, que bien la tomare yo por my*; c'est à dire: «Grand mercy, ma mère, d'un si bon office, que moy-mesme je me le feray bien.»

—J'ay ouy raconter d'une fille de très-haut lignage, laquelle s'en estant aidée à se donner du plaisir, on parla de la marier vers l'Espagne. Il y eut quelqu'un de ses plus secrets amys qui luy dit un jour en joüant qu'ils s'estonnoit fort d'elle, qui avoit tant aimé le levant, de ce qu'elle alloit naviguer vers le couchant et occident, parce que l'Espagne est vers l'occident. La dame luy respondit: «Ouy, j'ay ouy dire aux mariniers qui ont beaucoup voyagé, que la navigation du levant est très-plaisante et agréable; ce que j'ay souvent pratiqué par la boussole que je porte ordinairement sur moy; mais je m'en aideray, quand je seray en l'occident, pour aller droit au levant.» Les bons interprétes sçauront bien interpréter cette allégorie et la deviner sans que je la glose. Je vous laisse à penser par ces mots si cette fille avoit tousjours dit ses heures de Nostre-Dame.

—Une autre que j'ay ouy nommer, laquelle ayant ouy raconter des merveilles de la ville de Venise, de ses singularitez, et de la liberté qui regnoit pour toutes personnes, et mesme pour les putains et courtisannes: «Hélas! dit-elle à une de ses compagnes, si nous eussions fait porter tout nostre vaillant en ce lieu-là par lettre de banque, et que nous y fussions pour faire cette vie courtisanesque, plaisante et heureuse, à laquelle toute autre ne sçauroit approcher, quand bien nous serions emperieres de tout le monde!» Voilà un plaisant souhait, et bon; et de fait, je croy que celles qui veulent faire cette vie ne peuvent estre mieux que là.

—J'aymerois autant un souhait que fit une dame du temps passé, laquelle se faisant raconter à un pauvre esclave eschapé de la main des Turcs des tourments et maux qu'ils luy faisoient et à tous les autres pauvres chrestiens, quand ils les tenoient, celuy qui avoit esté esclave luy en raconta assez, et de toutes sortes de cruautez. Elle s'advisa de lui demander ce qu'ils faisoient aux femmes. «Hélas! madame, dit-il, ils leur font tant cela qu'ils les en font »mourir.—Pleust-il doncques au ciel, respondit-elle, que je »mourusse pour la foy ainsi martyre!»

—Trois grandes dames estoient ensemble un jour, que je sçay, qui se mirent sur des souhaits. L'une dit: «Je voudrois avoir un tel pommier qui produisist tous les ans autant de pommes d'or comme il produit de fruit naturel.» L'autre disoit: «Je voudrois qu'un tel pré me produisist autant de perles et pierreries comme il fait de fleurs.» La troisième, qui estoit fille, dit: «Je voudrois avoir une suye dont les trous me valussent autant que celuy d'une telle dame favorisée d'un tel roy que je ne nommeray point; mais je voudrois que mon trou fust visité de plus de pigeons que n'est le sien.» Ces dames ne ressembloient pas à une dame espagnolle dont la vie est escrite dans l'*Histoire d'Espagne*, laquelle, un jour que le grand Alphonse, roy d'Arragon, faisoit son entrée dans Sarragosse, se vint jetter à genoux devant luy et luy demander justice. Le Roy ainsi qu'il la vouloit ouyr, elle demanda de luy parler à part, ce qu'il luy octroya: et, s'estant plainte de son mary, qui couchoit avec elle trente-deux fois tant de jour que de nuict, qu'il ne luy donnoit patience, ny cesse, ny repos; le Roy, ayant envoyé querir le mary et sceu qu'il estoit vray, ne pensant point faillir puis qu'elle estoit sa femme; le conseil de Sa Majesté arresté sur ce fait, le Roy ordonna qu'il ne la toucheroit que six fois; non sans s'esmerveiller grandement (dit-il) de la grande chaleur et puissance de cet homme, et de la grande froideur et continence de cette femme, contre tout le naturel des autres (dit l'Histoire), qui vont à jointes mains requerir leurs marys et autres hommes pour en avoir, et se douloir quand ils donnent à d'autres ce qui leur appartient. Cette dame ne ressembloit pas à une fille, damoiselle de maison, laquelle, le lendemain de ses nopces, racontant à aucunes de ses compagnes ses adventures de la nuict passée: «Comment! dit-elle, et n'est-ce que cela? Comme j'avois entendu dire à aucunes de vous autres, et à d'autres femmes, et à d'autres hommes, qui font tant des braves et galants, et qui promettent monts et merveilles, ma foy, mes compagnes et amyes, cet homme (parlant de son mary), qui faisoit tant de l'eschauffé amoureux, et du vaillant, et d'un si bon coureur de bague, pour toute course n'en a fait que quatre, ainsi que l'on court ordinairement trois pour la bague, et l'autre pour les dames: encore entre les quatre y a-t-il fait plus de poses qu'il n'en fut fait hier au soir au grand bal.» Pensez que puis qu'elle se plaignoit de si peu, elle en vouloit avoir la douzaine: mais tout le monde ne ressemble pas au gentilhomme espagnol. Et voilà comme elles se moquent de leurs marys. Ainsi que fit une, laquelle, au commencement et premier soir de ses nopces, ainsi que son mary la vouloit charger, elle fit de la revesche et de l'opiniastre fort à la charge. Mais il s'advisa de luy dire que, s'il prenoit son grand poignard, il y auroit bien un autre jeu, et qu'il y auroit bien à crier; de quoy elle, craignant ce grand dont il la menaçoit, se laissa aller aussitost: mais ce fut elle qui le lendemain n'en eut plus peur, et, ne s'estant contentée du petit, luy demanda du premier abord où estoit ce grand dont il l'avoit menacée le soir avant. A quoy le mary respondit qu'il n'en avoit point, qu'il se moquoit; mais qu'il faloit qu'elle se contentast de si peu de provision qu'il avoit sur luy. Alors elle dit: «Est-ce bien fait cela, de se moquer ainsi des pauvres et simples filles?» Je ne sais si l'on doit appeler cette fille simple et niaise, ou bien fine et rusée, qui en avoit tasté auparavant. Je m'en rapporte aux diffiniteurs. Bien plus estoit simple une autre fille, laquelle s'estant plainte à la justice qu'un galant l'avoit prise par force, et luy enquis sur ce fait, il respondit: «Messieurs, je m'en rapporte à elle s'il est vray, et si elle-mesme n'a pris mon cas et l'a mis de la main propre dans le sien.—Hà! Messieurs, dit la fille, il est bien vray cela; mais qui ne l'eust fait? car, après qu'il m'eust couchée et troussée, il me mit son cas roide et pointu comme un baston contre le ventre, et m'en donnoit de si grands coups que j'eus peur qu'il ne me le perçast et n'y fist un trou. Dame, je le pris alors et le mis dans le trou qui estoit tout fait.» Si cette fille estoit simplette, ou le contrefaisoit, je m'en rapporte.

—Je vous feray deux comptes de deux femmes mariées, simples comme celle-là, ou bien rusées, ainsi qu'on voudra. Ce fut d'une très-grande dame que j'ay connue, laquelle estoit très-belle, et pour cela fort désirée. Ainsi qu'un jour un très-grand prince a requit d'amour, voire l'en sollicitoit fort en luy promettant de très-belles et grandes conditions, tant de grandeurs que de richesses pour elle et pour son mary, tellement qu'elle, ayant de telles douces tentations, y presta assez doucement l'oreille; toute-fois du premier coup ne s'y voulut laisser aller, mais, comme simplette, nouvelle et jeune mariée, n'ayant encore veu son monde, vint descouvrir le tout à son mary et luy demander avis si elle le feroit. Le mary luy respondit soudain: «Nenny, m'amie. Hélas! que penseriez-vous faire, et de quoy parlez-vous? d'un infame trait à jamais irréparable pour vous et pour moy.—Hà! mais, Monsieur, répliqua la dame, vous serez aussi grand, et moi si grande qu'il n'y aura rien à redire.» Pour fin le mary ne voulut dire ouy; mais la dame, qui commença à prendre cœur par après et se faire habile, ne voulut perdre ce party, et le prit avec ce prince et avec d'autres encore, en renonçant à sa sotte simplicité. J'ay ouy faire ce conte à un qui le tenoit de ce grand prince et l'avoit ouy de la dame, à laquelle il en fit la réprimande, et qu'en telles choses il ne faloit jamais s'en conseiller au mary, et qu'il y avoit autre conseil en sa Cour. Cette dame estoit aussi simple, ou plus, qu'une autre que j'ay ouy dire, à laquelle un jour un honneste gentilhomme présentant son service amoureux assez près de son mary, qui entretenoit pour lors de devis une autre dame, il luy vint mettre son eprevier, ou, pour plus clairement parler, son instrument entre les mains. Elle le prit, et, le serrant fort estroitement et se tournant vers son mary, luy dit: «Mon mary, voyez le beau présent que me fait ce gentilhomme; le recevray-je? dites-le-moy.» Le pauvre gentilhomme, estonné, retire à soy son eprevier de si grande rudesse, que, rencontrant une pointe de diamant qu'elle avoit au doigt, le luy esserta de telle façon d'un bout à l'autre, qu'elle le cuida perdre du tout, et non sans grande douleur, voire en danger de la vie, ayant sorti de la porte assez hastivement, et arrousant la chambre du sang qui desgoutoit par-tout. Mais le mary ne courut après luy pour luy faire aucun outrage pour ce sujet; il s'en mit seulement fort à rire, tant pour la simplicité de sa pauvre femmelette, que pour le beau présent produit, joint qu'il en estoit assez puny. Voilà deux femmes fort simples, lesquelles, et quelques-unes de leurs semblables (car il y en a assez), ne ressemblent pas à plusieurs et à une infinité qui se rencontrent dans le monde, qui sont plus doubles et fines que celles-là, qui ne demandent conseil à leurs marys, ny qui leur montrent tels présents qu'on leur fait.

J'ay ouy raconter en Espagne d'une fille, laquelle la premiere nuict de ses nopces, ainsi que son mary s'efforçoit et s'ahanoit[76] de forcer sa forteresse, non sans se faire mal, elle se mit à rire et lui dire: *Senor, bien es razon que seays martyr, pues que io soy virgen; mas, pues que io tomo la patientia, bien la podeys tomar,* c'est-à-dire: «Seigneur, c'est bien raison que vous soyez martyr, puis que je suis vierge; mais d'autant que je prends patience, vous la pouvez bien prendre.» Celle-là, en revanche de l'autre qui s'estoit moqué de sa femme, se moquoit bien de son mary. Comme certes plusieurs filles ont bien raison de se moquer à telle nuict, mesme quand elles ont sceu auparavant ce que c'est, ou l'ont appris d'autres, ou d'elles-mesmes s'en sont doutées et imaginées ce grand point de plaisir qu'elles estiment très-grand et perdurable. Une autre dame espagnole, qui, le lendemain de ses nopces, racontant les vertus de son mary, en dit plusieurs, *fors,* dit-elle, *que no era buen contador y arithmetico, porque no sapra multiplicar;* en françois, «qu'il n'estoit point bon compteur et arithméticien, parce qu'il ne sçavoit pas multiplier.»

Une dame de bon lieu et de bonne maison, que j'ay connue et ouy parler, le soir de ses nopces, que chacun estoit aux escoutes à l'accoustumée, comme son mary luy eust livré le premier assaut, estant un peu sur son repos, non pas du dormir, luy demanda si elle en voudrait encore; gentiment elle luy respondit: «Ce qu'il vous plaira, monsieur.» Pensez qu'à telle response le galant mary devoit estre bien estonné. Telles filles qui disent de telles sornettes si promptement après les nopces, pourroient bien donner de bons martels à leurs pauvres marys et leur faire à croire qu'ils ne sont les premiers qui ont mouillé l'ancre dans leur fonds, ny les derniers qui le mouilleront; car il ne faut point douter que qui ne s'efforce et ne se tue à saper sa femme, qu'elle ne s'advise à luy faire porter les cornes, ce disoit un ancien proverbe françois: *Et qui ne la contente pas, va ailleurs chercher son repas.* Toutefois, quand une femme tire ce qu'elle peut de l'homme, elle l'assomme, c'est-à-dire qu'il en meurt; et c'est un dire ancien qu'il ne faut tirer de son amy ce qu'on voudrait bien, et qu'il le faut espargner tant que l'on peut; mais non pas le mary, duquel il en faut tirer ce qu'on peut. Voilà pourquoy, dit le refrain espagnol, *que el primero pensamiento de la muger, luego que es casada, es de embiudarse;* c'est-à-dire: «Le premier pensement de la femme mariée est de songer à se faire veufve.» Ce refrain n'est pas général, comme j'espere le dire ailleurs, mais il n'est que pour aucunes.

—Il y a de certaines filles qui, ne pouvant tenir longuement leurs chaleurs, ne s'addonnent aisément qu'aux princes et aux seigneurs, qui sont gens fort propres pour les esbranler, tant pour leurs faveurs que pour leurs présents, et aussi pour l'amour de leurs gentillesses, car enfin tout est beau et parfait en eux, encore qu'ils fussent des fats. Au contraire, j'en ay veu d'autres qui ne les recherchent pas, mais les fuyent grandement, à cause qu'ils ont un peu la réputation d'estre scandaleux, grands vanteurs, causeurs et peu secrets;

aimans mieux des gentilshommes sages et discrets, desquels pourtant le nombre est rare; et bien heureuse pourtant est celle-là qui en trouve. Mais, pour obvier à tout cela, elles choisissent (au moins aucunes) leurs valets, desquels aucuns sont beaux, d'autres non, comme j'en ay connu qui l'ont fait, et si n'en faut prier longuement leurs dits valets: car, les levant, couchant, deshabillant, chaussant, deschaussant et leur baillant leurs chemises, comme j'ay veu beaucoup de filles à la Cour et ailleurs qui n'en faisoient aucune difficulté ni scrupule, il n'est pas possible qu'eux, voyans beaucoup de belles choses en elles, n'en eussent des tentations, et plusieurs d'elles qu'elles ne le fissent exprès; si bien qu'après que les yeux avoient bien fait leur office, il falloit bien que d'autres membres du corps vinssent à faire le leur.

—J'ay connu une fille de par le monde, belle s'il en fust jamais, qui rendit son valet compagnon d'un grand prince qui l'entretenoit, et qui pensoit estre le seul heureux jouissant; mais le valet en cela alloit du pair avec luy; aussi l'avoit-elle bien sceu choisir, car il estoit très-beau et de très-belle taille; si bien que, dans le lict ou bien à la besogne, on n'y eust connu aucune différence. Encor le valet en beaucoup de beautez emportoit le prince, auquel telles amours et telles privautez furent inconnues jusqu'à ce qu'il la quitta pour se marier; et pour cela il n'en traita plus mal le valet, mais se plaisoit fort de le voir; et quand il le voyoit en passant, il disoit seulement: «Est-il possible que cet homme ait esté mon corrival? ouy, je le voy, car, ostée ma grandeur, il m'enporte d'ailleurs.» Il avoit aussi mesme nom que le prince, et fut un très bon tailleur, et des renommez de la Cour; si bien qu'il n'y avoit guères de filles ou femmes qu'il n'habillast quand elles vouloient estre bien habillées. Je ne sçay s'il les habilloit de la mesme façon qu'il habilloit sa maistresse, mais elles n'estoient point mal.

—J'ay cogneu une fille de bonne maison, qui, ayant un laquais de l'aage de quatorze ans, et en ayant fait son bouffon et plaisant, parmy ses bouffonneries et plaisanteries, elle faisoit autant de difficultés que rien à se laisser baiser, toucher et taster à luy, aussy privement que si c'eust esté une femme, et bien souvent devant le monde, excusant le tout, en disant qu'il estoit fol et plaisant bouffon. Je ne sçay s'il passoit outre, mais je sçay bien que depuis, estant mariée et veufve, et remariée, elle a este une très-insigne putain. Pensez qu'elle alluma sa mesche en ce premier tison; si bien qu'elle ne luy faillit jamais après entre ses autres plus grandes fougues et plus hauts feux. J'avois bien demeuré un an à voir cette fille; mais quand je les vis en ces privautez devant sa mere, qui avoit la réputation d'estre l'une des plus prudes femmes de son temps, qui en rioit et en estoit bien-aise, je présageay aussitost que de ce petit jeu l'on viendroit au grand, et à bon escient, et que la damoiselle seroit un jour quelque bonne fripesaulce, comme elle le fut.

—J'ay cogneu deux sœurs d'une fort bonne maison de Poictou, filles desquelles on parloit estrangement, et d'un grand laquais basque qui estoit à leur pere, lequel, sous ombre qu'il dansoit très-bien, non seulement le bransle de son pays, mais tous autres, les menoit danser ordinairement, mesme les y apprenoit. Il les fit danser, et leur apprit la danse des putains à la fin, et en furent assez gentiment scandalisées: toutefois elles ne laissèrent à estre bien mariées, car elles estoient riches, et sur ce nom de richesses on n'y advise rien, on prend tout, et fust-il encore plus chaud et plus ardent. J'ay connu ce Basque depuis, gentil soldat et de brave façon, et qui monstroit bien avoir fait le coup. Il fut soldat des gardes de la coronelle de M. de Strozze.

—J'ai cogneu aussi une maison de par le monde, et grande, d'où la dame faisoit profession de nourrir en sa compagnie des honnestes filles, entr'autres des parentes de son mary; et d'autant que la dame estoit fort maladive et sujette aux médecins et apothicaires, il y en abordoit ordinairement là-dedans, et par ce aussi que les filles sont sujettes à maladies comme à pasles couleurs, mal de la furette, fievres et autres. Il advint que deux entr'autres tombèrent en fievre-quarte: un apothicaire les eut en charge pour les penser. Certes il les pensoit de ses drogues, de la main et de médecines; mais la plus propre fut qu'il coucha avec une (maraud qu'il fut), car il eut affaire avec une fort belle et honneste fille de la France, de laquelle un très-grand roy s'en fust dignement contenté; et il fallut que ce M. l'apoticaire luy passast cette paille sur le ventre. J'ay cogneu la fille, qui certes méritoit d'autres assaillants, et après bien mariée, et telle qu'on la donna pucelle, telle la trouva-on. En quoy pourtant je trouve qu'elle fut bien fine; car, puisqu'elle ne pouvoit tenir son eau, elle s'adressa à celui qui donnoit des antidotes pour engarder d'engrosser, car c'est ce que les filles craignent le plus: dont en cela il y en a de si experts qui leur donnent des drogues qui les engardent très-bien d'engrosser; ou bien, si elles engrossent, leur font escouler leur grossesse si subtilement et si sagement, que jamais on ne s'en apperçoit, et n'en sent-on rien que le vent. Ainsi que j'en ay ouy parler d'une fille, laquelle avoit esté autrefois nourrie fille de la feue reyne de Navarre Marguerite. Elle vint par cas fortuit, ou à son escient, à engrosser sans qu'elle y pensast pourtant. Elle rencontra un sublin[77] apothicaire, qui, luy ayant donné un breuvage, luy fit évader son fruit, qui avoit déjà six mois, pièce par pièce, morceau par morceau, si aisément, qu'estant en ses affaires jamais elle n'en sentit ny mal ny douleur; et puis après se maria galamment, sans que le mary y connust aucune trace; car on leur donne des remedes pour se faire paroistre vierges et pucelles comme auparavant, ainsi que j'en ay allégué un au *Discours des Cocus*[78]. Et un que j'ay ouy dire à un empirique ces jours passez, qu'il faut avoir des sangsuës et les mettre à la nature, et faire par-là tirer et succer le sang: lesquelles sangsuës, en succant, laissent et engendrent de petites ampoules et fistules pleines de sang, si bien que le galant mary, qui vient le soir des nopces les assaillir, leur creve ces ampoulles d'où le sang en sort, et luy et elle s'ensanglantent, qui est une grande joie à l'un et à l'autre; et par ainsi, *l'honor della citella è salva*[79]. Je trouve ce remede plus souverain que l'autre, s'il est vray; et s'ils ne sont bons tous deux, il y en a cent autres qui sont meilleurs, ainsi que le savent très-bien ordonner, inventer et appliquer ces messieurs les médecins sçavants et experts apoticaires. Voilà pourquoy ces messieurs ont ordinairement de très-belles et bonnes fortunes, car ils sçavent blesser et remédier, ainsi que fit la lance de Pélias. J'ai cogneu cet apoticaire dont je viens de parler à cette heure, duquel faut que je die ce petit mot en passant, que je le vis à Geneve la première fois que je fus en Italie, par ce que pour lors ce chemin par-là estoit commun pour les François, et par les Suisses et Grisons, à cause des guerres. Il me vint voir à mon logis. Soudain je luy demanday ce qu'il faisoit en cette ville, et s'il estoit-là pour médeciner les filles, comme il avoit fait en France. Il me respondit qu'il estoit-là pour en faire pénitence. «Comment! ce dis-je, est-ce que vous n'y mangez de si bons morceaux comme là?—Hà! monsieur, me répliqua-il, c'est parce que Dieu m'a appellé, et que je suis illuminé de son Saint-Esprit, et que j'ay maintenant la connoissance de sa sainte parole.—Ouy, luy dis-je; et dès ce temps-là si estiés-vous de la religion, et si vous vous mesliez de médeciner les corps et les ames, et preschiés et instruisiés les filles.—Mais, monsieur, je reconnois à cette heure mieux mon Dieu, répliqua-il encore, qu'alors, et ne veux plus pécher.» Je tais plusieurs autres propos que nous eusmes sur ce sujet, tant serieusement qu'en riant. Mais ce maraud joüit de ce boucon, qui estoit bien plus digne d'un galant homme que de luy. Si est-ce que bien luy servit de vuider de cette maison de bonne heure, car mal luy en eust pris. Or laissons cela. Que maudit soit-il pour la haine et l'envie que je luy porte, ainsi que M. de Ronsard parloit à un médecin qui venoit voir sa maistresse soir et matin, plus pour luy taster son teton, son sein, son ventre, son flanc et son beau bras, que pour la médeciner de la fievre qu'elle avoit; dont il en fit un très-gentil sonnet, qui est dans son second livre des Amours, qui se commence:

Ha! que je porte et de haine et d'envie

Au médecin qui vient soir et matin,

Sans nul propos, tastonner le testin,

Le sein, le ventre et les flancs de m'amie!

—Je porte de mesme une grande jalousie à un médecin qui faisoit traits pareils à une belle grande dame, que j'aymois, et de qui je n'avois telle et pareille privauté, et je l'eusse desirée plus qu'un petit royaume. Telles gens certes sont extrémement bienvenus des dames, et y acquièrent de belles adventures, quand ils les veulent rechercher. J'ay cogneu deux médecins à la Cour, qui s'appeloient, l'un M. Castelan, médecin de la Reyne-mère, et l'autre le seigneur Cabrion, médecin de M. de Nevers, et qui avoit esté à feu Ferdinand de Gonzague. Ils ont eu tous deux des rencontres d'amour, à ce qu'on disoit, que les plus grands de la Cour se fussent donnez au diable, par manière de parler, pour estre leurs corrivaux. Je devisois un jour, le feu baron de Vitaux et moy, avec M. Le Grand, un grand médecin de Paris, de bonne compagnie et de bon devis, luy estant venu voir le dit baron, qui estoit malade des affaires d'amour; et tous deux l'interrogeant sur plusieurs propos et négociations des dames, ma foy, il nous en conta bien, et nous en fit une douzaine de contes qui levoient la paille; et s'y enfonça si avant, que, l'heure de neuf venant à sonner, il nous dit, en se levant de la chaire où il estoit assis: «Vrayment, je suis plus grand fol que vous autres, qui m'avez retenu icy deux bonnes heures à baguenauder avec vous autres, et cependant j'ay oublié six ou sept malades qu'il faut que j'aille voir.» Et, nous disant adieu, part et s'en va, non sans nous dire, après que nous luy eusmes dit: «Vous avez, messieurs les médecins, vous en sçavez et en faites de bonnes, et mesmes vous, monsieur, qui en venez parler comme maistre.» Il respondit (en baissant la teste): «Semon, semon, ouy, ouy, nous en sçavons et faisons de bonnes, car nous sçavons des secrets que tout le monde ne sçait pas: mais à cette heure que je suis vieux, j'ay dit adieu à Vénus et à son enfant; je laisse cela à vous autres qui estes jeunes.» Une autre espèce de gens y a-t-il qui a bien gasté des filles quand on les met à apprendre les lettres, qui sont leurs précepteurs, et le font quand ils veulent estre meschants; car, leur faisants leçons, et estants seuls dans une chambre ou dans une estude, je vous laisse à penser quelles commoditez ils y ont, et quelles histoires, contes et fables ils leur peuvent alléguer à propos pour les mettre en chaleur; et, lorsqu'ils les voyent en telles altères et appetits, comme ils vous sçavent prendre l'occasion au poil.

—J'ay cogneu une fille de fort bonne maison, et grande, vous dis-je, qui se perdit et se rendit putain pour avoir ouy raconter à son maistre d'escole l'histoire, ou plutost la fable de Tirésias; lequel, pour avoir essayé l'un et l'autre sexe, fut éleu juge par Jupiter et Junon, sur une question meue entr'eux deux, à sçavoir qui avoit et sentoit plus de plaisir au coït et acte vénérien, ou l'homme ou la femme. Le juge député jugea contre Junon que c'estoit la femme; dont elle, de dépit d'avoir esté jugée, rendit le pauvre juge aveugle et luy osta la veuë. Il ne se faut esbahyr si cette fille fut tentée par un tel conte; car, puis qu'elle oyoit souvent dire, ou à ses compagnes, ou à d'autres femmes, que les hommes estoient si ardents après cela, et y prenoient si grand plaisir, que les femmes, veue la sentence de Tirésias, en devoient bien prendre davantage; et, par conséquent, il le faut esprouver. Vrayment, telles leçons se devoient bien faire à ces filles; n'y en a-t-il pas d'autres? Mais leurs maistres diront qu'elles veulent tout sçavoir, et que, puis qu'elles sont à l'estude, si les passages et histoires se rencontrent qui ont besoin d'estre expliquées (ou que d'elles-mesmes s'expliquent), il faut bien leur expliquer et leur dire sans sauter ou tourner le feuillet. Combien de filles estudiantes se sont perdues lisant cette histoire que je viens de dire, et celle de Biblis, de Camus[80], et force autres pareilles, escrites dans la *Métamorphose* d'Ovide, jusques au livre de l'*Art d'aimer* qu'il a fait; ensemble une infinité d'autres fables lascives, et propos lubrics d'autres poëtes, que nous avons en lumière, tant françois, latins, que grecs, italiens, espagnols! Aussi dit le refrain espagnol: *de una mula que haze hin, y de una hija que habla latin, libera nos, Domine*[81]. Et on sçait, quand leurs maistres veulent estre meschants, et qu'ils font de telles leçons à leurs disciples, comment ils les sçavent engraver et donner la saulce, que le plus pudique du monde s'y laisseroit aller. Saint Augustin mesmes, en lisant le quatrième livre de l'*Eneide*, où sont contenus les amours et la mort de Didon, ne s'en esmeut-il pas de compassion, et ne s'en adolora? Je voudrois avoir autant de centaines d'escus comme il y a eu de filles, tant du monde que de religieuses, qui se sont emeues, pollues et despucelées, par la lecture d'*Amadis de Gaules*. Je vous laisse à penser que pouvoient faire des livres grecs, latins et autres, glosez, commentez et interpretez par leurs maistres, fins renards et corrompus, meschants garnements, dans leurs chambres secretes et parmy leurs oisivetez.

—Nous lisons en la vie de saint Louis, dans l'*Histoire de Paul Emile*, d'une Marguerite, comtesse de Flandres, sœur de Jeanne, fille du premier Baudoüin, empereur de Grèce et qui luy succéda, d'autant qu'elle n'eut point d'enfants, dit l'histoire: on luy bailla en sa première jeunesse un précepteur appelé Guillaume, homme de sainte vie, estimé, et qui avoit déjà pris quelques ordres de prestrise, qui néanmoins ne l'empescha pas de faire deux enfants à sa disciple, qui furent appelés Jean et Beaudoüin, et si secretement que peu de gens s'en apperceurent, lesquels furent après pourtant approuvez légitimes du pape. Quelle sentence et quel pédagogue! Voyez l'histoire.

—J'ay cogneu une grande dame à la Cour, qui avoit la réputation de se faire entretenir à son liseur et faiseur de leçons; si bien que Chicot, bouffon du Roy, luy en fit le reproche publiquement devant Sa Majesté et force autres personnes de sa Cour, luy disant si elle n'avoit pas de honte de se faire entretenir (disant le mot) à un si laid et si vilain masle que celuy-là, et si elle n'avoit pas l'esprit d'en choisir un plus beau. La compagnie s'en mit fort à rire et la dame à pleurer, ayant opinion que le Roy avoit fait joüer ce jeu; car il estoit coustumier de faire joüer ces esteufs. Cette dame, et les autres qui font telles élections de telles manieres de gens, ne sont nullement excusables, mais bien fort blasmables d'autant qu'elles ont leur libéral arbitre, et toutes franches sont pleines de leurs libertez et commoditez pour faire tel choix qu'il leur plaist. Mais les pauvres filles qui sont sujettes esclaves de leurs pères et mères, parents, tuteurs, maistresses, et craintives, sont contraintes de prendre toutes pierres quand elles les trouvent, pour mettre en œuvre, et n'aviser s'il est froid ou chaud, ou rosty ou bouilly: et par ce, selon que l'occasion se rencontre, tant qu'elles se servent le plus souvent de leurs valets, de leurs maistres d'escole et d'estude, des joueurs de luth, des violons, des appreneurs de danses, des peintres, bref, de ceux qui leur apprennent des exercices et sciences, voire d'aucuns prescheurs, comme en parle Bocace, et la Reyne de

Navarre en ses *Nouvelles*; comme font aussi des pages comme j'en ay connus, et des laquais, enfin de ceux qu'elles trouvent à propos. Et voilà pourquoy le mesme Bocace, et autres avec luy, trouvent que les filles simples sont plus constantes en amours et plus fermes que les femmes et veufves; d'autant qu'elles ressemblent les personnes qui sont sur l'eau dans un bateau qui vient à s'enfoncer: ceux qui ne savent nager nullement se viennent à prendre aux premières branches qu'ils peuvent attraper, et les tiennent fermement et opiniastrement jusque ce que l'on les soit venu secourir; les autres, qui sçavent bien nager, se jettent dans l'eau, et bravement nagent jusques à ce qu'elles en ayent atteint la rive: tout de mesmes les filles, aussi-tost qu'elles ont attrapé un serviteur, lequel elles ont premier choisi, le tiennent et le gardent fermement, tellement qu'elles ne veulent désamparer et l'aiment constamment, de peur qu'elles ont de n'avoir la liberté et la commodité d'en pouvoir recouvrer un autre comme elles voudroient; au lieu que les femmes mariées ou veufves, qui sçavent les ruses d'amour et qui sont expertes, et en ont les libertez et comoditez de nager dans des eaux sans danger, prennent tel party qu'il leur plaist; et si elles se faschent d'un serviteur ou le perdent, en savent aussi-tost prendre un nouveau ou en recouvrent deux; car à elles, pour un perdu deux recouverts. Davantage, les pauvres filles n'ont pas les moyens, ny les biens, ny les escus, pour faire les acquiets tous les jours de nouveaux serviteurs; car, c'est tout ce qu'elles peuvent donner à leurs amoureux, que quelques petites faveurs de leurs cheveux, ou petites perles, ou grains, ou bracelets, quelques petites bagues ou escharpes et autres petits menus présents qui ne coustent guères; car, quelque fille, comme j'en ay veu, grande, de bonne maison et riche héritière qu'elle soit, elle est tenue si courte en ses moyens, ou de ses pere et mere, freres, parents et tuteurs; qu'elle n'a pas les moyens de les despartir à son serviteur ny deslier guère largement sa bourse, si ce n'est celle du devant: et aussi que d'elles-mesmes elles sont avares, quand ce ne seroit que cette seule raison qu'elles n'ont guères de quoy pour eslargir, car la libéralité consiste et dépend du tout des moyens. Au lieu que les femmes et veufves peuvent disposer de leurs moyens fort librement, quand elles en ont: et mesme quand elles ont envie d'un homme, et qu'elles s'en viennent enamouracher et encapricher, elles vendroient et donneroient jusqu'à leur chemise plustost qu'elles n'en tastassent; à la mode des friants et de ceux qui sont sujets à leur bouche, quand ils ont envie d'un bon morceau, il faut qu'ils en tastent, quoy qu'il leur couste au marché: Ces pauvres filles ne sont de mesme, lesquelles, selon qu'elles le rencontrent, ou bons ou mauvais, il faut qu'elles s'y arrestent. J'en alléguerois une infinité d'exemples de leurs amours et de leurs divers appetits et bizarres joüissances; mais je n'aurois jamais finy, et aussi que les contes n'en vaudraient rien si on ne les nommoit et par nom et par surnom, ce que je ne veux faire pour tout le bien du monde, car je ne les veux scandaliser, et j'ay protesté de fuyr en ce livre tout scandale, car on ne me sçauroit reprocher d'aucune médisance. Et pour alléguer des contes et oster les noms, il n'y a nul mal, et j'en laisse à deviner au monde les personnes dont il est question; et bien souvent en penseront une qui en sera l'autre.

—Or, tout ainsi que l'on voit des bois de telles et diverses natures, que les uns bruslent tous verts, comme est le fresne, le fayan; et aussi-tost d'austres, qui auroient beau estre secs, vieux et taillez de long-temps, comme est l'hommeau, le vergne, et d'autres, ne bruslent qu'à toutes les longueurs du monde: force autres, comme est le général naturel de tous bois secs et vieux, bruslent en leurs seicheresses et vieillesse si soudainement, qu'il semble qu'il soit plustost consommé et mis en cendres que bruslé. De mesmes sont les filles, les femmes et les veufves: les unes, dès lors qu'elles sont en la verdeur de leur age, bruslent aisément et si bien, qu'on diroit que dès le ventre de leur mère elles en rapportent la chaleur amoureuse et le putanisme; et ainsi que fit la belle Laïs de la belle Timandre, sa putain de mère très-insigne, jusques là qu'elle n'attend pas seulement le temps de maturité, qui peut estre à douze ou treize ans, qu'elle monte en amour, mesme plustost, ainsi qu'il advint il n'y a pas douze ans à Paris, d'une fille d'un patissier, laquelle se trouva grosse en l'age de neuf ans[82]; si bien qu'estant fort malade de sa grossesse, son père en ayant porté de l'urine au médecin, ledit médecin dit aussi-tost qu'elle n'avoit autre maladie, sinon qu'elle estoit grosse. «Comment! respondit le père, monsieur, ma fille n'a que neuf ans.» Qui fut esbahy? ce fut le médecin. «C'est tout un, dit-il; pour le seur elle est grosse.» Et, l'ayant visitée de plus près, il la trouva ainsi; et ayant confessé avec qui elle avoit eu à faire, son galand fut puny de mort par la justice, pour avoir eu à faire à elle à un age si tendre, et l'avoir fait porter si jeunement. Je suis bien mary qu'il m'ait fallu apporter cet exemple et le mettre icy, d'autant qu'il est d'une personne privée et de basse condition, pour ce que j'ay délibéré de n'eschafourer mon papier de si petites personnes, mais de grandes et hautes. Je me suis un peu extravagué de mon dessein; mais, par ce que ce conte est rare et inusité, je seray excusé; et aussi que je ne sçache point tel miracle advenu à nos grandes dames d'estat, que j'aye bien sceu, ouy bien qu'en tel age de neuf, de dix, de douze et de treize ans, elles ayent porté et enduré fort aisément le masle, soit en fornication, soit en mariage, comme j'en allèguerois plusieurs exemples de plusieurs desvirginées en telles enfances, sans qu'elles en soient mortes, non pas seulement pasmées du mal, si-non du plaisir.

Surquoy il me souvient d'un conte d'un galant et beau seigneur s'il en fut oncques, lequel est mort, et, se plaignant un jour de la capacité de la nature des filles et femmes avec lesquelles il avoit négocié, il disoit qu'à la fin il seroit contraint de rechercher les filles enfantines, et quasi sortantes hors du berceau, pour ny sentir tant de vagues en si pleine mer, comme il avoit fait avec les autres, et pour plus à plaisir nager à un destroit. S'il eust adressé ces paroles à une grande et honneste dame que je connois, elle lui eust fait la mesme response qu'elle fit à un gentilhomme de par le monde, qui, lui faisant une mesme complainte, elle luy respondit: «Je ne sçay qui se doit plustost plaindre, ou vous autres hommes de nos capacitez et amplitudes, ou nous autres femmes de vos petitesses ou menuises, ou plustost petites menuseries; car il y a autant à se plaindre en vous autres que vous en nous, que si vous portiez vos mesures pareilles à nos calibres, nous n'aurions rien à nous reprocher les uns aux autres.» Celle-là parloit par vraye raison; et c'est pourquoy une grande dame, un jour à la Cour regardant et contemplant ce grand Hercule de bronze qui est en la fontaine de Fontainebleau, elle estant tenue sous les bras par un gentilhomme qui la couduisoit, elle lui dit que cet Hercule, encore qu'il fust très-bien fait et représenté, n'estoit pas si bien proportionné de tous ses membres comme il falloit, d'autant que celuy du mitan estoit par trop petit et par trop inesgal, et peu correspondant à son grand colosse de corps. Le gentilhomme luy respondit qu'il n'y trouvoit rien à redire de ce qu'elle luy disoit, si-non qu'il falloit croire que de ce temps les dames ne l'avoient si grand comme du temps d'aujourd'huy.

—Une très-grande dame et princesse[83], ayant sçeu que quelques-uns avoient imposé son nom à une grosse et grande colouvrine, elle demanda pourquoy. Il y eu eut un qui respondit: «C'est par ce, madame, qu'elle a le calibre plus grand et plus gros que les autres.» Si est-ce pourtant qu'elles y ont trouvé assez de remede, et en trouvent tous les jours assez pour rendre leurs portes plus estroites, quarrées et plus malaisées d'entrée; dont aucunes en usent, et d'autres non; mais nonobstant, quand le chemin y est bien battu et frayé souvent par continuelle habitation et fréquentation, ou passages d'enfants, les ouvertures de plusieurs en sont toujours plus grandes et plus larges. Je me suis là un peu perdu et desvoyé; mais puis que ça esté à propos il n'y a point de mal, et je retourne à mon chemin.

—Plusieurs autres filles y a-t-il lesquelles laissent passer cette grande tendreur et verdeur de leurs ans, et en attendent les plus grandes maturitez et seicheresses, soit ou qu'elles sont de leur nature très-froides à leur commencement et à leur avenement, car il y en a et s'en trouve, soit ou qu'elles soient tenues de court, comme il est bien nécessaire à aucunes, comme dit le refrain esgnol, *vignas e hinas son muy malas à guardar*, c'est-à-dire: «Les vignes et les jeunes filles sont fort difficiles à garder,» que pour le moins quelque passant, paysant ou séjournant n'en taste aucunes. Il y en a aussi qui sont immobiles, que tous les aquilons et vents d'un hyver ne sçauraient esmouvoir ny esbranler. Il y a d'autres si sottes, si simples, si grossieres et si ignares, qu'elles ne voudroient pas ouyr nommer seulement ce nom d'amour. Comme j'ay ouy parler d'une femme qui faisoit de l'austère et réformée, que quand elle entendoit parler d'une putain elle en evanouissoit soudain; et ainsi qu'on faisoit ce conte à un grand seigneur devant sa femme, il disoit: «Que cette femme ne vienne donc pas céans; car si elle evanoüit pour ouyr parler des putains, elle mourra tout à trac céans pour en voir.» Il y a pourtant des filles que, lorsqu'elles commencent un peu à sentir leur cœur, elles s'y apprivoisent si bien, qu'elles viennent manger aussitost dans la main. D'autres sont si dévotes et consciencieuses, craignant tant les commandements de Dieu nostre souverain, qu'elles renvoyent bien loin celuy d'amour. Mais pourtant en ay-je veu force de ces dévotes patenostrieres, mangeuses d'images, et citadines ordinaires d'églises, qui, sous cette hypocrisie, couvoient et cachoient leurs feux, afin que par telles feintes et faux semblants, le monde ne s'en apperceust, et les estimast très-prudes, voire à demi saintes. Mais bien souvent elles ont trompé le monde et les hommes. Ainsy que j'ay ouy raconter d'une grande princesse, voire reyne, qui est morte, laquelle, quand elle vouloit attaquer quelqu'un d'amour (car elle y estoit fort sujette), commençoit tousjours ses propos par l'amour de Dieu que nous lui devons, et soudain les faisoit tomber sur l'amour mondain, et sur son intention qu'elle en vouloit à celuy auquel elle parloit, dont par après elle en venoit au grand œuvre, ou, pour le moins, à la quittessence. Et voilà comme nos dévotes, ou plustost bigotes, nous trompent; je dis ceux-là qui, peu rusez, ne connoissent leur vie.

—J'ay ouy faire un conte, je ne sçay s'il est vray; mais un de ces ans, se faisant une procession générale à une ville de par le monde, se trouva une femme, soit grande ou petite, en pieds nuds et grande condition[84], faisant de la marmiteuse plus que dix, et c'estoit en caresme: au partir de là elle s'en alla disner avec son amant d'un quartier de chevreau et d'un jambon: la senteur en vint jusqu'à la ruë; on monta en haut, et on la trouva en telle magnificence, qu'elle fut prise et condamnée de la promener par la ville avec son quartier d'agneau à la broche sur l'espaule et le jambon pendu au col. N'estoit-ce pas bien employé de la punir de cette façon?

—D'autres dames y en a qui sont superbes, orgueilleuses, qui dédaignent et le ciel et la terre par manière de dire, qui rabroüent les hommes et leurs propres amoureux, et les rechassent loin; mais à telles il faut user de temporisement seulement et de patience et de continuation, car avec tout cela et le temps vous les mettez et avez sous vous à l'humilité, estant le propre et superbe de la gloire, après avoir fait assez des siennes et monté bien haut, de descendre et venir au rabais: et mesmes de ces glorieuses en ay-je veu aucunes lesquelles bien souvent, après avoir bien desdaigné l'amour et ceux qui leur en parloient, s'y rangeoient, les aimoient, jusqu'à espouser aucuns qui estoient de basse condition et nullement à elles en rien pareils. Et ainsi se joue amour d'elles et les punit de leur outrecuidance, et se plaist de s'attaquer à elles plustost qu'à d'autres, car la victoire en est plus glorieuse, puis qu'elles surmontent la gloire. J'ay cogneu d'autrefois une fille à la Cour, si entiere et si desdaigneuse, que quand quelque habile et galant homme la venoit accoster et la taster d'amour, elle luy respondoit si orgueilleusement, en si grand mespris de l'amour, par paroles si rebelles et arrogantes (car elle disoit des mieux), que plus il n'y retournoit: et si, par cas fortuit, quelquefois on la vouloit accoster et s'y prendre, comment elle les renvoyoit et rabroüoit, et de paroles, et de gestes, avec mines desdaigneuses; car elle estoit très-habile. Enfin l'amour la punit, et se laissa si bien aller à un qu'il l'engrossa quelque vingt jours avant qu'elle se mariast; et si pourtant c'est un qui n'estoit nullement comparable à force autres honnestes gentilhommes qui l'avoient voulu servir. En cela il faut dire avec Horace, *sic placet Veneri*; c'est-à-dire, «c'est ainsi qu'il plaist à Vénus;» et ce sont de ses miracles.

—Il me vint en fantaisie une fois à la comédie d'y servir une belle et honneste fille, habile s'il en fut oncques, de fort bonne maison, mais glorieuse et fort haute à la main, dont j'estois amoureux extrémement. Je m'advisois de la servir et arraisonner aussi arrogamment comme elle me pouvoit parler et respondre; car à brave brave et demy. Elle ne s'en sentit pour cela nullement intéressée, car, en la menant de telle façon, je la loüois extrémement, d'autant qu il n'y a rien qui amollisse plus un cœur dur d'une dame que la loüange, autant de ses beautez et perfections, que de sa superbité; voire luy disant qu'elle luy séoit très-bien, veu qu'elle ne tenoit rien du commun, et qu'une fille ou dame, se rendant par trop privée et commune, ne se tenant sur un port altier et sur une réputation hautaine, n'estoit bien digne d'estre ferme[85]; et pour ce, que je l'en honorois davantage, et que je ne la voulois jamais appeler autrement que ma *Gloire*. En quoy elle se pleut tant, qu'elle voulut aussi m'appeler son *Arrogant*. Continuant ainsi tousjours, je la servis longuement; et si me peux vanter que j'eus part en ses bonnes graces autant ou plus que grand seigneur de la Cour qui la voulut servir; mais un très-grand favory du Roy, brave certes et vaillant gentilhomme, me la ravit, et par la faveur de son Roy l'espousa. Et pourtant, tant qu'elle a vescu, telles alliances ont tousjours duré entre nous deux, et l'ay tousjours très-honorée. Je ne sçay si je seray repris d'avoir fait ce conte, car on dit volontiers que tout conte fait de soy n'est pas bon; mais je me suis esgaré à ce coup, encore que dans ce livre j'en aye fait plusieurs de moy-mesme en toutes façons, mais je tais le nom.

—Il y a encore d'autres filles qui sont de si joyeuse complexion, et qui sont si folastres, si endemenées et si enjoüées, qui ne se mettent autres sujets en leurs pensées qu'à songer à rire, à passer leur temps et à folastrer, qu'elles n'ont pas l'arrest d'ouyr ny songer à autre chose, sinon à leurs petits esbattements. J'en ay connues plusieurs qui eussent mieux aimé ouyr un violon, ou danser, ou sauter, ou courir, que tous les propos d'amour: aucunes la chasse, si bien qu'elles se pouvoient plustost nommer sœurs de Diane que de Vénus. J'ay cogneu un brave et galant seigneur, mais il est mort, qui devint si fort perdu de l'amour d'une fille, et puis dame, qu'il en mouroit; «car, disoit-il, lorsque je luy veux remonstrer mes passions, elle ne me parle que de ses chiens et de sa chasse, si bien que je voudrois de bon cœur estre métamorphosé en quelque beau chien ou levrier, ou que mon ame fust entrée dans leur corps, selon l'opinion de Pythagore, afin qu'elle se pust arrester à mon amour, et mon ame guérir de ma play.» Mais après il la laissa, car il n'estoit pas bon laquais, et ne la pouvoit suivre ny accompagner partout où ses humeurs gaillardes, ses plaisirs et ses esbattements la conduisoient. Si faut-il noter une chose, que telles filles, après avoir laissé leur poulinage et jetté leur gourme (comme l'on dit des poulains), et après s'estre ainsi esbattues au petit jeu, veulent essayer le grand, quoy qu'il tarde; et telle jeunesse ressemble à celle de petits jeunes loups, lesquels sont tous jolis, gentils et enjoüez en leur poil follet; mais, venant sur l'aage, ils se convertissent en malice et à mal faire. Telles filles que je viens de dire font de mesme, lesquelles, après s'estre bien joüées et passé leurs fantaisies en leurs plaisirs, et jeunesses en chasses, en bals, en voltes, en courantes et en danses, ma foy, après elles se veulent mettre à la grande danse et à la douce carolle de la déesse d'amour. Bref, pour faire fin finale, il ne se voit guères de filles, femmes ou veufves qui tost ou tard ne bruslent, ou en leurs saisons ou hors de leurs saisons, comme tous bois, fors un qu'on nomme *larix*, duquel elles ne tiennent nullement. Ce larix donc est un bois qui ne brusle jamais, et ne fait feu, ny flamme, ny charbon, ainsi que Jules César en fit l'expérience retournant de la Gaule. Il avoit mandé à ceux du Piedmont de luy fournir vivres et dresser estappes sur son grand chemin du camp. Ils luy obéyrent, fors ceux d'un chasteau appelé Larignum, où s'estoient retirés quelques meschants garnements, qui firent des refusants et rebelles, si bien qu'il fallut à César rebrousser et les aller assiéger. Approchant de la forteresse, il vit qu'elle n'estoit fortifiée que de bois, dont il s'en moqua, disant que soudain il l'auroit. Parquoy commanda aussi-tost d'apporter force fagots et paille pour y mettre le feu, qui fut si grand et fit si grande flamme, que bien-tost on en espéroit voir la ruine et destruction; mais, après que le feu fut consommé et la flamme disparue, tous furent bien estonnez, car ils virent la forteresse en mesme estat qu'auparavant et en son entier, et point bruslée ny ruynée: dont il fallut à César qu'il s'aidast d'autre remede, qui fut par sappe, ce qui fut cause que ceux de dedans parlementerent et se rendirent; et d'eux apprit César la vertu de ce bois larix, duquel portoit nom ce chasteau Larignum, parce qu'il en estoit basti et fortifié. Il y a plusieurs peres, meres, parents et marys, qui voudroient que leurs filles et femmes participassent du naturel de ce bois, ils en auroient leur esprit plus content, et n'auroient si souvent la puce en l'oreille, et n'y auroit tant de putains ny de cocus. Mais il n'en est pas de besoin, car le monde en demeureroit plus despeuplé, et y vivroit-on comme marbres, sans aucuns plaisirs ny sentiments, ce disoit quelqu'un et quelqu'une que je sçay, et nature demeureroit imparfaite; au lieu qu'elle est très-parfaite, laquelle si nous suivons comme un bon capitaine, nous ne sortirons jamais du bon chemin.

ARTICLE III.
De l'amour des veufves.

Or, c'est assez parlé des filles, il est raison maintenant que nous parlions de mesdames les veufves à leur tour. L'amour des veufves est bon, aisé et profitable, d'autant qu'elles sont en leur pleine liberté, et nullement esclaves des peres, meres, freres, parents et marys, ny d'aucune justice, qui plus est. On a beau faire l'amour à une veufve et coucher avec, on n'en est point puny, comme l'on est des filles et des femmes. Mesmes les Romains, qui nous ont donné la pluspart des loix que nous avons, ne les ont jamais fait punir pour ce fait, ny en leur corps ny en leurs biens: ainsi que je tiens d'un grand jurisconsulte, qui m'alléguoit là-dessus Papinian, ce grand jurisconsulte aussi, lequel, traitant de la matiere des adulteres, dit que, si quelquefois par mesgarde on avoit compris sous ce nom d'adultere la honte de la fille ou de la veufve, c'estoit abusivement parler; et en autre passage il dit que l'héritier n'a nulle réprimende ou esgard sur les mœurs de la veufve du deffunt, n'estoit que le mary en son vivant eust fait appeler sa femme en justice pour cela, car lors ledit héritier en pouvoit prendre arrements de la poursuite, et non autrement. Et, de fait, on ne trouve point en tout le droit des Romains aucune peine ordonnée à la veufve, si-non à celle qui se remarieroit dans l'an de son deuil, ou qui, ne se remariant, avoit fait enfant après l'onsiesme mois d'un mesme an, estimant le premier an de son veufvage estre affecté à l'honneur de son premier lict. Et, quant à son douaire, l'héritier ne luy eust sceu faire perdre, quand bien elle eust fait toutes les folies du monde de son corps; et en alleguoit une belle raison (celuy de qui je tiens cecy); car si l'héritier qui n'a aucun pensement que le bien, en luy ouvrant la porte pour accuser la veufve de ce forfait et la priver de son dot, on l'ouvriroit tout d'une main à la calomnie; et n'y auroit veufve, si femme de bien fust-elle, qui pust se sauver des calomnieuses poursuites de ces galants héritiers, selon ces dires. Comme je voy, les veufves romaines avoient bon temps et bon sujet de s'esbattre: et ne se faut estonner si une, du temps de Marc Aurele, ainsi qu'il se trouve en sa vie, comme elle alloit au convoy des funérailles de son mary, parmy ses plus grands cris, sanglots, soupirs, pleurs et lamentations, serroit la main si estroitement à celuy qui la tenoit et conduisoit, faisant signal par-là que c'estoit en nom d'amour et de mariage, qu'au bout de l'an, ne le pouvoit espouser que par dispense (ainsi que fut dispensé Pompée quand il espousa la fille de César; mais elle ne se donnoit guéres qu'aux plus grands et grandes, comme j'ay ouy dire à un grand personnage), il l'espousa, et cependant en tiroit tousjours de bons brins, et empruntoit force pains sur la fournée, comme l'on dit. Cette dame ne vouloit rien perdre, mais se pourvoyoit de bonne heure; et, pour cela, ne perdoit rien de son bien ny de son douaire.

Voilà comme les veufves romaines estoient heureuses, comme sont bien encore nos veufves françoises, lesquelles, pour se donner à leur cœur et gentil corps joye, ne perdent rien de leurs droits, bien que par les parlements il y en ait eu plusieurs causes débattues. Ainsi que je sçay un grand et riche seigneur de France, qui fit long-temps plaider sa belle-sœur sur son dot, luy imposant sa vie estre un peu lubrique, et quelque autre crime plus grief que celuy meslé parmy; mais, nonobstant, elle gagna son procès, et fallut que le beau-frere la dotast très-bien, et luy donnast ce qui luy appartenoit: mais pourtant l'administration de son fils et fille luy fut ostée, d'autant qu'elle se remaria; à quoy les juges et grands sénateurs des parlements ont esgard, ne permettant aux veufves qui convolent au second mariage, la tutelle de leurs enfants. Et encore il n'y a pas long-temps que je sçay deux veufves d'assez bonne qualité, qui ont emporté leurs filles mineures, s'estant remariées, par dessus leurs beaux-freres et autres de leurs parents; mais aussi elles furent grandement secourues des faveurs du prince qui les entretenoit. Mais de ces sujets, meshuy je m'en desparts d'en parler, d'autant que ce n'est pas ma profession, et que, pensant dire quelque chose de bon, possible ne dirois-je rien qui vaille: je m'en remets à nos grands législateurs.

Or, de nos veufves, les unes se plaisent à tourner encore en mariage, et en resonder encore le guay, comme les mariniers qui, sauvez de deux, trois ou quatre naufrages, retournent encore à la mer, et comme font encore les femmes mariées, qui, en leur mal d'enfant, jurent, protestent de n'y retourner jamais, et que jamais homme ne leur fera rien; mais elles ne sont pas plustost purifiées, les voilà encore au premier branle. Ainsi qu'une dame espagnolle, laquelle, estant en mal d'enfant, se fit allumer une chandelle de Nostre-Dame de Montferrat qui aide fort à enfanter, pour la vertu de ladite Nostre-Dame. Toutefois, ne laissa d'avoir de grandes douleurs, et à jurer que plus jamais elle n'y retourneroit. Elle ne fut pas plustost accouchée, qu'elle dit à la femme qui la luy donnoit allumée: *Serra esto cabillo de candela para otra vez*; c'est-à-dire: «Serrez ce bout de chandelle pour une autre fois.»

D'autres dames ne se veulent marier; et de celles qui n'en veulent point, plusieurs y en a, et y en a eu, lesquelles, venues en viduité sur le plus beau de leur age, s'y sont contenues. Nous avons veu la Reine-Mere, en l'age de trente-sept à trente-huit ans, estant tombée veufve, qui s'est tousjours contenue veufve; et, bien qu'elle fust belle, bien agréable et très-aimable, ne songea pas tant seulement à un seul pour l'espouser. Mais l'on me dira aussi, qui eust-elle sceu espouser qui eust esté sortable à sa grandeur, et pareil à ce grand roy Henry, son feu seigneur et mary, et qu'elle eust perdu le gouvernement du royaume, qui valoit mieux que cent marys, et dont l'entretien en estoit bien meilleur et plus plaisant. Toutefois, il n'y a rien que l'amour ne fasse oublier; et d'autant est-elle à loüer, et à estre recoudée au temple de la gloire et immortalité, de s'estre vaincue et commandée, et n'avoir fait comme une Reyne Blanche, laquelle, ne se pouvant contenir, vint à espouser son maistre d'hostel, qui s'appelloit le sieur de Rabaudange; ce que le roy son fils, pour le commencement, trouva fort estrange et amer; mais pourtant, parce qu'elle estoit sa mère, il excusa et pardonna audit Rabaudange, pour l'avoir espousée, en ce que, le jour, devant le monde, il la servoit tousjours de maistre-d'hostel, pour ne priver sa mere de sa grandeur et majesté; et la nuict elle en feroit ce qu'elle voudroit, s'en serviroit, ou de valet ou de maistre, remettant cela à leurs discrétions et volontez, et de l'un et de l'autre; mais pensez qu'il commandoit: car, quelque grande qu'elle soit, venant-là, elle est tousjours subjugué par le supérieur, selon le droit de la nature et de l'agent en cela. Je tiens ce conte du feu grand cardinal de Lorraine dernier, lequel le faisoit à Poissy au roy François second, lorsqu'il fit les dix-huit chevaliers de l'ordre de Saint-Michel, nombre très-grand, non encore veu, ny jamais ouy jusqu'alors; et, entre autres, il y eut le seigneur de Rabaudange, fort vieux, lequel on n'avoit veu de long-temps à la Cour, si-non à aucuns voyages de nos autres guerres, s'estant retiré dès la mort de M. de Lautrec, de tristesse et de despit, comme l'on voit souvent, pour avoir perdu son bon maistre, duquel il estoit capitaine de sa garde au voyage du royaume de Naples, où il mourut; et disoit encore monsieur le cardinal, qu'il pensoit que ce monsieur de Rabaudange estoit venu et descendu de ce mariage. Il y a quelque temps qu'une dame de France espousa son page aussi-tost qu'elle l'eust jeté hors de page, et qui s'estoit assez tenue en viduité.

Or c'est assez parlé de ces veufves. Parlons maintenant d'autres, qui sont celles qui, abhorrans les vœux et réformations des secondes nopces, s'en accommodent, et réclament encore le doux et plaisant dieu Hymenée. Il y en a les unes qui, par trop amoureuses de leurs serviteurs durant la vie de leurs marys, y songent desjà avant qu'ils soient morts, et projettent entre elles et leurs serviteurs comment ils s'y comporteroient. «Ah! disent-elles, si mon mary estoit mort, nous ferions cecy, nous ferions cela; nous vivrions de cette façon, nous nous accommoderions de cette autre, et ainsi si accortement, que l'on ne se douteroit jamais de nos amours passez; nous ferions une vie si plaisante! après nous irions à Paris, à la Cour; nous nous entretiendrions si bien que rien ne nous sçauroit nuire: vous feriés la cour à une telle, et moy à un tel; nous aurions cecy du Roy, nous aurions cela. Nous ferions pourvoir nos enfants de tuteurs et curateurs: nous n'aurions à faire de leurs biens ny affaires, et ferions les nostres, ou bien nous joüirions de leurs biens en attendant leur majorité. Nous aurions les meubles et ceux de mon mary. Pour le moins, cela ne me sçauroit manquer, car je sçay où sont les titres et escrits (et force autres paroles). Bref, qui seroit plus heureux que nous?»

Voilà les beaux desseins que font ces femmes mariées à leurs serviteurs avant le temps; dont aucunes y en a qui ne les font mourir que par souhaits, par paroles, que par espérance et attentes; et autres y en a qui les advancent de gagner le logis mortuaire s'ils tardent trop; de quoy nos cours de parlement en ont eu et en ont tous les jours tant de causes par-devant elles qu'on ne sçauroit dire. Mais le meilleur, et le plus, est qu'elles ne font pas comme une dame d'Espagne, laquelle, estant très-mal traitée de son mary, elle le tua, et puis après elle se tua, ayant fait avant cette épitaphe qu'elle laissa sur la table de son cabinet, escrite de sa main:

Aqui jaze qui ha buscado una muger,

Y con ella casado, no l'a podidr hazer muger,

A las otras, no a my, cerca my, dona contentamiento.

Y por este, y su flaquezza y atrevimiento,

Yo lo he matado,

Por le dar pena de su pecado.

Y a my tan bien, por falta de my juyzio,

Y por da fin a la mal-adventura qu'io avio.

C'est-à-dire.

«Icy gist qui a cherché une femme et ne l'a pu faire femme: aux autres, et non à moy, près de moy, donnoit contentement, et, pour cela et pour sa lascheté et outre-cuidance, je l'ay tué, pour lui donner la peine de son péché; et à moi aussi je me suis donné la mort, par faute d'entendement, et pour donner fin à la maladventure que j'avais.»

Cette dame se nommoit dona Magdalana de Soria, laquelle, selon aucuns, fit un beau coup de tuer son mary pour le sujet qu'il luy avoit donné; mais elle fit aussi bien de la sotte de se faire mourir: aussi l'advoue-elle bien, que pour faute de jugement elle se tua. Elle eust mieux fait de se donner du bon temps par après, si ce n'estoit qu'elle eust possible craint la justice, et avoit-elle peur d'en estre reprise, et pour ce ayma mieux triompher de soy-mesme que d'en bailler la gloire à l'authorité des juges. Je vous asseure qu'il y en a eu, et y en a, qui sont plus accortes que cela; car elles joüent leur jeu si finement, que voilà les marys trespassez et elles très-bien vivantes et fort accordantes à leurs galants serviteurs, pour faire avec eux non pas *gode mihi*, mais *gode chere*.

Il y a d'autres veufves qui sont plus sages, vertueuses et plus aimantes leurs marys, et point envers eux cruelles; car elles les regrettent, les pleurent, les plaignent à telle extrémité, qu'à les voir on ne les jugeroit pas vives une heure après. «Hà! ne suis-je pas, disent-elles, la plus malheureuse du monde, la plus infortunée d'avoir perdu chose si prétieuse? Dieu! pourquoy ne m'envoyes-tu la mort à cette heure, pour le suivre de près! Non, je ne veux plus vivre après luy; car et que me peut-il jamais rester et advenir au monde qui me puisse donner allégement? Si ce n'estoient ses petits enfants qu'il m'a laissés pour gages, et qui ont besoin encore de quelque soustien, non, je me tueray toute à cette heure. Que maudite soit l'heure que je fus jamais née! Au moins si je le pouvois voir en phanstome, ou par vision, ou par songes, encore aurois-je trop d'heur. Ah! mon cœur, ah! mon ame, n'est-il pas possible que je te suive? Ouy, je te suivray quand, à part de tout le monde, je me defferois toute seule. Hé, qui seroit la chose qui me pourroit soutenir la vie, ayant fait la perte inestimable de toy, que, toy vivant, je n'aurois d'autre sujet que de vivre, et, toy mourant, que de mourir? Et quoy! ne vaut-il pas mieux que je meure maintenant en ton amour, en ta grace, et en ma gloire, et en mon contentement, que de traisner une vie si fascheuse et malheureuse, et nullement loüable? Hà! Dieu! que j'endure de maux et tourments pour une absence! et que j'en seray délivrée, si je te vais voir bien-tost, et comblée de grands plaisirs! Hélas! il estoit si beau, il estoit si aimable, il estoit si parfait en tout, il estoit si brave, si vaillant! C'estoit un second Mars, un second Adonis: qui plus est, il m'estoit si bon, il m'aimoit tant, il me traitoit si bien! Bref, le perdant, j'ay perdu tout mon heur.» Ainsi vont disant nos veufves desplorées telles et une infinité d'autres paroles après la mort de leurs marys, les unes d'une façon, les autres de l'autre; les unes déguisées d'une sorte, les autres d'une autre; mais pourtant tousjours approchantes de celles que je viens de produire; les unes despitent le ciel, les autres maugréent la terre; les unes blasphement contre Dieu, les autres maudissent le monde; les unes font des évanoüissements, les autres contrefont les mortes; les unes font des transies, les autres les folles, les forcenées et hors de leurs sens, qui ne connoissent personne, qui ne veulent manger, qui ne veulent parler. Bref, je n'aurois jamais fait, si je voulois spécifier toutes leurs méthodes hypocrites et dissimulées dont elles usent pour monstrer leur deuil et ennuy au monde. Je ne parle pas de toutes, mais d'aucunes, voire de plusieurs en pluriel et en nombre. Leurs consolants et consolantes, qui n'y pensent point en mal et y vont à la bonne routine, y perdent leur escrime et ne gagnent rien d'aucuns; et d'aucuns de ceux-là quand ils y voyent que leur patiente et leur dolente ne fait pas bien son jeu ni la grimacée, les instruisent. Comme une dame de par le monde que je sçay, qui disoit à une autre qui estoit sa fille: «Faites l'esvanouye, mamie; vous ne vous contraignez pas assez.» Or, après tous ces grands mystères joüez, et ainsi qu'un grand torrent, après avoir fait son cours et violent effort, se vient à remettre et retourner à son berceau, comme une rivière qui a aussi esté desbordée, ainsi aussi voyez-vous ces veufves se remettre et retourner à leur première nature, reprendre leurs esprits, peu à peu se hausser en joie, songer au monde. Au lieu de testes de mort qu'elles portoient, ou peintes, ou gravées et eslevées; au lieu d'os de trespassez mis en croix ou en lacs mortuaires, au lieu de larmes, ou de jayet ou d'or maillé, ou en peinture; vous les voyez convertir en peintures de leurs marys portées au col, accommodées pourtant de testes de mort et larmes peintes en chiffres, en petits lacs; bref, en petites gentillesses, desguisées pourtant si gentiment, que les contemplants pensent qu'elle les portent et prennent plus pour le deuil des marys que pour la mondanité. Puis, après tout, ainsi qu'on voit les petits oiseaux, quand ils sortent du nid, ne se mettre du premier coup à la grande volée, mais, volletant de branche en branche, apprennent peu à peu l'usage de bien voler; ainsi les veufves, sortant de leur grand deuil désespéré, ne le monstrent au monde si-tost qu'elles l'ont laissé, mais peu à peu s'esmancipent, et puis tout à coup jettent et le deuil et le froc de leur grand voile sur les orties, comme on dit, et mieux que devant reprennent l'amour en leur teste, et ne songent à rien tant qu'à un second mariage ou autre lasciveté: et voilà comment leurs grandes violences n'ont point de durée. Il vaudroit mieux qu'elles fussent plus posées en leurs tristesses.

—J'ay cogneu une très-belle dame, laquelle, après la mort de son mary, vint à estre si esplorée et désespérée, qu'elle s'arrachoit les cheveux, se tiroit la peau du visage et de la gorge, l'allongeant tant qu'elle pouvoit; et, quand on luy remonstroit le tort qu'elle faisoit à son beau visage: «Hà Dieu! que me dites-vous? disoit-elle; que voulez-vous que je fasse de ce visage?» Au bout de huit mois après, ce fut elle qui s'accommoda de blanc et de rouge d'Espagne, les cheveux bien poudrez; qui fut un grand changement.

—J'allégueray là-dessus un bel exemple, qui pourra servir à semblable, d'une belle et honneste dame d'Ephese, laquelle ayant perdu son mary, il fut impossible à ses parents et amys de luy trouver aucune consolation; si bien que, accompagnant son mary à ses funérailles, avec une infinité de regrets, de sanglots, de cris, de plaintes et de larmes, après qu'il fut mis et colloqué dans le charnier où il devoit reposer, elle, en despit de tout le monde, s'y jetta, jurant et protestant de n'en partir jamais, et que là elle se vouloit laisser aller à la faim, et là finir ses jours auprès du corps de son mary; et de fait fit cette vie l'espace de deux ou trois jours. La fortune sur ce voulut qu'il fust exécuté un homme de-là, et pendu, pour quelque forfait, dans la ville et après fut porté hors de la ville au gibet accoustumé, où faloit que tels corps pendus et exécutez fussent gardez quelques jours soigneusement par quelques soldats ou sergents, pour servir d'exemple, afin qu'ils ne fussent de enlevez. Ainsi donc qu'un soldat estoit à la garde de ce corps, et estoit en sentinelle et escoute, il ouyt-là-près une voix desplorante, et s'en approchant vid que c'estoit dans le charnier, où, estant descendu, il y apperceut cette dame belle comme le jour, toute esplorée et lamentante; et, s'advançant à elle, se mit à l'interroger de la cause de sa désolation, qu'elle luy déclara benignement; et se mettant à la consoler là-dessus, n'y pouvant rien gagner pour la première fois, y retourna pour la deuxiesme et troisiesme, et fit si bien qu'il la gagna, la remit peu à peu, luy fit essuyer ses larmes, et, entendant la raison, se laissa si bien aller qu'il en joüyt par deux fois, la tenant couchée sur le cercueil mesme du mary; puis après se jurèrent mariage: ce qu'ayant accomply très-heureusement, le soldat s'en retourna, par son congé, à la garde de son pendu; car il y alloit de la vie. Mais, tout ainsi qu'il avoit esté bienheureux en cette belle entreprise et exécution, le malheur fut tel pour luy, que, cependant qu'il s'y amusoit par trop, voicy venir les parents de ce pauvre corps au hazard, pour le despendre s'ils n'y eussent trouvé des gardes; et, n'y en ayant point trouvé, le despendirent aussi-tost et emportèrent de vitesse pour l'enterrer où ils pourroient, afin d'estre privez d'un tel deshonneur et spectacle ord et sale à leur parenté. Le soldat, ne voyant ny ne trouvant plus le corps, s'en vint courant desespéré à sa dame, luy annoncer son infortune, et comment il estoit perdu, d'autant que la loy de-là portoit que quiconque soldat s'endormoit en garde, et qui laissoit emporter le corps, devoit estre mis en sa place et estre pendu, et que pour ce il couroit cette fortune. La dame qui, auparavant avoit esté consolée de luy, et avoit besoin de consolation pour elle, s'en trouva garnie à propos pour luy et pour ce luy dit: «Ostez-vous de peine, et venez-moy seulement aider pour oster mon mary de son tombeau, et nous le mettrons et pendrons au lieu de l'autre, et par ainsi le prendra-on pour l'autre.» Tout ainsi qu'il fut dit, tout ainsi fut-il fait: encore dit-on que le pendu de devans avoit eu une oreille coupée, elle en fit de mesme pour représenter mieux l'autre. La justice vint le lendemain, qui n'y trouva rien à dire. Et par ainsi sauva son galand par un acte et opprobre fort vilain à son mary, elle, dis-je, qui l'avoit tant pleuré et regretté, qu'on n'eust jamais espéré si ignominieuse issue.

La première fois que j'ouys cette histoire, ce fut M. d'Aurat qui la conta au brave M. du Gua et à quelques-uns qui disnoient avec luy; laquelle M. du Gua sceut très-bien relever et remarquer, car c'estoit l'homme du monde qui aimoit mieux un bon conte et le sçavoit mieux faire valoir. Et, sur ce point, estant allé à la chambre de la Reyne-mere, il vid une belle jeune veufve qui ne venoit que d'estre faite, et de frais esmoulue, et fort esplorée, son voile bas jusqu'au bout du nez, piteuse, marmiteuse, avare de paroles à un chacun. Soudain monsieur me dit: «Voy celle-là; avant qu'il soit un an, elle fera un jour de la dame d'Ephese.» Ce qu'elle fit, non pas si ignominieusement du tout, mais elle espousa un homme de peu, et comme M. du Gua le prophétisa. Et me dit de mesme M. de Beaujeux, valet-de-chambre de la Reyne-mere, et le meilleur violon de la chrétienté. Il n'estoit pas parfait seulement en son art et en la musique, mais il estoit de fort gentil esprit, et sçavoit beaucoup de fort belles histoires et beaux contes, et point communs, mais très-rares; et n'en estoit point chiche à ses plus privez amis; et en contoit quelques-uns des siens, car en son temps il avoit eu et veu de bonnes adventures d'amour; car avec son art excellent et son esprit bon et audacieux, deux instruments bons pour l'amour, il pouvoit faire beaucoup. M. le maréchal de Brissac l'avoit donné à la Reine-mere, estant reyne régente, et lui avoit envoyé de Piedmont avec sa bande de violons très-exquise, toute complette: et luy s'appeloit Baltazarin; depuis il changea de nom. C'est luy qui composoit ces beaux balets qui ont esté tousjours dansez à la Cour. Il estoit fort amy de M. du Gua et de moy, et souvent causions ensemble, et tousjours nous faisoit quelque beau conte, mesme de l'amour et des ruses des dames, dont il nous fit celuy-là de cette dame ephesienne que nous avions desjà sceu par M. d'Aurat, comme j'ay dit, qui disoit le tenir de Lempridius, et depuis je l'ay leu dans le livre des Funérailles, très-beau certes, dédié à feu M. de Savoye. Je me fusse passé, ce dira quelqu'un, d'avoir fait cette digression: ouy, mais je voulois parler de mon amy en cela, lequel souvent me faisoit souvenir, quand il voyoit quelques-unes de nos veufves esplorées: «Voilà, disoit-il, qui joüera un jour le rolle de «nostre dame d'Ephese, ou bien elle l'a desjà joüé.» Et certes ce fut une estrange tragi-comédie, pleine de grande inhumanité, d'offenser si cruellement son mary. Elle ne fit pas comme une dame de nostre temps, que j'ay ouy dire, laquelle, son mary mort, elle lui coupa ses parties du devant ou du mitan, jadis d'elle tant aimées, et les embauma, aromatisa et odoriféra de parfums et poudres musquées et très-odoriférantes, et puis les enchassa dans une boëte d'argent doré, qu'elle garda et conserva comme une chose très-précieuse. Pensez qu'elle les visitoit quelquefois en commémoration éternelle. Je ne sçay s'il est vray, mais le conte en fut fait au Roy, qui le refit à plusieurs autres de ses plus privez; et j'ay ouy dire à luy qu'au massacre de la Saint-Barthelemy fut tué le seigneur de Pleuvian, qui en son temps avoit esté brave soldat, et en la guerre de Toscane sous M. de Soubise, et en la guerre civile comme il le fit bien paroître en la bataille de Jarnac, commandant à un régiment, et dans le siége de Niort. Quelque temps après, le soldat qui le tua dit et remonstra à sa femme, toute esperdue de pleurs et d'ennuys, qui estoit riche et belle, que, s'il ne l'espousoit, qu'il la tueroit, et luy feroit passer le pas de son mary; car, en cette feste, tout estoit de guerre et de couteau. La pauvre femme, qui estoit encore belle et jeune, pour se sauver la vie, fut contrainte faire et nopces et funérailles tout ensemble. Encore estoit-elle excusable; car qu'eust pu faire moins une pauvre femme, fragile et foible, si ce n'eust esté de se tuer elle-mesme, ou tendre sa belle poictrine à l'espée du meurtrier? Mais le temps n'est plus, belle bergeronnette; il ne se trouve plus de ces folles et sottes de jadis; aussi que nostre saint christianisme nous le deffend; ce qui sert beaucoup aujourd'huy à nos veufves d'excuse, qui disent, s'il n'estoit deffendu de Dieu, elles se tueroient, et par ainsi couvrent leur mommon.

—Audit massacre de la Saint-Barthelemy fut faite une veufve par la mort de son mary, tué comme les autres. Elle en eut un tel extrême regret, que, quand elle voyoit un pauvre catholique, encore qu'il n'eust esté de la feste, elle se pasmoit quelquefois, ou le regardoit en horreur et haine comme la peste. D'entrer dans Paris, voire de deux lieues à la ronde, il n'en falloit point parler, car ses yeux ny son cœur ne le pouvoient souffrir; que dis-je de la voir? non pas d'en ouyr parler. Au bout de deux ans elle s'y résoud, vient saluer la bonne ville, et s'y pourmener et visiter le palais dans son coche; mais de passer par la ruë de la Huchette où son mary avoit esté tué, plustost la mort ou le feu, dans lequel elle se fust plustost jettée et précipitée que dans cette ruë: comme fait le serpent, qui abhorre si fort l'ombre d'un fresne, qu'il aime mieux se hazarder dans un feu bien ardent, comme dit Pline, que dans cette ombre tant odieuse à luy. Si bien que le feu Roy y estant, disoit à Monsieur qu'il n'avoit veu femme si hagarde en sa perte et en sa douleur que celle-là; et enfin il la faudroit abattre pour la chapperonner, comme les oiseaux hagards. Mais au bout de quelque temps, il dit que d'elle-mesme elle s'estoit assez gentiment apprivoisée, de sorte que d'elle-mesme elle se laissa fort bien et privément chapperonner, sans l'abattre que de soy-mesme. Que fit-elle dans peu de temps après? ce fut-elle qui voit Paris de très-bon œil, qui l'embrasse, qui s'y pourmene, qui l'arpente et deça et delà, et de longueur et de largeur, et de droit et de travers, sans respect d'aucun serment: et puis fiés-vous en elle! Un jour, moi, tournant d'un voyage, absent de la Cour huit mois, ayant fait la révérence au roy, je vis entrer dans la salle du Louvre cette veufve tant parée, tant attifée, accompagnée de ses parentes et amyes, comparoistre devant le Roy, les Reynes et toute la Cour, et là recevoir les premiers ordres de mariage, qui sont les fiançailles, des mains d'un évesque de Digne, grand aumosnier de la reyne de Navarre. Qui fust esbahi? ce fut moi; mais, à ce qu'elle me dit après, elle fut esbahye davantage quand, sans y penser, elle me vid en cette noble assistance des fiançailles, la regardant et roulant de mes yeux finement, me souvenant de ses serments et mines que je luy avois veu faire. Et elle de mesme regarda fort, car je luy avois esté serviteur, et pour mariage, pensant, ce luy sembloit, que j'estois là arrivé à propos, et avois pris la poste exprès pour me produire à jour nommé là, pour luy servir de tesmoin et juge, et la condamner en cette cause. Et me dit et jura qu'elle eust voulu avoir baillé dix mille escus de son bien, et que je ne fusse comparu là, qui luy aidois à juger sa conscience.

—J'ay cogneu une grande dame, comtesse et veufve, de très-haut lieu, laquelle en fit de mesme: car, estant huguenotte fort et ferme, accorda mariage avec un fort honneste gentilhomme catholique; mais le malheur fut qu'avant l'accomplissement une fievre pestilente la saisit a Paris si contagieusement, qu'elle luy causa la mort. Et, estant sur ses arteres[86], se perdit fort en grands regrets, jusqu'à dire: «Hélas! faut-il qu'en une si grande ville, où toute science abonde, ne se puisse trouver un médecin qui me guérisse! Hé! qu'il ne tienne point à argent, car je luy en donneray prou. Au moins si ma mort se fust ensuivie après mon mariage accomply, et que mon mary m'eust connue avant combien je l'aimois et honorois!» Sofonisbe dit autrement, car elle se repentit d'avoir fiancé avant boire le poison. Et ainsi disant (cette comtesse) et plusieurs autres semblables paroles, se tourna de l'autre costé du lit et mourut. Que c'est de la ferveur d'amour, d'aller se ressouvenir, en un passage stygien et oublieux, des plaisirs et fruits amoureux dont elle en eust bien voulu taster encore avant que de sortir du jardin! Or si ces dames huguenotes ont fait tels traits, j'ay bien cogneu des dames catholiques qui en ont fait de pareils, et ont espousé des huguenots, après en avoir dit pis que pendre, et d'eux et de leur religion. Si je les voulois mettre en place je n'aurois jamais fait. Voilà pourquoy les veufves doivent estre sages, et ne braire tant au commencement de leur veufvage, de crier, de tourmenter, de faire tant d'éclairs, de tonnerres, pluyes de leurs larmes, pour après faire ces belles levées de boucliers, et s'en faire moquer: il vaut mieux en dire moins et en faire plus. Mais elles disent là-dessus: «Et bien, pour le commencement il faut faire de la résoluë comme un meurtrier, de l'effrontée, de l'asseurée à boire toute honte. Cela dure quelque peu, mais cela passe; après qu'on m'a mis sur le bureau, on me laisse et en prend-on une autre.»

—J'ay leu dans un petit livre espagnol, de Victoria Colonne, fille de ce grand Fabrice Colonne, et femme de ce grand marquis de Pescaire, le non-pair de son temps. Après qu'elle eut perdu son mary, Dieu sçait qu'elle entra en tel désespoir de douleur, qu'il fut impossible de luy donner ni innover aucune consolation; et quand on luy en vouloit à sa douleur appliquer quelqu'une ou vieille ou nouvelle, elle leur disoit: «Et sur quoy me voulez-vous consoler? sur mon mary mort? vous vous trompez: il n'est pas mort, car il est encore tout vivant et tout grouillant dans mon ame. Je l'y sens tous les jours et toutes les nuicts revivre, remuer et renaistre.» Ces paroles certes eussent esté belles, si au bout de quelque temps, ayant pris congé de luy, et l'ayant envoyé pourmener par de-là l'Achéron, elle ne fust remariée avec l'abbé de Farfe, certes fort dissemblable à son grand Pescaire. Je ne veux point dire en race, car il estoit de la noble maison des Ursins, laquelle vaut bien autant, et est autant ancienne ou plu que celle d'Avalos. Mais les effets de l'un à l'autre n'alloient à la balance, car ceux de Pescaire estoient incomparables, et sa valeur inestimable: encore que le dit abbé fist de grandes preuves de sa personne en s'employant fort fidelement et vaillamment pour le service du roy François; mais c'estoit en forme de petites, couvertes et légères deffaites, et contraires à celles de l'autre, puisqu'il les avoit faites grandes, descouvertes, avec des victoires très-signalées: aussi la profession des armes de l'autre, accommencée et accoustumée dès le jeune aage et continuée ordinairement, devoit bien surpasser de bien loin celle d'un homme d'église, qui tard s'estoit mis au mestier: non que je veuille pour cela mal-dire d'aucuns voüez à Dieu et à son église, qu'ils ont rompu le vœu et quitté la profession pour empoigner les armes, car je ferois tort à tant de braves capitaines qui l'ont esté et ont passé par-là.

César Borgia, duc de Valentinois, n'a-t-il pas esté auparavant cardinal, qui a esté un si grand capitaine, que Machiavel, le vénérable précepteur des princes et des grands, le met pour exemple et pour rare miroir à tous les autres pareils, de l'ensuivre et s'y mirer? Nous avons eu M. le mareschal de Foix, qui a esté d'église, et se nommoit avant le proto-notaire de Foix, qui a este un très-grand capitaine. M. le mareschal Strozzy estoit voüé à l'église; et pour un chapeau rouge qui luy fut desnié, quitta la robbe, et se mit aux armes. M. de Salvoison, dont j'ay parlé (qui l'a suivy de près, voire en titre de grand capitaine eust marché avec luy s'il eust esté d'aussi grande maison, et parent de la Reyne), fust, en sa première profession, traisnant la robbe longue; et pourtant quel capitaine a-t-il esté? Ce fust esté l'incomparable s'il eust plus vescu. Le mareschal de Bellegarde n'a-t-il pas porté le bonnet quarré, qu'un long temps on appelloit le Prevost d'Ours? Feu M. Danguien[87], qui mourut en la bataille de Sainct-Quentin, avoit esté évesque; M. le chevalier de Bonnivet de mesme. Et ce galant homme, M. de Martigues, avoit esté aussi d'église; bref, infinité d'autres, desquels je ne pourrois emplir ce papier. Si faut-il que je loue les miens, et non sans un très-grand sujet. Le capitaine Bourdeille, mon frere, le Rodomont jadis du Piedmont, en tout fut dédié à l'église aussi; mais n'y connoissant son naturel propre, changea sa grande robbe à une courte, et en un tournemain se rendit un des bons capitaines et vaillants du Piedmont, et s'en alloit très-grand et une très-belle vogue, sans qu'il mourut, hélas! en l'âge de vingt-cinq ans. De nostre temps, en nostre Cour, nous en avons tant veus, et mesme le petit monsieur de Clermont-Tallard, lequel j'ay veu abbé de Bon-Port, et depuis, ayant quitté l'abbaye, a esté veu parmy nos armées et en nostre Cour, un des braves, vaillants et honnestes hommes que nous eussions; ainsi qu'il le monstra très-bien à sa mort, qu'il acquit si glorieusement à la Rochelle, la première fois que nous entrasmes dans le fossé. J'en nommerois une milliasse; mais je n'aurois jamais fait. M. de Souillelas[88], dit le jeune Oraison, avoit esté évesque de Rieux, et depuis eust un régiment, servant le Roy fort fidèlement et vaillamment en Guyenne, sous le mareschal de Matignon. Bref, je n'aurois jamais fait si je voulois nombrer tous ces gens: parquoy je me tais pour la briefveté, et de peur aussi qu'on ne m'impute que je suis trop grand faiseur de digressions. Pourtant j'ay fait celle-cy à propos, en parlant de cette Victoria Colonna, qui espousa cet abbé. Si elle ne se fust remariée avec luy, elle eust mieux porté titre et nom de Victoria, pour avoir esté victorieuse sur soy-mesme; et que puis qu'elle ne pouvoit rencontrer un second pareil au premier, se devoit contenir.

J'ay cogneu force dames qui ont imité cette précédente. J'en ay veu une qui avoit espousé un de mes oncles, le plus brave, le plus vaillant, le plus parfait qui fust de son temps. Après qu'il fust mort, elle en espousa un autre qui le ressembloit autant qu'un asne à un cheval d'Espagne; mais mon oncle estoit le cheval d'Espagne. Une autre dame ay-je cogneu, qui avoit espousé un mareschal de France, beau, honneste gentilhomme et vaillant: en secondes nopces, elle en alla prendre un tout contraire à celuy-là, et avoit esté aussi d'église. Une veufve ay-je cogneue, venant à mourir son mary, elle fit l'espace d'un an des lamentations si desespérées, qu'on la pensoit voir morte à toute heure de champ. Au bout de l'an qu'il faloit laisser son grand deuil, et prendre le petit, elle dit à une de ses femmes: «Serrez-moi bien ce crespe, car possible en auray-je affaire un autre coup;» et puis tout-à-coup se reprit: «Mais qu'ay-je? dit-elle. Je resve, plustost mourir que d'en avoir jamais affaire.» Au bout de son deuil, elle se remaria à un second, fort inesgal au premier. «Mais disent-elles, ces femmes, il estoit d'aussi bonne maison que le premier.» Ouy, je le confesse; mais aussi, où est la vertu et la valeur? ne sont-elles pas plus à priser que tout? Et le meilleur que je trouve eu cela, c'est que le coup fait, elles ne l'emportent guères loin; car Dieu permet qu'elles sont maltraitées et rossées comme il faut: après, les voilà aux repentailles; mais il n'est plus temps. Ces dames ainsi convolantes ont quelque opinion et humeur en leur teste, que nous ne savons pas bien: comme j'ai ouy parler d'une dame espagnole, qui se voulant remarier, et qu'on lui remonstroit que deviendroit l'amitié grande que son mary lui avoit porté, elle respondit: *La muerte del marido, y nuevo casamiento no han de romper el amor d'una casta muger*; c'est-à-dire: «La mort du mary et un nouveau mariage ne doivent point rompre l'amour d'une femme chaste.» Or accordez-moy ces deux contraires, s'il vous plaist. Une autre dame espagnole dit bien mieux, qu'on vouloit remarier: *Si hallo un marido bueno, no quiero tener el temor de perder lo; y si malo, que necessidad ay del*; c'est-à-dire: «Si je trouve un bon mary, je ne veux point estre en la crainte de le perdre; si un mauvais, quelle nécessité ai-je de l'avoir?

—Valeria, dame romaine, ayant perdu son mary, et ainsi que la reconfortoient aucunes de ses compagnes sur sa perte et sa mort, elle leur dit: «Il est mort certes pour vous autres, mais il vit en moy éternellement.» Cette marquise, que je viens de dire, avoit emprunté d'elle pareil mot. Ces dires de ces honnestes dames sont bien contraires à un qui me dit, en parlant espagnol, *que la jornada de la biudez d'una muger es d'una dia*; c'est-à-dire: que la journée du veufvage d'une femme se fait tout en un jour.» Aucunes sont-là logées, d'autres non. Mais que dirons-nous des femmes veufves qui cachent leur mariage, et ne veulent qu'il soit publié? J'en ai cogneu une qui tint le sien sous la presse plus de sept ou huit ans, sans le vouloir jamais faire imprimer, ny le publier: et disoit-on qu'elle le faisoit de crainte qu'elle avoit de son jeune fils, qui estoit un de ses vaillants et honnestes hommes du monde, et qu'il ne fist du diable, et sur elle et sur l'homme, encore qu'il fust bien grand. Mais, aussi-tost qu'il vint à mourir à une rencontre de guerre qui le couronna de beaucoup de gloire, aussi-tost elle le fit imprimer et mettre en lumière. J'ay ouy parler d'une grande dame veufve, qui est mariée à un très-grand prince et seigneur, veuf il y a plus de quinze ans; mais le monde n'en sçait ny n'en connoist rien, tant cela est secret et discret: et disoit-on que le seigneur craignoit sa belle-mère, qui luy estoit fort impérieuse, et ne vouloit qu'il se remariast à cause de ses petits enfants.

—J'ay ouy raconter à une dame de grande qualité et ancienne, que feu M. le cardinal du Bellay avoit espousé, estant évesque et cardinal, madame de Chastillon, et est mort marié: et le disoit sur un propos qu'elle tenoit à M. de

Manne, Provençal, de la maison de Seulal et évesque de Frejus, lequel avoit suivy l'espace de quinze ans en la Cour de Rome ledit cardinal, et avoit esté de ses privez protonotaires: et, venant à parler dudit cardinal, elle lui demanda s'il ne luy avoit jamais dit et confessé qu'il eust esté marié. Qui fut estonné? ce fut M. de Manne de telle demande. Il est encore vivant, qui pourra dire si je mens; car j'y estois. Il respondit que jamais il n'en avoit ouy parler, ny à lui ny à d'autres. «Or, je vous l'apprens donc, dit-elle; car, il n'y a rien de si vray qu'il a esté marié:» et est mort marié réellement avec ladite dame de Chastillon. Je vous asseure que j'en ris bien, contemplant la contenance estonnée dudit M. de Manne, qui estoit fort conscientieux et religieux, qui pensoit savoir tous les secrets de son feu maistre; mais il estoit de Gallice pour celuy-là: aussi estoit-il scandaleux, pour le rang saint qu'il tenoit. Cette madame de Chastillon estoit la veufve de feu M. Chastillon, qu'on disoit qui gouvernoit le petit roy Charles huitiesme avec Bourdillon et Bonneval, qui gouvernoient le sang royal. Il mourut à Ferrare, ayant esté blessé au siége de Ravenne, et là fut porté pour se faire penser. Cette dame demeura veufve fort jeune et belle, sage et vertueuse, et pour cela fut eslue pour dame d'honneur de la feue reyne de Navarre. Ce fut celle-là qui bailla ce beau conseil à cette dame et grande princesse, qui est escrit dans les *Cent Nouvelles* de ladite Reyne, d'elle et d'un gentilhomme qui avoit coulé la nuict dans son lit par une trapelle dans la ruelle, et en vouloit joüir; mais il n'y gagna que de belles esgratigneures dans son beau visage; elle s'en voulant plaindre à son frère, elle luy fit cette belle remonstrance qu'on verra dans cette Nouvelle, et lui donna ce beau conseil, qui est un des beaux et des plus sages, et des plus propres pour fuyr scandale, qu'on eust sceu donner, et fust-ce esté un premier président de Paris, et qui monstroit bien pourtant que la dame estoit bien autant rusée et fine en tels mystères, que sage et advisée: et pour ce, ne faut douter si elle tint son cas secret avec son cardinal. Ma grande-mère, madame la séneschalle de Poitou, eut sa place après sa mort, par l'élection du roy François, qui la nomma et l'esleut, et l'envoya quérir jusques en sa maison, et la donna de sa main à la Reyne sa sœur, pour la connoistre très-sage et très-vertueuse dame, mais non si fine, ny rusée, ny accorte en telle chose que sa précédente, ny convolée en secondes nopces. Et si voulez sçavoir de qui la nouvelle s'entend, c'estoit de la reyne mesmes de Navarre, et de l'amiral de Bonnivet, ainsi que je tiens de ma feue grande-mère: dont pourtant me semble que ladite reyne n'en devoit céder son nom, puis que l'autre ne peut rien gagner sur sa chasteté, et s'en alla en confusion, et qui vouloit divulguer le fait, sans la belle et sage remonstrance que lui fit cette dite dame d'honneur madame de Chastillon; et quiconque l'a leue la trouvera telle; et je crois que M. le cardinal, son dit mary, qui estoit l'un des mieux disants, sçavants, éloquents, sages et advisez de son temps, luy avoit mis cette science dans le corps, pour dire et remonstrer si bien. Ce conte pourroit être un peu scandaleux, à cause de la sainte et religieuse profession de l'autre; mais, qui le voudra faire, il faut qu'il desguise le nom. Et si ce trait a esté tenu secret touchant ce mariage, celuy de M. le cardinal de Chastillon dernier n'a pas esté de même; car il le divulgua et publia luy-mesme assez, sans emprunter de trompette, et est mort marié sans laisser sa grande robbe et bonnet rouge. D'un costé, il s'excusoit sur la religion réformée, qu'il tenoit fermement; et de l'autre, sur ce qu'il vouloit tenir son rang tousjours et ne le quitter (ce qu'il n'eust fait autrement), et entrer en conseil, là où entrant il pouvoit beaucoup servir à sa religion et à son party, ainsi que certes il estoit très-capable, très-suffisant et très-grand personnage. Je pense que mondit sieur cardinal du Bellay en a peu faire de mesme; car, de ce temps-là, il penchoit fort à la religion et doctrine de Luther, ainsi que la cour de France en estoit un peu abreuvée: car toutes choses nouvelles plaisent, et aussi que ladite dame doctrine licentioit assez gentiment les personnes, et mesme les ecclésiastiques, au mariage. Or, ne parlons plus de ces gens d'honneur, pour la révérence grande que nous devons à leur ordre et à leurs saints grades.

—Il faut un peu mettre sur les rangs nos vieilles veufves qui n'ont pas six dents en gueule, et qui se remarient. Il n'y a pas longtemps qu'une dame, veufve de trois marys, espousa en Guyenne pour le quatriesme un gentilhomme qui tient assez quelque grade, elle estant de l'age de quatre-vingts ans. Je ne sçay pas pourquoy elle le faisoit (car elle estoit très-riche et avoit force escus), dont pour ce le gentilhomme la pourchassa, si ce n'estoit qu'elle ne se vouloit encore rendre, et vouloit encore fringuer sur les lauriers[89], comme disoit mademoiselle Sevin, la folle de la reyne de Navarre.

J'ay cogneu aussi une grande dame qui, en l'âge de soixante-seize ans, se remaria et espousa un gentilhomme qui n'estoit pas de la qualité de son premier, et vesquit cent ans, et pourtant s'y entretint belle; car elle avoit esté des belles femmes en son temps, et avoit bien fait valoir son jeune et gentil corps en toutes façons, et à marier, et mariée, et veufve, ce disoit-on. Voilà deux terribles humeurs de femmes! il falloit bien qu'elles eussent de la chaleur; aussi ay-je ouy dire aux bons et experts fourniers qu'un vieux four est plus aisé à s'eschauffer beaucoup qu'un neuf, et quand il est une fois eschauffé, il garde mieux sa chaleur et fait meilleur pain. Je ne sçay quels appétits savoureux y peuvent prendre leurs chalants et amoureux; mais j'ay veu beaucoup de galants et braves gentilshommes aussi affectionnez à l'amour des vieilles, voire plus que des jeunes, et si me disoit-on que c'estoit pour en tirer des comoditez. Aucuns en ay-je veu aussi qui les aimoient d'une très-ardente amour, sans en tirer rien de leur bourse, sinon de leur corps; ainsi que nous avons veu autrefois un très-grand prince souverain[90] qui aimoit si ardemment une grande dame veufve agée, qu'il quittoit sa femme et toutes autres, tant belles fussent-elles et jeunes, pour coucher avec elle. Mais en cela il avoit raison car c'estoit une des belles et aimables dames que l'on eust sceu voir; et son hyver valoit plus certes que les printemps, estez et automnes des autres. Ceux qui ont pratiqué les courtisannes d'Italie, aucuns a-t-on veu et voit-on choisir tousjours les plus fameuses et antiques et qui ont plus traisné le balet, pour y trouver quelque chose de plus gentil, tant au corps qu'en l'esprit. Voilà pourquoy cette gentille Cléopâtre, ayant esté mandée par Marc Antoine de le venir trouver, ne s'en esmeut autrement, s'asseurant bien que, puisqu'elle avoit sceu attraper Jules Cesar et Cnejus Pompejus, fils du grand Pompée, lorsqu'elle estoit encore jeunette fillette, et ne sçavoit encore bien que c'estoit de son monde ny de son mestier, qu'elle meneroit bien autrement son homme, qui estoit fort grossier, et sentant son gros gendarme, elle estant en la vigueur de son entendement et de son age, comme elle fit. Aussi, pour en parler au vray, si la jeunesse est propre pour l'amour à aucuns, à d'autres la maturité d'un age, d'un bon esprit et longue expérience, et d'un beau parler, de longue main pratiqués, servent beaucoup pour les suborner.

Un doute y a-t-il que j'ay demandé autrefois à des médecins, d'un qui disoit pourquoy il ne vivoit plus longuement, puis qu'en sa vie il n'avoit tenu ny touché vieille, sur cet aphorisme des médecins qui disent: *vetulam non cognovi*[91], avec d'autres quolibets. Certes, ces médecins m'ont dit un proverbe ancien qui disoit: «qu'en vieille grange l'on bat bien; mais de vieux fleaux, on n'en fait rien de bon.» Aussi un autre: «Il n'en chaut quel age la beste ait, mais qu'elle porte.» Et aussi que par expérience ils ont connu des vieilles si ardentes et chaudasses, que, venant à habiter avec un jeune homme, elles en tirent ce qu'elles en peuvent, et l'alambiquent tant qu'il a de substance ou de suc dans le corps, afin de se humecter mieux: je dis celles qui, pour l'amour de l'age, sont asseichées et ont faute d'humeurs. Lesdits médecins me disoient autres raisons; mais aux plus curieux je les laisse à leur demander.

—J'ay veu une vieille veufve, dame grande, qui mit sur les dents, en moins de quatre ans, et son troisiesme mary et un jeune gentilhomme qu'elle avoit pris pour son amy; et les renvoya dans la terre, non par assassinat ny poison, mais par attenuation et alambiquement de leur substance. Et, à voir celle dame, on n'eust jamais pensé qu'elle eust fait le coup; car elle faisoit devant les gens plus de la dévote, de la marmiteuse et de l'hypocrite, jusquesà qu'elle ne vouloit pas prendre sa chemise devant ses femmes, de peur de la voir nue; ny pisser devant elles: mais, comme disoit quelque dame de ses parentes, qu'elle faisoit ces difficultez à ces femmes et point à ses galands. Mais quoy, est-il plus deffensible et plus loisible à une femme d'avoir eu plusieurs marys en sa vie, comme il y en eu prou qui en ont eu trois, quatre et cinq, ou bien à une autre qui en sa vie n'aura eu que son mary et un amy, ou deux, ou trois? comme certes j'en ay cogneu aucunes continentes et loyales jusques-là? Et en cela j'ay ouy dire à une grande dame de par le monde, qu'elle ne mettoit aucune différence entre une dame qui avoit eu plusieurs marys et une qui n'avoit eu qu'un amy ou deux, avec son mary, si ce n'est que ce voile marital cache tout; mais, quant à la sensualité et lasciveté, il n'y a pas différence d'un double; et en cela pratiquent le refrain espagnol, qui dit que *algunas mugeres son de natura de anguillas en retener y de lobas en excoger*; c'est-à-dire: «de nature des anguilles à retenir, et des louves à choisir;» car l'anguille est fort glissante et mal tenable, et la louve choisit tousjours le loup le plus laid.

—Il m'advint une fois à la Cour, qu'une dame assez grande, qui avoit esté mariée quatre fois, me vint dire qu'elle venoit de disner avec son beau-frère, et que je devinasse avec qui, et me le disoit naïvement sans y songer malice; et moy, un peu malicieusement, et riant pourtant, je luy respondis: «Et qui diable seroit le devin qui le pourroit deviner? Vous avez esté mariée quatre fois: je laisse à penser au monde la qualité des beaux-freres que vous pouvez avoir.» Alors elle me respondit, et répliqua: «Vous y songez en mal,» et me nomma le beau-frère. «C'est bien parlé, lui répliquay-je, cela; mais non comme vous parliez.»

—Il y eut jadis à Rome[92] une dame qui avoit eu vingt-deux marys l'un après l'autre, et pareillement un homme qui avoit eu vingt-une femmes, dont ils s'advisèrent tous deux, pour faire un bon concert, de se remarier ensemble. Le mary à la fin survesquit sa femme: en quoy le mary fut tellement estimé et honoré dans Rome de tout le peuple, d'une si belle victoire, que comme victorieux, il fut mené et pourmené en un char triomphant, couronné de lauriers et la palme en main. Quelle victoire, et quel triomphe!

—Du temps du roi Henry, en sa Cour fut le seigneur de Barbazan, dit Saint-Anian, qui se maria par trois fois l'une après l'autre. Sa troisiesme femme estoit fille de madame de Mouchy, gouvernante de madame de Lorraine, qui, plus brave que les deux premieres, eut raison de luy, car il mourut sous elle; et, ainsi qu'on le plaignoit à la Cour, et qu'elle de mesme se desconfortoit outrageusement de sa perte. M. de Montpesat, qui disoit très-bien le mot, alla rencontrer qu'au lieu de la plaindre on la devoit exalter et loüer beaucoup de sa victoire qu'elle avoit eu sur son homme, qu'on disoit qu'il estoit si vigoureux et si fort et envitaillé, qu'il avoit fait mourir ses deux premières femmes de force de leur faire; et cette-cy, ne s'estre rendue au combat, mais demeurée victorieuse, devoit estre loüée et admirée par la Cour, pour si belle victoire d'un si vaillant et robuste champion, et pour ce elle-mesme devoit s'en tenir très-glorieuse. Quelle gloire!

—J'ay ony tenir cette mesme maxime de cy-devant d'un seigneur de France, qu'il ne mettoit pas plus de différence entre une femme qui avoit eu quatre ou cinq marys, et une putain qui a eu quatre serviteurs l'un après l'autre; si-non que l'une se colore par le mariage, et l'autre point. Aussi un galant homme que je sçay, ayant espousé une femme qui avoit été mariée trois fois, il y eut quelqu'un que je sçay, qui disoit bien: «Il a espousé, dit-il, enfin une putain sortant du bordel de réputation.» Ma foy, telles femmes qui se remarient ressemblent les chirurgiens avares, lesquels veulent tout à coup resserrer les plaies d'un pauvre blessé, afin d'allonger la guérison et en gagner tousjours mieux la petite pièce d'argent. Aussi, se disoit une: «Il n'est beau de s'arrêter au beau mitan de la carrière; mais il la faut achever, et aller jusques au bout.» Je m'estonne que ces femmes, qui sont si chaudes et promptes à se remarier, et mesme si surannées, n'usent pour leur honneur de quelques remèdes réfrigératifs et potions tempérées, pour expeller toutes ces chaleurs; mais tant s'en faut qu'elles en veulent user, qu'elles s'en aident du tout de leur contraire. J'ai veu et leu un petit livret d'autrefois, en italien, sot pourtant, qui s'est voulu mesler de donner des receptes contre la luxure, et en met trente-deux; mais elles sont si sottes que je ne conseille point aux femmes d'en user, pour ne mettre leur corps à trop fascheuse subjection. Voilà pourquoy je ne les ay mises icy par escrit. Pline en allègue une, de laquelle usoient le temps passé les vestales; et les dames d'Athènes s'en servoient aussi durant les fêtes de la déesse Cérès, dites *Themophoria*[93], pour se refroidir et oster tout appetit chaud de l'amour, et par ce vouloient celebrer cette feste en plus grande chasteté, qu'estoient des paillasses de feuilles d'arbre dit *agnus castus*. Mais pensez que durant la feste elles se chastroient de cette façon, et puis après elles jettoient bien la paillasse au vent. J'ay veu un pareil arbre en une maison en Guyenne, d'une grande, honneste et très-belle dame, et qui le monstroit souvent aux estrangers qui la venoient voir, par grande spéciauté, et leur en disoit la propriété: mais au diable si j'ay jamais veu ny ouy dire que femme ou dame en ait encore osé cueillir une seule branche, ny fait pas seulement un petit recoin de paillasse, non pas même la dame propriétaire de l'arbre et du lieu, qui n'en eust peu disposer comme il luy eust pleu. Ce fust esté aussi dommage, car son mary ne s'en fust pas mieux trouvé: aussi qu'elle valoit bien que l'on laissast se régler au cours de la nature, tant elle estoit belle et agréable, et aussi qu'elle a fait une très-belle lignée. Et pour dire vray, il faut laisser et ordonner telles receptes austéres et froides aux pauvres religieuses, lesquelles, encore qu'elles jeusnent et macérent leurs corps, si sont-elles souvent assaillies, les pauvrettes des tentations de la chair; et si elles avoient liberté au moins aucunes, elles se voudroient rafraischir comme les mondaines; et bien souvent pour s'estre repenties se repentent, ainsi qu'on voit les courtisannes de Rome, dont j'en allégueray un plaisant conte d'une, laquelle s'estant vouée au voile, avant qu'aller au monastère, un sieur ami, gentilhomme français, la vint voir pour luy dire adieu puisqu'elle s'en alloit estre recluse; et avant que s'en aller, la pria d'amour; et la prenant, elle luy dit: *Fate dunque presto; ch'adesso mi verrano cercar per far mi monaca, e menare al monasterio*[94]. Pensez qu'elle voulut faire ce coup pour prendre sa dernière main, et dire: *Tandem hæc olim meminisse juvabit*; c'est-à-dire: «Encore me fait-il grand bien de m'en ressouvenir pour la dernière fois.» Quelle repentance et quelle intrade de religion! Et quand une fois elles y ont esté professes, au moins les belles, je dis aucunes, je croy qu'elles vivent plus de repentance que de viandes corporelles ny spirituelles. Dont aucunes y a qui sçavent y remédier, ou par dispenses et par pleines libertez qu'elles prennent d'elles-mesmes; car on ne les traite icy comme les Romains le temps passé traitoient cruellement leurs vestales quand elles avoient forfait; ce qui estoit une chose horrible et abominable: aussi estoient-ils payens, et pleins d'horreurs et de cruautez; nous autres chrestiens, qui en suivons la douceur de nostre Christ, devons estre benins comme luy; et comme il nous pardonne, il faut que nous pardonnions. Je mettrois icy par escrit la façon de laquelle ils les traitoient; mais je la laisse au bout de la plume. Or laissons ces pauvres ames, que, ma foy, quand elles sont-là une fois renfermées, elles endurent assez de mal; ainsi que dit une fois une dame d'Espagne, voyant mettre en religion une fort belle et honneste damoiselle: *O tristezilla, y en que pecaste, que tum presto vienes à penitentia, y seys metida en sepultura viva!* c'est-à-dire: «O pauvre misérable, en quoi avez-vous tant péché, que si prestement vous venez à pénitence, et estes mise toute vive en sépulture!» Et voyant que les religieuses luy faisoient toutes les bonnes cheres, recueils et honneurs du monde, elle dit *que todo le hedia, hasla el encensio de la yglesia*; c'est-à-dire: «que tout luy puoit, jusques à l'encens de l'église.»

—Une question y a-t-il que je voudrois qui me fust dissolue, en toute vérité et sans dissimulation, par aucunes dames qui ont fait le voyage; à sçavoir, quand elles sont remariées, comment elles se comportent à l'endroit de la mémoire des premiers marys. En cela il y a une maxime: que les dernieres amitiez et inimitiez font oublier les premieres; aussi les secondes nopces ensevelissent les premieres. Sur quoy j'allégueray un exemple plaisant, non pour tant qu'il doive estre fort authorisable; si est-ce qu'on dit que sous un lieu obscur et vil encore la sapience et science s'y cache. Une grande dame de Poictou demandant une fois à une paysanne, sienne tenanciere, combien de marys elle avoit eus, et comment elle s'en estoit trouvée, elle, faisant sa petite révérence à la pitaude, luy respondit de sang froid: «Je vous dirai, madame, j'ay eu deux marys, grâce à Dieu. L'un s'appeloit Guillaume, qui estoit le premier; et le second s'appeloit Colas. Guillaume estoit bon homme, aisé de moyens, et me traitoit fort bien; mais Dieu pardonne à Colas, car Colas me le faisoit bien.» Mais elle disoit tout à trac ce qui se commence par f., sans le déguiser ou farder comme je le déguise. Voyez, s'il vous plaist, comme cette maraude prioit Dieu pour l'ame du trépassé bon compagnon, et, s'il vous plaist, sur quel sujet, et du premier mérite. Je penserois que de mesmes en font plusieurs dames convolantes et revolantes; car, puisqu'elles en viennent là, c'est pour ce grand point; et, pour ce, qui le joüe le mieux est le plus aimé. Et volontiers croyent que le second doit faire rage; mais bien souvent aucunes sont trompées, car elles ne trouvent en leurs boutiques l'assortiment qu'elles y pensoient trouver, ou bien à d'aucunes, s'il y en a, il est si chetif et usé et gasté, flasque et foulé et lasche, qu'on se repend d'y avoir mis son denier; comme j'en ay veu force exemples que je ne veux alléguer, car il est temps, ce me semble, de faire fin ou jamais non.

—D'autres dames y a-t-il qui disent qu'elles aiment mieux leurs derniers marys de beaucoup que les premiers: «D'autant, m'ont dit aucunes, que les premiers que nous espousons, le plus souvent nous les prenons par le commandement de nos roys et reynes maistresses, par la contrainte de nos peres et meres, parents, tuteurs, non par la volonté pure de nous autres: au lieu qu'en nos viduitez, comme très-bien émancipées, nous en faisons telle élection qui nous plaist, et ne les prenons que pour nos beaux et bons plaisirs, et par amourettes, et à nostre gentil contentement.» Certainement il peut y avoir de la raison, si ce n'estoit que bien souvent *les amours qui s'accommencent par anneaux se finissent par couteaux*, ce dit un vieux proverbe, ainsi que tous les jours nous en voyons les expériences et exemples d'aucunes, qui pensants estre bien traitées de leurs hommes, qu'elles avoient tirez de la justice et du gibet, de la pauvreté, de la chetiverie du bordel, et eslevez, les battoient, rossoient, les traitoient fort mal, et bien souvent leur ostoient la vie, dont en cela c'estoit juste punition divine, pour avoir esté par trop ingrates à leurs premiers marys, qui leur estoient par trop bons et en disoient pis que pendre. Et ne ressembloient pas à une que j'ay ouy raconter, laquelle la première nuict de ses nopces, ainsi que son mary la commençoit à assaillir, elle se mit à pleurer et souspirer bien fort, si bien que tout à un coup elle faisoit deux choses fort contraires. Son mary luy demandoit ce qu'elle avoit à s'attrister, et s'il ne s'acquittoit pas bien de son devoir. Elle luy respondit: «Hélas prou: mais je me ressouviens de mon mary, qui m'avoit tant priée et repriée de ne me remarier jamais après sa mort, et que j'eusse souvenance et pitié de ses petits enfants. Hélas! je voy bien que j'en auray encor tant de vous. Hé, que feray-je! Je croy que s'il me peut voir du lieu où il est maintenant, il me maudit bien.» Quelle humeur de n'avoir point songé à telles considérations, ny avoir esté sage, si-non après le coup! Mais le mary, l'ayant appaisée et fait souvent passer cette fantaisie par le trou lu milieu, le lendemain matin, ouvrant la fenestre de la chambre, envoya dehors toute la mémoire du mary premier; car se disoit un grand proverbe ancien, que *femme qui enterre un mary ne se soucie plus d'en enterrer un autre*: et aussi un autre qui dit: *Plus de mine en une femme perdant son mary, que de mélancolie*.

—J'ay cogneu une autre veufve, grande dame, bien contraire à cette-cy, qui ne pleura ainsi; car, la première nuict et seconde de ses nopces, elle se conjoignit tellement avec son mary second, qu'ils enfoncèrent et rompirent le chaslis, encore qu'elle eust une espèce de cancre à un tétin; et nonobstant son mal, ne laissa d'un seul point son amoureux plaisir, l'entretenant par après souvent de la sottise et inhabilité de son premier mary. Aussi, à ce que j'ay ouy dire à aucuns et aucunes, c'est la chose que les seconds marys veulent le moins de leurs femmes, qu'elles les entretiennent de la vertu et valeurs de leurs premiers marys, comme estants jaloux des pauvres trépassez, qui y songent autant comme de revenir en ce monde: d'en dire mal tant que l'on voudra. Si en a-t-il force pourtant qui leur en demandent des nouvelles; mais, comme se sentant fort vigoureux et forts, et faisans comparaisons, les interrogent de leurs forces et vigueurs en ces douces charges, comme j'ay ouy dire à aucuns et aucunes, lesquelles, pour leur faire trouver meilleur, leur font accroire que les autres n'estoient qu'apprentifs, dont bien souvent elles s'en trouvent mieux. Autres disoient le contraire, et que les premiers faisoient rage, afin de faire efforcer les derniers à faire les asnes desbatez. Telles femmes veufves seroient bonnes à l'isle de Chio, la plus belle isle et gentille et plaisante du Levant, jadis possédée des Gennois, et depuis trente-cinq ans usurpée par les Turcs, dont c'est un grand dommage et perte pour la chrestienté. En ceste isle donc, comme je tiens d'aucuns marchands gennois, le coustume est que si une femme veut demeurer en viduïté, sans aucuns propos de se remarier, le seigneur la contraint de payer un certain prix d'argent, qu'ils appellent *argomoniatique*, qui vaut autant dire (sauf l'honneur des dames) *c.. reposé et inutile*. Je leur ay demandé sur quoy cette coutume pouvoit estre fondée: ils me respondirent que pour tousjours mieux repeupler l'isle. Je vous assure que nostre France ne demeurera donc indeserte ny infertile par faute de nos veufves qui ne se remarient point; car je pense qu'il y en a plus qui se remarient que d'autres, et par ce ne payeront de tribut du c.. inutile et reposé; que si ce n'est par le mariage, pour le moins autrement qu'ils le font travailler et fructifier, comme j'espère de dire. Non plus ne payeront aussi aucunes de nos filles de France que celles de Chio, lesquelles, soit des champs ou de ville, si elles laissent perdre leur pucelage avant que d'estre mariées, et qu'elles veulent continuer le mestier sont tenues de bailler pour une fois un ducat (dont c'est un très-bon marché pour faire cela toute leur vie) au capitaine de la nuict, afin de le pouvoir faire à leur plaisir, sans aucune crainte et danger; et en cela gist le plus grand et asseuré gain qu'ait le gentil capitaine en son Estat.

—Il ne fut jamais que les Grecs n'eussent tousjours quelques inventions tendantes à la paillardise; comme le temps passé nous lisons de la coustume de l'isle de Cypre, qu'on dit que la bonne dame Vénus, patronne de-là, introduisit une loy que les filles de-là falloit qu'elles allassent se pourmenants le long des rivages, costes et orées de la mer, pour gagner leur mariage par la libéralité de leurs corps aux mariniers, passants et navigeants, qui descendoient exprès, voire bien souvent se destournoient de leur chemin droit de la boussole pour prendre la terre, et là, prenants leurs petits rafraischissements avec elles, les payoient très-bien, et puis s'en alloient les uns à regret pour laisser telles beautez; et par ainsi ces belles filles gagnoient leurs mariages, qui plus qui moins, qui bas qui haut, qui grand qui petit, selon les beautez, qualitez et tentations des filaudes.

—Aujourd'huy aucunes de nos filles de nos nations chrestiennes ne vont point se pourmener, s'exposer ainsi aux vents, aux pluyes, aux froids, au soleil, aux chaleurs, car la peine est trop laborieuse et trop dure pour leurs tendres et délicates peaux et blanches charnures; mais elles se font venir trouver sous de riches pavillons et dans de pompeuses courtines, et là tirent leur solde amoureuse et maritale de leurs amoureux, sans payer aucun tribut. Je ne parle pas des courtisanes de Rome qui en payent, mais de plus grandes qu'elles: si bien qu'à aucunes, la plus part du temps, leurs peres, meres et freres n'ont pas grande peine de chercher argent ny leur en donner pour les marier; ains, au contraire, bien souvent aucunes y a-t-il qui en baillent aux leurs, et les advancent en biens et charges, en grades et dignitez, ainsi que j'en ay veu plusieurs. Aussi Lycurgus ordonna que les filles vierges fussent mariées sans doüaire d'argent, à ce que les hommes les espousassent pour leurs vertus, non pour l'avarice. Mais quelles vertus estoit-ce, qu'aux bonnes festes solemnelles elles chantoient, dansoient publiquement toutes nuës avec les garçons, voire luitoient en belle place marchande; ce qui se faisoit pourtant avec toute honnesteté, dit l'histoire: c'est à sçavoir, et quelle honnesteté en tel estat estoit-ce, les belles filles voir publiquement? D'honnesteté n'y en avoit-il point, mais ouy bien un plaisir pour la veuë, et mesme en leur mouvement de corps à danser, et encore plus à luiter: et puis quand ils venoient à tomber l'un sur l'autre, et, comme dit le latin, *Illa sub, ille super*, et *ille sub, illa super*, c'est-à-dire, «elle dessous, luy dessus, et elle dessus, luy dessous.» Et comment me pourroit-on desguiser cela, qu'il y eust là toute honnesteté? Je croy qu'il n'y a chasteté qui ne s'en esbranlast, et, que, se faisant là en public et de jour les petites attaques, qu'à couvert et de nuict et du rendez-vous les grands combats et camisades s'en ensuivissent. Tout cela se pouvoit faire sans aucun doute, veu que ledit Lycurgus permit à ceux qui estoient beaux et dispos d'emprunter les femmes des autres pour y labourer comme en terre grasse: et si n'estoit chose reprochable à un vieil et lassé de prester sa femme belle et jeune à un galant jeune homme qu'il choisissoit; mais il vouloit qu'il fust permis à la femme de choisir pour secours le plus proche parent de son mary, tel qu'il luy plairoit, pour se coupler avec luy, à ce que les enfants qu'ils pourroient engendrer fussent au moins du sang et de la race mesme du mary. Les Juifs avoient cette loy de la belle-sœur au beau-frère; mais nostre loy chrestienne a tout rabillé cela, encore que nostre Saint Pere en aye baillé plusieurs dispenses fondées sur plusieurs raisons.

—Or, parlons un peu, et le plus sobrement que nous pourrons, d'aucunes autres veufves, et puis nous fairons la fin. Il y a une autre espèce de veufves dont il y en a qui ne se remarient point, mais fuyent le mariage comme peste: ainsi que me dit une, et de grande maison, et bien spirituelle, à laquelle ayant demandé si elle offriroit encore son vœu au dieu Hymenée, elle me respondit: «Par vostre foy, seroit-il pas fat et malhabile le forçat ou l'esclave, après avoir longuement tiré à la rame, attaché à la cadene, s'il venoit à recouvrer sa liberté, s'il s'en alloit de son bon gré encore s'assujettir sous les loix d'un orageux corsaire? Pareillement moy, après avoir assez esté sous l'esclavage d'un mary, et en reprendre un autre, que meriterois-je, puis que d'ailleurs, sans aucun hazard, je me puis donner du bon temps?» Et une autre dame grande, et ma parente (car je ne veux pas prendre le Turc), luy ayant demandé si elle n'avoit point envie de convoler, «nenny, me respondit-elle, mon cousin, mais bien de conjoüir:» faisant une allusion sur ce mot de *conjoüir*, comme voulant dire qu'elle vouloit bien faire à son c.. joüir d'autre chose qu'à un second mary, suivant le proverbe ancien qui dit qu'*il vaut mieux voler en amour qu'en mariage*: aussi que les femmes sont sottes par-tout.

—J'ay ouy parler d'une autre à qui il fut demandé par un gentilhomme qui vouloit tenter le guay pour la pourchasser, et luy demandant si elle ne vouloit point un mary: «Hà! dit-elle, ne me parlez point de mary, je n'en auray jamais plus: mais avoir un amy, c'est une autre affaire.—Permettez donc, madame, que je sois cet amy, puisque mary je ne puis estre.» Elle luy repliqua: «Servez bien et perseverez; possible le serez-vous.»

—J'ay cogneu une grande dame qui, durant qu'elle estoit fille et mariée, on ne parloit que de son embonpoint: elle vint à perdre son mary, et en faire un regret si extrême qu'elle en devint seiche comme bois[95]; pourtant ne delaissa de se donner au cœur joye d'ailleurs, jusqu'à emprunter l'aide d'un sien secretaire, voire de son cuisinier ce disoit-on; mais pour cela ne recouvroit son embonpoint, encore que le dit cuisinier, qui estoit tout gresseux et gras, ce me semble, la devoit rendre grasse. Et ainsi en prenoient et de l'un et de l'autre de ses valets, faisant, avec cela, la plus prude et chaste femme de la Cour, n'ayant que la vertu en la bouche, et mal-disante de toutes les autres femmes, et y trouvant à toutes à redire. Telle estoit cette grande dame de Dauphiné, dans les *Cent Nouvelles de la Reyne de Navarre*, qui fut trouvée couchée sur belle herbe avec son palefrenier ou muletier dessus elle, par un gentilhomme qui en estoit amoureux à se perdre; mais par ainsi guérit aisément son mal d'amour.

—J'ay leu dans un vieux roman de Jean de Saintré, qui est imprimé en lettres gothiques, que le feu roy Jean le nourrit page. Par l'usance du temps passé les grands envoyoient leurs pages en message, comme on fait bien aujourd'huy; mais alors alloient partout et par pays à cheval; mesme que j'ay ouy dire à nos peres qu'on les envoyoit bien souvent en petites ambassades; car, en depeschant un page avec un cheval et une piece d'argent, on en estoit quitte, et autant espargné. Ce petit Jean de Saintré (car ainsi l'appeloit-on long-temps) estoit fort aimé de son maistre le roy Jean, car il estoit tout plein d'esprit, fut envoyé souvent porter de petits messages à sa sœur, qui estoit pour lors veufve (le livre ne dit pas de qui). Cette dame en devint amoureuse après plusieurs messages par luy faits; et un jour, le trouvant à propos et hors de compagnie, elle l'arraisonna, et se mit à demander s'il aimoit point aucune dame de la Cour, et laquelle luy revenoit le mieux; ainsi qu'est la coustume de plusieurs dames d'user de ces propos quand elles veulent donner à aucuns la première pointe ou attaque d'amour, comme j'ay veu pratiquer. Ce petit Jean de Saintré, qui n'avoit jamais songé rien moins qu'à l'amour, luy dit que non encore. Elle luy en alla descouvrir plusieurs, et ce qui luy en sembloit. «Encore moins,» respondit-il, après luy avoir presché des vertus et loüanges de l'amour. Car, aussi bien de ce temps vieux comme aujourd'huy, aucunes grandes dames y estoient sujettes; car le monde n'estoit pas fin comme il est: et les plus fines tant mieux pour elles, qui en faisoient passer de belles aux marys, mais avec leurs hypocrisies et naïvetez. Cette dame donc, voyant ce jeune garçon qui estoit de bonne prise, luy va dire qu'elle luy vouloit donner une maistresse qui l'aymeroit bien, mais qu'il la servist bien, et luy fit promettre, avec toutes les hontes du monde qu'il eust sur ce coup, et surtout qu'il fust secret: enfin elle se déclara à luy qu'elle vouloit estre sa dame et amoureuse; car de ce temps ce mot de *maistresse* ne s'usoit. Ce jeune page fut fort estonné, pensant qu'elle se moquast ou le voulust faire atrapper ou le faire foüetter. Toutefois elle luy monstra aussitost tant de signes de feu et d'embrasement d'amour, qu'il connut que ce n'estoit pas moquerie; luy disant toujours qu'elle le vouloit dresser de sa main et le faire grand. Tant y a que leurs amours et jouissances durèrent longuement, et estant page et hors de page, jusques à ce qu'il luy fallut aller à un lointain voyage, qu'elle le changea en un gros, gras abbé; et c'est le conte que vous voyez en les *Nouvelles du monde advantureux*, d'un valet de chambre de la reyne de Navarre; là où vous voyez l'abbé faire un affront au dit Jean de Saintré, qui estoit si brave et si vaillant; aussi bien-tost après le rendit-il à M. l'abbé par bon eschange, et au triple. Ce conte est très-beau, et est pris de là où je vous dis. Voilà comme ce n'est d'aujourd'huy que les dames aiment les pages, et mesmes quand ils sont maillés comme perdreaux. Quelles humeurs de femmes, qui veulent avoir des amys prou, mais des marys point! Elles font cela pour l'amour de la liberté, qui est une si douce chose; et leur semble que quand elles sont hors de la domination de leurs marys, qu'elles sont en paradis; car elles ont leur doüaire très-beau, et le mesnagent; ont les affaires de la maison en maniement; elles touchent les deniers; tout passe par leurs mains: au lieu qu'elles estoient servantes, elles sont maistresses, font eslection de leurs plaisirs et de ceux qui leur en donnent à leur souhait. Aucunes il y a qui se faschent certes de ne rentrer en second mariage, soit pour les grandeurs, dignitez, biens et richesses, grades, bons et doux traitements, comme elles faisoient aux autres; ou pensant y trouver du pire, et par ce se contiennent: ainsi que j'ay cogneu et ouy parler de plusieurs grandes dames et princesses, lesquelles, de peur de ne rencontrer à leur souhait de la grandeur, et de perdre leurs rangs, n'ont jamais voulu se marier; mais ne laissent pour cela à faire bien l'amour, et le mettre et convertir en joüissance; et n'en perdoient pour cela ny leurs rangs, ny leurs tabourets, ny leurs siéges et séances. N'estoient-elles pas bienheureuses celles-là, jouyr de la grandeur, et de monter haut et s'abaisser bas tout ensemble? De leur en dire mot, ou leur en faire la remonstrance, n'en faloit point parler; autrement il y avoit plus de despits, plus de desmentis, de négatives, de contradictions et de vengeances.

—J'ay ouy raconter d'une dame veufve et l'ay cogneue, qui s'estoit fait longuement servir à un honneste gentilhomme, sous prétexte de mariage; mais il ne se mettoit nullement en évidence. Une grande princesse, sa maistresse, luy en voulut faire la reprimande. Elle, rusée et corrompue, luy respondit: «Et quoy, madame, seroit deffendu de n'aimer d'amour honneste? ce seroit par trop grande cruauté.» Et on sçait que cet amour honneste s'appeloit un amour bien lascif, et composé de confitures spermatiques: comme certes sont toutes amours, qui naissent toutes pures, chastes et honnestes; mais après se dépucellent, et, par quelque certain attouchement d'une pierre philosophale, se convertissent et se rendent deshonnestes et lubriques.

—Feu M. de Bussy, qui estoit l'homme de son temps qui disoit des mieux, et racontoit aussi plaisamment, un jour à la Cour, voyant une dame veufve, grande, qui continuoit toujours le mestier d'amour, «Et quoy, dit-il, cette jument va-elle encore à l'estallon?» Cela fut rapporté à la dame, qui luy en voulut mal mortel; ce que M. de Bussy sceut: «Et bien, dit-il, je sçay comme je feray mon accord et rabilleray cela. Dites-luy, je vous prie, que je n'ay pas parlé ainsi; mais bien j'ay dit: Cette poultre[96] va-elle encore au cheval? Car je sçay bien qu'elle n'est pas marrye de quoy je la tiens pour dame de joye, mais pour vieille; et lorsqu'elle sçaura que je l'ay nommée *poultre*, qui est une jeune cavalle, elle pensera que je l'ay encore en estime d'une jeune dame.» Par ainsi, la dame, ayant sceu cette satisfaction et rabillement de paroles, s'appaisa, et se remit en amitié avec M. de Bussy; dont nous en rismes bien. Toutefois elle avoit beau faire, car on la tenoit tousjours pour une jument vieille et réparée, qui, toute suragée qu'elle estoit, hannissoit encore aux chevaux. Cette dame ne ressembloit pas à une autre dont j'ay ouy parler, laquelle, ayant esté bonne compagne en son premier temps, et se jettant fort sur l'age, se mit à servir Dieu en jeusnes et oraisons. Un gentilhomme honneste luy remonstrant pourquoy elle faisoit tant de veilles à l'église, et tant de jeusnes à la table, et si c'estoit pour vaincre et matter les aiguillons de la chair, «Hélas! dit-elle, ils me sont tous passez;» proférant ces mots aussi piteusement que jamais fit Milo Crotoniates, ce fort et puissant luiteur; lequel un jour estant descendu dans l'arene, ou le champ des luiteurs, pour y voir l'esbat seulement, car il estoit devenu fort vieux, il y en eut un de la troupe qui luy vient dire s'il ne vouloit point faire encore un coup du vieux temps. Luy, se rebrassant et retroussant ses bras fort piteusement, regardant ses nerfs et muscles, il dit seulement: «Hélas! ils sont morts.» Si cette femme en eust fait de mesme et se fust retroussée, le trait estoit pareil à celuy de Milo; mais on n'y eust veu grand cas qui valust ny qui tentast. Un autre pareil trait et mot au précédent M. de Bussy fit un gentilhomme que je sçay. Venant à la Cour, d'où il avoit esté absent six mois, il vid une dame qui alloit à l'Académie, qui estoit alors introduite à la Cour par le feu Roy: «Comment, dit-il, l'Académie dure encore? on m'avoit dit qu'elle estoit abolie.—En doutez-vous, luy respondit un, si elle y va? son magister luy apprend la philosophie, qui parle et traite du mouvement perpétuel.»

—Une dame de par le monde rencontra bien mieux d'une autre à laquelle on loüoit fort ses beautez, fors qu'elle avoit ses yeux immobiles, qu'elle ne remuoit nullement. «Pensez, dit-elle, que toute sa curiosité est à mettre son mouvement au reste de son corps, et mesme à celuy du mitan, sans le renvoyer à ses yeux.» Or, si je voulois mettre par escrit et tous les bons mots et bons contes que je sçay pour bien amplifier ce sujet, je n'aurois jamais fait, et d'autant que j'ay d'autres pas à faire je m'en désiste, et concluray avec Bocace, cy-dessus allégué, que, et filles, et mariées, et veufves, au moins la plus grande part, tendent toutes à l'amour.

Je ne veux point parler des personnes viles, ny des champs, ny de ville, car telle n'a point esté mon intention d'en escrire, mais des grandes, pour lesquelles ma plume vole. Toutefois, si au vray on me demandoit mon opinion, je dirois volontiers qu'il n'y a que les mariées, tout hazard et danger des marys à part, pour estre propres à l'amour et en tirer prestement l'essence; car les marys les eschauffent tant, que, comme une fournaise qui est souvent bien embrasée, elles ne demandent que de la matiere et du bois pour entretenir tousjours leur chaleur; et aussi qui se veut bien servir de la lampe, il y faut mettre souvent de l'huile; mais aussi garde le jarret, et les embusches de ces marys jaloux, où les plus habiles bien souvent y sont attrapez! Toutefois il y faut aller le plus sagement que l'on peut et le plus hardiment, et faire comme un Roy, lequel, comme il estoit fort sujet à l'amour, et fort aussi respectueux aux dames, et discret, et par conséquent bien-aimé et receu d'elles, quand quelquefois il changeoit de lict et s'alloit coucher en celuy d'une autre dame qui l'attendoit, ainsi que je tiens de bon lieu, jamais il n'y alloit, et fust-ce en ses galeries cachées de Saint Germain, Bloys et Fontainebleau, et petits degrés eschapatoires, et recoins, et galletas de ses chasteaux, qu'il n'eust son valet-de-chambre favory, dit Griffon, qui portoit son espieu devant luy avec le flambeau, et luy après, son grand manteau devant les yeux ou sa robe de nuit, et son espée sous le bras; et estant couché avec la dame, se faisoit mettre son espieu et son espée auprès de son chevet, et Griffon à la porte bien fermée, qui quelquefois faisoit le guet et quelquefois dormoit. Je vous laisse à penser, si un grand roy prenoit si bien garde à soy (car il y en a eu d'atrapez, et des roys et de grands princes); ce que les petits compagnons auprès de ce grand doivent faire. Mais il y a de certains presomptueux qui desdaignent tout; aussi sont-ils bien atrappez souvent.

—J'ay ouy conter que le roy François, ayant en main une fort belle dame qui luy a longtemps duré, allant un jour inopiné à ladite dame et en heure inopinée coucher avec elle, vint à frapper à la porte rudement, ainsi qu'il devoit et avoit pouvoir, car il estoit maistre. Elle qui estoit pour lors accompagnée du sieur de Bonnivet, n'osa pas dire le mot des courtisannes de Rome: *Non si parla, la signora è accompagnata*[97]. Ce fut à s'adviser là où son galand se cacheroit pour plus grande seureté. Par cas c'estoit en esté, où l'on avoit mis des branches et feuilles dans la cheminée, ainsi qu'est la coustume de France. Parquoy elle luy conseille et l'advisa aussitost de se jeter dans la cheminée, et se cacher dans ces feuillages tout en chemise, que bien luy servit de quoy ce n'estoit en hyver. Après que le Roy eut fait sa besogne avec la dame, il voulut faire de l'eau; et se levant, la vint faire dans la cheminée, par faute d'autre commodité; dont il en eust si grande envie, qu'il en arrosa le pauvre amoureux plus que si l'on luy eust jetté un sceau d'eau, car il l'en arrousa, en forme de chantepleure de jardin, de tous costez, voire et sur le visage, par les yeux, par le nez, la bouche, et par tout; possible en eschappa-t-il quelque goutte dans la bouche. Je vous laisse à penser en quelle peine estoit ce gentilhomme, car il n'osoit se remuer, et quelle patience et constance tout ensemble! Le Roy, ayant fait, s'en alla, prit congé de la dame et sortit de la chambre. La dame fit fermer par derrière, et appella son serviteur dans son lict, l'eschauffa de son feu, et lui fit prendre chemise blanche: ce ne fust pas sans rire après la grande appréhension; car s'il eust esté descouvert, et luy et elle estoient en très-grand danger. Cette dame est celle-là mesme laquelle estant fort amoureuse de M. de Bonnivet, en voulant monstrer au Roy le contraire, qui en concevoit quelque petite jalousie, elle luy disoit: «Mais il est bon, Sire, de Bonnivet, qui pense estre beau; et tant plus je luy dis qu'il l'est, tant plus il se voit; et je me moque de luy, et par ainsi j'en passe mon temps, car il est fort plaisant et dit de très-bons mots, si bien qu'on ne sçauroit s'en garder de rire quand on est près de luy, tant il raconte bien.» Elle vouloit par là monstrer au Roy que sa conversation ordinaire qu'elle avoit avec luy n'estoit point l'aimer et en joüir, ny pour fausser compagnie au Roy. Ha! qu'il y a plusieurs dames qui usent de ces ruses pour couvrir leurs amours qu'elles ont avec quelques-uns; elles en disent du mal, s'en moquent devant le monde, et derrière n'en font pas ce beau semblant, et cela s'appellent ruses et astuces d'amour.

—J'ay cogneu une très-grande dame, laquelle, ayant veu un jour sa fille, qui estoit l'une des belles du monde, estre en peine à cause de l'amour d'un gentilhomme dont son frere estoit estomaqué, entr'autres discours que la mère luy dit: «Hé! ma fille, n'aimez plus cet homme-là; il a si mauvaise grâce et façon! il est si laid! il ressemble à un vray pastissier de village.» La fille s'en mit à rire et moquer, et applaudir au dire de sa mère, et l'advoüer pour semblance de pastissier de village; mais qu'il eust un bonnet rouge, toutefois elle l'aimoit. Mais, quelque temps après, qui fut environ six mois, elle le quitta pour en avoir un autre. J'ay connu plusieurs dames qui ont dit pis que pendre des femmes qui aimoient en lieux bas, comme leurs secrétaires, valets de chambre et autres personnes basses, et détestoient devant le monde cet amour plus que poison; et toutefois elles s'y abandonnoient autant, ou plus qu'à d'autres. Et ce sont les finesses des dames, jusque là que, devant le monde, elles se courroucent contre eux, les menacent, les injurient; mais derrière elles s'en accommodent galamment. Ces femmes ont tant de ruses! car, comme dit l'Espagnol, *mucho sabe la sorra; pero sab mas la dama enamorada*; c'est à dire: «Le renard sait beaucoup, mais une dame amoureuse sait bien davantage.» Quoy que fist cette dame précédente pour oster martel au roy François, si ne peut-elle tant faire qu'il ne lui en restast quelques grains en teste: car, comme j'ay sceu, et surquoy il me souvient, qu'une fois m'estant allé pourmener à Chambord, un vieux concierge qui estoit céans, et avoit esté valet de chambre du Roy François m'y reçut fort honnestement; car il avoit dès ce temps-là connu les miens à la Cour et aux guerres, et luy-mesme me voulut monstrer tout; et m'ayant mené à la chambre du Roy, il me monstra un escrit au costé de la fenestre: «Tenez, dit-il, lisez cela, monsieur; si vous n'avez veu de l'escriture du Roy mon maistre, en voilà.» Et l'ayant leu en grandes lettres, il y avoit ce mot: «Toute femme varie.» J'avois avec moy un fort honneste gentilhomme de Périgord, mon amy, qui s'appeloit M. de Roche, qui me dit soudain: «Pensez que quelques-unes de ces dames qu'il aimoit le plus, et de la fidelité desquelles il s'assuroit le plus, il les avoit trouvées varier et luy faire faux-bons, et en elles avoit découvert quelque changement dont il n'estoit guères content, et, de despit, en avoit escrit ce mot.» Le concierge, qui nous ouyt, dit: «C'est mon, vrayment, ne vous en pensez pas moquer: car, de toutes celles que je luy ay jamais veues et cogneues, je n'en ay veu aucune qui n'allast au change plus que ses chiens de la meute à la chasse du cerf; mais c'estoit avec une voix fort basse, car s'il s'en fust apperçu, il les eust bien relevées.» Voyez, s'il vous plaist, de ces femmes qui ne se contentent ny de leurs marys, ny de leurs serviteurs, grands roys et princes et grands seigneurs; mais il faut qu'elles aillent au change et que ce grand roy les avoit bien connues et expérimentées pour telles, et pour les avoir desbauchées et tirées des mains de leurs marys, de leurs mères et de leurs libertez et viduitez.

—J'ay cogneu une bien grande dame, veufve, qui en a fait de mesme: car, encore qu'elle fust quasi adorée d'un très-grand, si falloit-il avoir quelques menus autres serviteurs, afin de ne pas perdre toutes les heures du temps et demeurer en oisiveté; car un seul ne peut pas en ces choses y vaquer ny fournir toujours: aussi que telle est la règle de l'amour, que la dame d'amour n'est pas pour un temps préfix, n'y aussi pour une personne préfixe, ny seule arrestée. Je m'en rapporte à cette dame des *Cent Nouvelles de la Reyne de Navarre*, qui avoit trois serviteurs au coup, et estoit si habile qu'elle les sçavoit tous trois fort accortement entretenir.

—J'ay cogneu une dame, laquelle ayant esté servie d'un fort honneste gentilhomme, et puis en ayant esté quittée au bout de quelque temps, se vinrent à raconter de leurs amours passez. Le gentilhomme, qui voulut faire du galant, lui dit: «Et quoy! penseriez vous que vous seule fussiez de ce temps ma maistresse? vous seriez bien estonnée si, avec vous, j'en avois eu deux autres?» Elle luy respondit aussi-tost: «Vous seriez bien plus estonné si vous eussiez pensé estre le seul mon serviteur, car j'en avois bien trois autres pour réserve.» Voilà comment un bon navire veut avoir tousjours deux ou trois ancres pour bien s'affermir. Pour faire fin, vive l'amour pour les femmes! et, comme j'ay trouvé une fois dans les tablettes d'une très-belle et honneste dame qui habloit un peu l'espagnol et l'entendoit très-bien, ce petit refrain escrit de sa propre main, car je la connois très-bien: *Hembra o dama sin campagnero, esperança sin trabajo, y navio sine timon, nunca pueden haser cosa que sea buena*; c'est-à-dire: «Jamais femme ou dame sans compagnon, ny espérance sans travail; ny navire sans gouvernail, ne pourroient faire chose qui vaille.» Ce refrain peut estre bon et pour la femme et pour la veufve, et pour la fille; car et l'une et l'autre ne peuvent rien faire de bon sans la compagnie de l'homme, ny l'espérance que l'on a de les avoir n'est point tant agréable à les attrapper aisément, comme avec un peu de peine et travail, rudesse et rigueur. Toutefois la femme et la veufve n'en donnent pas tant que la fille, d'autant que l'on dit qu'il est plus aisé et facile de vaincre et abattre une personne qui a esté vaincue, abattue et renversée, que celle qui ne le fust jamais; et qu'on ne prend point tant de travail et peine à marcher par un chemin desjà bien frayé et battu, que par celuy qui n'a jamais esté fait ny tracé: et de ces deux comparaisons je m'en rapporte aux voyageurs et guerriers. Ainsi est-il des filles; car mesme il y en a aucunes si capricieuses, qui jamais n'ont voulu se marier, ains vivre toujours en condition filiale; et si on leur demandoit pourquoy, «C'est ainsi, et telle est mon humeur,» disent-elles. Aussi que Cybele, Junon, Vénus, Thétis, Cérès et autres déesses du ciel, ont toutes méprisé ce nom de vierge, fors Pallas, qui prit du cerveau de Jupiter sa naissance, faisant voir par-là que la virginité n'est qu'une opinion conçue en la cervelle. Aussi demandez à nos filles qui ne se marient jamais, ou, si elles se marient, c'est le plus tard qu'elles peuvent, et fort surannées, pourquoy elles ne se marient. «Parce, disent-elles, que je ne le veux, et telle est mon humeur et mon opinion.» Nous en avons veu aux Cours de nos roys aucunes du temps du roy François. Madame la régente avoit une fille belle et honneste, qui s'appeloit Poupincourt, qui ne se maria jamais, et mourut vierge de l'âge de soixante ans, comme elle nasquit, car elle fut très-sage. La Brelaudière est morte fille et pucelle en l'âge de quatre-vingts ans, laquelle on a veu gouvernante de madame d'Angoulesme estant fille. Mademoiselle de Charansonne de Savoye mourut à Tours dernièrement fille, et fut enterrée avec son chapeau et son habit blanc virginal, très-solemnellement, en grande pompe, solemnité et compagnie, en l'âge de quarante-cinq ans ou plus: et ne faut point mettre en doute si c'estoit à faute de party, car, estant l'une des belles et honnestes filles et sages de la Cour, je luy en ay veu refuser de très-bons et très-grands. Ma sœur de Bourdeille, qui est à la Cour fille de la Reyne, a refusé de mesme de fort bons partis, et jamais n'a voulu se marier ny ne le fera, tant elle est résolue et opiniastre de vivre et mourir fille et bien agée; et s'est jusques ici laissée vaincre à cette opinion, et a un bon age. J'ai veu l'infante de Portugal, fille de la feue reyne Eleonor, en mesme résolution, et est morte fille et vierge en l'age de soixante ans ou plus. Ce n'est pas faute de grandeur, car elle estoit grande en tout, ny par faute de biens, car elle en avoit force, et mesme en France, où M. le général Gourgues a bien fait ses affaires; ny pour faute de dons de nature, car je l'ay veüe à Lisbonne, en l'age de quarante-cinq ans, une très-belle et agréable fille, de bonne grace, de belle apparence, douce, agréable, et qui méritoit bien un mary pareil à elle en tout, courtoise, et mesme à nous autres Français. Je le peux dire, pour avoir eu cet honneur d'avoir parlé à elle souvent et privement. Feu M. le grand prieur de Lorraine, lorsqu'il mena ses galères du levant en ponant pour aller en Écosse, du temps du petit roy François, passant et séjournant à Lisbonne quelques jours, la visita et vid tous les jours: elle le receut fort courtoisement et se pleust fort en sa compagnie, et luy fit tout plein de beaux présents. Entre autres, elle luy bailla une chaisne pour pendre sa croix, toute de diamants et rubis, et perles grosses proprement et richement élabourées; et pouvoit valoir de quatre à cinq mille escus, et luy faisoit trois tours; car je croy qu'elle pouvoit bien valoir cela: aussi l'engageoit-il toujours pour trois mille escus, ainsi qu'il fit une fois à Londres, lorsque nous tournions d'Écosse; mais aussitost en France il l'envoya desengager, car il l'aimoit pour l'amour de la dame de laquelle il estoit encaprici̇é et fort pris: et croy qu'elle ne l'aimoit pas moins, et que volontiers elle eust rompu son nœud virginal pour luy; cela s'appelle par mariage, car c'estoit une très-sage et vertueuse princesse: et si diray-je bien plus, que, sans les troubles qui commencèrent en France, messieurs ses frères l'attiroient et l'y tenoient. Il vouloit luy-mesme retourner avec ses galères et reprendre mesme route, et revoir cette princesse, et luy parler de nopces: et croy qu'il n'en fust point esté esconduit, car il estoit d'aussi bonne maison qu'elle, et extrait de grands roys comme elle, et surtout l'un des beaux, des agréables, des honnestes et des meilleurs de la chrestienté; messieurs ses frères, principalement les deux aisnez, car ils estoient les oracles de tous et conduisoient la barque: je vis un jour qu'il leur en parloit, leur racontant son voyage et les plaisirs qu'il avoit receus là, et les faveurs: ils vouloient fort qu'il refist le voyage et y retournast encore, et luy conseilloient de donner là, car le Pape en eust aussitost donné la dispense de la croix: et, sans ces maudits troubles, il y alloit et en fust sorty, à mon advis, à son honneur et contentement. La dite princesse l'aimoit fort, et m'en parla en très-bonne part, et le regretta beaucoup, m'interrogeant de sa mort, et comme esprise, ainsi qu'il est aisé, en telle chose, à un homme un peu clairvoyant le connoistre.

—J'ay ouy dire une autre raison encore à une personne fort habile, je ne dis fille ou femme, et possible avoit-elle expérimenté, pourquoy aucunes filles sont si tardives de se marier. Elles disent que c'est *propter mollitiem*; et ce mot *mollities* s'interprète qu'elles sont si molles, c'est-à-dire tant amatrices d'elles-mesmes et tant soucieuses de se délicater et se plaire seules en elles-mesmes, ou bien avec d'aucunes de leur compagnie, à la mode lesbienne, et y prennent tel plaisir à part elles, qu'elles pensent et croyent fermement qu'avec les hommes elles n'en sçauroient jamais tant tirer de plaisir; et, pour ce, se contentent-elles en leur joye et savoureux plaisirs, sans se soucier des hommes, ny de leurs accointances, ny du mariage. Ces filles ainsi vierges et pucelles eussent esté à Rome fort honorées et fort privilégiées, jusques-là que la justice n'avoit pouvoir sur elles à les sentencier à la mort: si bien que nous lisons que, du temps du triumvirat, il y eut un sénateur romain parmy les proscrits, qui fut condamné à mourir, non luy seulement, mais toute sa lignée de luy procréée; et estant sur l'eschaffaut représentée une sienne fille fort belle et gentille, d'age pourtant non meure et encore trouvée pucelle, il fallut que le bourreau la dépucelast et la dévirginisast luy-mesme sur l'eschaffaut; et puis ainsi pollue la repassa par le cousteau: cruauté certes fort vilaine. Les vestales de mesme estoient très-honorées et respectées, autant pour leur virginité que pour leur religion: car si elles venoient le moins du monde à faillir de leurs corps, elles estoient cent fois plus punies rigoureusement que quand elles n'avoient pas bien gardé le feu sacré car on les enterroit toutes vives avec des pitiés effroyables. Il se lit d'un Albinus, Romain, qui, ayant rencontré hors de Rome quelques vestales qui s'en alloient à pied en quelque part, il commanda à sa femme de descendre avec ses enfants de son chariot, pour les y monter à parfaire leur chemin. Elles avoient aussi telle authorité, que bien souvent ont elles esté crues et moyenneresses à faire l'accord entre le peuple de Rome et les chevaliers, quand quelquefois ils avoient rumeur ensemble. L'empereur Théodose les chassa de Rome par le conseil des chrestiens, envers lequel empereur les Romains députèrent un Symmachus, pour le prier de les remettre avec leurs biens, rentes et facultez qu'elles avoient grandes, et telles, que tous les jours elles donnoient si grande quantité d'aumosnes, qu'elles n'ont jamais permis à nul Romain ny estranger, passant ou venant, de demander l'aumosne, tant leur pie charité s'estendoit sur les pauvres: et toutefois Théodose ne les y voulut jamais remettre. Elles s'appeloient vestales, de ce mot de *Vesta*, qui signifie feu, lequel a beau tourner, virer, mouvoir, flamber, jamais ne jette semence ny n'en reçoit: de mesme la vierge. Elles duroient trente ans ainsi vierges, au bout desquels se pouvoient marier; desquelles peu sortant de là se trouvoient plus heureuses, ny plus ny moins que nos religieuses qui se sont dévoilées et ont quitté leurs habits. Elles estoient fort pompeuses et superbement habillées, lesquelles le poëte

Prudence descrit gentiment, telles comme peuvent estre les chanoinesses d'aujourd'huy de Mons en Hainault, et de Remiremont en Lorraine, qui se marient. Aussi ce poëte Prudence les blasme fort qu'elles alloient parmy la ville dans des coches fort superbes, et ainsi si bien vestues aux amphithéâtres, voir les jeux des gladiateurs et combattants à outrance entre eux et des bestes sauvages, comme prenant grand plaisir à voir ainsi les hommes s'entre tuer et répandre le sang; et pour ce il supplie l'Empereur d'abolir ces sanguinaires combats et si pitoyables spectacles. Ces vestales, certes, ne devoient voir tels jeux; mais pouvoient-elles dire aussi: «Par faute d'autres jeux plus plaisants, que les autres dames voyent et pratiquent, nous pouvons nous contenter en ceux-cy.»

—Quant à la condition de plusieurs veufves, il y en a aussi plusieurs qui font l'amour de mesme que ces filles, ainsi que j'en ay cogneu aucunes, et autres qui aiment mieux s'esbattre avec les hommes en cachette, et en toute leur pleiniere volonté, que leur estant sujettes par mariage: pour ce, quand on en voit aucunes garder longement leurs viduïtez, il ne les en faut pas tant loüer, comme l'on diroit, jusqu'à ce que l'on sçache leur vie. C'est après, selon que l'on descouvre, qu'il les en faut louer ou mespriser; car une femme, quand elle veut desplier ses esprits, comme on dit, est terriblement fine, et mene l'homme vendre au marché sans qu'il s'en prenne garde; et, estant ainsi fine, elle sçait si bien ensorceller et esbloüer les yeux et les pensées des hommes, qu'ils ne peuvent jamais guères bien connoistre leur bien; car telle prendra-t-on pour une prude femme et confite en sapience, qui sera une bonne putain, et joüera son jeu si bien à point, et si à couvert, qu'on n'y connoistra rien. Je sçay bien que plusieurs me pourroient dire que j'ay obmis plusieurs bons mots et contes qui eussent mieux encore embelly et annobly ce sujet. Je le vois; mais, d'ici au bout du monde, je n'en eusse veu la fin; et, qui en voudra prendre la peine de faire mieux, l'on luy aura grande obligation.

Or, mes dames, je fais fin, et m'excusez si j'ay dit quelque chose qui vous offense. Je ne fus jamais né ny dressé pour vous offenser ni desplaire. Si je parle d'aucunes, je ne parle pas de toutes; et de ces aucunes, je n'en parle que par noms couverts et point divulgués. Je les cache si bien, qu'on ne s'en peut apercevoir, et le scandale n'en peut tomber sur elles que par doutes et soupçons, et non par vraye apparence.

DISCOURS CINQUIÈME.

Sur aucunes dames vieilles qui aiment autant à faire l'amour comme les jeunes.

Puisque j'ay parlé cy-devant des vieilles dames qui aiment à roussiner, je me suis mis à faire ce discours. Par quoy j'accommence, et dit qu'un jour moy, estant à la Cour d'Espagne, devisant avec une fort honneste et belle dame, mais pourtant un peu aagée, me dit ces mots: *Que ningunas damas lindas, o allo menos pocas, se hazen viejas de la cinta hasta a baxo*; «que nulles dames belles, ou au moins peu, se font vieilles de la ceinture jusques en bas.» Sur quoy je luy demanday comment elle l'entendoit, si c'estoit ou pour la beauté du corps de cette ceinture en bas, qu'elle n'en diminuast aucunement par la vieillesse, ou pour l'envie et l'appetit de la concupiscence qui vinssent à ne s'en estreindre ny s'en refroidir par le bas aucunement. Elle respondit qu'elle l'entendoit et pour l'un et pour l'autre; «car, quant à la picqueure de la chair, disoit-elle, ne faut pas penser que l'on s'en guérisse que par la mort, quoiqu'il semble que l'aage y vueille répugner; d'autant que toute femme belle s'aime extresmement, et en s'aimant ce n'est point pour elle, mais pour autruy; et nullement ressemble à Narcisus, qui, fat qu'il estoit, aimé de soy et de soy-mesme amoureux, abhorroit toutes autres amours.» La belle femme ne tient rien de cette humeur; ainsi que j'ay ouy raconter d'une très-belle dame, laquelle, s'aimant et se plaisant fort bien souvent seule et à part soy, dans son lit se mettoit toute nuë, et en toutes postures se contemploit, s'admiroit et s'arregardoit lascivement, en se maudissant d'estre voüée à un seul qui n'estoit digne d'un si beau corps, entendant son mary nullement égal à elle. Enfin elle s'enflamma tellement par telles contemplations et visions qu'elle dit adieu à sa chasteté et à son sot vœu marital, et fit amour et serviteur nouveau. Voilà donc comme la beauté allume le feu et la flamme d'une dame, qui la transporte à ceux qu'elle veut puis après, soit aux marys ou aux serviteurs, pour les mettre en usage; aussi qu'un amour en amene un autre. De plus, estant ainsi belle et recherchée de quelqu'un, et qu'elle ne dédaigne de respondre, la voilà troussée: ainsi que Lays disoit que toute femme qui ouvre la bouche pour dire quelque response douce à son amy, le cœur s'y en va et s'ouvre de mesme. Davantage, toute belle et honneste femme ne refuse jamais loüange qu'on lui donne; et si une fois elle se plaist ou permette d'estre loüée en sa beauté, bonnes graces et gentilles façons, ainsi que nous autres courtisans avons accoustumé de faire pour le premier assaut de l'amour, quoyqu'il tarde, avec la continuë nous l'emportons. Or est-il que toute belle femme s'estant une fois essayée au jeu d'amour ne le desapprend jamais, et la continuë luy est toujours très-douce et agréable; ny plus ny moins que, quand l'on a acoustumé une bonne viande, on se fasche fort de la laisser; et tant plus on va sur l'aage, tant meilleure est-elle pour la personne, ce disent les médecins: aussi, tant plus la femme va sur l'aage, tant plus est friande d'une bonne chair qu'elle a accoustumé; et si sa bouche d'en haut y prend de la saveur, sa bouche d'en bas aussi en prend bien autant; et la friandise ne s'en oublie jamais ny ne s'en lasse par la charge des ans, oui plustost bien par une longue maladie, ce disent les médecins, ou autres accidents: que si l'on s'en fasche pour quelque temps, pourtant on la reprend bien.

 L'on dit aussi que tous exercices décroissent et diminuent par l'aage, qui oste la force aux personnes pour les faire valoir, fors celui de Vénus, qui se pratique très-doucement, sans peine et sans travail dans un mol et beau lit, et très-bien à l'aise. Je parle pour la femme et non pour l'homme, à qui pour cela tout le travail et corvée eschoit en partage. Luy donc, privé de ce plaisir, s'en abstient de bonne heure, encor que ce soit en dépit de luy; mais la femme, en quelque aage qu'elle soit, reçoit en soy, comme une fournaise, tout feu et toute matière; j'entends si on lui en veut donner: mais il n'y a si vieille monture, si elle a désir d'aller et veuille estre picquée, qui ne trouve quelque chevaucheur malautru; et quand bien une femme aagée n'en sçauroit chevir bonnement, et n'en trouveroit à point comme en ses jeunes ans, elle a de l'argent et des moyens pour en avoir au prix du marché, en de bons, comme j'ai ouy dire. Toutes marchandises qui coustent faschent fort à la bourse, contre l'opinion d'Héliogabale, qui, tant plus il acheptoit les viandes cheres, tant meilleures les trouvoit-il; fors la marchandise de Vénus, laquelle tant plus couste, tant plus plaist, pour le grand désir que l'on a de bien faire valoir la besogne et denrée que l'on aura bien acheptée; et le tallent que l'on a en main, on le fait valoir au triple, voir au centuple, si l'on peut. Ce fust ce que dist une courtisanne espagnole à deux braves cavaliers espagnols qui prindrent querelle pour elle, et sortants de son logis mirent les espées aux mains et se commencèrent à battre: elle mit la tête à la fenestre, et s'escria à eux: *Senores, mis amores se gagnan con oro y plata, non con hierro*; c'est-à-dire: «Messieurs, mes amours se gagnent avec l'or et l'argent, et non avec le fer.» Voilà comme tout amour bien achepté est bon. Force dames et cavaliers qui ont trafiqué tels marché en sçavent bien que dire: d'alléguer des exemples de plusieurs dames qui ont bruslé en leur vieillesse aussi bien qu'en jeunesse, ou qui ont passé, ou, pour mieux dire, entretenu leurs feux par seconds et nouveaux marys et serviteurs, ce seroit à moi maintenant chose superfluë, puis qu'ailleurs j'en ay allégué plusieurs; ci en rapporteray-je icy aucuns, car la chose la requiert et sert à cette cause.

 —J'ai ouy parler d'une grande dame, qui rencontroit le mot aussi bien que dame de son temps, laquelle, voyant un jour un jeune gentilhomme qui avoit les mains très-blanches, elle luy demanda ce qu'il faisoit pour les avoir telles: il respondit en riant et gaussant, que le plus souvent qu'il pouvoit il les frottoit de sperme. «Voilà, dit-elle donc, un malheur pour moy, car il y a plus de soixante ans que j'en lave mon cas (le nommant tout à trac), il est aussi noir que le premier jour; et si je l'en lave encore tous les jours.»

—J'ai ouy parler d'une dame d'assez bonnes années, laquelle se voulant remarier, en demanda un jour l'advis à un médecin, fondant ses raisons sur ce qu'elle estoit très-humide et remplie de toutes mauvaises humeurs, qui luy estoient venues et l'avoient entrenue depuis qu'elle estoient veufve, ce qui ne luy estoit arrivé du temps de son mary, d'autant que, par les assidus exercices qu'ils faisoient ensemble, ces humeurs s'asséchoient et consommoient. Le médecin, qui estoit bon compagnon, et qui luy voulut en cela complaire, luy conseilla de se remarier et de chasser les humeurs de son corps de cette façon, et qu'il valloit mieux estre séche qu'humide. La dame pratiqua ce conseil, et l'approuva très-bien, toute surannée qu'elle estoit; mais je dis avec un mary et un amoureux nouveau, qui l'aimoit bien autant pour l'amour du bon argent que du plaisir qu'il tiroit d'elle: encore qu'il y ait plusieurs dames aagées avec lesquelles on prend bien autant de plaisir, et y fait aussi bon et meilleur qu'avec les plus jeunes, pour en sçavoir mieux l'art et la façon, et en donner le goust aux amants. Les courtisannes de Rome et d'Italie, quand elles sont sur l'aage, tiennent cette maxime, que *una galina vecchia fà miglior brodo che un'altra*[98]. Horace fait mention d'une vieille, laquelle s'agitoit et se mouvoit, quand elle venoit là, de telle façon et si rudement et inquiétement, qu'elle faisoit trembler non-seulement le lit, mais toute la maison. Voilà une gente vieille! Les Latins appellent s'agiter ainsi et s'esmouvoir, *subare à sue*, qu'est à dire une porque, ou truye. Nous lisons de l'empereur Calicula, de toutes ses femmes qu'il eut il aima Cezonnia, non tant par sa beauté qu'elle eut, ni d'aage florissant, car elle estoit desja fort avancée, mais à cause de sa grande lasciveté et palliardise qui estoit en elle, et la grande iudustrie qu'elle avoit pour l'exercer, que la vieille saison et pratique luy avoit apportée, laissant toutes les autres femmes, encor qu'elles fussent plus belles et jeunes que celle-là; et la menoit ordinairement aux armées avec luy, habillée et armée en garçon, et chevauchant de mesme costé à costé de luy, jusques à la montrer souventes fois à ses amys toute nuë, et leur faire voir ses tours de souplesse et de paillardise. Il falloit bien dire que l'aage n'eust rien diminué en cette femme de beau et de lascif, puis qu'il l'aimoit tant. Neantmoins, avec tout ce grand amour qu'il lui portoit, bien souvent, quand il l'embrassoit et touschoit à sa belle gorge, il ne se pouvoit empescher de luy dire, tant il estoit sanglant: «Voilà une belle gorge, mais aussi il est en mon pouvoir de la faire couper.» Hélas! la pauvre femme fut de mesme avec lui occise d'un coup d'espée à travers le corps par un centenier, et sa fille brisée et accravantée contre une muraille, qui ne pouvoit mais de la méchanceté de son père.

—Il se lit encore de Julia, marastre de Caracalla, empereur, estant un jour quasi par négligence nue de la moitié du corps, et Caracalla la voyant, il ne dit que ces mots: «Ha! que j'en voudrois bien, s'il m'estoit permis!» Elle soudain respondit: «S'il vous plaist, ne savez-vous pas que vous estes empereur, et que vous donnez des loix et non pas les recevez?» Sur ce bon mot et bonne volonté, il l'espousa et se coupla avec elle. Pareilles quasi paroles furent données à l'un de nos trois roys derniers, que je ne nommeray point. Estant espris et devenu amoureux d'une fort belle et honneste dame, après lui avoir jetté des premières pointes et paroles d'amour, luy en fit un jour entendre sa volonté plus au long, par un honneste et très-habile gentilhomme que je sçay, qui, luy portant le petit poulet, se mit en son mieux dire pour la persuader de venir là. Elle, qui n'estoit point sotte, se défendit le mieux qu'elle put, par force belles raisons qu'elle sceut bien alléguer, sans oublier sur-tout le grand, ou, pour mieux dire, le petit point d'honneur. Somme, le gentilhomme, après force contestations, luy demanda, pour fin, ce qu'elle vouloit qu'il dist au Roy? Elle, ayant un peu songé, tout à coup, comme d'une désespérade, proféra ces mots: «Que vous luy direz? dit-elle; autre chose, si-non que je sçay bien qu'un refus ne fut jamais profitable à celuy ou à celle qui le fait à son Roy ou à son souverain, et que bien souvent, usant de sa puissance, il sçait plustost prendre et commander que requérir et prier.» Le gentilhomme, se contentant de cette response, la porte aussitost au Roy, qui prit l'occasion par le poil et va trouver la dame en sa chambre, laquelle, sans trop grand effort de lutte, fut abattue. Cette response fut d'esprit et d'envie d'avoir affaire à son Roy, encore qu'on die qu'il ne fait pas bon se joüer ni avoir affaire avec son Roy: il s'en faut ce point, dont on ne s'en trouve jamais mal si la femme s'y conduit sagement et constamment. Pour reprendre cette Julia, marastre de cet empereur, il falloit bien qu'elle fust putain, d'aimer et prendre à mary celui sur le sein de laquelle; quelque temps avant, il luy avoit tué son propre fils; elle estoit bien putain celle-là et de bas cœur. Toutesfois c'estoit grande chose que d'estre impératrice, et pour tel honneur tout s'oublie. Cette Julia fut fort aimée de son mary, encore qu'elle fust bien fort en l'aage, n'ayant pourtant rien abattu de sa beauté; car elle estoit très-belle et très-accorte, témoins ses paroles, qui lui haussèrent bien le chevet de sa grandeur.

—Philippes-Maria, duc troisiesme de Milan, espousa en secondes nopces Beatricine, veuve de feu Facin Cane, estant fort vieille; mais elle luy porta en mariage quatre cents mille escus, sans les autres meubles, bagues et joyaux, qui montoient à un haut prix, et qui effaçoient sa vieillesse; nonobstant laquelle fut soupçonnée de son mary d'aller ribauder ailleurs, et pour tel soupçon la fit mourir. Vous voyez si la vieillesse luy fit perdre le goust du jeu d'amour; pensez que le grand usage qu'elle en avoit luy en donnoit encore l'envie.

—Constance, reyne de Sicile, qui, dès sa jeunesse, et toute sa vie, n'avoit bougé vestale du cul d'un cloistre en chasteté, venant à s'emanciper au monde en l'aage de cinquante ans, qui n'estoit pas belle pourtant et toute décrépite, voulut taster de la douceur de la chair et se marier, et engrossa d'un enfant en l'aage de cinquante deux ans, duquel elle voulut enfanter publiquement dans les prairies de Palerme, y ayant fait dresser une tente et un pavillon exprès, afin que le monde n'entrast en doute que son fruit fut apposté: qui fust un des grands miracles que jamais on ait veu depuis sainte Elisabeth. L'histoire de Naples pourtant dit qu'on le reputa supposé. Si fut-il pourtant un grand personnage; mais ce sont-ils ceux-là, la pluspart, des braves, que les bastards, ainsi que me dit un jour un grand.

—J'ay cogneu une abbesse de Tarascon, sœur de madame d'Usez, de la maison de Tallard, qui se deffroqua et sortit de religion en l'aage de plus de cinquante ans, et se maria avec le grand Chanay, qu'on a veu grand joüeur à la Cour. Force autres religieuses ont fait de tels tours, soit en mariage ou autrement, pour taster de la chair en leur aage très-meur. Si telles font cela, que doivent donc faire nos dames, qui y sont accoutumées dès leurs tendres ans? la vieillesse les doit-elle empescher qu'elles ne tastent ou mangent quelquefois de bons morceaux dont elles en ont pratiqué l'usance si longtemps? Et que deviendroient tant de bons potages restaurants, bouillons composez, tant d'ambresgris, et autres drogues escaldatives et confortatives pour eschauffer et conforter leur estomach, vieil et froid? Dont ne faut douter que telles compositions, en remettant et entrenant leur débile estomach, ne fassent encore autre seconde opération sous bourre, qui les eschauffent dans le corps et leur causent quelques chaleurs vénériennes; qu'il faut par après expulser par la cohabitation et copulation, qui est le plus souverain remède qui soit, et le plus ordinaire, sans y appeler autrement l'advis des médecins, dont je m'en rapporte à eux. Et qui meilleur est pour elles, est, qu'estant aagées et venues sur les cinquante ans, n'ont plus de crainte d'engrosser, et lors ont pleiniere et toute ample liberté de se joüer et recueillir les arrerages des plaisirs, que possible aucunes n'ont osé prendre de peur de l'enflure de leur traistre ventre: de sorte que plusieurs y en a-t-il qui se donnent plus de bon temps en leurs amours depuis cinquante ans en bas, que de cinquante ans en avant. De plusieurs grandes et moyennes dames en ay-je oy parler en telles complexions, jusques-là que plusieurs en ay-je cogneu et ouy parler qui ont souhaité plusieurs fois les cinquante ans chargés sur elles pour les empescher de la groisse, et pour le faire mieux sans aucune crainte ni escandale. Mais pouquoy s'en en garderoient-elles sur l'aage? vous diriez qu'après la mort aucunes ont quelque mouvement et sentiment de chair. Si faut-il que je fasse un conte que je vais faire.

—J'ay eu d'autres fois un frere puisné qu'on appeloit le capitaine Bourdeille, l'un des braves et vaillants capitaines de son temps. Il faut que je die cela de luy, encore qu'il fust mon frère, sans offenser la loüange que je luy donne: les combats qu'il a faits aux guerres et aux estaquades en font foy; car c'estoit le gentilhomme de France qui avoit les armes mieux en la main: aussi l'appeloit-on en Piedmont l'un des Rodomonts de-là. Il fut tué à l'assaut de Hesdin, à la derniere reprise. Il fut dédié par ses pere et mere aux lettres, et pour ce il fut envoyé à l'aage de dix-huit ans en Italie pour estudier, et s'arresta à Ferrare, pour ce que madame Renée de France, duchesse de Ferrare, aimoit fort ma mere, et pour ce le retint là pour vaquer à ses études, car il y avoit université. Or, d'autant qu'il n'y estoit nay ny propre, il n'y vaquoit gueres, ains plutost s'amusa à faire la cour et l'amour: si bien qu'il s'amouracha fort d'une damoiselle française veufve, qui estoit à madame de Ferrare, qu'on appeloit mademoiselle de La Roche[99], et en tira de la joüissance, s'entr'aimant si fort l'un et l'autre, que mon frere, ayant esté rappelé de son pere, le voyant mal propre pour les lettres, fallust qu'il s'en retournast. Elle qui l'aimoit, et qui craignoit qu'il ne luy mesadvint, parce qu'elle sentoit fort de Luther, qui voguoit pour lors, pria mon frere de l'emmener avec luy en France, et en la cour de la reyne de Navarre, Marguerite, à qui elle avoit esté, et l'avoit donnée à madame Renée lorsqu'elle fut mariée, et s'en alla en Italie. Mon frère, qui estoit jeune et sans aucune considération, estant bien aise de cette bonne compagnie, la conduisit jusques à Paris, où estoit pour lors la Reyne, qui fut fort aise de la voir, car c'estoit la femme qui avoit le plus d'esprit et disoit des mieux, et estoit une veufve belle et accomplie en tout. Mon frère, après avoir demeuré quelques jours avec ma grand-mere et ma mere, qui estoient lors en sa Cour, s'en retourna voir son pere. Au bout de quelque temps, se dégoustant fort des lettres, et ne s'y voyant propre, les quitte tout à plat, et s'en va aux guerres de Piedmont et de Parme, où il acquit beaucoup d'honneur, et les pratiqua l'espace de cinq à six mois sans venir à sa maison; au bout desquels il vint voir sa mère, qui estoit lors à la Cour avec la reyne de Navarre, qui se tenoit lors à Pau, à laquelle il fit révérence ainsi qu'elle tournoit de vespres. Elle, qui estoit la meilleure princesse du monde, luy fit une fort bonne chere, et, le prenant par la main, le pourmena par l'église environ une heure ou deux, luy demandant force nouvelles des guerres de Piedmont et d'Italie, et plusieurs autres particularitez auxquelles mon frere respondit si bien, qu'elle en fut satisfaite (car il disoit des mieux), tant de son esprit que de son corps, car il estoit très-beau gentilhomme, et de l'aage de vingt-quatre ans. Enfin, après l'avoir entretenu assez de temps, et ainsi que la nature et la complexion de cette honorable princesse estoit de ne dédaigner les belles conversations et entretiens des honnestes gens, de propos en propos, tousjours en se pourmenant, vint précisément arrester coy mon frere sur la tombe de mademoiselle de La Roche, qui estoit morte il y avoit trois mois; puis le prit par la main et luy dit: «Mon cousin (car ainsi l'appeloit-elle, d'autant qu'une fille d'Albret avoit esté mariée en notre maison de Bourdeille; mais pour cela je n'en mets pas plus grand pot au feu, n'y n'en augmente davantage mon ambition), ne sentez-vous point rien mouvoir sous vous et sous vos pieds?—Non, madame, respondit-il.—Mais songez-y bien, mon cousin, lui répliqua-elle.» Mon frère lui respondit: «Madame, j'y ay bien songé, mais je ne sens rien mouvoir; car je marche sur une pierre bien ferme.—Or, je vous advise, dit lors la Reyne, sans le tenir plus en suspens, que vous estes sur la tombe et le corps de la pauvre mademoiselle de La Roche, qui est ici dessous vous enterrée, que vous avez tant aimée; et puis que les ames ont du sentiment après nostre mort, il ne faut pas douter que cette honneste créature, morte de frais, ne se soit esmue aussi-tost que vous avez esté sur elle; et si vous ne l'avez senty à cause de l'espaisseur de la tombe, ne faut douter qu'en soy ne se soit esmue et ressentie; et d'autant que c'est un pieux office d'avoir souvenance des trespassés, et mesme de ceux que l'on a aimez, je vous prie luy donner un *Pater noster* et un *Ave Maria*, et un *De profundis*, et l'arrousez d'eau bénite; et vous acquerrez le nom de très-fidèle amant et d'un bon chrestien. Je vous lairray donc pour cela, et pars.» Et s'en va. Feu mon frere ne faillit à ce qu'elle avoit dit, et puis l'alla trouver, qui luy en fit un peu la guerre, car elle en estoit commune en tout bon propos et y avoit bonne grace. Voilà l'opinion de cette bonne princesse laquelle la tenoit plus par gentillesse et par forme de devis que par créance, à mon advis. Ces propos gentils me font souvenir d'une épitaphe d'une courtisanne qui est enterrée à Rome à Nostre-Dame *del Populo*, où il y a ces mots: *Quæso, viator, ne me diutius calcatam, amplius calces*. «Passant, m'ayant tant de fois foulée et trépée, je te prie ne me tréper ny ne me fouler plus.» Le mot latin a plus de grace. Je mets tout cecy plus pour risée que pour autre chose. Or, pour faire fin, ne se faut esbahir si cette dame espagnole tenoit cette maxime des belles dames qui se sont fort aimées, et ont aimé et aiment, et se plaisent à estre louées, bien qu'elles ne tiennent guieres du passé; mais pourtant c'est le plus grand plaisir que vous leur pouvez donner, et qu'elles aiment plus, quand vous leur dites que ce sont tousjours elles, et qu'elles ne sont nullement changées ny envieillies, et surtout qui ne deviennent point vieilles de la ceinture jusqu'au bas.

J'ay ouy parler d'une fort belle et honneste dame qui disoit un jour à son serviteur: «Je ne sais que désormais la vieillesse m'apportera plus grande incommodité (car elle avoit cinquante-cinq ans); mais Dieu merci, je ne le fis jamais si bien comme je le fais, et n'y pris jamais tant de plaisir; que si cecy dure et continuë jusqu'à mon extreme vieillesse, je ne m'en soucie d'elle autrement, ny ne plains point le passé.» Or, touchant l'amour et la concupiscence, j'ay allégué ici et ailleurs assez d'exemples, sans en tirer davantage sur ce sujet. Venons maintenant à l'autre maxime, touchant cette beauté des belles femmes qui ne se diminue par vieillesse de la ceinture jusques en bas. Certes, sur cela, cette dame espagnole allégua plusieurs belles raisons et gentilles comparaisons, accompartant ces belles dames à ces beaux, vieux et superbes édifices qui ont esté, desquels la ruine en demeure encor belle; ainsi que l'on voit à Rome, en ces orgueilleuses antiquitez, les ruines de ces beaux palais, ces superbes colisées et grands termes, qui monstrent bien encore quels ont esté, donnent encore admiration et terreur à tout le monde, et la ruine en demeure admirable et espouvantable; si-bien que sur ces ruines ont y bastit encore de très-beaux édifices, monstrant que les fondements en sont meilleurs et plus beaux que sur d'autres nouveaux: ainsi que l'on voit souvent aux massonneries que nos bons architectes et massons entreprennent; et s'ils trouvent quelques vieilles ruines et fondements, ils bastissent aussi-tost dessus, et plus-tost que sur de nouveaux. J'ay bien veu aussi souvent de belles galleres et navires se bastir et se refaire sur de vieux corps et de vieilles carennes, lesquelles avoient demeuré long-temps dans un port sans rien faire, qui valloient bien autant que celles que l'on bastissoit et charpentoit tout à neuf, et de bois neuf venant de la forest. Davantage, disoit cette dame espagnole, ne void-on pas souvent les sommets des hautes tours par les vents, les orages, les tonnerres estre emportez, défraudez et gastez, et le bas demeurer sain et entier? car tousjours à telles hauteurs telles tempestes s'adressent; mesmes les vents marins minent et mangent les pierres d'enhaut, et les concavent plustost que celles du bas, pour n'y estre si exposées que celles d'enhaut. De mesme, plusieurs belles dames perdent le lustre et la beauté de leurs beaux visages par plusieurs accidents, ou de froid ou de chaud, ou de soleil et de lune, et autres, et, qui pis est, de plusieurs fards qu'elle y applicquent, pensans se rendre plus belles, et gastent tout; au lieu qu'aux partis d'enbas n'y applicquent autre fard que le naturel spermatic, n'y sentant ni froid, ny pluye, ny vent, ny soleil, ny lune, qui n'y touchent point. Si la chaleur les importune, elles s'en sçavent bien garantir et se raffraischir; de mesmes remédient au froid en plusieurs façons: tant d'incommoditez et peines y a-t-il à garder la beauté d'enhaut, et peu à garder celle d'enbas: si-bien qu'encore qu'on ayt veu une belle femme se perdre par le visage, ne faut présumer qu'elle soit perduë par le bas, et qu'il n'y reste encor quelque chose de beau et de bon, et qu'il n'y fait point mauvais bastir.

—J'ay ouy conter d'une grande dame qui avoit esté très-belle et bien adonnée à l'amour: un de ses serviteurs anciens l'ayant perduë de veuë l'espace de quatre ans, pour quelque voyage qu'il entreprit, duquel retournant, et la trouvant fort changée de ce beau visage qu'il luy avoit veu autres fois, et par ce en devint fort dégousté et reffroidy, qu'il ne la voulut plus attaquer, ny renouveller avec elle le plaisir passé. Elle le recogneut bien, et fit tant qu'elle trouva moyen qu'il la vint voir dans son lict; et, pour ce, un jour elle contrefit de la malade, et lui l'estant venuë voir sur jour, elle luy dit: «Je sçay bien, monsieur, que vous me desdaignez à cause de mon visage changé par mon aage; mais tenez, voyez (et sur ce elle luy descouvrit toute la moitié du corps nud en bas) s'il y a rien de changé là; si mon visage vous a trompé, cela ne vous trompe pas.» Le gentilhomme la contemplant, et la trouvant par-là aussi belle et nette que jamais, entra aussitost en appétit, et mangea de la chair qu'il pensoit estre pourrie et gastée. «Et voilà, dit la dame, monsieur, voilà comme vous autres estes trompez. Une autre fois, n'adjoustez plus de foy aux menteries de nos faux visages; car le reste de nos corps ne les ressemble pas toujours. Je vous apprens cela.» Une dame comme celle-là, estant ainsi devenus changée de beau visage, fut en si grand colère et despit contre luy, qu'elle ne le voulut oncques plus jamais mirer dans son miroir, disant qu'il en estoit indigne; et se faisoit coiffer à ses femmes, et, pour récompense, se miroit et s'arregardoit par les parties d'en-bas, y prenant autant de délectation comme elle avoit fait par le visage autresfois.

—J'ay ouy parler d'une autre dame, qui, tant qu'elle couchoit sur jour avec son amy, elle couvroit son visage d'un beau mouchoir blanc d'une fine toile d'Hollande, de peur que, la voyant au visage, le haut ne refroidist et empeschast la batterie du bas, et ne s'en degoustast; car il n'y avoit rien à dire au bas du beau passé. Sur quoy il y eut une fort honneste dame, dont j'ay ouy parler, qui rencontra plaisamment, à laquelle un jour son mary luy demandant «pourquoy son poil d'en-bas n'estoit pas devenu blanc et chenu comme celuy de la teste: Hà, dit-elle, le meschant traistre qu'il est, qui a fait la folie, ne s'en ressent point, ny ne la boit point. Il la fait sentir et boire à d'autres de mes membres et à ma teste; d'autant qu'il demeure toujours, sans changer, et en mesme estat et vigueur, en mesme disposition, et sur-tout en mesme chaud naturel, et a mesme appetit et santé, et non des autres membres, qui en ont pour luy des maux et des douleurs, et mes cheveux qui en sont devenus blancs et chenus.» Elle avoit raison de parler ainsi; car cette partie leur engendre bien des douleurs, des gouttes et des maux, sans que leur gallant du mitan s'en sente; et, pour trop estre chaudes à cela, ce disent les médecins, deviennent ainsi chenuës. Voilà pourquoy les belles dames ne vieillissent jamais par-là en toutes les deux façons.

—J'ay ouy raconter à aucuns qui les ont pratiquées, jusques aux courtisannes, qui m'ont asseuré n'en avoir veu guères de belles estres venues vieilles par-là: car tout le bas et mitan, et cuisses et jambes, avoient le tout beau, et la volonté et la disposition pareille au passé. Mesmes j'en ay ouy parler à plusieurs marys qui trouvoient leurs vieilles (ainsi les appeloient-ils) aussi belles par le bas comme jamais, en vouloir, en gaillardise, en beauté, et aussi volontaires, et n'y trouvoient rien de changé que le visage; et aimoient autant coucher avec elles qu'en leurs jeunes ans. Au reste, combien y a-t-il d'hommes qui aiment autant de vieilles dames pour monter dessus plustost que sur des jeunes; tout ainsi comme plusieurs qui aiment mieux des vieux chevaux, soit pour le jour d'un bon affaire, soit pour le manége et pour le plaisir, qui ont esté si bien appris en leur jeunesse, qu'en leur vieillesse vous n'y trouverez rien à dire, tant ils ont esté bien dressés, et ont continué leur gentille addresse.

—J'ay veu à l'escurie de nos roys le cheval qu'on appelloit *le Quadragant*, dressé du temps du roy Henry. Il avoit plus de vingt-deux ans; mais encore, tout vieux qu'il estoit, il faisoit très-bien et n'avoit rien oublié; si bien qu'il donnoit encore à son roy, et à tous ceux qui le voyoient manier, du plaisir bien grand. J'en ay veu faire de mesmes à un grand coursier qu'on appeloit *le*

Gonzague, du haras de Mantouë, et estoit contemporain du Quadragant. J'ay veu *le Moreau superbe*, qui avoit esté mis pour estalon. Le seigneur M. Antonio, qui avoit la charge du haras du Roy, me le monstra à Mun, un jour que je passay par-là, aller à deux pas et un sault, et à voltes, aussi bien que lorsque M. de Carnavallet l'eut dressé, car il estoit à luy; et feu M. de Longueville luy en voulut donner trois mille livres de rente; mais le roy Charles ne le voulut pas, qui le prit pour luy, et le récompensa d'ailleurs. Une infinité d'autres en nommerois-je, mais je n'aurois jamais fait, m'en remettant aux braves escuyers, qui en ont prou veu. Le feu roy Henry, au camp d'Amiens, avoit choisi pour son jour de bataille *le Bay de la Pay*, un très-beau et fort courcier et vieux; et mourut de la fièvre, par le dire des plus experts mareschaux, au camp d'Amiens; ce qu'on trouva estrange. Feu M. de Guise envoya querir en son haras d'Esclairon *le Bay Samson*, qui servoit là d'estalon, pour le servir en la bataille de Dreux, où il le servit très-bien. Aux premieres guerres, feu M. le prince prit dans Mun vingt-deux chevaux qui servoient-là d'estalons, pour s'en servir en ses guerres, et les départit aux uns et aux autres des seigneurs qui estoient avec luy, s'en estant réservé sa part; dont le brave Avaret eut un courcier que M. le connestable avoit donné au roy Henry, et l'appeloit-on *le Compere*: tout vieux qu'il estoit, jamais n'en fut veu un meilleur, et son maistre le fit trouver en de bons combats, qui luy servit très-bien. Le capitaine Bourdet eut le Turc, sur lequel le feu roy Henry fut blessé et tué, que feu M. de Savoye luy avoit donné, et l'appelloit-on *le Malheureux*: et s'appelloit ainsi quand il fut donné au Roy, ce qui fut un très-mauvais présage pour le Roy. Jamais il ne fut si bon en sa jeunesse comme il fut en sa vieillesse: aussi son maistre, qui estoit un des vaillants gentilshommes de France, le faisoit bien valloir. Bref, tout tant qu'il en eust de ces estalons, jamais l'aage m'empescha qu'ils ne servissent bien à leurs maistres, à leur prince et à leur cause. Ainsi sont plusieurs chevaux vieux qui ne se rendent jamais: aussi dit-on que jamais bon cheval ne devint rosse. De mesme sont plusieurs dames, qui en leur vieillesse valent bien autant que d'autres en leur jeunesse, et donnent bien autant de plaisir, pour avoir esté en leur temps très-bien apprises et dressées; et volontiers telles leçons mal-aisément s'oublient: et ce qui est le meilleur, c'est qu'elles sont fort libérales et larges à donner pour entretenir leurs chevaliers et cavalcadours, qui prennent plus d'argent et veulent plus grand entretien pour monter sur une vieille monture que sur une jeune; qui est au contraire des escuyers, qui n'en prennent tant des chevaux dressés que des jeunes et à dresser: ainsi la raison en cela le veut.

Une question sur le sujet des dames aagées ay-je veu faire, à savoir quelle gloire plus grande y a-t-il à desbaucher une dame aagée et en joüir, ou une jeune. A aucuns ay-je ouy dire que c'est pour la vieille, et disoient que la folie et la chaleur qui est en la jeunesse, sont de soy assez toutes desbauchées et aisées à perdre; mais la sagesse et la froideur qui semblent estre en la vieillesse, malaisément se peuvent-elles corrompre; et qui les corrompt en est en plus belle réputation. Aussi cette fameuse courtisanne Lays se vantoit et se glorifioit fort de quoy les philosophes alloient si souvent la voir et apprendre à son eschole, plus que de tous autres jeunes gens et fols qui allassent. De mesme Flora se glorifioit de voir venir à sa porte de grands sénateurs romains, plustost que de jeunes fols chevaliers. Ainsi me semble-t-il que c'est grand gloire de vaincre la sagesse qui pourroit estre aux vieilles personnes, pour le plaisir et contentement. Je m'en rapporte à ceux qui l'ont expérimenté, dont aucuns ont dit qu'une monture dressée est plus plaisante qu'une farouche et qui ne sçait pas seulement trotter. Davantage, quel plaisir et quel plus grand aise peut-on avoir en l'ame quand on voit entrer dans une salle du bal, dans des chambres de la Reyne, ou dans une église, ou une autre grande assemblée, une dame aagée de grande qualité et d'*alta guisa*[100], comme dit l'Italien, et mesmes une dame d'honneur de la Reyne ou d'une princesse, ou une gouvernante des damoiselles ou filles de la Cour, que l'on prend, et l'on met en cette digne charge pour la tenir sage? On la verra qui fait la mine de la prude, de la chaste, de la vertueuse, et que tout le monde la tient ainsi pour telle, à cause de son aage, et, quand on songe en soy, et qu'on le dit à quelque sien fidèle compagnon et confident: «La voyez-vous-là en sa façon grave, sa mine sage et dédaigneuse et froide, qu'on diroit qu'elle ne feroit pas mouvoir une seule goutte d'eau? Hélas! quand je la tiens couchée en son lict, il n'y a giroüette au monde qui se remüe et se revire si souvent et si agilement que font ses reins et ses fesses.» Quant à moi, je croy que celuy qui a passé par-là et le peut dire, qu'il est très-content en soy. Ha! que j'en ay cogneu plusieurs de ces dames en ce monde, qui contrefaisoient leurs dames sages, prudes et censoriennes, qui estoient très-débordées et vénériennes quand venoient-là, et que bien souvent on abattoit plustost qu'aucunes jeunes, qui par trop peu rusées, craignent la lutte! Aussi dit-on, qu'il n'y a chasse que de vieilles renardes pour chasser et porter à manger à leurs petits.

    Nous lisons que jadis plusieurs empereurs romains se sont fort délectez à débaucher et repasser ainsi ces grandes dames d'honneur et de réputation, autant pour le plaisir et contentement, comme certes il y en a plus qu'en des inférieures, que pour la gloire et honneur qu'il s'attribuoient de les avoir desbauchées et suppéditées: ainsi que j'en ay cogneu de mon temps plusieurs seigneurs, princes et gentilshommes, qui s'en sont sentis très-glorieux et très-contents dans leur ame, pour avoir fait de mesme. Jules César et Octave son successeur sont esté fort ardents à telles conquestes, ainsi que j'ay dit cy-devant; et après eux Calligula, lequel, conviant à ses festins les plus illutres dames romaines avec leurs marys, les contemplant et considérant fort fixement; mesmes avec la main leur levoit la face, si aucunes de honte la baissoient pour se sentir dames d'honneur et de réputation, ou bien d'autres qui voulussent les contrefaire, et des fort prudes et chastes, comme certainement y en pouvoit avoir peu ès temps de ces empereurs dissolus; mais il falloit faire la mine et en estre quitte pour cela, autrement le jeu ne fust esté bon, comme j'en ay veu faire de mesmes à plusieurs dames. Celles après qui plaisoient à ce monsieur l'Empereur, les prenoit privément et publiquement près de leurs marys, et, les sortant de la salle, les menoit en une chambre, où il en tiroit d'elles son plaisir ainsi qu'il luy plaisoit: et puis les retournoit en leur place se rasseoir, et devant toute l'assemblée loüoit leurs beautez et singularitez qui estoient en elles cachées, les spécifiant de part en part; et celles qui avoient quelques tares, laideurs et deffectuositez, ne les celoit nullement, ains les descrioit et les déclaroit, sans rien déguiser ni cacher. Néron fut aussi curieux, qui pis est encore, de voir sa mère morte, la contempler fixement, et manier tous ses membres, loüant les uns et vitupérant les autres. J'en ay ouy compter de mesme d'aucuns grands seigneurs chrétiens, qui ont bien cette mesme curiosité envers leurs meres mortes. Ce n'estoit pas tout de ce Calligula; car il racontoit leurs mouvements, leurs façons lubriques, leur maniements et leurs airs qu'elles observoient en leur manège, et surtout de celles qui avoient esté sages et modestes, ou qui les contrefaisoient ainsi à table: car, si à la couche elles en vouloient faire de mesme, il ne faut point douter si le cruel ne les menassoit de mort si elles ne faisoient tout ce qu'il vouloit pour le contenter, et crainte de mourir; et puis après les scandalisoit ainsi qu'il luy plaisoit, aux dépens et risée commune de ces pauvres dames, qui, pensans estre tenues fort chastes et sages, comme il y en pouvoit avoir, ou faire des hypocrites, et contrefaire les *donne da ben*, estoient tout à trac divulguées réputées bonnes vesses et ribaudes; ce qui n'estoit pas mal employé, de les découvrir pour telles qu'elles ne vouloient qu'on les cogneust. Et qui estoit le meilleur, c'estoient, comme j'ay dit, toutes grandes dames, comme femmes de consuls, dictateurs, préteurs, questeurs, sénateurs, censeurs, chevaliers, et d'autres de très-grands estats et dignitez; ainsi que nous pouvons dire aujourd'huy en notre chrestienté les reynes, qui se peuvent comparer aux femmes des consuls, puis qu'ils commandoient à tout le monde; les princesses grandes et moyennes, les duchesses grandes et petites, les marquises et marquisottes, les comtesses et contines, les baronnesses et chevaleresses, et autres dames de grand rang et riche étoffe: sur quoy il ne faut douter que, si plusieurs empereurs et roys en pouvoient faire de mesme envers telles grandes dames, comme cet empereur Calligula, ne le fissent; mais ils sont chrestiens, qui ont la crainte de Dieu devant les yeux, ses saints commandements, leur conscience, leur honneur, le diffame des hommes, et leurs marys; car la tyrannie seroit insupportable à des cœurs généreux. En quoy certes les roys chrestiens sont fort à estimer et loüer, de gaigner l'amour des belles dames plus par douceur et amitié que par force et rigueur; et la conqueste en est beaucoup plus belle.

J'ai ouy parler de deux grands princes qui se sont fort pleus à descouvrir ainsi les beautez, gentillesses et singularitez de leurs dames, aussi leurs difformitez, tares et deffauts, ensemble leurs manéges, mouvements et lascivetez, non en public pourtant, comme Galligula, mais en privé avec leurs grands amys particuliers. Et voilà le gentil corps de ces pauvres dames bien employé; pensant bien faire et joüer pour complaire à leurs amants, sont décriées et brocardées.

Or, afin de reprendre encore nostre comparaison, tout ainsi que l'on voit de beaux édifices bastis sur meilleurs fondements et de meilleures pierres et matière les uns plus que les autres, et pour ce durer plus longuement en leur beauté et gloire; aussi y a-t-il des corps de dames si bien complexionnez et composez, et empraints en beautez, qu'on void volontiers le temps n'y gagner tant comme sur d'autres, ny les miner aucunement.

—Il se fit qu'Artaxerces, entre toutes ses femmes qu'il eut, celle qu'il aima le plus fut Astasia, qui estoit fort aagée, et toutesfois très-belle, qui avoit été putain de son feu frère Daire. Son fils en devint si fort amoureux, tant elle estoit belle nonobstant l'aage, qu'il la demanda à son père en partage, aussi-bien que la part du royaume. Le père, par jalousie qu'il en eut, et qu'il participast avec luy ce bon boucon, la fit prestresse du Soleil, d'autant qu'en Perse celles qui ont tel estat se voüent du tout à la chasteté.

—Nous lisons dans l'histoire de Naples, que Ladislaüs Hongre et roy de Naples, assiégea dans Tarente la duchesse Marie, femme de feu Rammondelo de Balzo, et, après plusieurs assauts et faits d'armes, la prit par composition avec ses enfants, et l'espousa, bien qu'elle fust aagée, mais très-belle, et l'emmena avec soy à Naples; et fut appelée la reyne Marie, fort aimée de luy et chérie.

—J'ay veu madame la duchesse de Valentinois, en l'aage de soixante-dix ans, aussi belle de face, aussi fraische et aussi aimable comme en l'aage de trente ans: aussi fut-elle fort aimée et servie d'un des grands roys et valeureux du monde. Je le peux dire franchement, sans faire tort à la beauté de cette dame, car toute dame aimée d'un grand roy, c'est signe que perfection habite et abonde en elle, qui la fait aimer: aussi la beauté donnée des cieux ne doit estre espargnée aux demy-dieux. Je vis cette dame, six mois avant qu'elle mourust, si belle encor, que je ne sçache cœur de rocher qui ne s'en fust ému, encore qu'auparavant elle s'estoit rompue une jambe sur le pavé d'Orléans, allant et se tenant à cheval aussi dextrement et dispostement comme elle avoit fait jamais; mais le cheval tomba et glissa sous elle. Et, pour telle rupture et maux et douleurs qu'elle endura, il eust semblé que sa belle face s'en fust changée; mais rien moins que cela, car sa beauté, sa grâce, sa majesté, sa belle apparence, estoient toutes pareilles qu'elle avoit toujours eu: et surtout elle avoit une très-grande blancheur, et sans se farder aucunement: mais on dit bien que tous les matins elle usoit de quelques bouillons composez d'or potable et autres drogues que je ne sçay pas comme les bons médecins et subtils apoticaires. Je crois que si cette dame eust encor vescu cent ans, qu'elle n'eust jamais vieilly, fust du visage, tant il estoit bien composé, fust du corps, caché et couvert, tant il estoit de bonne trempe et belle habitude. C'est dommage que la terre couvre ces beaux corps! J'ai veu madame la marquise de Rothelin, mere à madame la douairiere, princesse de Condé et de feu M. de Longueville, nullement offensée en sa beauté ny du temps, ny de l'aage, et s'y entretenir en aussi belle fleur qu'en la première, fors que le visage luy rougissoit un peu sur la fin; mais pourtant ses beaux yeux, qui estoient des nompareils du monde, dont madame sa fille en a hérité, ne changèrent oncques, et aussi prests à blesser que jamais. J'ai veu madame de La Bourdesiere, depuis en secondes nopces mareschale d'Aumont, aussi belle sur ses vieux jours que l'on eust dit qu'elle estoit en ses plus jeunes ans; sibien que ses cinq filles, qui ont esté des belles, ne l'effaçoient en rien: et volontiers, si le choix fust été à faire, eust-on laissé les filles pour prendre la mère; et si avoit eu plusieurs enfants: aussi estoit-ce la dame qui se contregardoit le mieux, car elle estoit ennemie mortelle du serain et de la lune, et les fuyoit le plus qu'elle pouvoit; le fard commun, pratiqué de plusieurs dames, luy estoit incogneu. J'ay veu, qui est bien plus, madame de Mareuil, mère de madame la marquise de Mezieres, et grand-mère de la princesse Dauphin, en l'aage de cent ans, auquel mourut, aussi dispote, fraische et belle et saine qu'en l'aage de cinquante ans: ç'avoit esté une très-belle femme en sa jeune saison. Sa fille, madame la dite marquise, avoit esté telle, et mourut ainsi, mais non si aagée de vingt ans, et la taille luy appetissa un peu. Elle estoit tante de madame de Bourdeille, femme à mon frère aisné, qui lui portoit pareille vertu; car, encore qu'elle eust passé cinquante-trois ans et ait eu quatorze enfants, on diroit, comme ceux qui la voyent sont de meilleur jugement que moy et l'asseurent, que ces quatre filles qu'elle a auprès d'elle se monstrent ses sœurs: aussi void-on souvent plusieurs fruits d'hyver et de la dernière saison, se parangonner à ceux d'esté et se garder, et estre aussi beaux et savoureux, voire plus. Madame l'admiralle de Brion, et sa fille, madame de Barbezieux, ont esté aussi très-belles en vieillesse. L'on me dit dernierement que la belle Paule de Toulouse, tant renommée de jadis, est aussi belle que jamais, bien qu'elle ait quatre-vingts ans, et n'y trouve-t-on rien changé, ny en sa haute taille ny en son beau visage. J'ai veu madame la présidente Comte de Bordeaux, tout de mesme et en pareil aage, et très-aimable et désirable: aussi avoit-elle beaucoup de perfections. J'en nommerois tant d'autres, mais je n'en pourrois faire la fin.

—Un jeune cavalier espagnol parlant d'amour à une dame aagée, mais pourtant encore belle, elle luy respondit: *A mis completas pesta manera me habla V. M.?* «Comment à mes complies me parlez vous ainsi?» Voulant signifier par les complies son aage et déclin de son beau jour, et l'approche de sa nuict. Le cavalier luy respondit: *Sus completas valen mas, y son mas graciosas, que las horas de prima de qualquier otra dama.* «Vos complies vallent plus, et sont plus belles et gracieuses que les heures de prime de quelque autre dame qu soit.» Cette allusion est gentille. Un autre parlant de mesme d'amour à une dame aagée, et l'autre luy remonstrant sa beauté flestrie, qui pourtant ne l'estoit trop, il luy respondit: *Alas visperas se cognosce la fiesta*: «A vespres la feste se connoist.» On voit encore aujourd'huy madame de Nemours, jadis en son avril la beauté du monde, faire affront au temps, encore qu'il efface tout. Je la puis dire telle, et ceux qui l'ont veuë avec moy, que ç'a esté la plus belle femme, en ses jours verdoyants, de la chrestienté. Je la vis un jour danser comme j'ay dit ailleurs, avec la reyne d'Escosse, elles deux toutes seules ensemble et sans autres dames de compagnie, et par ce caprice, que tous ceux et celles qui les advisoient danser ne sceurent juger qui l'emportoit en beauté, et eust-on dit, ce dit quelqu'un, que c'estoient les deux soleils assemblez qu'on lit dans Pline avoir apparu autrefois pour faire esbahir le monde. Madame de Nemours, pour lors madame de Guise, monstroit la taille la plus riche; et, s'il m'est loisible ainsi de dire, sans offenser la reyne d'Escosse, elle avoit la majesté plus grave et apparente, encor qu'elle ne fust reyne comme l'autre; mais elle estoit petite-fille de ce grand roy Pere du peuple, auquel elle ressembloit en beaucoup de traits du visage, comme je l'ay veu pourtrait dans le cabinet de la reyne de Navarre, qui monstroit bien en tout quel roy il estoit. Je pense avoir esté le premier qui l'ay appelée du nom de petite-fille du roy Pere du peuple, et ce fut à Lyon quand le Roy tourna de Pologne, et bien souvent l'y appelois-je: aussi me faisoit-elle cet honneur de le trouver bon, et l'aimer de moy. Elle estoit certes vraye petite-fille de ce grand roy, et sur-tout en bonté et beauté; car elle a esté très-bonne, et peu ou nul se trouve à qui elle ayt fait mal ny desplaisir, et si en a eu de grands moyens du temps de sa faveur, c'est-à-dire que celle de feu M. de Guise son mary, qui a eu grand crédit en France. Ce sont donc deux très-grandes perfections qui ont esté en cette dame, que bonté et beauté, et que toutes deux elle a très-bien entretenu jusques icy, et pour lesquelles elle a espousé deux honnestes marys, et deux que peu ou point en eust-on trouvé de pareils; et s'il s'en trouvoit encore un pareil et digne d'elle, et qu'elle le voulust pour le tiers, elle le pourroit encor user, tant elle est encor belle. Aussi qu'en Italie l'on tient les dames ferraroises pour de bons et friands morceaux, dont est venu le proverbe, *pota ferraresa*, comme l'on dit *cazzo mantouan*. Sur-quoy, un grand seigneur de ce pays-là pourchassant une fois une belle et grande princesse de nostre France, ainsi qu'on le loüoit à la cour de ses belles vertus, valeurs et perfection pour la mériter, il y eut feu M. Dau, capitaine des gardes escossaises, qui rentra mieux que tous, en disant. «Vous oubliez le meilleur, *cazzo mantuan*.» J'ay ouy dire un pareil mot une fois, c'est que le duc de Mantoüe qu'on appeloit le Gobin[101], parce qu'il estoit fort bossu, vouloit espouser la sœur de l'empereur Maximilian, il fut dit à elle qu'il estoit ainsi fort bossu. Elle respondit, dit-on: *Non importa purche la campana habbia qualche diffetto, ma ch' el sonaglio sia buono*[102]; voulant entendre le *cazzo mantuan*. D'autres disent qu'elle ne profera le mot, car elle estoit trop sage et bien apprise; mais d'autres le dirent pour elle. Pour tourner encore à cette princesse ferraroise, je la vis, aux nopces de feu M. de Joyeuse, parestre vestue d'une mante à la mode d'Italie, et retroussée à demy sur le bras à la mode sienoise; mais il n'y eut point encore de dame qui l'effaçast, et n'y eut aucun qui ne dist: «Cette belle princesse ne se peut rendre encor, tant elle est belle; et est bien aisé à juger que ce beau visage couvre et cache d'autres grandes beautez et parties en elle que nous ne voyons point; tout ainsi qu'à voir le beau et superbe front d'un beau bastiment, il est à juger qu'au dedans il y a de belles chambres, anti-chambres, garde-robbes, beaux recoins et cabinets.» En tant de lieux encor a-t-elle fait paroistre sa beauté depuis peu, et en son arrière-saison, et mesme en Espagne aux nopces de M. et madame de Savoye, que l'admiration d'elle et de sa beauté, et de ses vertus, y en demeurera gravée pour tout jamais. Si les aisles de ma plume estoient assez fortes et simples pour la porter dans le ciel, je le ferois; mais elles sont trop foibles, si en parleray-je encore ailleurs; tant il y a que ce ç'a esté une très-belle femme en son printemps, son esté et son automne, et son hyver encor, quoy qu'elle ait eu grande quantité d'ennuys et d'enfants. Qui pis est, les Italiens, méprisans une femme qui a eu plusieurs enfants, l'appellent *scrofa*, qui est à dire *une truye*; mais celles qui en produisent de beaux, braves et généreux, comme cette princesse a fait, sont à loüer, et sont indignes de ce nom, mais de celuy des benistes de Dieu. Je puis faire cette exclamation: Quelle mondaine et merveilleuse inconstance, que la chose qui est la plus legere et inconstante fait la résistance au temps, qu'est la belle femme! Ce n'est pas moy qui le dit; j'en serois bien marry, car j'estime fort la constance d'aucunes femmes, et toutes ne sont inconstantes: c'est d'un autre de qui je tiens cette exclamation. J'alléguerois encore volontiers des dames estrangeres, aussi bien que de nos Françoises, belles en leur autonne et hyver, mais pour ce coup je ne mettray en ce rang que deux. L'une, la reyne Elisabeth d'Angleterre qui regne aujourd'huy, qu'on m'a dit estre encor aussi belle que jamais. Que si elle est telle, je la tiens pour une belle princesse; car je l'ay veuë en son esté et en son automne: quant à son hyver, elle y approche fort: si elle n'y est; car il y a long-temps que je ne l'ay veuë. La première fois que je la vis, je sçay l'aage qu'on luy donnoit alors. Je crois que ce qui l'a maintenue si long-temps en sa beauté, c'est qu'elle n'a jamais esté mariée, ny a supporté le faix du mariage, qui est fort onéreux, et mesmes quand l'on porte plusieurs enfants. Cette reyne est à loüer en toutes sortes de louanges, n'estoit la mort de cette brave, belle et rare reyne d'Escosse, qui a fort souillé ses vertus. L'autre princesse et dame estrangere est madame la marquise de Gouast, donne Marie d'Arragon, laquelle j'ay veue une très-belle dame sur sa derniere saison; et je vous le vais dire par un discours que j'abregeray le plus que je pourray. Lors que le roy Henry mourut, le pape Paul quatriesme, Caraffe, et pour l'élection d'un nouveau fallut que tous les cardinaux s'assemblassent. Entr'autres partit de France le cardinal de Guise, et alla à Rome par mer avec les galleres du Roy, desquelles estoit général M. le grand-prieur de France, frère dudit cardinal, lequel, comme bon frère, le conduisit avec seize galleres; et firent si bonne dilligence et avec si bon vent en poupe, qu'ils arrivèrent en deux jours et deux nuicts à Civita-Vecchia, et de-là à Rome; où estant, M. le grand-prieur voyant qu'on n'estoit pas encor prest de faire nouvelle élection (comme de vray elle demeura trois mois à faire), et par conséquent son frère ne pouvoit retourner, et que ses galleres ne faisoient rien au port, il s'advisa d'aller jusques à Naples voir la ville et y passer son temps. A son arrivée donc, le vice-roy, qui estoit lors le duc d'Alcala, le receut comme si ce fust esté un roy; mais avant que d'y arriver salua la ville d'une fort belle salüe qui dura long-temps, et la mesme luy fut rendue de la ville et des chasteaux, qu'on eust dit que le ciel tonnoit estrangement durant cette salüe; et tenant ses galleres en batailles et en loly, et assez loin, il envoya dans un esquif M. de l'Estrange, de Languedoc, fort habile et honneste gentilhomme, qui parloit fort bien, vers le vice-roy, pour ne luy donner l'allarme, et lui demander permission (encore que nous fussions en bonne paix, mais pourtant nous ne venions que de frais de la guerre) d'entrer dans le port pour voir la ville et visiter les sépulchres de ses prédécesseurs qui estoient là enterrez, et leur jetter de l'eau beniste et prier Dieu sur eux. Le vice-roy l'accorda très-librement. M. le grand-prieur donc s'advança et recommença la salüe aussi belle et aussi furieuse que devant, tant des canons de courcie des seize galleres, que des autres pièces et d'harquebusades, tellement que tout estoit en feu; et puis entra dans le mole fort superbement, avec plus d'estendarts, de banderolles, de flambants de taffetas cramoisi, et la sienne de damas, et tous les forçats vestus de velours cramoisi, et les soldats de sa garde de mesme, avec mandilles couvertes de passement d'argent, desquels estoit capitaine le capitaine Geoffroy, Provençal, brave et vaillant capitaine; et bien que l'on trouvast nos galleres françaises très-belles, lestes et bien espaverades, et sur-tout la Réalle, à laquelle n'y avoit rien à redire; car ce prince estoit en tout très-magnifique et libéral. Estant donc entré dans le monde en un si bel arroy, il prit terre, et tous nous autres avec luy, où le vice-roy avoit commandé de tenir prests des chevaux et des coches pour nous recueillir et nous conduire en la ville, comme de vray nous y trouvasmes cent chevaux, coursiers, genets, chevaux d'Espagne, barbes et autres, les uns plus beaux que les autres, avec des housses de velours toutes en broderies, les unes d'or, les autres d'argent. Qui vouloit montoit à cheval, montoit qui en coche vouloit, car il y en avoit une vingtaine des plus belles et riches et des mieux attelées, et traisnées par des coursiers des plus beaux qu'on eust sceu voir. Là se trouvèrent aussi force grands princes et seigneurs, tant du regne qu'espagnols, qui receurent M. le grand-prieur, de la part du vice-roy, très-honnorablement. Il monta sur un cheval d'Espagne, le plus beau que j'aye veu il a long-temps, que depuis le vice-roy luy donna, et se manioit très-bien, et faisoit de très-belles courbettes, ainsi qu'on parloit de ce temps. Luy, qui estoit un très-bon homme de cheval, et aussi bon que de mer, il le fit très-beau voir là-dessus: et il le faisoit très-bien valloir et aller, et de fort bonne grace, car il estoit l'un des plus beaux princes qui fust de ce temps-là et des plus agréables, des plus accomplis, et de fort haute et belle taille et bien dénoüée; ce qui n'advient guieres à ces grands hommes. Ainsi il fut conduit par tous ces seigneurs et tant d'autres gentilshommes chez le vice-roy, lequel l'attendoit, et luy fit tous les honneurs du monde, et logea en son palais, et le festoya fort sumptueusement, et luy et sa troupe: il le pouvoit bien faire, car il luy gaigna vingt mille escus à ce voyage.

 Nous pouvions bien estre avec lui deux cents gentilshommes, que capitaines des galleres et autres; nous fusmes logés chez la pluspart des grands seigneurs de la ville, et très-magnifiquement. Dès le matin, sortant de nos chambres, nous rencontrions des estaffiers si bien créez qui se venoient présenter aussi-tost et demander ce que nous voulions faire et où nous voulions aller et pourmener, et si nous voulions chevaux ou coches. Soudain, aussi-tost nostre volonté dite aussi-tost accomplie, et alloient quérir les montures que voulions, si belles, si riches et si superbes, qu'un roy s'en fust contenté; et puis accommencions et accomplissions nostre journée ainsi qu'il plaisoit à chacun. Enfin nous n'estions guieres gastez d'avoir faute de plaisirs et délices en cette ville: ne faut dire qu'il n'y en eust, car je n'ai jamais veu ville qui en fust plus remplie en toute sorte. Il n'y manque que la familiere, libre et franche conversation d'avec les dames d'honneur et réputation, car d'autres il y en a assez: à quoi pour ce coup sceut très-bien remédier madame la marquise de Gouast, pour l'amour de laquelle ce discours se fait; car, toute courtoise et pleine de toute honnesteté, et pour la grandeur de sa maison, ayant ouy renommer M. le grand-prieur des perfections qui estoient en luy, et l'ayant veu passer par la ville à cheval et recogneu, comme de grand à grand, cela est deu communément, elle qui estoit toute grande en tout, l'envoya visiter un jour par un gentilhomme fort honneste et bien créé, et lui manda que, si son sexe et la coustume du pays lui eussent permis de le visiter, volontiers elle y fust venue fort librement pour luy offrir sa puissance, comme avoient fait tous les grands seigneurs du royaume, mais le pria de prendre ses excuses en gré, en luy offrant et ses maisons, et ses chasteaux, et sa puissance. M. le grand-prieur, qui estoit la mesme courtoisie, la remercia fort comme il devoit, et luy manda qu'il luy iroit baiser les mains incontinent après disner; à quoi il ne faillit avec sa suite de tous nous autres qui estions avec luy. Nous trouvasmes la marquise dans sa salle avec ses deux filles, donne Antonine, et l'autre donne Hieronyme ou donne Joanne (je ne sçaurois bien le dire, car il ne m'en souvient plus), avec force belles dames et damoiselles, tant bien en point et de si belle et bonne grace, que, horsmis nos cours de France et d'Espagne, volontiers ailleurs n'ay-je point veu plus belle troupe de ames. Madame la marquise salua à la françaises et receut M. le grand-prieur avec un très-grand honneur; et luy en fit de mesmes, encore plus humble, *con mas gran sossiego*, comme dit l'Espagnol. Leurs devis furent pour ce coup de propos communs. Aucuns de nous autres, qui sçavions parler italien et espagnol, accostasmes les autres dames, que nous trouvasmes fort honnestes et gallantes, et de fort bon entretien. Au départir, madame la marquise, ayant sceu de M. le grand-prieur le séjour de quinze jours qu'il vouloit faire-là, lui dit: «Monsieur, quand vous ne saurez que faire et qu'aurez faute de passetemps, lorsqu'il vous plaira venir céans vous me ferez beaucoup d'honneur, et y serez le très-bien venu comme en la maison de madame vostre mére; vous priant de disposer cette-cy de mesme et ainsi que de la sienne, et y faire ny plus ny moins. J'ay ce bonheur d'estre aimée et visitée d'honnestes et belles dames de ce royaume et de cette ville, autant que dame qui soit; et d'autant que vostre jeunesse et vertu porte que vous aimez la conversation des honnestes dames, je les prieray de se rendre icy plus souvent que de coustume, pour vous tenir compagnie et à toute cette belle noblesse qui est avec vous. Voilà mes deux filles, auxquelles je commanderay, encores qu'elles ne soient si accomplies qu'on diroit bien, de vous tenir compagnie à la françaises, comme de rire, danser, joüer, causer librement, et modestement, honnestement, comme vous faites à la Cour de France, à quoy je m'offrirois volontiers; mais il fascheroit fort à un prince jeune, beau et honneste comme vous estes, d'entretenir une vieille surannée, fascheuse et peu aimable comme moy; car volontiers vieillesse et jeunesse ne s'accordent guieres bien ensemble.»

M. le grand-prieur luy releva aussi-tost ces mots, en luy faisant entendre que la vieillesse n'avoit rien gaigné sur elle, et que mal-aisément il ne passeroit pas celuy-là, et que son automne surpassoit tous les printemps et estez qui estoient en cette salle. Comme de vray, elle se monstroit encor une très-belle dame et fort aimable, voire plus que ses deux filles, toutes belles et jeunes qu'elles estoient; si avoit-elle bien alors près de soixante bonnes années. Ces deux petits mots que M. le grand-prieur donna à madame la marquise luy plurent fort, selon que nous pusmes cognoistre à son visage riant, à sa parole et à sa façon. Nous partismes de-là extresmement bien édifiés de cette belle dame et surtout M. le grand-prieur, qui en fust aussi-tost espris, ainsi qu'il nous le dit. Il ne faut donc douter si cette belle dame et honneste, et sa belle troupe de dames, convia M. le grand-prieur tous les jours d'aller à son logis; car si on n'y alloit l'après-dinée on y alloit le soir. M. le grand-prieur prit pour sa maistresse sa fille aisnée, encore qu'il aimast mieux la mère; mais ce fut *per adumbrar la cosa*[103].

Il se fit force courements de bague, où M. le grand-prieur emporta le prix, force ballets et danses. Bref, cette belle compagnie fut cause que, luy ne pensant séjourner que quinze jours, nous y fusmes pour nos six sepmaines, sans nous y fascher nullement, car nous y avions nous autres aussi bien fait des maistresses comme nostre général. Encore y eussions demeuré davantage, sans qu'un courrier vint du Roy son maistre, qui lui porta nouvelles de la guerre eslevée en Escosse; et pour ce falloit mener et faire passer ses galleres de levant en ponant, qui pourtant ne passèrent de huict mois après. Ce fut à ce départir de ces plaisirs délicieux, et de laisser la bonne et gentille ville de Naples: et ne fut à M. nostre général et à tous nous autres sans grandes tristesses et regrets, mais nous faschant fort de quitter un lieu où nous nous trouvions si bien.

Au bout de six ans, ou plus, nous allasmes au secours de Malte. Moy estant à Naples, je m'enquis si madite dame la marquise estoit encor vivante; on me dit qu'ouy, et qu'elle estoit en la ville. Soudain je ne faillis de l'aller voir, et fus aussi-tost recogneu par un vieux maistre d'hostel de céans, qui l'alla dire à madite dame que je luy voulois baiser les mains. Elle, qui se ressouvint de mon nom de Bourdeille, me fit monter en sa chambre et la voir. Je la trouvay qui gardoit le lict, à cause d'un petit feu vollage qu'elle avoit d'un costé de jouë. Elle me fit, je vous jure, une très-bonne chere: je ne la trouvay que fort peu changée, et encore si belle, qu'elle eust bien fait commettre un péché mortel, fust de fait ou de volonté. Elle s'enquit fort à moy des nouvelles de M. le grand-prieur, et d'affection, et comme il estoit mort, et qu'on lui avoit dit qu'il avoit esté empoisonné, maudissant cent fois le malheureux qui avoit fait le coup. Je luy dis que non, et qu'elle otast cela de sa fantaisie, et qu'il estoit mort d'un purisy faux et sourd qu'il avoit gaigné à la bataille de Dreux, où il avoit combattu comme un César tout le jour; et le soir à la dernière charge, s'estant fort échauffé au combat, et suant, se retirant le soir qu'il geloit à pierre fendre, se morfondit, et se couva sa maladie, dont il mourut un mois ou six semaines après. Elle monstroit, par sa parole et sa façon, de le regretter fort: et notez que, deux ou trois ans auparavant, il avoit envoyé deux galleres en cours sous la charge du capitaine Beaulieu, l'un de ses lieutenants de galleres. Il avoit pris la bandiere de la reyne d'Escosse, qu'on n'avoit jamais veue vers les mers de levant, ny cogneuë, dont on estoit fort esbahy; car, de prendre celle de France, n'en falloit point parler, pour l'alliance entre le Turc.

M. le grand-prieur avoit donné charge au dit capitaine Beaulieu de prendre terre à Naples, et de visiter de sa part madame la marquise et ses filles, auxquelles trois il envoyoit force présents de toutes les petites singularitez qui estoient lors à la Cour et au palais, à Paris et en France; car ledit sieur grand-prieur estoit la libéralité et magnificence mesme: à quoy ne faillit le capitaine Beaulieu, et de présenter le tout, qui fut très-bien receu, et pour ce fut récompensé d'un beau présent. Madame la marquise se ressentoit si fort obligée de ce présent, et de la souvenance qu'il avoit encor d'elle, qu'elle me le réitera plusieurs fois, dont elle l'en aima encore plus. Pour l'amour de luy elle fit encore une courtoisie à un gentilhomme gascon, qui estoit lors aux galleres de M. le grand-prieur, lequel, quand nous partismes, demeura dans la ville, malade jusqu'à la mort. La fortune fut si bonne pour luy, que, s'addressant à la dite dame en son adversité, elle le fit si bien secourir qu'il eschappa, et le prit en sa maison, et s'en servit, que, venant à vacquer une capitainerie en un de ses chasteaux, elle la luy donna, et luy fit espouser une femme riche. Aucuns de nous autres ne sceusmes qu'estoit devenu le gentilhomme, et le pensions mort, si non lors que nous fismes ce voyage de Malte il se trouva un gentilhomme qui estoit cadet de celuy dont j'ay parlé, qui un jour, sans y penser, parlant à moy de la principale occasion de son voyage qui estoit pour chercher nouvelles d'un sien frère qui avoit esté à M. le grand-prieur, et estoit resté malade à Naples il y avoit plus de six ans, et que depuis il n'en avoit jamais sceu nouvelles, il m'en alla souvenir, et depuis m'enquis de ses nouvelles aux gens de madame la marquise, qui m'en contèrent, et de sa bonne fortune: soudain je le rapportay à son cadet, qui m'en remercia fort, et vint avec moy chez ma dite dame qui en prit encor plus de langue, et l'alla voir où il estoit.

Voilà une belle obligation pour une souvenance d'amitié qu'elle avoit encore, comme j'ay dit; car elle m'en fit encore meilleure chere, et m'entretint fort du bon temps passé, et de force autres choses qui faisoient trouver sa compagnie très-belle et très-aimable; car elle estoit de très-beau et bon devis, et très-bien parlante. Elle me pria cent fois ne prendre autre logis ny repas que le sien, mais je ne le voulus jamais, n'ayant esté mon naturel d'estre importun ny coquin. Je l'allois voir tous les jours, pour sept ou huict jours que nous demeurasmes, et y estois très-bien venu, et sa chambre m'estoit toujours ouverte sans difficulté. Quand je luy dis adieu, elle me donna des lettres de faveur à son fils M. le marquis de Pescaire, général pour lors en l'armée espagnole: outre ce, elle me fit promettre qu'au retour je passerois pour la revoir, et de ne prendre autre logis que le sien. Le malheur fut tant pour moy, que les galleres qui nous tournèrent ne nous mirent à terre qu'à Terracine, d'où nous allasmes à Rome, et ne pus tourner en arrière; et aussi que je m'en voulois aller à la guerre d'Hongrie; mais, estans à Venise, nous sceusmes la mort du grand Soliman. Ce fut-là où je maudis cent fois mon malheur que je ne fusse retourné aussi bien à Naples, où j'eusse bien passé mon temps, et possible, par le moyen de ma dite dame la marquise, j'y eusse rencontré une bonne fortune, fust par mariage ou autrement; car elle me faisoit ce bien de m'aimer. Je croy que ma malheureuse destinée ne le voulut, et me voulut encore ramener en France pour y estre à jamais malheureux, et où jamais la bonne fortune ne m'a monstré bon visage, si-non par apparence et beau semblant; d'estre estimé gallant homme de bien et d'honneur prou, mais des moyens et des grades point, comme aucuns de mes compagnons, voire d'autres plus bas, lesquels j'ay veu qu'ils se fussent estimez heureux que j'eusse parlé à eux dans une Cour, dans une chambre de roy ou de reyne, ou une salle, encore à costé ou sur l'espaule, qu'aujourd'huy je les vois advancés comme potirons, et fort aggrandis, bien que je n'aye affaire d'eux et ne les tienne plus grands que moy, ny que je leur voulusse déférer en rien de la longueur d'un ongle. Or bien pour moy je peux en cela pratiquer le proverbe que nostre rédempteur Jésus-Christ a prefféré de sa propre bouche, que *nul ne peut estre prophete en son pays.* Possible, si j'eusse servi des princes estrangers, aussi bien que les miens, et cherché l'adventure parmy eux comme j'ay fait parmy les nostres, je serois maintenant plus chargé de biens et dignitez que ne suis de douleurs et d'années. Patience: si ma parque m'a ainsi filé, je la maudis; s'il tient à mes princes, je les donne à tous les diables, s'ils n'y sont.

Voilà mon conte achevé de cette honnorable dame. Elle est morte en une très-grande réputation d'avoir esté une très-belle et honneste dame, et d'avoir laissé après elle une belle et généreuse lignée, comme M. le marquis son aisné, don Juan, don Carlos, don Césare d'Avalos; que j'ay tous veus et desquels j'en ay parlé ailleurs: les filles de mesme ont ensuivy les frères.

Or, je fais fin à mon principal discours.

DISCOURS SIXIÈME

Sur ce que les belles et honnestes femmes aiment les vaillants hommes, et les braves hommes aiment les dames courageuses.

Il ne fut jamais que les belles et honnestes dames n'aimassent les gens braves et vaillants, encore que de ieur nature elles soyent poltronnes et timides; mais la vaillance a telle vertu à l'endroit d'elles, qu'elles l'aiment. Que c'est que de se faire aimer à son contraire, malgré son naturel! Et, qu'il ne soit vray, Vénus, qui fut jadis la déesse de beauté, de toute gentillesse et honnesteté, estant à mesme, dans les cieux et en la cour de Jupiter, pour choisir quelque amoureux gentil et beau, et pour faire cocu son bonhomme de mary Vulcain, n'en alla aucun choisir des plus mignons, des plus fringants ny des plus frisés, de tant qu'il y en avoit, mais choisit et s'amouracha du dieu Mars, dieu des armées et des vaillances, encore qu'il fust tout sallaud, tout suant de la guerre d'où il venoit, et tout noirci de poussière et malpropre ce qu'il se peut, centant mieux son soldat de guerre que son mignon de cour; et, qui pis est encore, bien souvent, possible, tout sanglant, revenant des batailles, couchoit-il avec elle sans autrement se nettoyer et parfumer.

—La généreuse belle reyne Pantasilée, la renommée luy ayant fait à sçavoir les valeurs et vaillances du preux Hector, et ses merveilleux faits d'armes qu'il faisoit devant Troye sur les Grecs, au seul bruit s'amouracha de luy tant, que, par un désir d'avoir d'un si vaillant chevalier des enfants, c'est-à-dire filles qui succédassent a son royaume, s'en alla le trouver à Troye, et, le voyant, le contemplant et l'admirant, fit tout ce qu'elle peut pour se mettre en grâce avec luy, non moins par les armes qu'elle faisoit, que par sa beauté, qui estoit très-rare; et jamais Hector ne faisoit saillie sur ses ennemis qu'elle ne l'y accompagnast, et ne se meslast aussi avant que Hector là où il faisoit le plus chaud; si que l'on dit que plusieurs fois, faisant de si grandes proüesses, elle en faisoit esmerveiller Hector, tellement qu'il s'arrestoit tout court comme ravy souvent au milieu des combats les plus forts, et se mettoit un peu à l'escart pour voir et contempler mieux à son aise cette brave reyne à faire de si beaux coups. De-là en avant il est à penser au monde ce qu'ils firent de leurs amours, et s'ils les mirent à exécution: le jugement en peut estre bientost donné; mais tant y a que leur plaisir ne peut pas durer longuement; car elle, pour mieux complaire à son amoureux, se précipitoit ordinairement aux hasards, qu'elle fut tuée à la fin parmi la plus forte et plus cruelle meslée. Aucuns disent pourtant qu'elle ne vid pas Hector, et qu'il estoit mort devant qu'elle arrivast, dont arrivant et sçachant la mort, entra en un si grand dépit et tristesse, pour avoir perdu le bien de sa veuë qu'elle avoit tant desiré et pourchassé de si loingtain pays, qu'elle s'alla perdre volontairement dans les plus sanglantes batailles, et mourut, ne voulant plus vivre puisqu'elle n'avoit peu voir l'objet valeureux qu'elle avoit le mieux choisi et plus aimé. De mesmes en fit Tallestride, autre reyne des Amazones, laquelle traversa un grand pays, et fit je ne sçay combien de lieuës pour aller trouver Alexandre le Grand, luy demandant par mercy, ou à la pareille, de ce bon temps que l'on faisoit, et le donnoit-on pour la pareille; coucha avec luy pour avoir de la ligéne d'un si grand et généreux sang, l'ayant ouy tant estimer; ce que volontiers Alexandre luy accorda; mais bien gasté et dégousté s'il eust fait autrement, car la digne reyne estoit bien aussi belle que vaillante. Quinte Curce, Oroze et Justin l'asseurent, et qu'elle vint trouver Alexandre avec trois cents dames à sa suite, tant bien en point et de si bonne grace, portans leurs armes, que rien plus; et fit ainsi la révérence à Alexandre, qui la recueillit avec un très-grand honneur, et demeura l'espace de treize jours et treize nuicts avec luy, s'accommoda du tout à ses volontez et plaisirs, luy disant pourtant tousjours que si elle en avoit une fille, qu'elle la garderoit comme un très-précieux trésor: si elle en avoit un fils, qu'elle luy envoyeroit, pour la haine extreme qu'elle portoit au sexe masculin, en matiere de regner, et avoir aucun commandement parmy elles, selon les loix introduites en leurs compagnies depuis qu'elles tuèrent leurs marys. Ne faut douter là-dessus que les autres dames et sous-dames n'en firent de mesme et ne se firent couvrir aux autres capitaines et gendarmes du dit Alexandre; car, en cela, il falloit faire comme la dame.

La belle vierge Camille, belle et généreuse, et qui servoit si fidellement Diane, sa maistresse, parmy les forests et les bois, en ses chasses, ayant senty le vent et la vaillance de Turnus, et qu'il avoit à faire avec un vaillant homme aussi, qui estoit Enée, et qui luy donnoit de la peine, choisit son parti et le vint trouver seulement avec trois fort honnestes et belles dames de ses compagnes, qu'elle avoit esleu pour ses grandes amies et fideles confidentes, et tribades pensez, et pour friquarelle; et pour l'honneur en tous lieux s'en servoit, comme dit Virgile en ses *Æneïdes*, et s'appeloit l'une Armie la vierge et la vaillante, et l'autre Iulle, et la troisiesme Tarpée, qui sçavoit bien bransler la pique et le dard, en deux façons diverses pensez, et toutes trois filles d'Italie. Camille donc vint ainsi avec sa belle petite bande (aussi dit-on petit et beau et bon) trouver Turnus, avec lequel elle fit de très-belles armes, et s'advança si souvent et se mesla parmy les vaillants Troyens, qu'elle fut tuée, avec très-grand regret de Turnus, qui l'honnoroit beaucoup, tant pour sa beauté que pour son bon secours. Ainsi ces dames belles et courageuses alloient rechercher les braves et vaillants, les secourans en leurs guerres et combats. Qui mit le feu d'amour si ardent dans la poitrine de la pauvre Didon, si-non la vaillance qu'elle sentit en son Enéas, si nous voulons croire Virgile? Car, après qu'elle l'eut prié de luy raconter les guerres, désolations et destruction de Troye, et qu'il l'en eut contenté, à son grand regret pourtant pour renouveller telles douleurs, et qu'en son discours il n'oublioit pas ses vaillantises, et les ayant Didon très-bien remarquées et considérées en soy, lorsqu'elle commença à déclarer à sa sœur Anne son amour, les plus prégnantes et principales paroles qu'elle luy dit, furent: «Hà! ma sœur, quel hoste est cettuy-cy qui est venu chez moy! la belle façon qu'il a, et combien se monstre-t-il en grace d'estre brave et vaillant, soit en armes et en courage! et croy fermement qu'il est extraict de quelque race des dieux; car les cœurs villains sont coüards de nature.» Telles furent ses paroles. Et croy qu'elle se mit à l'aimer, tant aussi parce qu'elle estoit brave et généreuse, et que son instinct a poussoit d'aimer son semblable, aussi pour s'en aider et servir en cas de nécessité. Mais le malheureux la trompa et l'abandonna misérablement; ce qu'il ne devoit faire à cette honneste dame qui luy avoit donné son cœur et son amour; à luy, dis-je, qui estoit un estranger et un forbanny[104].

—Bocace, en son livre des *Illustres malheureux*, fait un conte d'une duchesse de Furly, nommée Romilde, laquelle, ayant perdu son mary, ses terres et son bien, que Caucan, roy des Avarois, luy avoit tout prit, et réduite à se retirer avec ses enfants dans son chasteau de Furly, là où il l'assiégea. Mais un jour qu'il s'en approchoit pour le recognoistre, Romilde, qui estoit sur le haut d'une tour, le vid, et se mit fort à le contempler et longuement; et le voyant si beau, estant à la fleur de son aage, monté sur un beau cheval, et armé d'un harnois très-superbe, et qu'il faisoit tant de beaux exploict d'armes, et ne s'espargnoit non plus que le moindre soldat des siens, en devint incontinent passionnément amoureuse; et, laissant arrière le deuil de son mary et les affaires de son chasteau et de son siége, luy manda par un messager que, s'il la vouloit prendre en mariage, qu'elle luy rendroit la place dès le jour que les nopces seroient célébrées. Le roy Cauean la prit au mot. Le jour donc compromis venu, elle s'habille pompeusement de ses plus beaux et superbes habits de duchesse, qui la rendirent d'autant plus belle, car elle l'estoit très-fort; et estant venue au camp du Roy pour consomer le mariage, afin qu'on ne le pust blasmer qu'il n'eust tenu sa foy, se mit toute la nuict à contenter la duchesse eschauffée. Puis lendemain au matin, estant levé, fit appeler douze soldats avarois des siens, qu'il estimoit les plus forts et roides compagnons, et mit Romilde entre leurs mains pour en faire leur plaisir l'un après l'autre; laquelle repassèrent tout une nuict tant qu'ils purent: et le jour venu, Caucan, l'ayant fait appeler, luy ayant fait forces reproches de sa lubricité et dit force injures, la fit empaler par sa nature, dont elle en mourut. Acte cruel et barbare certes, de traitter ainsi une si belle et honneste dame, au lieu de la reconnoistre, la récompenser et traitter en toute sorte de courtoisie, pour la bonne opinion qu'elle avoit eue de sa générosité, de sa valeur et de son noble courage, et l'avoir pour cela aimé! A quoy quelquefois les dames doivent bien regarder, car il y a de ces vaillants qui ont tant accoustumé à tuer, à manier et à battre le fer si rudement, que quelquefois il leur prend des humeurs d'en faire de mesme sur les dames. Mais tous ne sont pas de ces complexions; car, quand quelques honnestes dames leur font cet honneur de les aimer et avoir bonne opinion de leur valeur, laissent dans le camp leurs furies et leurs rages, et dans des cours et dans des chambres s'accommodent aux douceurs et à toutes les bonnestetez et courtoisies. Bandel, dans ses *Histoires tragiques*, en raconte une, qui est la plus belle que j'aye jamais leu, d'une duchesse de Savoye, laquelle un jour en sortant de sa ville de Thurin, et ayant ouy une pellerine espagnole, qui alloit à Lorette pour certain veu, s'escrier et admirer sa beauté, et dire tout haut que si une belle et parfaite dame estoit mariée avec son frere le seigneur de Mendozze, qui estoit si beau, si brave et si vaillant, qu'il se pourroit bien dire partout que les deux plus beaux pairs du monde estoient couplez ensemble. La duchesse, qui entendoit très-bien la langue espagnole, ayant en soy très-bien engravés et remarqués ces mots, et dans son ame s'y mit aussi à en graver l'amour, si bien que par un tel bruit elle devint tant passionnée du seigneur de Mendozze, qu'elle ne cessa jamais jusques à ce qu'elle eust projeté un feint pellerinage à Saint Jacques, pour voir son amoureux si-tost conceu; et, s'estant acheminée en Espagne, et pris le chemin par la maison du seigneur de Mendozze, eut temps et loisir de contenter et rassasier sa veuë de l'objet beau qu'elle avoit esleu; car la sœur du seigneur de Mendozze, qui accompagnoit la duchesse, avoit adverty son frère d'une telle et si noble et belle venue: à quoy il ne faillit d'aller au devant d'elle bien en point, monté sur un beau cheval d'Espagne, avec une si belle grace que la duchesse eut occasion de se contenter de la renommée qui luy avoit esté rapportée, et l'admira fort, tant pour sa beauté que pour sa belle façon, qui monstroit à plein la vaillance qui estoit en luy, qu'elle estimoit bien autant que les autres vertus et accomplissements et perfections; présageant dès lors qu'un jour elle en auroit bien affaire, ainsi que par après il luy servit grandement en l'accusation fausse que le comte Pancalier fit contre sa chasteté. Toutes fois, encore qu'elle le tint brave et courageux pour les armes, si fut-il pour ce coup coüard en amours; car il se monstra si froid et respectueux envers elle, qu'il ne luy fit nul assaut de paroles amoureuses; ce qu'elle aimoit le plus, et pourquoy elle avoit entrepris son voyage; et, pour ce, dépitée d'un tel froid respect ou plustost de telles coüardises d'amours, s'en partit le lendemain d'avec luy, non si contente qu'elle eust voulu. Voilà comment les dames quelquefois aiment bien autant les hommes hardis pour l'amour comme pour les armes, non qu'elles veuillent qu'ils soient effrontez et hardis, impudents et sots, comme j'en ay cogneu; mais il faut en cela qu'ils tiennent le *medium*. J'ay cogneu plusieurs qui ont perdu beaucoup de bonnes fortunes pour tels respects, dont j'en ferois de bons contes si je ne craignois m'esgarer trop de mon discours; mais j'espère les faire à part: si diray-je cettuy-cy. J'ay ouy conter d'autres fois d'une dame, et des très-belles du monde, laquelle, ayant de mesme ouy renommer un pour brave et vaillant, et qu'il avoit desjà en son aage fait et parfait de grands exploicts d'armes, et surtout gaignées deux grandes et signalées batailles contre ses ennemis[105], eut grand désir de le voir, et pour ce fit un voyage dans la province où pour lors il y faisoit séjour, sous quelque autre prétexte que je ne diray point. Enfin elle s'achemina; mais et qu'est-il impossible à un brave cœur amoureux? Elle le void et contemple à son aise, car il vint fort loing au-devant d'elle, et la reçoit avec tous les honneurs et respects du monde, ainsi qu'il devoit à une si grande, belle et magnanime princesse, et trop, comme dit l'autre, car il luy arriva de mesme comme au seigneur de Mendozze et à la duchesse de Savoye; et tels respects engendrerent pareils mescontentements et dépits, si bien qu'elle partit d'avec luy non si bien satisfaite comme elle y estoit venuë. Possible qu'il y eust perdu son temps et qu'elle n'eust obéy à ses volontez; mais pourtant l'essay n'en fust esté mauvais, ains fort honorable, et l'en eust-on estimé davantage. De quoy sert donc un courage hardy et généreux, s'il ne se monstre en toutes choses, et mesmes en amours comme aux armes, puisque armes et amours sont compagnes, marchent ensemble et ont une mesme sympathie: ainsi que dit le poëte, tout amant est gendarme, et Cupidon a son camp et ses armes aussi-bien que Mars. M. de Ronsard en a fait un beau sonnet dans ses premieres amours.

Or, pour tourner encore aux curiositez qu'ont les dames de voir et aimer les gens généreux et vaillants, j'ay ouy raconter à la Reyne d'Angleterre Élisabeth, qui regne aujourd'huy, un jour, elle estant à table, faisant souper avec elle M. le grand-prieur de France, de la maison de Lorraine, et M. d'Anville, aujourd'huy M. de Montmorency et connestable, parmy ce devis de table et s'estant mis sur les loüanges du feu roy Henry deuxiesme le loua fort de ce qu'il estoit brave, vaillant et généreux, et, en usant de ce mot, fort martial, et qu'il l'avoit bien monstré en toutes ses actions; et que pour ce, s'il ne fust mort si tost, elle avoit résolu de l'aller voir en son royaume, et avoit fait accommoder et appester ses galeres pour passer en France et toucher entre leurs deux mains la foi et leur paix. «Enfin c'estoit une de mes envies de le voir; je crois qu'il ne m'en eust refusée, car, disoit-elle, mon humeur est d'aymer les gens vaillants, et veux mal à la mort d'avoir ravy un si brave roy, au moins avant que je ne l'aye veu.» Cette mesme reyne, quelque temps après, ayant ouy tant renommer M. de Nemours des perfections et valleurs qui estoient en luy, fut curieuse d'en demander des nouvelles à feu M. de Rendan, lorsque le roy François second l'envoya en Escosse faire la paix devant le petit lict qui estoit assiégé; et ainsi qu'il luy en eust conté bien au long, et toutes les especes de ses grandes et belles vertus et vaillances, M. de Rendan, qui s'entendoit en amours aussi bien qu'en armes, cogneut en elle et son visage quelque estincelle d'amour ou d'affection, et puis en ses paroles une grande envie de le voir. Par quoy ne se voulant arrester en si beau chemin, fit tant envers elle de sçavoir, s'il la venoit voir, s'il seroit le bien venu et receu; ce qu'elle l'en asseura, et par là présuma qu'ils pourroient venir en mariage. Estant donc de retour de son ambassade à la Cour, en fit au Roy et à M. de Nemours tout le discours; à quoy le roy recommanda et persuada à M. de Nemours d'y entendre: ce qu'il fit avec une très-grande joye, s'il pouvoit parvenir à un si beau royaume par le moyen d'une si belle, si vertueuse et honneste Reyne. Pour fin, les fers se mirent au feu; par les beaux moyens que le roy lui donna, il fit de fort grands préparatifs, et très-superbes et beaux appareils, tant d'habillement, chevaux, armes, bref, de toutes choses exquises, sans y rien obmettre (car je vis tout cela), pour aller parestre devant cette belle princesse; n'oubliant surtout d'y mener toute la fleur de la jeunesse de la Cour; si bien que le fol Greffier, rencontrant là-dessus, disoit que c'estoit la fleur des febves, par-là brocardant la follastre jeunesse de la Cour. Cependant M. de Lignerolles, très-habile et accort gentilhomme, et lors fort favory de M. de Nemours son maistre, fut depesché vers la dite Reyne, qui s'en retourna avec une response belle et très-digne de s'en contenter et de presser et avancer son voyage; et me souvient que la Cour en tenoit le mariage pour quasi fait: mais nous nous donnasmes la garde que, tout à coup, ledit voyage se rompit et demeura court, et avec une très-grande despense, très-vaine et inutile pourtant. Je dirois, aussi bien qu'homme de France, à quoy il tint que cette rupture se fit si-non qu'en passant ce seul mot, que d'autres amours, possible, luy serroyent plus le cœur et le tenoient plus captif et arresté; car il estoit si accomply en toutes choses et si adroit aux armes et autres vertus, que les dames à l'envy volontiers l'eussent couru à force, ainsi que j'en ai vu de plus fringantes et plus chastes, qui rompoient bien leur jeusne de chasteté pour luy.

—Nous avons, dans les *Cents Nouvelles de la reyne de Navarre Marguerite*, une très-belle histoire de cette dame de Milan, qui, ayant donné assignation à feu M. de Bonnivet, depuis amiral de France, une nuict attira ses femmes de chambre avec des espées nues pour faire bruit sur le degré ainsi qu'il seroit prest à se coucher: ce qu'elles firent très-bien, suivant en cela le commandement de leur maistresse, qui de son côté, fit de l'effrayée et craintive, disant que c'estoient ses beaux-frères qui s'estoient aperceus de quelque chose, et qu'elle estoit perdue, et qu'il se cachast sous le lict ou derrière la tapisserie. Mais M. de Bonnivet, sans s'effrayer, prenant sa cape à l'entour du bras et son espée de l'autre, il dit: «Et où sont-ils ces braves frères qui me voudroient faire peur ou mal? Quand ils me verront, ils n'oseront regarder seulement la pointe de mon espée.» Et, ouvrant la porte et sortant, ainsi qu'il vouloit commencer à charger sur ce degré, il trouva ces femmes avec leur tintamarre, qui eurent peur et se mirent à crier et confesser le tout. M. de Bonnivet, voyant que ce n'estoit que cela, les laissa et les recommanda au diable; et se rentra en la chambre, et ferma la porte sur lui, et vint trouver sa dame, qui se mit à rire et l'embrasser, et luy confesser que c'estoit un jeu aposté par elle, et l'asseurer que, s'il eust fait du poltron et n'eust monstré en cela sa vaillance, de laquelle il avoit le bruit, que jamais il n'eust couché avec elle; et pour s'estre monstré ainsi généreux et asseuré, elle l'embrassa et le coucha auprès d'elle; et toute la nuict ne faut point demander ce qu'ils firent; car c'estoit l'une des belles femmes de Milan, et après laquelle il avoit eu beaucoup de peine à la gaigner.

—J'ay cogneu un brave gentilhomme, qui un jour estant à Rome couché avec une gentille dame romaine, son mary absent, luy donna une pareille allarme, et fit venir une de ses femmes en sursaut l'advertir que le mary tournoit des champs. La femme, faisant de l'estonnée, pria le gentilhomme de se cacher dans un cabinet, autrement elle estoit perdue. «Non, non, dit le gentilhomme, pour tout le bien du monde je ne ferois pas cela; mais s'il vient, je le tueray.» Ainsi qu'il avoit sauté à son espée, la dame se mit à rire et confesser avoir fait cela à poste pour l'esprouver, si son mary luy vouloit faire mal, ce qu'il feroit et la défendroit bien.

—J'ay cogneu une très-belle dame qui quitta tout à trac un serviteur qu'elle avoit, pour ne le tenir vaillant, et le changea en un autre qui ne le ressembloit, mais estoit craint et redouté extresmement de son espée, qui estoit des meilleures qui se trouvassent pour lors.

—J'ay ouy faire un conte à la Cour aux anciens, d'une dame qui estoit à la Cour, maistresse de feu M. de Lorge, le bonhomme, en ses jeunes ans l'un des vaillants et renommez capitaines des gens de pied de son temps. Elle, en ayant ouy dire tant de bien de sa vaillance, un jour que le roy François premier faisoit combattre des lions en sa Cour, voulut faire preuve s'il estoit tel qu'on luy avoit fait entendre, et pour ce laissa tomber un de ses gands dans le parc des lyons, estants en leur plus grande furie, et là-dessus pria M. de Lorge de l'aller quérir s'il l'aimoit tant comme il le disoit. Luy, sans s'estonner, met sa cape au poing et l'espée à l'autre main, et s'en va asseurément parmy ces lyons recouvrer le gand. En quoy la fortune luy fut si favorable, que, faisant toujours bonne mine, et monstrant d'une belle asseurance la pointe de son espée aux lyons, ils ne l'osèrent attaquer; et ayant recouru le gand, il s'en retourna devers sa maistresse et luy rendit; en quoy elle et tous les assistants l'en estimèrent bien fort. Mais on dit que, de beau dépit, M. de Lorge la quitta pour avoir voulu tirer son passe-temps de luy et de sa valeur de cette façon. Encores dit-on qu'il luy jeta par beau dépit le gand au nez; car il eust mieux voulu qu'elle luy eust commandé cent fois d'aller enfoncer un bataillon de gens de pied, où il s'estoit bien appris d'y aller, que non de combattre des bestes, dont le combat n'en est guères glorieux. Certes tels essais ne sont ny beaux, ny honnestes, et les personnes qui s'en aident sont fort à reprouver. J'aimerois autant un tour que fit une dame à son serviteur, lequel, ainsi qu'il luy présentoit son service, et l'asseuroit qu'il n'y auroit chose, tant hazardeuse fust-elle, qu'il ne la fist, elle, le voulant prendre au mot, luy dit: «Si vous m'aimez tant, et que vous soyez si courageux que vous le dites, donnez-vous de vostre dague dans le bras pour l'amour de moy.» L'autre, qui mouroit pour l'amour d'elle, la tira soudain, s'en voulant donner: je luy tins le bras et luy ostay la dague, luy remonstrant que ce seroit un grand fol d'aller faire ainsi et de telle façon preuve de son amour et de sa valeur. Je ne nommeray point la dame, mais le gentilhomme estoit feu M. de Clermont-Tallard l'aisné, qui mourut à la bataille de Moncontour, un des braves et vaillants gentilshommes de France, ainsi qu'il le monstra à sa mort, commandant à une compagnie de gens-d'armes, que j'aimois et honorois fort. J'ay ouy dire qu'il en arriva tout de mesme à feu de Genlis, qui mourut en Allemagne, menant les troupes huguenottes aux troisiesmes troubles: car, passant un jour la rivière devant le Louvre avec sa maistresse, elle laissa tomber son mouchoir dans l'eau, qui estoit beau et riche, exprès, et luy dit qu'il se jetast dedans pour luy recourre. Luy, qui ne sçavoit nager que comme une pierre, se voulut excuser; mais elle, luy reprochant que c'estoit un coüard amy, et nullement hardy, sans dire gare se jeta à corps perdu dedans, et, pensant avoir le mouchoir, se fust noyé s'il n'eust esté aussitost secouru d'un autre batteau. Je crois que telles femmes se veulent défaire par tels essays ainsi gentiment de leurs serviteurs, qui possible les ennuyent. Il vaudroit mieux qu'elles leur donnassent de belles faveurs, et les prier, pour l'amour d'elles, les porter aux lieux honorables de la guerre, et faire preuve de leur valeur, ou les y pousser davantage, que non pas faire de ces sottises que je viens de dire, et que j'en dirois une infinité.

—Il me souvient que, lors que nous allasmes assiéger Roüen aux premiers troubles, mademoiselle de Piennes, l'une des honnestes filles de la Cour, estant en doute que feu M. de Gergeay ne fust esté assez vaillant pour avoir tué lui seul, et d'homme à homme, le feu baron d'Ingrande, qui estoit un des vaillants gentilshommes de la Cour, pour esprouver sa valeur, luy donna une faveur d'une escharpe qu'il mit à son habillement de teste: et, ainsi qu'on vint pour reconnoistre le fort de Sainte-Catherine, il donna si courageusement et vaillamment dans une troupe de chevaux qui estoient sortis hors de la ville, qu'en bien combattant il eut un coup de pistollet dans la teste, dont il mourut roide mort sur la place: en quoy ladite demoiselle fut satisfaite de sa valeur; et s'il ne fust mort ce coup, ayant si bien fait, elle l'eust espousé; mais, doutant un peu de son courage, et qu'il avoit mal tué ledit baron, ce luy sembloit, elle voulut voir cette expérience, ce disoit-elle. Et certes, encor qu'il y ait beaucoup d'hommes vaillants de leur nature, les dames les y poussent encore davantage; et, s'ils sont las et froids, elles les esmeuvent et eschauffent. Nous en avons un très-bel exemple de la belle Agnès, laquelle, voyant le roy Charles VII enamouraché d'elle et ne se soucier que de luy faire l'amour, et, mol et lasche, ne tenir compte de son royaume, luy dit un jour que, lorsqu'elle estoit encores jeune fille, un astrologue lui avoit prédit qu'elle seroit aimée et servie de l'un des plus vaillants et courageux roys de la chrestienté; que, quand le Roy lui fit cet honneur de l'aimer, elle pensoit que ce fust ce roy valleureux qui luy avoit esté prédit; mais le voyant si mol, avec si peu de soin de ses affaires, elle voyoit bien qu'elle estoit trompée, et que ce roy si courageux n'estoit pas luy, mais le roy d'Angleterre, qui faisoit de si belles armes, et luy prenoit tant de belles villes à sa barbe; «dont, dit-elle au Roy, je m'en vais le trouver, car c'est celuy duquel entendoit l'astrologue.» Ces paroles piquèrent si fort le cœur du Roy, qu'il se mit à plorer; et de-là en avant, prenant courage, et quittant sa chasse et ses jardins, prit le frein aux dents; si bien que par son bonheur et vaillance, chassa les Anglois de son royaume.

—Bertrand du Guesclin, ayant espousé sa femme, madame Thiphanie, se mit du tout à la contenter et laisser le train de la guerre, luy qui l'avoit tant pratiquée auparavant, et qui avoit acquis tant de gloire et de loüange, mais elle luy en fit une réprimende et remonstrance, qu'avant leur mariage on ne parloit que de luy et de ses beaux faits, et que désormais on luy pourroit reprocher à elle-mesme une telle discontinuation de son mary; qui portoit un très-grand préjudice à elle et à son mary, d'estre devenu un si grand casanier, dont elle ne cessa jamais jusques à ce qu'elle lui eust remis son premier courage, et renvoyé à la guerre, où il fit encore mieux que devant. Voilà comment cette honneste dame n'aima point tant son plaisir de nuict comme elle faisoit l'honneur de son mary: et certes, nos femmes mesmes, encor qu'elles nous trouvent près de leurs costez, si nous ne sommes braves et vaillants, ne nous sçauroient aymer ny nous tenir auprès d'elles de bon cœur; mais, quand nous retournons des armées, et que nous avons fait quelque chose de bien et de beau, c'est alors qu'elles nous ayment et nous embrassent de bon cœur, et qu'elles le trouvent meilleur.

—La quatriesme fille du comte de Provence, beau-pere de saint Louis, et femme à Charles, comte d'Anjou, frère dudit roy, magnanime et ambitieuse qu'elle estoit, se faschant de n'estre que simple comtesse de Provence et d'Anjou, et qu'elle seule de ses trois sœurs, dont les deux estoient reyne et l'autre impératrice, ne portoit autre titre que de dame et comtesse, ne cessa jamais, jusques à ce qu'elle eust prié, pressé et importuné son mary d'avoir et de conquester quelque royaume; et firent si bien qu'ils furent eslus par le pape Urbain roy et reyne des Deux-Siciles; et allèrent tous deux à Rome avec trente galleres se faire couronner par sa Sainteté, en grande magnificence, roy et reyne de Jérusalem et de Naples, qu'il conquesta après tant par ses armes valeureuses que par les moyens que sa femme luy donna, vendant toutes ses bagues et joyaux pour fournir aux frais de la guerre: et puis après régnèrent assez paisiblement et longuement en leurs beaux royaumes conquis. Longtemps après, une de leurs petites-filles, descendues d'eux et des leurs, Isabeau de Lorraine, fit, sans son mary René, semblable trait; car luy estant prisonnier entre les mains de Charles, duc de Bourgogne, elle estant princesse, sage et de grand magnanimité et courage, de Sicile et de Naples le royaume leur estant escheu par succession, assembla une armée de trente mille hommes, et elle-mesme la mena et conquesta le royaume, et se saisit de Naples. Je nommerois une infinité de dames qui ont servi de telles façons beaucoup à leurs marys, et qu'elles, estant hautes de cœur et d'ambition, ont poussé et encouragé leurs marys à se faire grands, acquerir des biens et des grandeurs et richesses: aussi est-ce le plus beau et le plus honorable que d'en avoir par la pointe de l'espée. J'en ay cogneu beaucoup en nostre France et en nos Cours, qui, plus poussez de leurs femmes, quasi que de leurs volontés, ont entrepris et parfait de belles choses. Force femme ay-je cogneu aussi, qui ne songeans qu'à leurs bons plaisirs, les ont empeschez et tenus tousjours auprès d'elles; les empeschant de faire de beaux faits, ne voulant qu'ils s'amusassent si-non à les contenter du jeu de Vénus, tant elles y estoient aspres. J'en ferois force contes, mais je m'extravaguerois trop de mon sujet, qui est plus beau certes, car il touche la vertu, que l'autre qui touche le vice, et contente plus d'ouyr parler de ces dames qui ont poussé les hommes à de beaux actes. Je ne parle pas seulement des femmes mariées, mais de plusieurs autres, qui, pour une seule petite faveur, ont fait faire à leurs serviteurs beaucoup de choses qu'ils n'eussent pas fait; car quel contentement leur est-ce, quelle ambition et eschauffement de cœur? Est-il plus grande que, quand on est en guerre, que l'on songe que l'on est bien aymé de sa maistresse, et que si l'on fait quelque belle chose pour l'amour d'elle, combien de bons visages, de beaux attrait, de belles œillades, d'embrassades, de plaisirs, de faveurs, qu'on espère après de recevoir d'elles.

—Scipion, entre autres reprimendes qu'il fit à Massinissa lorsque, quasi tout sanglant, il espousa Sophonisba, luy dit qu'il n'estoit bien séant de songer aux dames et à l'amour lorsqu'on est à la guerre. Il me pardonnera s'il lui plaist; mais, quant à moy, je pense qu'il n'y a point si grand contentement, ny qui donne plus de courage ny d'ambition pour bien faire, qu'elles. J'en ay esté logé-là d'autresfois. Quant à pour moy, je croy que tous ceux qui se trouvent aux combats en sont de mesmes: je m'en rapporte à eux. Je crois qu'ils sont de mon opinion, tant qu'ils sont, et que, lorsqu'ils sont en quelque beau voyage de guerre et qu'ils sont parmy les plus chaudes presses de l'ennemy, le cœur leur double et accroist quand ils songent à leurs dames, à leurs faveurs qu'ils portent sur eux, et aux caresses et beaux recueils qu'ils recevront d'elles au partir de-là s'ils en eschapent, et, s'ils viennent à mourir, quels regrets elles feront pour l'amour de leurs trespas. Enfin, pour l'amour de leurs dames et pour songer en elles, toutes entreprises sont faciles et aisées, tous combats leur sont des tournois, et toute mort leur est un triomphe.

—Je me souviens qu'à la bataille de Dreux feu M. des Bordes, brave et gentil cavalier s'il en fut de son temps, estant lieutenant de M. de Nevers, dit avant comte d'Eu, prince aussi très-accomply, ainsi qu'il fallut aller à la charge pour enfoncer un bataillon de gens de pied qui marchoit droit à l'avant-garde, où commandoit feu M. de Guise le Grand, et que le signal de la charge fut donné, ledict des Bordes, monté sur un turc gris, part tout aussi-tost, enrichy et garny d'une fort belle faveur que sa maistresse luy avoit donnée (je ne la nommeray point, mais c'estoit l'une des belles et honnestes filles, et des grandes de la Cour); et en partant, il dit: «Hà! je m'en vais combattre vaillamment pour l'amour de ma maistresse, ou mourir glorieusement.» A ce il ne faillit, car, ayant percé les six premiers rangs, mourut au septiesme, porté par terre. A vostre advis, si cette dame n'avoit pas bien employé sa belle faveur, et si elle s'en devoit desdire pour luy avoir donnée?

—M. de Bussy a esté le jeune homme qui a aussi bien fait valoir les faveurs de ses maistresses que jeune homme de son temps, et mesmes de quelques-unes que je sçay, qui méritoient plus de combats, d'exploits de guerre, de coups d'espée, que ne fit jamais la belle Angélique des paladins et chevalliers de jadis, tant chrestiens que sarrazins; mais je luy ouy dire souvent qu'en tant de combats singuliers et guerres et rencontres générales (car il en a fait prou) où il s'est jamais trouvé, et qu'il a jamais entrepris, ce n'estoit point tant pour le service de son prince ny pour ambition, que pour la seule gloire de complaire à sa dame. Il avoit certes raison, car toutes les ambitions du monde ne vallent pas tant que l'amour et la bienveillance d'une belle et honneste dame et maistresse. Et pourquoy tant de braves chevalliers errants de la Table-Ronde, et de tant de valleureux paladins de France du temps passé, ont entrepris tant de guerres, tant de voyages lointains, tant fait de belles expéditions, si-non pour l'amour des belles dames qu'ils servoient ou vouloient servir? Je m'en rapporte à nos palladins de France, nos Rollands, nos Renauds, nos Ogiers, nos Olliviers, nos Yvons, nos Richards, et une infinité d'autres. Aussi c'estoit un bon temps et bien fortuné; car, s'ils faisoient quelque chose de beau pour l'amour de leurs dames, leurs dames, nullement ingrattes, les en sçavoient bien récompenser quand ils se venoient rencontrer, ou donner des rendez-vous dans des forests, dans les bois, auprès des fontaines ou en quelques belles prairies. Et voilà le guerdon des vaillantises que l'on desire des dames. Or il y a une demande: pour-quoi les femmes aiment tant ces vaillants hommes, et, comme j'ay dit au commencement, la vaillance a cette vertu et force de se faire aimer à son contraire? Davantage, c'est une certaine inclination naturelle qui pousse les dames pour aimer la générosité, qui est certainement cent fois plus aimable que la coüardise: aussi toute vertu se fait plus aimer que le vice. Il y a aucunes dames qui aiment ces gens ainsi pourvus de valeur, d'autant qu'il leur semble que, tout ainsi qu'ils sont braves et adroits aux armes et au mestier de Mars, qu'ils le sont de mesmes à celuy de Vénus. Cette regle ne faut en aucuns, et de fait ils le sont, comme fut jadis César, le vaillant du monde, et force autres braves que j'ay cogneus que je tais, et tels y ont bien toute autre force et grace que des ruraux et autres gens d'autre profession; si-bien qu'un coup de ces gens-là en vaut quatre des autres, je dis envers les dames qui sont modestement lubriques, mais non pas envers celles qui le sont sans mesure, car le nombre leur plaist. Et si cette regle est bonne quelques fois en aucuns de ses gens, et selon l'humeur d'aucunes femmes, elle faut en d'autres; car il se trouve de ces vaillants qui sont tant rompus de l'harnois et des grandes corvees de guerre, qu'ils n'en peuvent plus quand il faut venir à ce doux jeu, de sorte qu'ils ne peuvent contenter leurs dames; dont aucunes, et plusieurs y en a, qui aimeroient mieux un bon artisan de Vénus, frais et bien émoulu, que quatre de ceux de Mars, ainsi allebrenez. J'en ay cogneu force de ce sexe féminin et de cette humeur; car enfin, disent-elles, il n'y a que de bien passer son temps et en tirer la quintessence, sans avoir acception de personnes. Un bon homme de guerre est bon, et le fait beau voir à la guerre; mais s'il ne sçait rien faire au lict (disent-elles), un bon gros vallet bien à séjour vaut bien autant qu'un beau et vaillant gentilhomme lassé. Je m'en rapporte à celles qui en ont fait l'essay et le font tous les jours; car les reins du gentilhomme, tout gallant et brave soit-il, estans rompus et froissés de l'harnois qu'ils ont tant porté sur eux, ne peuvent fournir à l'appointement comme les autres qui n'ont jamais porté peine ni fatigue. D'autres dames y en a-t-il qui aiment les vaillants, soient pour marys, soient pour serviteurs, afin qu'il débattent et soustiennent mieux leurs honneurs et leurs chastetez, si aucuns médisants il y en a qui les veulent souiller de paroles; ainsi que j'en ay veu plusieurs à la Cour, où j'y ay cogneu d'autresfois une fort belle et grande dame, que je ne nommeray point, estant fort sujette aux médisances, quitta un serviteur fort favory qu'elle avoit, le voyant mol à départir de la main et ne braver et ne quereller, pour en prendre un autre qui estoit un escalabreux, brave et vaillant, qui portoit sur la pointe de son espée l'honneur de sa dame, sans qu'on y osast aucunement toucher. Force dames ay-je cogneu de cette humeur, qui ont voulu tousjours avoir un vaillant pour leur escorte et deffense; ce qui leur est très-bon et très-utile bien souvent: mais il faut bien qu'elles se donnent garde de broncher et varier devant eux si elles se sont une fois soumises sous leur domination; car, s'ils s'apperçoivent le moins du monde de leurs fredaines et mutations, il les mainent beau et les gourmandent terriblement, et elles et leurs gallants, si elles changent; ainsi que j'en ay veu plusieurs exemples en ma vie. Voilà donc, telles femmes qui se voudront mettre en possession de tels braves et scalabreux, faut qu'elles soient braves et très-constantes envers eux, ou bien qu'elles soient si fort secretes en leurs affaires, qu'elles ne se puissent évanter: si ce n'est qu'elles voulussent faire en composant, comme les courtisannes d'Italie et de Rome, qui veulent avoir un brave (ainsi le nomment-elles) pour les défendre et maintenir; mais elles mettent tousjours par le marché qu'elles auront d'autres concurrences, et que le brave n'en sonnera mot. Cela est fort bon pour les courtisannes de Rome et pour leurs braves, non pour les gallants gentilshommes de nostre France ou d'ailleurs. Biais si une honneste dame se veut maintenir en sa fermeté et constance, il faut que son serviteur n'espargne nullement sa vie pour la maintenir et défendre si elle court la moindre fortune du monde, soit, ou de sa vie, ou de son honneur, ou de quelque meschante parole; ainsi que j'en ay veu en nostre Cour plusieurs qui ont fait taire les médisants tout court, quand ils sont venus à détracter de leurs maistresses et dames; auxquelles, par devoir de chevallerie et par les lois, nous sommes tenus de servir de champions en leurs afflictions; ainsi que fit ce brave Renaud de la belle Genevre en Escosse, le seigneur de Mendozze à cette belle duchesse que j'ay dit, et le seigneur de Carouge à sa propre femme du temps du roy Charles sixiesme, comme nous lisons dans nos Croniques. J'en alléguerois une infinités d'autres, et du vieux et du nouveau temps, ainsi que j'ay veu en nostre Cour; mais je n'aurois jamais fait. D'autres dames ay-je cogneues qui ont quitté des hommes pusilanimes, encores qu'ils fussent bien riches, pour aimer et espouser des gentilshommes qui n'avoient que l'espée et la cappe, pour manière de dire; mais ils estoient valeureux et généreux, et avoient espérance, par leurs valeurs et générositez, de parvenir aux grandeurs et aux estats, encore certes que ne ne soient pas les plus vaillants qui le plus souvent y parviennent, en quoy on leur fait tort pourtant; et bien souvent voit-on les coüards et pusilanismes y parvenir; mais, quoy qu'il soit, telle marchandise ne paroist point sur eux comme quand elle est sur les vaillants. Or je n'aurois jamais fait si je voulois raconter les diverses causes et raisons pourquoy les dames aiment ainsi les hommes remplis de générosité. Je sçay bien que si je voulois amplifier ce discours d'une infinité de raisons et d'exemples, j'en pourrois faire un livre entier; mais ne me voulant amuser sur un seul sujet, ains en varier de plusieurs et divers, je me contenteray d'en avoir dit ce que j'ay dit, encore que plusieurs me pourront reprendre que cettuy-cy estoit bien assez digne pour estre enrichy de plusieurs exemples et prolixes raisons, qu'eux-mesmes pourront bien: «Il a oublié cettuy-cy, il a oublié cettuy-là.» Je le sçay bien, et en sçay possible plus qu'ils ne pourront alléguer, et des plus sublins et secrets; mais je veux les tous publier et nommer. Voilà pourquoy je me tais. Toutefois, avant que faire pose, je dirai ce mot en passant, que, tout ainsi que les dames aiment les hommes vaillants et hardis aux armes, elles aiment aussi ceux qui le sont en amours; et jamais homme coüard et par trop respectueux en icelles n'aura bonne fortune; non qu'elles les veuillent si outrecuidez, hardis et présomptueux, que de haute lutte les vinssent porter par terre; mais elles desirent en eux une certaine modestie hardie, ou hardiesse modeste; car d'elles-mesmes, si ce ne sont des louves, ne vont pas requerir ni se laisser aller, mais elles en sçavent si bien donner les appetits, les envies, et attirent si gentiment à l'escarmouche, que qui ne prend le temps à point et ne vient aux prises, sans aucun respect de majesté et de grandeur, ou de scrupule, ou de conscience, ou de crainte, ou de quelque autre sujet, celuy vrayement est un sot et sans cœur, et qui mérite à jamais estre abandonné de la bonne fortune.

—Je sçay deux honnestes gentilshommes compagnons, pour lesquels deux fort honnestes dames, et non certes de petite qualité, ayant fait pour eux une partie un jour à Paris, et s'aller pourmener en un jardin, chacune, y estant, se separa à l'escart l'une de l'autre, avec un chacun son serviteur, en chacune son allée, qui estoit si couverte de belles treilles que le jour quasi ne s'y pouvoit voir, et la fraischeur y estoit gracieuse. Il y eut un des deux hardy, qui, cognoissant cette partie n'avoir esté faitte pour se pourmener et prendre le frais, et selon la contenance de sa dame qu'il voyoit brusler en feu, et d'autre envie que de manger des muscats qui estoient en la treille, et selon aussi les paroles eschauffées, affettées et folastres, ne perdit si belle occasion; mais, la prenant sans aucun respect, la mit sur un petit lict qui estoit fait de gazons et de mottes de terre; il en joüit fort doucement, sans qu'elle dist autre chose, si-non: «Mon Dieu! que voulez-vous faire? N'êtes-vous pas le plus grand fol et estrange du monde? et si quelqu'un vient, que dira-t-on? Mon Dieu, ostez-vous.» Mais le gentilhomme, sans s'estonner, continua si bien, qu'il en partit si content, et elle et tout, qu'ayant fait encor trois ou quatre tours d'allée, ils recommencèrent encore une seconde charge. Puis, sortant de là en autre allée couverte, ils virent d'autre costé l'autre gentilhomme et l'autre dame, qui se pourmenoient ainsi qu'ils les y avoient laissez auparavant. A quoy la dame contente dit au gentilhomme content: «Je croy qu'un tel aura fait du sot, et qu'il n'aura fait à sa dame autre entretien que de paroles, de discours et de pourmenades.» Donc, tous quatre s'assemblans, les deux dames se vindrent à demander de leurs fortunes. La contente respondit qu'elle se portoit fort bien elle, et que pour le coup elle ne se sauroit pas mieux porter. La mecontente de son costé dit qu'elle avoit eu affaire avec le plus grand sot et le plus coüard amant qui s'estoit jamais veu. Et surtout les deux gentilshommes les virent rire et crier entre elles deux en se pourmenant. «O le sot! ô le coüard! ô monsieur le respectueux!» Sur quoy le gentilhomme content dit à son compagnon: «Voilà nos dames qui parlent bien à vous, elles vous foüettent: vous trouverez que vous avez fait trop du respectueux et du badin.» Ce qu'il advoua: mais il n'estoit plus temps, car l'occasion n'avoit plus de poil pour la prendre. Toutesfois, ayant cogneu sa faute, au bout de quelque temps il la repara par quelque certain autre moyen que je dirois bien.

—J'ay cogneu deux grands seigneurs et frères, et tous deux bien parfaits et bien accomplis, qui, aymans deux dames, mais il y en avoit une plus grande que l'autre en tout, et estant entrez en la chambre de cette grande qui gardoit pour lors le lict, chacun se mit à part pour entretenir sa dame. L'un entretient la grande avec tous les respects et tous les baisements humbles qu'il put, et paroles d'honneur et respectueuses, sans faire jamais aucun semblant de s'approcher de près ny vouloir forcer la roque. L'autre frère, sans cérémonie d'honneur ny de paroles, prit la dame à un coing de fenestre, et lui ayant tout d'un coup essarté ses caleçons qui estoient bridez (car il estoit bien fort), luy fit sentir qu'il n'aimoit point à l'espagnole, par les yeux, ny par les gestes de visage, ny par paroles, mais par le vray et propre point et effet qu'un vray amant doit souhaiter: et ayant achevé son prix-fait, s'en part de la chambre, et en partant dit à son frere, assez haut que sa dame l'ouyt: «Mon frere, si vous ne faites comme moy vous ne faites rien, et vous dis que vous pouvez estre tant brave et hardy ailleurs que vous voudrez; mais si en ce lieu vous ne monstrez votre hardiesse, vous estes deshonoré; car vous n'estes ici en lieu de respect, mais en lieu où vous voyez votre dame qui vous attend.» Et par ainsi laissa son frere, qui pourtant pour l'heure retint son coup et le remit à une autre fois: ce ne fut pourtant que la dame ne l'en estimast davantage, ou qu'elle luy attribuast une trop grande froideur d'amour, ou faute de courage, ou inhabileté de corps; si l'avoit monstré assez ailleurs, soit en guerre, soit en amours.

—La feu reyne-mère fit une fois joüer une fort belle comédie en italien, pour un mardy gras, à l'hostel de Reims, que Cornelie Fiasco, capitaine des galleres, avoit inventée. Toute la Cour s'y trouva, tant hommes que dames, et force autres de la ville. Entre autres choses, il fut représenté un jeune homme qui avoit demeuré caché tout une nuict dans la chambre d'une très-belle dame et ne l'avoit nullement touchée; et ayant raconté cette fortune à son compagnon, il luy demanda: *Ch'avete fatto*[106]? L'autre respondit: *Niente*[107]. Sur cela son compagnon lui dit: *Ah! poltronazzo, senza cuore! non havete fatto niente! Che maldita sia la tua poltronneria*[108]! Après que la dite comédie fut joüée, le soir, ainsi que nous estions en la chambre de la Reyne, et que nous discourions de cette comédie, je demanday à une fort belle et honneste dame, que je ne nommeray point, quels plus beaux traits elle avoit observés et remarqués en la comédie, qui luy eussent pleu le plus. Elle me dit tout naïvement: «Le plus beau trait que j'ay trouvé, c'est que l'autre a respondu au jeune homme qui s'appeloit Lucio, qui luy avoit dit *che non haveva fatto niente: Ah poltronazzo! non havete fatto niente! Che maldita sia la tua poltronneria!*» Voilà comme cette dame qui me parloit estoit de consente avec l'autre qui luy reprochoit sa poltronnerie, et qu'elle ne l'estimoit nullement d'avoir esté si mol et lasche; ainsi comme plus à plain elle et moy nous discourusmes des fautes que l'on fait sur le sujet de ne prendre le temps et le vent quand il vient à point, comme fait le bon marinier. Si faut-il que je fasse encore ce conte, et le mesle, tout plaisant et bouffon qu'il est, parmy les autres sérieux.

—J'ay donc ouy conter à un honneste gentilhomme mien amy, qu'une dame de son pays, ayant plusieurs fois monstré de grandes familiaritez et privautez à un sien vallet-de-chambre, qui ne tendoient toutes qu'à venir à ce point, ledit vallet, point fat et sot, un jour d'esté trouvant sa maistresse par un matin à demi endormye dans son lict toute nue, tournée de l'autre costé de la ruelle, tenté d'un si grande beauté, et d'une fort propre posture, et aisée pour l'investir et s'en accommoder, estant elle sur le bord du lict, vint doucement et investit la dame, qui, se tournant, vid que c'estoit son vallet qu'elle desiroit; et, toute investie qu'elle estoit, sans autrement se desinvestir ny remüer, ny se defaire, ny depestrer de sa prise tant soit peu, ne fit que dire, tournant la teste, et se tenant ferme de peur de ne rien perdre: «Monsieur le sot, qui est-ce qui vous a fait si hardy de le mettre-là?» Le vallet luy respondit en toute révérence: «Madame, l'osteray-je?—Ce n'est pas ce que je vous dis, monsieur le sot, luy respondit la dame. Je vous dis: Qui vous a fait si hardy de le mettre-là»? L'autre retournoit toujours à dire: «Madame, l'osteray-je? et si vous voulez, je l'osteray:» et elle à redire: «Ce n'est pas ce que je vous dis encore, monsieur le sot.» Enfin, et l'un et l'autre firent ces mesmes repliques et dupliques par trois ou quatre fois, sans se desbauscher autrement de leur besogne, jusques à ce qu'elle fut achevée; dont la dame s'en trouva mieux que si elle eust commandé à son galland de l'oster, ainsi qu'il luy demandoit. Et bien servit à elle de persister en sa première demande sans varier, et au gallant en sa replique et duplique: et par ainsi continuèrent leurs coups et cette rubrique long-temps après ensemble; car il n'y a que la premiere fournée ou la premiere pinte chere, ce dit-on. Voilà un beau vallet et hardy! et à tels hardis, comme dit l'italien, il faut dire: *A bravo cazzo mai non manca favor.* Or, par ainsi vous voyez qu'il y en a plusieurs qui sont braves, hardis et vaillants, aussi bien pour les armes que pour les amours; d'autres qui le sont en armes et non en amours; d'autres qui le sont en amours et non aux armes, comme estoit ce marault de Paris, qui eut bien la hardiesse et vaillance de ravir Heleine à son pauvre cocu de mary Menelaüs, et coucher avec elle, et non de se battre avec luy devant Troyes. Voilà aussi pourquoy les dames n'aiment les vieillards ny ceux qui sont trop avancés sur l'aage, d'autant qu'ils sont forts timides en amours et vergogneux à demander; non qu'ils n'ayent des concupiscences aussi grandes que les jeunes, voire plus, mais non pas les puissances: et c'est ce que dit une fois une dame espagnole, que les vieillards ressembloient beaucoup de personnes que, quand elles voient les roys en leurs grandeurs, dominations et autoritez, ils souhaiteroient fort d'estre comme eux, non pas qu'ils osassent rien attenter contre eux pour les déposséder de leurs royaumes et prendre leurs places; et disoit-elle: *Y a pends es nascido et desseo, quando se muere luego*; c'est-à-dire «qu'à peine le desir est né qu'il meurt aussi-tost:» aussi les vieillards, quand ils voyent de beaux objets, ils les desirent fort, mais ils ne les osent attaquer, *por que los viejos naturalmente son temerosos; y amor y temor no se caben en un saco*; «car les vieillards sont craintifs fort naturellement; et l'amour et la crainte ne se trouvent jamais bien dans un sac.» Aussi ont-ils raison; car ils n'ont armes ny pour offencer ny pour défendre, comme des jeunes gens, qui ont la jeunesse et beauté: et aussi, comme dit le poëte, rien n'est mal séant à la jeunesse, quelque chose qu'elle fasse; aussi, dit un autre, il n'est point beau de voir un vieil gendarme ny un vieil amoureux. Or c'est assez parlé sur ce sujet; parquoy je fais fin et n'en dis plus, si-non que j'adjousteray un autre nouveau sujet faisant et approchant quasi à ce sujet, qui est que, tout ainsi que les dames aiment les hommes braves, vaillants et généreux, les hommes aiment pareillement les dames braves, de cœur et généreuses. Et comme tout homme généreux et courageux est plus aimable et admirable qu'un autre, aussi de mesme en est toute dame illustre, généreuse et courageuse; non que je veuille que cette dame fasse les actes d'un homme, ny qu'elle s'agendarme comme un homme, ainsi que j'en ay veu, cogneu et ouy parler d'aucunes qui montoient à cheval comme un homme, portoient le pistolet à l'arçon de la selle, et le tiroient, et faisoient la guerre comme un homme. J'en nommerais bien une qui durant ces guerres de la Ligue en a fait de mesme. Ce desguisement est dementir le sexe; outre qu'il n'est beau et bien séant, il n'est permis, et porte plus grand préjudice qu'on ne pense: ainsi que mal en prit à cette gente pucelle d'Orléans, laquelle en son procès fut calomniée de cela, et en partie cause de son sort et sa mort. Voilà pourquoy je ne veux ny estime trop tel garçonnement; mais je veux et aime une dame qui monstre son brave et valleureux courage, estant en adversité et en bon besoin, par de beaux actes feminins, qui approschent fort d'un cœur masle. Sans emprunter les exemples des généreuses dames de Rome et de Sparte de jadis, qui ont en cela excedé toutes autres, ils sont assez manifestes et exposez à nos yeux, j'en veux escrire de nouveaux et de nos temps. Pour le premier, et à mon gré le plus beau que je sçache, ce fut celuy de ces belles, honnestes et courageuses dames de Sienne, alors de la révolte de leur ville contre le joug insuportable des Impériaux; car, après que l'ordre y fut estably pour la garde, les dames, en estant mises à part pour n'estre propres à la guerre comme les hommes, voulurent monstrer un par-dessus, et qu'elles sçavoient faire autre chose que besogner à leurs ouvrages du jour et de la nuict; et, pour porter leur part du travail, se departirent d'elles-mesmes en trois bandes: et, un jour de Saint Anthoine, au mois de janvier, comparurent en public trois des plus belles, grandes et principales de la ville, en la grande place (qui est certes très-belle), avec leurs tambours et enseignes. La premiere estoit la signora Forteguerra, vestuë de violet, son enseigne et sa bande de mesme parure avec une devise de ces mots: *Purche sia il vero*. Et estoient toutes ces dames vestues à la nymphale, d'un court accoustrement qui en descouvroit et monstroit mieux la belle greve. La seconde estoit la signora Piccolomini, vestue d'incarnat, avec sa bande et enseigne de mesme, avec la croix blanche, et la devise en ces mots: *Purche no l'habbia tutto*. La troisiesme estoit la signora Livia Fausta, vestue toute à blanc, avec sa bande et enseigne blanche, en laquelle estoit une palme, et la devise en ces mots: *Purche l'habbia*. A l'entour et à la suite de ces trois dames, qui sembloient trois déesses, il y avoit bien trois mille dames, que gentilles-femmes, bourgeoises qu'autres, d'apparence toutes belles, ainsi bien parées de leurs robbes et livrées, toutes ou de satin ou de taffetas, de damas ou autres draps de soye, et toutes résoluës de vivre ou mourir pour la liberté; et chacune portoit une fascine sur l'espaule à un fort que l'on faisoit, criants: *France! France!* Dont M. le cardinal de Ferrare et M. de Termes, lieutenants du Roy, en furent si ravis d'une chose si rare et belle, qu'ils ne s'amusèrent à autre chose qu'à voir, admirer, contempler et loüer ces belles et honnestes dames: comme de vray j'ay ouy dire à aucunes et aucuns qui y estoient, que jamais rien ne fut si beau; et Dieu sçait si les belles dames manquent en cette ville, et en abondance, sans spéciauté.

 Les hommes, qui, de leur bonne volonté, estoient fort enclins à leur liberté, en furent davantage poussez par ce beau trait, ne voulans en rien céder à leurs dames pour cela: tellement que tous à l'envy, gentilshommes, seigneurs, bourgeois, marchands, artisans, riches et pauvres, tous accoururent au fort à en faire de mesme que ces belles, vertueuses et honnestes dames; et en grande émulation, non-seulement les séculiers, mais les gens d'église poussèrent tous à cet œuvre, et au retour du fort, les hommes à part, et les femmes aussi rangées en bataille en la place auprès du palais de la Seigneurie, allèrent l'un après l'autre, de main en main, saluer l'image de la Vierge Marie, patronne de la ville, en chantant quelques hymnes et cantiques à son honneur par un si doux air et agréable armonie, que, partie d'aise, partie de pitié, les larmes tombaient des yeux à tout le peuple; lequel, après avoir receu la bénédiction de M. le révérendissime cardinal de Ferrare, chacun se retira en son logis, tous et toutes en résolution de faire mieux à l'advenir. Cette cérémonie sainte de dames me fait ressouvenir (sans comparaison) d'une profane, mais belle pourtant, qui fut faite à Rome du temps de la guerre punique, qu'on trouve dans Tite-Live. Ce fut une pompe et une procession qui s'y fit de trois fois neuf, qui sont vingt-sept jeunes belles filles romaines, et toutes pucelles, vestues de robettes assez longuettes (l'histoire n'en dit point les couleurs); lesquelles, après leur pompe et procession achevée, s'arrestèrent en une place, où elles dansèrent devant le peuple une danse en s'entredonnans une cordelette, rangée l'une après l'autre, faisant un tour de danse, et accommodant le mouvement et fretillement de leurs pieds en cadence de l'air et de la chanson qu'elles disoient: ce qui fut une chose très-belle à voir autant pour la beauté de ces belles filles que pour leur bonne grace, leur belle façon à la danse, et pour leur affetté mouvement de pieds, qui certes l'est d'une belle pucelle, quand elle les sçait gentiment et mignardement conduire et mener. Je me suis imaginé en moy cette forme de danse, et m'a fait souvenir d'une que j'ay veu de mon jeune temps danser les filles de mon pays, qu'on appeloit la *jarretierre*; lesquelles, prenans et s'entredonnans la jarretierre par la main, les passoient et repassoient par-dessus leur teste, puis les mesloient et entrelassoient entre leurs jambes en sautant dispostement par-dessus, et puis s'en desveloppoient et desengageoient si gentiment par de petits sauts, tousjours s'entresuivans les uns après les autres, sans jamais perdre la cadence de la chanson ou de l'instrument qui les guidoit; si que la chose estoit très-plaisante à voir, car les sauts, les entrelassements, les desgagements, le port de la jarretierre et la grace des filles, portoient je ne sçay quelque lasciveté mignarde, que je m'estonne que cette danse n'a esté pratiquée en nos cours de nostre temps, puis que les calleçons y sont fort propres, et qu'on y peut voir aisément la belle jambe, et qui a la chausse la mieux tirée, et qui a la plus belle disposition. Cette danse se peut mieux représenter par la veuë que par l'escriture.

Pour retourner à nos dames siennoises: «Hà! belles et braves dames, vous ne deviez jamais mourir, non plus que vostre los, qui a jamais ira de conserve avec l'immortalité, non plus aussi que cette belle et gentille fille de vostre ville, laquelle, en vostre siége, voyant son frere un soir detenu malade en son lict, et fort mal disposé pour aller en garde, le laissant dans le lict, tout coyment se desrobe de luy, prend ses armes et ses habillements, et, comme la vraye effigie de son frère, paroist en garde; et fut prise pour son frere, ainsi incogneue par la faveur de la nuict.» Gentil trait, certes; car, bien qu'elle se fust garçonnée et gendarmée, ce n'estoit pourtant pour en faire une continuelle habitude, que pour cette fois faire un bon office à son frere. Aussi dit-on que nul amour est égal à la fraternelle, et qu'aussi, pour un bon besoin, il ne faut rien espargner pour monstrer une gente générosité du cœur, en quelque endroit que ce soit. Je croy que le corporal qui lors commandoit à l'esquade où estoit cette belle fille, quand il sceut ce trait, fut bien marry qu'il ne l'eust mieux recogneue, pour mieux publier sa loüange sur le coup, ou bien pour l'exempter de la sentinelle, ou du tout pour s'amuser d'en contempler la beauté, sa grace et sa façon militaire; car ne faut point douter qu'elle ne s'estudiast en tout à la contrefaire. Certes on ne sçauroit trop loüer ce beau trait, et mesme sur un si juste sujet pour le frere. Tel en fit ce gentil Richardet, mais pour divers sujets, quand, après avoir ouy le soir sa sœur Bradamente discourir des beautés de cette belle princesse d'Espagne, et de ses amours et desirs vains, après qu'elle fut couchée il prit ses armes et sa belle cotte, et s'en déguise pour paroistre sa sœur, tant ils estoient de semblance de visage et beauté; et après, sous telle forme, tira de cette belle princesse ce qu'à sa sœur son sexe luy avoit desnié; dont mal pourtant très-grand luy en fust arrivé sans la faveur de Roger, qui, le prenant pour sa maistresse Bradamente, le garantit de mort. Or j'ay ouy dire à M. de La Chapelle des Ursins, qui lors estoit en Italie, et qui fit le rapport de si beau trait de ces dames siennoises au feu roy Henry, il le trouva si beau, que la larme à l'œil il jura que, si Dieu luy donnoyt un jour la paix ou la trefve avec l'Empereur, qu'il iroit par ses galleres en la mer de Toscane, et de là à Sienne, pour voir cette ville si affectée à soy et à son party, et la remercier de cette brave et bonne volonté, et sur-tout pour voir ces belles et honnestes dames, et leur en rendre graces particulières. Je croy qu'il n'y eust pas failly, car il honoroit fort les belles et honnestes dames; et si leur escrivit, principalement aux trois principales, des lettres les plus honnestes du monde de remerciements et d'offres, qui les contentèrent et animèrent davantage. Hélas! il eut bien quelque temps après la trefve; mais, l'attendant à venir, la ville fut prise, comme j'ay dit ailleurs; qui fut une perte inestimable pour la France, d'avoir perdu une si noble et si chere alliance, laquelle, se ressouvenant et se ressentant de son ancienne origine, se voulut rejoindre et remettre parmy nous; car on dit que ces braves Siennois sont venus des peuples de France qu'en la Gaule on appeloit jadis Senonnes, que nous tenons aujourd'hui ceux de Sens; aussi en tiennent-ils encore de l'humeur de nous autres François, car ils ont la teste près du bonnet, et sont vifs, soudains et prompts comme nous. Les dames, pareillement aussi, se ressentent de ces gentilles, gracieuses façons, et familiaritez françaises.

—J'ay leu dans une vieille chronique que j'ay alléguée ailleurs, que le roy Charles huictiesme, en son voyage de Naples, lorsqu'il passa à Sienne, il y fut receu par une entrée si triomphante et si superbe, qu'elle passa toutes les autres qu'il fit en toute l'Italie; jusques à là que, pour plus grand respect et signe d'humilité, toutes les portes de la ville furent ostées de leurs gonds et portées par terre; et tant qu'il y demeura furent ainsi ouvertes et abandonnées à tous allants et venants, et puis après, venant son départ, remises. Je vous laisse à penser si le Roy, toute sa Cour et son armée, n'eurent pas grand sujet d'aymer et honorer cette ville (comme de vray il fit toujours), et en dire tous les biens du monde: aussi la demeure à luy et à tous en fut très-agréable, et sur la vie fut défendu de n'y faire aucune insolence, comme certes la moindre du monde ne s'ensuivit. Ha! braves Siennois, vivez pour jamais! Que pleust à Dieu fussiés-vous encore nostres en tout, comme possible vous l'estes en cœur et en ame! car la domination d'un roy de France est bien plus douce que celle d'un duc de Florence; et puis le sang ne peut mentir. Que si nous estions aussi voisins comme nous sommes reculez, possible, tous ensemble conformes de volontez, en ferions-nous-dire.

—Les principaies dames de Pavie, en leur siége du roy François sous la conduite et exemple de la signora contessa Hippofita de Malespina, leur générale, se mirent de mesme à porter la hotte, remuer terre et remparer leurs bresches, faisant à l'envy des soldats. Un pareil trait de ces dames siennoises que je viens de raconter je vis faire à aucunes dames rocheloises au siége de leur ville dont il me souvient: que le premier dimanche de caresme que le siége y estoit, Monsieur, nostre général, manda sommer M. de La Nouë de sa parole, et venir parler à luy et luy rendre compte de sa négociation que luy avoit chargé pour cette ville; dont le discours en est long et fort bizarre, que j'espère ailleurs descrire. M. de La Nouë n'y faillit pas, et pour ce M. de Strozze fut donné en ostage dans la ville, et trefves furent faites pour ce jour et pour le lendemain. Ces trefves ainsi faittes, parurent aussi-tost comme nous hors des tranchées force gens de la ville sur les remparts et sur les murailles; et sur-tout parurent une centaine de dames et bourgeoises des plus grandes, plus riches et des plus belles, toutes vestues de blanc, tant de la teste que du corps, toutes de toile de Hollande fine, qu'il fit très-beau voir: et ainsi s'estoient-elles vestues à cause des fortifications des remparts où elles travailloient, fut ou à porter la hotte ou à remuer la terre; et d'autres habillements se fussent ensaloudis, et ces blancs en estoient quittes pour les mettre à la lessive; et aussi qu'avec cet habit blanc se fissent mieux remarquer parmy les autres. Nous autres fusmes fort ravis à voir ces belles dames, et vous assure que plusieurs s'y amusèrent plus qu'à autre chose: aussi voulurent-elles bien se monstrer à nous, et ne furent à nous guières chiches de leur veuë, car elles se plantoient sur le bord du rampart d'une fort belle grace et démarche, qu'elles valoient bien le regarder et desirer. Nous fusmes curieux de demander quelles dames c'estoient. Ils nous respondirent que c'estoit une bande de dames ainsi jurée, associée et ainsi parée pour le travail des fortifications, et pour faire de tels services à leur ville; comme certes de vray elles en firent de bons, jusques-là que les plus viriles et robustes menoient les armes: si que j'ay ouy conter d'une, pour avoir souvent répoussé ses ennemis d'une pique, elle la garde encor si soigneusement comme sacrée relique, qu'elle ne la donneroit, ny ne voudroit pour beaucoup d'argent la bailler, tant elle la tient chere chez soy.

—J'ay ouy raconter à aucuns vieux commandeurs de Rhodes, et mesmes je l'ay leu en un vieux livre, que lors que Rhodes fut assiégé par le sultan Soliman, les belles filles et dames de la ville ne pardonnèrent à leurs beaux visages et tendres et délicats corps, pour porter leur bonne part des peines et fatigues du siége, jusqu'à-là que bien souvent se présentoient aux plus pressés et dangereux assauts, et courageusement secondoient les chevaliers et soldats à les soutenir. Ah! belles Rhodiennes! vostre nom, vostre los a valu de tout temps et ne mériteriez d'estre sous la domination des barbares!

—Du temps du roy François I, la ville de Saint-Riquier, en Picardie, fut entreprise et assaillie par un gentilhomme flamand, nommé Domrin, enseigne de M. du Ru, accompagné de cent hommes d'armes et de deux mille hommes de pied, et quelque artillerie. Dedans il n'y avoit seulement que cent hommes de pied, qui estoient fort peu, et estoit prise, ne fut que les dames de la ville se présentèrent à la muraille avec armes, eau et huile bouillante et pierres, et repoussérent bravement les ennemis, bien qu'ils fissent tous les efforts pour entrer. Encore deux desdites dames levèrent deux enseignes des mains des ennemis, et les tirèrent de la muraille dans la ville; si bien que les assiégeants furent contraints d'abandonner la bresche qu'ils avoient faite et les murailles, et se retirer et s'en aller: dont la renommée fut par toute la France, la Flandre et la Bourgogne. Au bout de quelque temps le roy François passant par-là, en voulut voir les femmes, les loüa et les remercia. Les dames de Péronne en firent de mesme quand la ville fut assiégée du comte de Nassau, et assistèrent aux braves gens de guerre qui estoient dedans tout de mesme façon; qui en furent estimées, loüées et remerciées de leur roy. Les femmes de Sancerre, en ces guerres civiles et leur siége, furent recommandées et loüées des beaux effets qu'elles y firent en toutes sortes. Durant cette guerre de la Ligue, les dames de Vitré s'acquittérent de mesme en leur ville assiégée par M. de Mercœur. Elles y sont très-belles et tousjours fort proprement habillées de tout temps; et pour ce n'espargnoient leurs beautez à se monstrer viriles et courageuses: comme certes tous actes virils et généreux, à un tel besoin, sont autant à estimer en les femmes qu'en les hommes. Ainsi que de mesme furent jadis les gentiles femmes de Carthage, lesquelles, quand elles virent leurs marys, leurs freres, leurs peres, leurs parents et leurs soldats cesser de tirer à leurs ennemis, par faute de cordes en leurs arcs, qui estoient toutes usées de force de tirer par une si grande longueur de siége: et par ce, ne pouvans plus chevir de chanvre, de lin, ny de soie, ny d'autres choses pour faires cordes, s'advisérent de couper leurs belles tresses et blonds cheveux, et ne pardonner à ce bel honneur de leurs testes et parement de leurs beautez; si bien qu'elles-mêmes, de leurs belles, blanches et délicates mains, en retorsérent et en firent des cordes, et en fournirent à leurs gens de guerre: dont je vous laisse à penser de quels courages et de quels nerfs ils pouvoient tendre et bander leurs arcs, en tirer et en combattre, portans si belles faveurs des dames.

—Nous lisons dans l'histoire de Naples que ce grand capitaine Sforce, sous la charge de la reyne Jeanne seconde, ayant esté pris par le mary de la reyne, Jacques, mis en estroite prison et en quelques traits de corde, sans doute il avoit la teste tranchée, sans que sa sœur Marguerite se mit en armes et aux champs, et fit si bien, elle en personne, qu'elle prit quatre gentilshommes napolitains principaux, et manda au roy que tel traittement il feroit à son frere, tel le feroit-elle à ses gens; si bien qu'il fut contraint de faire accord et le lascher sain et sauve. Ah! brave et généreuse sœur! ne tenant guiere en cela de son sexe. Je sçay aucunes sœurs et parentes que, si elles eussent fait traits pareil il y a quelque temps, possible eussent-elles sauvé un brave frere qu'elles avoient, qui fut perdu pour faute de secours et d'assistance pareille. Maintenant je veux laisser ces dames en général guerrieres et généreuses: parlons d'aucunes particulieres. Et pour la plus belle monstre de l'antiquitté, je n'allégueray que cette senle Zénobie pour toutes, laquelle, après la mort de mary, ne s'amusa, comme plusieurs, à perdre le temps à le plorer et regretter, mais à s'emparer de l'empire au nom de ses enfants, et faire la guerre aux Romains et à l'empereur Aurelian, qui en estoit lors empereur, en leur donnant de la peine beaucoup l'espace de huit ans, jusques à ce qu'estant descendüe en champ de bataille contre luy, fut vaincue et prise prisonniere, et menée devant l'Empereur; lequel, après lui avoir demandé comment elle avoit eu la hardiesse de faire la guerre aux Empereurs, elle luy respondit seulement: «Vrayment, je cognois bien que vous estes empereur, puisque vous m'avez vaincuë.» Il eut si grand aise de l'avoir vaincuë, et en tira une si grande ambition, qu'il en voulut triompher; et avec une très-grande pompe et magnificence elle marchoit devant son char triomphant, fort superbement habillée et accommodée d'une grande richesse de perles et pierreries, de grands joyaux et de chaisnes d'or, dont elle estoit enchaisnée au corps, aux pieds et aux mains, en signe de captive et d'esclave; si que, par la grande pesanteur de ses joyaux et chaisnes qu'elle portoit sur elle, fut contrainte de faire plusieurs pauses et se reposer souvent en ce triomphe. Grand cas, certes, et admirable, que, toute vaincue et prisonniere qu'elle estoit, encore donnoit-elle loy au vainqueur triompheur, et le faisoit arrester et attendre jusques à ce qu'elle eust repris son halleine! Grande aussi et honneste courtoisie estoit-ce à l'Empereur de luy permettre son aise et repos et endurer sa débilité, et ne la contraindre ny presser de se haster plus qu'elle ne pouvoit: de sorte que l'on ne sçait que plus loüer, ou l'honnesteté de l'Empereur, ou la façon de faire de la Reyne, qui possible pouvoit-elle joüer ce jeu exprès, non tant pour son imbécilité ou lassitude, que pour quelque ostentation de gloire, et monstrer au monde qu'elle en vouloit recueillir ce petit brin sur le soir de sa belle fortune, comme elle avoit fait sur le matin, et que monsieur l'Empereur luy cedoit ce coup-là pour l'attandre en ses pas lents et graves marchers. Elle se faisoit fort regarder et admirer autant des hommes que des dames, desquelles aucunes eussent fort voulu ressembler cette belle image; car elle estoit des plus belles, selon que disent ceux qui en ont escrit. Elle estoit d'une fort belle, haute et riche taille, son port très-beau, sa grace et sa majesté de mesmes, par conséquent son visage très-beau et fort agréable, les yeux noirs et fort brillants. Entre autres beautez, il luy donnoit les dents très-belles et fort blanches, l'esprit vif, fort modeste, sincere et clemente au besoin; la parole fort belle et prononcée d'une voix claire: aussi elle-mesme faisoit entendre toutes ses conceptions et volontez à ses gens de guerre, et les haranguoit souvent. Je pense certes qu'il la faisoit bien aussi beau voir ainsi vestue si superbement et gentiment en habit de femme, que quand elle estoit armée tout à blanc; car tousjours le sexe l'emporte: aussi est-il à présumer que l'Empereur ne la voulut exhiber en son triomphe qu'en son beau sexe féminin, qui la représenteroit mieux et la rendroit au peuple plus agréable en ses perfections de beauté. De plus, il est à présumer aussi qu'estant si belle, l'Empereur en avoit tasté, joüi et en jouissoit encore; et que s'il l'avoit vaincue d'une façon, il ou elle (les deux se peuvent entendre) l'avoit vaincu aussi de l'autre. Je m'estonne que, puisque cette Zénobie estoit si belle, l'Empereur ne la prist et entretinst pour l'une de ses garces, ou bien qu'elle n'ouvrist et dressast par sa permission, ou du sénat, boutique d'amour et de putanisme, comme fit Flora, afin de s'enrichir et accumuler force biens et bons moyens au travail de son corps et branslement de son lict; à laquelle boutique eussent pu venir les plus grands de Rome à l'envy tous les uns des autres; car enfin il n'y a tel contentement et félicité au monde, s'il semble, que se rüer sur la royauté et principauté, et de joüir d'une belle reyne, d'une princesse et grande dame. Je m'en rapporte à ceux qui ont esté en ces voyages, et y fait si belles factions. Et par ainsi cette reyne Zénobie se fust faite tost riche par la bourse de ces grands, ainsi que fit Flora, qui n'en recevoit point d'autres en sa boutique. N'eust-il pas mieux vallu pour elle de traitter cette vie en bombances, magnificences, chevances et honneurs, que de tomber en la nécessité et extrémité quelle tomba, à gaigner sa vie à filer parmy des femmes communes et mourir de faim, sans que le sénat, ayant pitié d'elle, veu sa grandeur passée, luy ordonna pour son vivre quelque pension, et quelques petites terres et possessions, que l'on appela long-temps les possessions zénobiennes; car enfin c'est un grand mal que la pauvreté, et qui la peut éviter, en quelque forme qu'on se puisse transmuer, fait bien, ce disoit quelqu'un que je sçai. Voilà pourquoi Zénobie ne mena son grand courage au bout de la carrière, comme elle devoit, et qu'il faut qu'on la persiste tousjours en toutes actions. On dit qu'elle avoit fait faire un charriot triomphant, le plus superbe qui fust jamais veu dans Rome, et ce, disoit-elle souvent durant ses grandes prosperitez et vanteries, pour triompher dans Rome, tant elle estoit présumptueuse de conquérir l'empire romain: mais tout cela au rebours, car l'Empereur l'ayant vaincuë le prit pour luy, et en triompha, et elle alla à pied, en faisant d'elle plus grand triomphe et pompe que s'il eust vaincu un puissant roy. Et dittes que la victoire qu'on emporte sur une dame, en quelque façon que ce soit, n'est pas grande et très-illustre! Ainsi désira Auguste de triompher de Cléopatre; mais il n'y procéda pas bien. Elle y pourveut de bonne heure, et de la façon que Paulus-Æmilius le dit à Perséus, qui, le priant en sa captivité d'avoir pitié de luy, il luy respondit que c'avoit esté à luy à y mettre ordre auparavant, voulant entendre qu'il se devoit estre tué.

J'ay ouy dire que le feu roy Henry second ne désiroit rien tant que de faire prisonnière la reyne de Hongrie, non pour la traitter mal, encore qu'elle luy eust donné plusieurs sujets par ses bruslements, mais pour avoir cette gloire de tenir cette grande reyne prisonniere, et voir quelle mine et contenance elle tiendroit en sa prison, et si elle y seroit si brave et orgueilleuse qu'en ses armées: car enfin il n'y a rien si superbe et brave qu'une belle, brave et grande dame, quand elle veut et qu'elle a du courage, comme estoit celle-là, et qui se plaisoit fort au nom que luy avoient donné les soldats espagnols, qui, comme ils appeloient l'Empereur son frère *el Padre de los soldatos*[109], eux l'appeloient *la Madre*[110]: ainsi que Vittoria, ou Vittorina, jadis du temps des Romains, fut appelée en ses armées la mère du camp. Certes, si une dame grande et belle entreprend une charge de guerre, elle y sert de beaucoup, et anime fort ses gens: comme j'ay veu en nos guerres civiles la Reyne-Mère, qui bien souvent venoit en nos armées et les asseuroit tout plein et encourageoit fort; et comme fait aujourd'huy l'infante Isabelle, sa petite-fille, en Flandres, qui préside en son armée, et se fait paroistre à ses gens de guerre toute valeureuse, si que sans elle et sa belle et agréable présence, la Flandre n'auroit moyen de tenir, ce disent tous: et jamais la reyne de Hongrie, sa grande tante, ne parut telle en beauté, valeur et générosité et belle grace. Dans nos histoires de France, nous lisons combien servit la présence de cette généreuse comtesse de Montfort, estant assiégée dans Annebon; car, encore que ses gens de guerre fussent braves et vaillants, et qu'ils eussent combattu et soustenu des assauts et faits aussi bien que gens de monde, ils commencèrent à perdre cœur et vouloir se rendre; mais elle les harangua si bien, et anima de si belles et courageuses paroles, et les anima si beau et si bien, qu'ils attendirent le secours, qui leur vint à propos, tant désiré, et le siége fut levé; et fit bien mieux, car, ainsi que ses ennemis estoient amusez à l'assaut, et que tous y estoient, et vid les tentes qui en estoient toutes vides, elle, montée sur un bon cheval, et avec cinquante bons chevaux, fit une saillie, donne l'alarme, met le feu dans le camp, si-bien que Charles de Blois; cuidant estre trahy, fit aussi-tost cesser l'assaut. Sur ce sujet je feray ce petit conte. Durant ces dernières guerres de la Ligue, feu M. le prince de Condé, dernier mort, estant à Saint-Jean, envoya demander à madame de Bourdeille, veufve de l'aage de quarante ans, et très-belle, six ou sept des gens de sa terre, des plus riches, et qui s'estoient retirez en son chasteau de Mathas près elle. Elle les luy refusa tout à trac, et que jamais elle ne trahiroit ny ne livreroit ces pauvres gens, qui s'estoient allez couvrir et sauver sous sa foy. Il luy manda pour la derniere fois que, si elle ne les luy envoyoit, qu'il luy apprendroit de luy obéyr. Elle luy fit response (car j'estois avec elle pour l'assister) que, puisqu'il ne savoit obéyr, qu'elle trouvoit fort estrange de vouloir faire obéir les autres, et lorsqu'il auroit obéy à son Roy elle luy chéyroit; au reste que, pour toutes ses menaces, elle ne craignoit ny son canon, ny son siége, et qu'elle estoit descendue de la comtesse de Montfort, de laquelle les siens avoient hérité de cette place, et elle et tout de son courage; et qu'elle estoit résolue de la garder si-bien qu'il ne la prendroit point; et qu'elle feroit autant parler là d'elle léans que son ayeule, ladite comtesse, avoit fait dans Annebon. M. le prince songea longtemps sur cette response, et temporisa quelques jours sans la plus menacer. Pourtant s'il ne fust mort il l'eust assiégée; mais elle s'estoit bien préparée de cœur, de résolution, d'hommes et de tout, pour le bien recevoir; et croy qu'il y eust receu de la honte. Machiavel, en son livre *de la Guerre*, raconte que Catherine, comtesse de Furly, fut assiégée dans sa dite place par César Borgia, assisté de l'armée de France, qui luy résista fort valleureusement, mais enfin fut prise. La cause de sa perte fut que cette place estoit trop pleine de forteresses et lieux forts, pour retirer d'un lieu à l'autre; si-bien que, César ayant fait ses approches, le seigneur Jean de Casale (que ladite comtesse avoit pris pour sa garde et assistance) abandonna la brèche pour se retirer en ses forts; et par cette faute, Borgia faussa et prit la place: si-bien, dit l'auteur, que ces fautes firent tort au courage généreux et à la réputation de cette brave comtesse, laquelle avoit attendu une armée que le roy de Naples et le duc de Milan n'avoient osé attendre. Et bien que son issuë en fust malheureuse, elle emporta l'honneur que sa vertu méritoit; et pour ce en Italie se firent force vers et rimes en sa loüange. Ce passage est digne de lire pour ceux qui se meslent de fortifier des places et y bastir grande quantité de forts, chasteaux, roques et cittadelles. Pour retourner à nostre propos, nous avons eu le temps passé force princesses et grandes dames en nostre France, qui ont fait de belles marques de leurs proüesses: comme fit Paule, fille du comte de Penthièvre, laquelle fut assiégée dans Roy par le comte de Charoullois, et s'y monstra si brave et si généreuse, que la ville estant prise, le comte luy fit très-bonne guerre, et la fit conduire à Compiegne, seurement, ne permettant qu'il luy fust fait aucun tort; et l'honora fort pour sa vertu, encor qu'il voulust grand mal à son mary, qu'il chargeroit de l'avoir voulu faire mourir par sortilleges et charmes d'aucunes images et chandelles.

—Richilde, fille unique et héritière de Monts, en Hainault, femme de Beaudoüin sixiesme, comte de Flandres, fit tous efforts contre Robert le Frizon son beau frere, institué tuteur des enfants de Flandres, pour luy en oster la connoissance et administration et se l'attribuer: quoy poursuivant à l'aide de Philippes roy de France, luy hazarda deux batailles; en la première elle fut prise, ce que fut aussi Robert son ennemy, et amprès furent rendus par eschange: luy en livra la seconde, laquelle elle perdit, et y perdit son fils Arnuphe, et chassée jusques à Monts.

—Isabelle de France, fille du roy Philippes le Bel, et femme du roy Edouard II, duc de Guyenne, fut en mal-grace du Roy son mary, par de meschants rapports de Hue le despensier, dont fut contrainte de se retirer en France avec son fils Édouard; puis s'en retourna en Angleterre avec le chevalier de Hainaut son parent, et une armée qu'elle y mena, au moyen de laquelle elle prit son mary prisonnier, lequel elle délivra entre les mains de ceux avec lesquels il lui convint finir ses jours; ainsi qu'à elle-mesme il luy en prit, qui, pour traiter l'amour avec un seigneur de Mortemer, fut par son fils confinée en un chasteau à finir ses jours. C'est elle qui a baillé sujet aux Anglais de quereller à tort la France. Mais voilà une mauvaise reconnoissance pourtant, et grande ingratitude de fils, qui, oubliant un grand bienfait, traita ainsi sa mère pour un si petit forfait; petit l'appelle-je, puisqu'il est naturel et que mal-aisément ayant pratiqué les gens de guerre, et qu'elle s'estoit tant accoustumée à garçonner avec eux parmi les armées et tentes et pavillons, falloit bien qu'elle garçonnast aussi entre les courtines, comme cela se voit souvent. Je m'en rapporte à nostre reyne Léonor, duchesse de Guyenne, qui accompagna le Roy son mary outre mer et en la guerre sainte. Pour pratiquer si souvent la gendarmerie et la soudardaille, elle se laissa fort aller à son honneur, jusqu'à-là qu'elle eut affaire avec les Sarrazins, dont pour ce le Roy la répudia; ce qui nous cousta bon. Pensez qu'elle voulut esprouver si ces bons compagnons estoient aussi braves champions à couvert comme en pleine campagne, et que possible son honneur estoit d'aimer les gens vaillants, et qu'une vaillance attire l'autre, ainsi que la vertu; car jamais celuy ne dit mal qui dit que la vertu ressembloit la foudre qui perce tout. Cette reyne Léonor ne fut pas la seule qui accompagna en cette guerre sainte le roy son mary; mais avant elle, et avec elle, et après, plusieurs autres princesses et grandes dames avec leurs marys se croisèrent, mais non leurs jambes, qu'elles ouvrirent et eslargirent à bon escient, si qu'aucunes y demeurèrent, et les autres en retournèrent de très-bonnes vesses; et sous la couverture de visiter le saint supulcre, parmi tant d'armes, faisoient à bon escient l'amour: aussi, comme j'ay dit, les armes et l'amour conviennent bien ensemble, tant la sympathie en est bonne et bien conjointe. Encore telles dames sont-elles à estimer, d'aimer et traitter ainsi les hommes, non comme firent jadis les amazones, lesquelles, encore qu'elles se disent filles de Mars, se desfirent de leurs marys, disans que ce mariage estoit une vraye servitude: mais prou d'ambition avoient-elles avec d'autres hommes pour en avoir des filles, et faire mourir les enfants.

Joanuclerus, en sa Cosmographie, récite que, l'an de Christ 1123, après la mort de Tibussa, reyne des Bohemes, et qui fit renfermer la ville de Prague de murailles, et qui abhorroit fort la domination des hommes, il y eut une de ses damoiselles de grand courage, nommée Valasca, qui gaigna si bien et filles et dames du pays, et leur proposa si bien et beau la liberté, et les dégousta si fort de la servitude des hommes, qu'elles tuerent chacune, qui son mary, qui son frere, qui son parent, qui son voisin, qu'en moins d'un rien elles furent maistresses; et ayant pris les armes de leurs hommes, s'en aidèrent si bien et se rendirent si braves et si adextres, à mode d'amazones, qu'elles eurent plusieurs victoires. Mais après, par les menées et finesses d'un Primislaüs, mary de Tibussa, homme qu'elle avoit pris de ville et basse condition, furent défaites et mises à mort. Ce fut par permission divine de l'acte énorme perpétré pour faire ainsi perdre le genre humain. Ces dames pouvoient bien montrer leurs beaux courages par d'autres actions courageuses et viriles, que par telles cruautez, ainsi que nous avons veu tant d'impérieres, de reynes, de princesses et grandes dames, par actes nobles, et aux gouvernements et maniements de leurs Estats, et autres sujets dont les histoires en sont assez pleines sans que je les raconte; car l'ambition de dominer, régner et impérier loge dans leurs ames aussi bien que des hommes, et en sont aussi friandes. Si en vays-je nommer une qui n'en fut tant atteinte, qui est Victoria Colonna, femme du marquis de Pescayre, de laquelle j'ay leu dans un livre espagnol que, lorsque ledit marquis entendit aux belles offres que luy fit Hieronimo Mouron de la part du pape (comme j'ay dit cy-devant) du royaume de Naples, s'il vouloit entrer en ligne avec luy, elle, en estant advertie par son mary mesme, qui ne luy céloit rien de ses plus privées affaires, ny grands ny petits, lui escrivit (car elle disoit des mieux), et luy demanda qu'il se souvinst de son ancienne valeur et vertu, qui luy avoit donné telle louange et réputation qu'elle excédoit la gloire et la fortune des plus grands roys de la terre, disant *que no con grandezza de los reynos, de Estados ny de hormosos titulos si no con fé illustre y clara virtud, se alcançava la honra, la qual con loor siempre vivo, llegava à los descendientes; y que no havia nigun grado tan alto que no fuesse vencido de una trahicion y mala fé, que por esto nigun desseo tenia de ser muguer de rey, queriendo antes ser muguer de tal capitan, que no solamente en guerra con valorosa mano, mas en pas con gran honra de animo no vencido avia sabido vencer reys, y grandissimos principes, y capitanes, y darlos triumphos, y imperiarlos*; disant «que non avec la grandeur des royaumes, des grands Estats ni hauts et beaux titres, sinon avec une foy illustre et claire vertu, l'honneur s'acqueroit, laquelle avec une louange tousjours vive alloit à nos descendants; et qu'il n'y avoit nul grade si haut qui ne fust vaincu ni gasté par une trahison commise et foy rompue; et que pour l'amour de cela elle n'avoit nul désir d'estre femme de roy, mais d'un tel capitaine, lequel nonseulement en guerre avec sa main valeureuse, mais en paix avec grand honneur d'un esprit non vaincu, avoit sceu vaincre les roys, les grands princes et capitaines, et les donner aux triomphes et les imperier.» Cette femme parloit d'un grand courage, d'une grande vertu, et de vérité et tout: car de regner par un vice est fort vilain, et de commander aux royaumes et aux roys par la vertu est très-beau. Fulvia, femme de P. Claudius, et en secondes nopces de Marc Antoine, ne s'amusant guières à faire les affaires de sa maison, se mit aux choses grandes, à traitter les affaires d'Estat jusque-là qu'on lui donnast la réputation de commander aux empereurs. Aussi Cleopatre l'en sçeut très-bien remercier, et luy avoir cette obligation, que d'avoir si bien instruit et discipliné Marc Antoine à obéyr et ployer sous les lois de submission. Nous lisons de ce grand prince françois Charles Martel qui onc ne voulut prendre et porter le titre de roy, qui estoit en sa puissance, mais ayma mieux régenter les roys et leur commander.

—Parlons d'aucunes de nos dames. Nous avons eu en nostre guerre de la Ligue madame de Montpensier, sœur de feu M. de Guise, qui a esté une grande femme d'Estat, et qui a porté sa bonne part de matiere, d'inventions de son gentil esprit, et du travail de son corps, à bastir ladite Ligue; si qu'après avoir esté bien bastie, joüant aux cartes un jour et à la prime (car elle aime fort ce jeu), ainsi qu'on lui disoit qu'elle meslast bien les cartes, elle repondit devant beaucoup de gens: «Je les ay si bien meslées qu'elles ne se sçauroint mieux mesler ni demesler.» Cela fust esté bon si les siens ne fussent esté morts: desquels, sans perdre cœur d'une telle perte, en entreprit la vengeance; et en ayant sceu les nouvelles dans Paris, sans se tenir recluse en sa chambre à en faire les regrets à mode d'autres femmes, sort de son hostel avec les enfants de M. son frere, les tenant par les mains, les pourmeine par la ville, fait sa déploration devant le peuple, l'animant de pleurs, de cris, de pitié et de paroles qu'elle fit à tous, de prendre les armes et s'élever en furie, et faire les insolences sur la maison et le tableau du Roy, comme l'on a veu, et que j'espère de dire en sa vie; et à luy denier toute fidelité, ains au contraire toute rebellion: dont puis après son meurtre s'en ensuivit; duquel et à sçavoir qui sont ceux et celles qui en ont donné les conseils et en sont coupables. Certainement le cœur d'une sœur perdant tels freres ne pouvoit pas digérer tel venin sans venger ce meurtre. J'ay ouy conter qu'après qu'elle eut ainsi bien mis le peuple de Paris en besogne de telles animositez et insolences, elle partit vers le prince de Parme à luy demander secours et vengeance; et y va à si grandes et longues traittes, qu'il fallut un jour à ses chevaux de coche demeurer si las et recreus au beau mitan de la Picardie dans les fanges, qu'ils ne pouvoient aller ny en avant, ny en arrière, ny mettre un pied l'un devant l'autre. Par cas passa un fort honneste gentilhomme de ce pays, qui estoit de la religion, qui, encore qu'elle fust déguisée et de nom et d'habit, il la cogneut; et, ostant de devant les yeux les menées qu'elle avoit fait contre ceux de la religion, et l'animosité qu'elle leur portoit, luy, tout plein de courtoisie, il luy dit: «Madame, je vous connois bien; je vous suis serviteur: je vous vois en mauvais estat; vous viendrez, s'il vous plaist, en ma maison que voilà près, pour vous seicher et vous reposer. Je vous accommoderay de tout ce que je pourray au mieux qu'il me sera possible. Ne craignez point; car encore que je sois de la religion, que vous nous haïssiez fort, je ne voudrois me départir d'avec vous sans vous offrir une courtoisie qui vous est très-nécessaire.» A telle offre elle se laissa aller, et l'accepta fort librement: et, après l'avoir accommodée de ce qui lui estoit nécessaire, reprend son chemin et la conduit deux lieües, elle pourtant luy celant son voyage; dont depuis cette courtoisie, à ce que j'ay ouy dire, en cette guerre, elle s'en acquitta à l'endroit du gentilhomme par force autres courtoisies. Plusieurs se sont estonnez comment elle se fia à luy, estant huguenot. Mais quoy! la nécessité fait faire beaucoup de choses; et aussi qu'elle le vid si honneste, et parler si honnestement et franchement, qu'elle jugea qu'il estoit enclin à faire un trait honneste. Madame de Nemours, sa mère, ayant esté prisonnière après la mort de messieurs ses enfants, ne faut point douter si elle demeura désolée par une telle perte insupportable, jusques à là que de son naturel elle est dame de fort douce humeur et froide, et qui ne s'esmeut que bien à propos, elle vint à débagouller mille injures contre le Roy, et lui jeter autant de malédictions et d'exécrations (car, et qui n'est la chose, la parole qu'on ne fit et ne dit pour une relle véhémence de perte et de douleur?), jusques à ne nommer le Roy autrement et tousjours que *ce tyran*. «Non! je ne le veux plus appeler tel, mais roy très-bon et clément, s'il me donne la mort comme à mes enfants, pour m'oster de la misère où je suis, et me colloque en la béatitude de Dieu.» Puis après, appaisant ses paroles et cris, et y faisant quelque surcéance, elle ne disoit, si-non: «Ah! mes enfants! ah! mes enfants!» réitérant ordinairement ces paroles avec ses belles larmes, qui eussent amoly un cœur de rocher. Hélas! elle les pouvoit ainsi plorer et regretter, estant si bons, si généreux, si vertueux et valleureux, mais surtout ce grand duc de Guise, vray aisné et vray parangon de toute valeur et générosité. Aussi qu'elle aimoit si naturellement ses enfants, qu'un jour, moy discourant avec une grande dame de la Cour de maditte dame de Nemours, elle me dit que c'estoit la plus heureuse princesse du monde, pour plusieurs raisons qu'elle m'alléguoit, fors en une chose, qui estoit qu'elle aimoit messieurs ses enfants par trop; car elle les aimoit si très-tant, que l'appréhension ordinaire qu'elle avoit d'eux troubloit toute sa félicité, vivant ordinairement pour eux en inquiétude et alarme. Je vous laisse donc à penser combien elle sentit de maux, d'amertumes et de picqueures par la mort de ces deux, et par l'appréhension de l'autre, qui estoit vers Lyon, et M. de Nemours prisonnier: car de sa prison, disoit-elle, ne s'en soucioit point, ny de sa mort non plus, ainsi que je viens de dire. Lorsqu'on la sortit du chasteau de Blois pour la mener en celuy d'Amboise en plus estroite prison, ainsi qu'elle eut passé la porte elle haussa et tourna la teste en haut vers le portrait du roy Louis XII, son grand-pere, qui est là engravé en pierre au-dessus sur un cheval avec une fort belle grace et guerriere façon. Elle, s'arrestant là un peu et le contemplant, dit tout haut devant force monde là accouru, d'une belle et asseurée contenance, dont jamais n'en fut espourveue: «Si celuy qui est là représenté estoit en vie, il ne permettroit pas qu'on emmenast sa petite-fille ainsi prisonniere, et qu'on la traittast de cette sorte;» et puis suivit son chemin sans plus rien dire. Pensez que dans son ame elle imploroit et invoquoit les manes de ce généreux ayeul, pour estre justes vengeurs de sa prison: ny plus ny moins que firent jadis aucuns des conjurateurs de la mort de César, lesquels, ainsi qu'ils alloient faire leurs coups, se tournèrent vers l'estatuë de Pompée, et sourdement implorèrent et invoquèrent l'ombre de sa main, jadis si valleureuse, pour conduire leur entreprise à faire le coup qu'ils firent. Possible que l'invocation de cette princesse peut servir et avancer la mort du Roy, qui l'avoit ainsi oustragée. Une dame de grand cœur qui couve une vindicte est fort à craindre. Je me souviens que, quand feu monsieur son mary, M. de Guise, eut son coup dont il mourut, elle estoit pour alors au camp, qui estoit venue là pour le voir quelques jours avant. Ainsi qu'il entra en son logis blessé, elle vint à l'endevant de luy jusqu'à la porte de son logis toute esperdue et esplorée, et l'ayant salué s'escria soudain: «Est-il possible que le malheureux qui a fait le coup et celuy qui l'a fait faire (se doutant de M. l'admiral) en demeurent impunis? Dieu! si tu es juste, comme tu le dois estre, vange cecy; autrement......» et n'achevant le mot, M. son mary la reprit, et luy dit: «Mamie, n'offensez point Dieu en vos paroles. Si c'est luy qui m'a envoyé cecy pour mes fautes, sa volonté soit faite, et loüange luy en soit donnée. S'il vient d'ailleurs, puisque les vengeances luy sont réservées, il fera bien cette-cy sans vous.» Mais, luy mort, elle la poursuivit si bien, que le meurtrier fut tiré à quatre chevaux, et l'auteur prétendu d'elle fut massacré au bout de quelques années, comme j'espere dire en son lieu, par les instructions qu'elle donna à M. son fils, comme je l'ay veu, et les conseils et persuasions dont elle le nourrit dès sa tendre jeunesse jusques après que la vengeance en fut faite totale. Les advis et exhortations des femmes et meres généreuses peuvent beaucoup en cela: dont je me souviens que le roy Charles IX, faisant le tour de son royaume, estant à Bourdeaux, fut mis en prison le baron de Bournazel, un fort brave et honneste gentilhomme de Gascogne, pour avoir tué un autre gentilhomme de son pays mesme, qui s'appelloit La Tour: on disoit que c'estoit par grande supercherie. La veufve en poursuivit si vivement la punition, qu'on se donna la garde que les nouvelles vindrent en la chambre du Roy et de la Reyne, qu'on alloit trancher la teste au dit baron. Les gentilshommes et dames s'esmeurent soudain, et travailla-t-on fort pour luy sauver la vie. On en pria par deux fois le Roy et la Reyne de lui donner grace. M. le chancelier s'y porta fort, disant qu'il falloit que justice s'en fist. Le Roy le vouloit fort, qui estoit jeune et ne demandoit pas mieux que le sauver; car il estoit des gallants de la Cour; et M. de Cypierre l'y poussoit aussi fort. Cependant l'heure de l'exécution approchoit, ce qui estonnoit tout le monde. Sur quoy survient M. de Nemours (qui aimoit ce pauvre baron, lequel l'avoit suivy en de bons lieux aux guerres), qui s'alla jeter de genoux aux pieds de la Reyne, et la supplia de donner la vie à ce pauvre gentilhomme, et la pria et pressa tant de paroles qu'elle luy fut octroyée; dont sur le champ fut envoyé un capitaine des gardes, qui l'alla quérir et prendre en la prison, ainsi qu'il sortoit pour le mener au supplice. Par ainsi fut-il sauvé, mais avec une telle peur, qu'à jamais elle demeura empreinte sur son visage, et oncques puis ne peut recouvrer couleur, comme j'ay veu et comme j'ay ouy dire de M. de Saint-Vallier, qui l'eschappa belle à cause de M. de Bourbon. Cependant la veufve ne chauma pas, et vint trouver le Roy le lendemain, ainsi qu'il alloit à la messe, et se jetta à ses pieds. Elle luy présenta son fils, qui pouvoit avoir trois ou quatre ans, et luy dit: «Sire, au moins puis que vous avez donné la grace au meurtrier du père de cet enfant, je vous supplie de la luy donner aussi dès cette heure, pour quand il sera grand, il aura eu sa revenche et tué ce malheureux.» Du depuis, à ce que j'ay ouy dire, la mere tous les matins venoit esveiller son enfant; et, en luy monstrant la chemise sanglante qu'avoit son pere lorsqu'il fut tué, et luy disoit par trois fois: «Advise-la bien: et souviens-toi bien, quand tu seras grand, de venger cecy: autrement je te deshérite.» Quelle animosité!

—Moy estant en Espagne, j'ouys conter qu'Antonio Roque, l'un des plus braves, vaillants, fins, cauts, habiles, fameux, et des plus courtois bandoulliers avec cela qui fut jamais en Espagne (ce tient-on), ayant eu envie de se faire prestre dès sa première profession, le jour venu qu'il lui falloit chanter sa premiere messe, ainsi qu'il sortoit du revestiaire et qu'il s'en alloit avec grande cérémonie au grand autel de sa paroisse, bien revestu et accommodé à faire son office, le calice à la main, il ouyt sa mere qui lui dit ainsi qu'il passoit: *Ah! vellaco, vellaco, mejor seria de vengar la muerte de tu padre, que de cantar missa*: «Ah! malheureux et meschant que tu es! il vaudroit mieux de venger la mort de ton pere que de chanter messe.» Cette voix lui toucha si bien au cœur, qu'il retourne froidement du my-chemin, et s'en va au revestitoire: là se dévestit, faisant acroire que le cœur lui avoit fait mal et que ce seroit pour une autre fois: et s'en va aux montagnes parmy les bandoulliers, s'y fist si fort estimer et renommer, qu'il en fut esleu chef, fait force maux et voleries, venge la mort de son pere, qu'on disoit avoir esté tué d'un autre; d'autres qu'il avoit esté exécuté par justice. Ce conte me fit un bandoullier mesme, qui avoit esté sous sa charge autrefois, et me le loüa jusques au tiers ciel, si que l'empereur Charles ne lui put jamais faire mal. Pour retourner encore à madame de Nemours, le roy ne la retint guieres en prison, et M. Descars en fut cause en partie; car il la fit sortir pour l'envoyer à Paris vers MM. du Mayne et de Nemours, et autres princes liguées, et leur porter à tous paroles de paix et oubliance de tout le passé; et qui estoit mort, et amys comme devant. De fait le Roy tira serment d'elle qu'elle feroit cette ambassade. Estant donc arrivée, au premier abord ce ne furent que pleurs, lamentations et regrets de leur perte; et puis fit le rapport de sa charge. M. du Maine lui fit la responce en luy demandant si elle luy conseilloit cela. Elle luy respondit seulement: «Mon fils, je ne suis pas venuë ici pour vous conseiller, si-non pour vous dire ce qu'on m'a dit et chargé. C'est à vous à songer si vous avez sujet et si le devez faire ce que je vous dis. Vostre cœur et vostre conscience vous en doivent donner bon conseil. Quant à moy, je me descharge de ce que j'ay promis.» Mais, sous main, elle en sceut très-bien attiser le feu, qui a duré longtemps. Il y a eu plusieurs personnes qui se sont fort estonnez comment le Roy, qui estoit si sage et des habiles de son royaume, s'aidoit de cette dame pour un tel ministere, l'ayant offensée, qu'elle n'eust eu cœur ny sentiment, si elle s'y fust employée le moins du monde: aussi se mocqua-t-elle bien de luy. On disoit que c'étoit le beau conseil du maréchal de Rhetz, qui en donna un pareil au roy Charles, pour envoyer M. de La Nouë dans La Rochelle à persuader les habitants à la paix et à leur obéyssance et devoir; jusque-là que, pour entrer en créance avec eux, il luy permit de faire de l'eschauffé et de l'animé pour eux et pour son party, à faire la guerre à outrance, et leur bailler advis et conseil contre le Roy; mais pourtant sous condition que, quand il seroit commandé et sommé par le Roy ou Monsieur, son lieutenant-général, de sortir, qu'il le feroit. Il fit et l'un et l'autre, et la guerre, et sortit; mais cependant il asseura si bien ses gens et les aguerrit, et leur fit de si bonnes leçons et les anima tellement, qu'ils nous firent ce coup la barbe. Force gens trouvoient qu'il n'y avoit là nulle finesse: j'ay veu tout cela, j'espère en faire tout le discours ailleurs. Mais ce mareschal valut cela à son roy et à la France: lequel mareschal tenoit-on mieux pour charlatan et cajoleur, que pour un bon conseiller et mareschal de France. Je diray encor ce petit mot de ma susdite dame de Nemours. J'ay ouy dire qu'ainsi qu'on bastissoit la Ligue, et qu'elle voyoit les cahiers et les listes des villes qui adhéroient, et n'y voyant point encore Paris, elle disoit toujours à M. son fils: «Mon fils, cela n'est rien, il faut encore Paris, et si vous ne l'avez, vous n'avez rien fait; pourquoy ayez Paris.» Et rien que Paris ne luy sonnoit à la bouche, si bien que les Barricades par après s'en ensuivirent. Voilà comme un cœur généreux tend toujours au plus haut: ce qui me fait souvenir d'un petit conte que j'ay lu dans un roman espagnol, qui s'intitule *La conquista di Navarra*. Ce royaume ayant esté pris et usurpé sur le roy Jean par le roy d'Aragon, le roy Loüis douziesme y envoya une armée, sous M. de La Palice, pour le reconquérir. Le Roy manda à la reyne donne Catherine, de par M. de La Palice, qui lui en porta la nouvelle, qu'elle s'en vinst à la Cour de France et y demeurer avec la reyne Anne sa femme, cependant que le roy son mary avec M. de La Palice attenteroient de recouvrer le royaume. La Reyne lui respondit généreusement: «Et comment, monsieur! je pensois que le roy vostre maistre vous eust ici envoyé pour m'amener avec vous en mon royaume et me remettre dans Pampelonne, et moy vous y accompagner, ainsi que je m'y estois résolue et préparée; et à cette heure vous me conviez de m'aller tenir à la Cour de France? Voilà un mauvais espoir et sinistre augure pour moi! je vois bien que je n'y entreray jamais plus.» Et ainsi qu'elle le présagea, ainsi il arriva.

Il fut dit et commandé à madame la duchesse de Valentinois, sur l'approchement de la mort du roy Henry et le peu d'espoir de sa santé, de se retirer en son hostel de Paris et n'entrer plus en sa chambre, autant pour ne le perturber en ses cogitations à Dieu, que pour inimitié qu'aucuns lui portoient. Estant doncques retirée on luy envoya demander quelques bagues et joyaux qui appartenoient à la couronne, et les eust à rendre. Elle demanda soudain à M. l'harangueur: «Comment! le Roy est-il mort?—Non, madame, respondit l'autre, mais il ne peut guieres tarder.—Tant qu'il luy restera un doigt de vie donc, dit-elle, je veux que mes ennemys sachent que je ne les crains point, et que je ne leur obéyrai tant qu'il sera vivant. Je suis encore invincible de courage, mais lorsqu'il sera mort je ne veux plus vivre après luy; et toutes les amertumes qu'on me sauroit donner ne me seront que douceurs au prix de ma perte: et par ainsi, mon roy vif ou mort, je ne crains pas mes ennemis.» Cette dame monstra-là une grande générosité de cœur. Mais elle ne mourut pas, ce dira quelqu'un, comme elle avoit dit. Elle ne laissa pourtant à sentir plusieurs approches de la mort; et aussi que plustost que mourir, elle fit mieux de vouloir vivre, pour monstrer à ses ennemys qu'elle ne les craignoit point, et que, les ayant veus d'autresfois bransler et s'humilier sous elle, m en vouloit faire de mesme en leur endroit, et leur monstrer si bien teste et visage qu'ils n'osèrent jamais luy faire desplaisir, mais bien mieux, dans deux ans ils la recherchèrent plus que jamais et rentrèrent en amitié, comme je vis: ainsi qu'est la coutume des grands et grandes, qui ont peu de tenue en leurs amitiés, et s'accordent aisément en leurs différends comme larrons en foire, et s'aiment et se hayssent de mesme: ce que nous autres petits ne faisons; car, ou il se faut battre, venger et mourir, ou en sortir par des accords bien pointillez, bien tamisez et bien solemnisez; et si nous en trouvons mieux. Il faut certes admirer cette dame de ce trait, comme coustumièrement ces grandes qui traitent les affaires d'Estat, font tousjours quelque chose de plus que l'ordinaire des autres. Voilà pourquoy le feu roy Henry troisiesme dernier et la reyne sa mère n'aimoient nullement les dames de leur Cour qui missent tant leur esprit et leur nez sur les affaires d'Estat, ny s'en meslassent tant d'en parler, ny de ce qui touchoit de près en fait du royaume; comme (disoient Leurs Majestez) si elles y avoient grande part et qu'elles en dusset être héritières, ou du tout pour mieux qu'elles y rapportassent la sueur de leur corps ou y menassent les mains, comme les hommes, à le maintenir: mais elles, se donnans du bon temps, causans sous la cheminée, bien aises en leurs chaises, ou sur leurs oreillers ou sur leurs couchettes, devisoient bien à leur aise du monde et de l'Estat de la France, comme si elles faisoient tout. Sur quoy repartit une fois une dame de par le monde, que je ne nommeray point, qui, se meslant d'en dire sa ratelée aux premiers estats à Blois, Leurs Majestez luy en firent faire la petite réprimande, et qu'elle se meslast des affaires de sa maison et à prier Dieu. Elle, qui estoit un peu trop libre en paroles, respondit: «Du temps que les roys, princes et grands seigneurs se croisoient pour aller outre mer et faire de si beaux exploits en la Terre Sainte, certainement il n'estoit permis à nous autres femmes que de prier, orer, faire vœux et jeusnes, afin que Dieu leur donnast bon voyage et bon retour; mais depuis que nous les voyons aujourd'huy ne faire pas plus que nous, il nous est permis de parler de tout: car, prier Dieu pour eux, à cause de quoy, puisqu'ils ne font pas mieux que nous?» Cette parole, certes, fut par trop audacieuse, aussi luy cuida-t-elle couster bon, et eust une grande peine d'obtenir réconciliation et pardon, qu'il fallut qu'elle demandast; et, sans un sujet que je dirois bien, elle recevoit l'affletion et punition toute entière, et bien outrageuse. Il ne fait pas bon quelquefois dire un bon mot comme celuy, quand il vient à la bouche; ainsi que j'ay veu plusieurs personnes qui ne s'y sçauroient commander; car elles sont plus débordées qu'un cheval de Barbarie; et, trouvant un bon brocard dans leur bouche, il faut qu'ils les crachent, sans espargner ny parents, ny amis, ni grands. J'en ay cogneu force à nostre Cour de telle humeur, et les appeloit-on marquis ou marquises de Belle-Bouche: mais aussi bien souvent s'en trouvoient du guet.

—Or, comme j'ai deduit la générosité d'aucunes dames en aucuns beaux faits de leurs vies, j'en veux descrire aucunes qu'elles ont montré en leur mort. Et, sans emprunter aucun exemple de l'antiquité, je ne veux alléguer que cettuy-cy de feuë madama la Régente, mère du grand roy François. Ce fut en son temps, ainsi que j'ay ouy dire à aucuns et aucunes qui l'ont veue et cogneue, une très-belle dame, et fort mondaine aussi; et fut cela mesme en son aage décroissant, et, pour ce, quand on luy parloit de la mort, en haïssoit fort le discours, jusqu'aux prescheurs qui en parloient en leurs sermons: «comme, ce disoit-elle, qu'on ne sceust pas assez qu'on devoit tous mourir un jour; et que tels prescheurs, quand ils ne sçauroient dire autre chose en leurs sermons, et qu'ils estoient au bout de leurs leçons, comme gens ignares, se mesloient sur cette mort.» La feuë reyne de Navarre, sa fille, n'aimoit non plus ces chansons et prédications mortuaires que sa mere. Estant donc venue la fin destinée, et gisant dans son lict, trois jours avant que mourir, elle vid la nuict sa chambre toute en clarté, qui estoit transpercée par la vitre: elle se courrouça à ses femmes-de-chambre qui la veilloient pourquoy elles faisoient un feu si ardent et esclairant. Elles luy respondirent qu'il n'y avoit qu'un peu de feu, et que c'estoit la lune qui ainsi esclairoit et donnoit telle lueur. «Comment, dit-elle, nous en sommes au bas; elle n'a garde d'esclairer à cette heure.» Et soudain, faisant ouvrir son rideau, elle vit une comette qui esclairoit ainsi droit sur son lict. «Hà! dit-elle, voilà un signe qui ne paroist pas pour personne de basse qualité. Dieu le fait paroistre pour nous autres grands et grandes. Refermez la fenestre; c'est une comette qui m'annonce la mort; il se faut donc préparer.» Et le lendemain au matin, ayant envoyé quérir son confesseur, fit tout le devoir de bonne chrestienne, encore que les médecins l'asseurassent qu'elle n'estoit pas-là. «Si je n'avois veu, dit-elle, le signe de ma mort, je le croirois, car je ne me sens point si bas;» et leur conta à tous l'apparition de sa comette. Et puis, au bout de trois jours, quittant les songes du monde, trépassa. Je ne sçaurois croire autrement que les grandes dames, et celles qui sont belles, jeunes et honnestes, n'ayent plus de grands regrets de laisser le monde que les autres: et toutesfois, j'en vois nommer aucunes qui ne s'en sont point souciées, et volontairement ont receu la mort, bien que sur le coup l'annonciation leur soit fort amere et odieuse.

—La feuë comtesse de La Rochefoucault, de la maison de Roye à mon gré et à d'autres une des belles et agréables femmes de France, ainsi que son ministre (car elle estoit de la religion comme chacun sçait) luy annoncea qu'il ne falloit plus songer au monde, et que son heure estoit venue, et qu'il s'en falloit aller à Dieu qui l'appeloit, et qu'il falloit quitter les mondanitez, qui n'estoient rien aux prix de la béatitude du ciel, elle luy dit: «Cela est bon, monsieur le ministre, à dire à celles qui n'ont pas grand contentement et plaisir en cettuy-cy, et qui sont sur le bord de leur fosse; mais à moy, qui ne suis que sur la verdure de mon aage et de mon plaisir en cette-cy et de ma beauté, vostre sentence m'est fort amere; d'autant que j'ay plus de sujet de m'aimer en ce monde qu'en tout autre, et regretter à mourir, je vous veux monstrer en cela ma générosité, et vous asseurer que je prends la mort à gré, comme la plus vile, abjette, basse, laide et vieille qui fust au monde.» Et puis s'estant mis à chanter des pseaumes de grand dévotion, elle mourut.

—Madame d'Espernon, de la maison de Candale, fut assaillie d'une maladie si soudaine qu'en moins de six ou sept jours elle fut emportée. Avant que mourir elle tenta tous les moyens qu'elle put pour se guérir, implorant le secours de Dieu et des hommes par ses prières très-dévotes, et de tous ses amis, serviteurs et servantes, luy faschant fort qu'elle vinst mourir en si jeune aage; mais, après qu'on luy eust remonstré qu'il falloit à bon escient s'en aller à Dieu, et qu'il n'y avoit plus aucun remede: «Est-il vray? dit-elle, laissez-moy faire; je vais donc bravement me résoudre.» Et usa de ces mesmes et propres mots; et, haussant ses beaux bras blancs, et en touchant ses deux mains l'une contre l'autre, et puis, d'un visage franc et d'un cœur asseuré se présenta à prendre la mort en patience, et de quitter le monde, qu'elle commença fort à abhorrer pas des paroles très-chrestiennes; et puis mourut en très-dévote et bonne chrestienne, en l'aage de vingt-six ans, et l'une des belles agréables dames de son temps.

—On dit qu'il n'est pas beau de louer les siens, mais aussi une belle vérité ne se doit pas céler; et c'est pourquoy je veux ici loüer madame d'Aubeterre, ma niepce, fille de mon frere aisné, laquelle ceux qui l'ont veuë à la Cour ou ailleurs, diront bien avec moy avoir esté l'une des belles et accomplies dames qu'on eust sceu voir, autant pour le corps que pour l'ame. Le corps se monstroit fort à plain et extérieurement ce qu'il estoit, par son beau et agréable visage, sa taille, sa façon et sa grâce; pour l'esprit, il estoit fort divin et n'ignoroit rien; sa parole fort propre, naïve, sans fard, et qui couloit de sa bouche fort agréablement, fut pour la chose sérieuse, fut pour la rencontre joyeuse. Je n'ay jamais veu femme, selon mon opinion, plus ressemblante nostre reyne de France Marguerite, et d'air et de ses perfections, qu'elle; aussi l'ouis-je dire une fois à la Reyne-mere. C'est un mot assez suffisant pour ne la loüer davantage; aussi je n'en diray pas plus; ceux qui l'ont veuë ne me donneront, je m'asseure, nul démenty sur cette loüange. Elle vint à estre tout à coup assaillie d'une maladie qui ne se put point bien congnoistre des médecins, qui y perdirent leur latin; mais pourtant elle avoit opinion d'estre empoisonnée, je ne diray point de quel endroit; mais Dieu vengera tout, et possible les hommes. Elle fit tout ce qu'elle put pour se faire secourir, non qu'elle se souciast, disoit-elle, de mourir; car, dès la perte de son mary en avoit perdu toute crainte, encore qu'il ne fust certes nullement égal à elle, ny ne la méritast, ny les belles larmes non plus qu'elle jettoit de ses beaux yeux après sa mort; mais eust-elle fort désiré de vivre encore un peu pour l'amour de sa fille, qu'elle laissoit tendrette, tant cette occasion estoit belle et bonne: et les regrets d'un mary sot, fascheux, sont fort vains et légers. Elle, voyant donc qu'il n'y avoit plus de remede, et sentant son poulx, qu'elle mesme tastoit et connoissoit frigant (car elle s'entendoit à tout), deux jours avant qu'elle mourust envoya quérir sa fille, et luy fit une exhortation très-belle et sainte, et telle que possible ne sçay-je mère qui la pust faire plus belle ny mieux représentée, autant pour l'instruire à bien vivre au monde, que pour acquérir la grace de Dieu; et puis luy donna sa bénédiction, luy commandant de ne troubler plus par ses larmes son aise et repos qu'elle alloit prendre avec Dieu. Puis elle demanda son miroir, et s'y arregardant très-fixement: «Ah! dit-elle, traistre visage à ma maladie, pour laquelle tu n'as changé! (car elle le monstroit aussi beau que jamais) mais bientost la mort qui s'approche en aura raison, qui te rendra pourry et mangé des vers.» Elle avoit aussi mis la pluspart de ses bagues en ses doigts, et les regardant, et sa main et tout qui estoit très-belle: «Voilà, dit-elle, une mondanité que j'ay bien aimée d'autresfois; mais à cette heure de bon cœur je la laisse, pour me parer en l'autre monde d'une autre plus belle parure.» Et voyant ses sœurs qui pleuroient à toute outrance auprès d'elle, elle les consola et pria de vouloir prendre en gré avec elle ce qu'il plaisoit à Dieu de luy envoyer; et que, s'estants tousjours si fort aimées, elles n'eussent regret à ce qui luy apportoit de la joie et contentement; et que l'amitié qu'elle leur avoit tousjours portée dureroit éternellement avec elles; les priant d'en faire le semblable, et mesme à l'endroit de sa fille: et les voyant renforcer leurs pleurs, elle leur dit encore: «Mes sœurs si vous m'aimez, pourquoy ne vous réjouissez-vous avec moy de l'eschange que je fais d'une vie misérable avec un très-heureuse? Mon ame, lassée de tant de travaux, desire en estre deliée, et estre en lieu de repos avec Jésus-Christ mon sauveur; et vous la souhaitez encor attachée à ce chetif corps, qui n'est que sa prison et non son domicile. Je vous supplie donc, mes sœurs, ne vous affliger davantage.» Tant d'autres pareils propos beaux et chrestiens dit-elle, qu'il n'y a si grand docteur qui en eust pu proférer de plus beaux, lesquels je coule. Sur-tout elle demandoit à voir madame de Bourdeille sa mère, qu'elle avoit prié ses sœurs d'envoyer quérir, et souvent leur disoit: «Mon Dieu! mes sœurs, madame de Bourdeille ne vient-elle point? Ah! que vos courriers sont longs! ils ne sont pas guieres bons pour faire diligences grandes et postes.» Elle y alla, mais ne la put voir en vie, car elle estoit morte une heure devant. Elle me demanda fort aussi, qu'elle appeloit tousjours son cher oncle, et nous envoya le dernier adieu. Elle pria de faire ouvrir son corps après sa mort, ce qu'elle avoit tousjours fort détesté, afin, dit-elle à ses sœurs, que la cause de sa mort leur estant plus à plain découverte, cela leur fust une occasion, et à sa fille, de conserver et prendre garde à leurs vie; «car, dit-elle, il faut que j'advoue que je soupçonne d'avoir esté empoisonnée depuis cinq ans avec mon oncle de Branthome et ma sœur la comtesse de Durtal: mais je pris le plus gros morceau: non toutesfois que je veuille charger personne, craignant que ce soit à faux, et que mon ame en demeure chargée, laquelle je desire estre vuide de tout blasme, rancune, inimitié et péché, pour voler droit à Dieu son créateur.»

Je n'aurois jamais fait si je disois tout; car ses devis furent grands et longs, et point se ressentant d'un corps fany, esprit foible et décadant. Sur ce, il y eut un gentilhomme son voisin qui disoit bien le mot, et avoit aimé à causer et bouffonner avec luy, qui se présenta. Elle luy dit: «Ah! mon amy! il se faut rendre à ce coup, et langue et dague, et tout à Dieu!» Son médecin et ses sœurs luy vouloient faire prendre quelque remede cordial: elle les pria de ne luy en donner point: «car ils ne serviroient rien plus, dit-elle, qu'à prolonger ma vie et retarder mon repos.» Et pria qu'on la laissast: et souvent l'oyoit-on dire: «Mon Dieu, que la mort est douce! et qui l'eust jamais pensé?» Et puis, peu à peu, rendant ses esprit fort doucement, ferma les yeux, sans faire aucuns signes hideux et affreux que la mort produit sur ce poinct à plusieurs. Madame de Bourdeille, sa mere, ne tarda guieres à la suivre; car la mélancolie qu'elle conceut de cette honneste fille l'emporta dans dix-huit mois, ayant esté malade sept mois, ores bien en espoir de guérir et ores en désespoir; et dez le commencement elle dit qu'elle n'en reschapperoit jamais, n'appréhendant nullement la mort, ne priant jamais Dieu de luy donner vie ne santé, mais patience en son mal, et sur-tout qu'il luy envoyast une mort douce et point aspre et langoureuse; ce qui fut, car, ainsi que nous ne la pensions qu'esvanoüie, elle rendit l'ame si doucement qu'on ne luy vit jamais remüer ny pieds, ny bras, ny jambes, ny faire aucun regard affreux ny hideux; mais, contournant ses yeux aussi beaux que jamais, trespassa, et resta morte aussi belle qu'elle avoit esté vivante en sa perfection. Grand dommage certes, d'elle et de ses belles dames qui meurent ainsi en leurs beaux ans! si ce n'est que je croy que le ciel, ne se contentant de ses beaux flambeaux qui dès la création du monde ornent sa voute, veut par elles avoir outre plus des astres nouveaux pour nous illuminer, comme elles ont fait estant vives, de leu beaux yeux. Cette-cy et non plus.

—Vous avez eu ces jours passez madame de Balagny, vray sœur en tout de ce brave Bussy. Quand Cambray fut assiégé elle y fit tout ce qu'elle put, d'un cœur brave et généreux, pou en défendre la prise: mais après s'estre en vain évertuée pa toutes sortes de défenses qu'elle y put apporter, voyant que c'estoit fait, et que la ville estoit en la puissance de l'ennemy, et la citadelle s'en alloit de mesme; ne pouvant supporter ce grand creve-cœur de desloger de sa principauté (car son mary et elle se faisoient appeler prince et princesse de Cambray et Cambresis; titre qu'on trouvoit parmy plusieurs nations odieux et trop audacieux, veu leurs qualitez de simples gentilshommes), mourut et créva de tristesse dans la place d'honneur. Aucuns disent qu'elle mesme se donna la mort, qu'on trouvoit pourtant estre acte plustot payen que chrestien. Tant y a qu'il la faut loüer de la grande générosité en cela et de la remonstrance qu'elle fit à son mary à l'heure de sa mort, quand elle luy dit: «Que te reste-t-il, Balagny, de plus vivre après ta désolée infortune, pour servir de risée et de spectacle au monde, qui te monstrera au doigt, sortant d'une si grande gloire où tu t'es veu haut eslevé, en une basse fortune que je te voy préparée si tu ne fais comme moy? Apprens donc de moy à bien mourir et ne survivre ton malheur et ta dérision.» C'est un grand cas quand une femme nous apprend à vivre et mourir! A quoy il ne voulut obtempérer ny croire! car, au bout de sept ou huict mois, oubliant la mémoire prestement de cette brave femme, il se remaria avec la sœur de madame de Monceaux, belle certes et honneste demoiselle; monstrant à plusieurs qu'enfin il n'y a que vivre, en quelque façon que ce soit.

—Certes la vie est bonne et douce; mais aussi une mort généreuse est fort à loüer, comme cette-cy de cette dame, laquelle, si elle est morte de tristesse, et bien contre le naturel d'aucunes dames, qu'on dit estre contraire au naturel des hommes; car elles meurent de joye et en joye. Je n'en alléguerai que ce seul conte de mademoiselle de Limeuil l'aisnée, qui mourut à la Cour estant l'une des filles de la Reyne. Durant sa maladie dont elle trespassa jamais le bec ne luy cessa, ains causa toujours; car elle estoit fort grand parleuse, brocardeuse et très-bien et fort à propos, et très-belle avec cela. Quand l'heure de sa mort fut venue, elle fit venir à soy son vallet (ainsi que les filles de la Cour en ont chacune le leur), et s'appeloit Julien, qui jouoit très-bien du violon: «Julien, luy dit-elle, prenez vostre violon et sonnez-moy tousjours, jusques à ce que me voyez morte (car je m'y en vois), la defaitte des Suisses, et le mieux que vous pourrez: et quand vous serez sur le mot, *tout est perdu*, sonnez-le par quatre ou cinq fois, le plus piteusement que vous pourrez;» ce que fit l'autre, et elle-mesme lui aidoit de la voix: et quand ce vint à *tout est perdu*, elle le récita par deux fois; et se tournant de l'autre costé du chevet, elle dit à ses compagnes: «Tout est perdu à ce coup, et à bon escient;» et ainsi décéda. Voilà une mort joyeuse et plaisante. Je tiens ce conte de deux de ses compagnes dignes de foy, qui virent joüer le mystere. S'il y a ainsi aucunes femmes qui meurent de joye ou joyeusement, il se trouve bien des hommes qui ont fait de mesme; comme nous lisons de ce grand pape Léon, qui mourut de joye et liesse, quand il vit nous autres François chassé du tout hors de l'Estat de Milan, tant il nous portoit de haine.

—Feu M. le grand-prieur de Lorraine prit une fois envie d'envoyer en course vers le Levant, deux de ses galleres sous la charge du capitaine Beaulieu, l'un de ses lieutenants, dont je parle ailleurs, Ce Beaulieu y alla fort bien, car il estoit brave et vaillant: quand il fut vers l'Archipelage, il rencontra une grande nau vénitienne bien armée et bien riche: il la commença à la canonner; mais la nau luy rendit bien sa salue; car de la première volée elle luy emporta deux de ses bancs avec leurs forçats tout net, et son lieutenant qui s'appelloit le capitaine Panier, bon compagnon, qui pourtant eut le loisir de dire: «Adieu paniers, vendanges sont faites.» Sa mort fut plaisante par ce bon mot. Ce fut à M. de Beaulieu à se retirer, car cette nau estoit pour luy invincible.

—La première année que le roy Charles neufiesme fut roy, lors de l'édit de juillet, qui se tenoit aux faux de Saint Germain, nous vismes pendre un enfant de la matte la mesme, qui avait dérobé six vaisselles d'argent de la cuisine de M. le prince de La Roche-sur-Yon. Quand il fut sur l'eschelle, il pria le bourreau de luy donner un peu de temps de parler, et se mit sur le devis en remonstrant au peuple qu'on le faisoit mourir à tort: «car, disoit-il, je n'ay point jamais exercé mes larcins sur des pauvres gens, gueux et malotrus, mais sur les princes et les grands, qui sont plus grands larrons que nous et qui nous pillent tous les jours; et n'est que bien fait de repeter d'eux ce qu'ils nous derrobent et nous prennent.» Tant d'autres sornettes plaisantes, dit-il, qui seroient superflues de raconter, si-non que le prestre qui estoit monté sur le haut de l'eschelle avec luy, et s'estoit tourné vers le peuple, comme on void, il luy escria: «Messieurs, ce pauvre patient se recommande à vos bonnes prières: nous dirons tous pour luy et son ame, un *Pater noster* et un *Ave Maria*, et chanterons *Salve*,» et que le peuple luy respondoit, ledit patient baissa la teste, et regardant ledit prestre, commença à brailler comme un veau et se moqua du prestre fort plaisamment, puis luy donna du pied et l'envoya du haut de l'eschelle en bas, si grand sault qu'il s'en rompit une jambe. «Ah! monsieur le prestre, par Dieu, dit-il, je sçavois bien que je vous deslogerais de là. Il en a, le gallant,» l'oyant plaindre, et se mit à rire à belle gorge déployée, et puis luy-mesme se jetta au vent. Je vous jure qu'à la Cour on rit bien de ce trait, bien que le pauvre prestre se fust fait grand mal. Voilà une mort certes non guieres triste. Feu M. d'Etampes avoit un fou qui s'appeloit Colin, fort plaisant. Quant sa mort s'approcha, M. d'Estampes demanda comment se portoit Colin. On luy dit: «Pauvrement, monsieur, il s'en va mourir, car il ne veut rien prendre.—Tenez, dit M. d'Estampes, qui lors estoit à table, portez-lui ce potage, et dites-luy que, s'il ne prend quelque chose pour l'amour de moy, que je ne l'ameray jamais, car on m'a dit qu'il ne veut rien prendre.» L'on fit l'ambassade à Colin, qui, ayant la mort entre les dents, fit response: «Et qui sont-ils ceux-là qui ont dit à Monsieur que je ne voulois rien prendre?» Et estant entourné d'un million de mouches (car c'estoit en esté), il se mit à joüer de la main à l'entour d'elles, comme l'on voit les pages et laquais et autres jeunes enfants après elles; et en ayant pris deux au coup, et en faisant le petit tour de la main qu'on se peut mieux représenter que l'escrire, «Dittes à Monsieur, dit-il, voilà que j'ay pris pour l'amour de luy, et que je m'en vais au royaume des mouches.» Et se tournant de l'austre costé, le gallant trespassa. Sur ce j'ay ouy dire à aucuns philosophes, que volontiers aucunes personnes se souviennent à leur trespas des choses qu'ils ont plus aimées, et les recordent, comme les gentilshommes, les gens de guerre, les chasseurs et les artisans, bref de tous quasi en leur profession mourants ils en causent quelque mot: cela s'est veu et se voit souvent. Les femmes de mesmes en disent aussi quelque rattellée, jusques aux putains; ainsi que j'ay ouy parler d'une dame d'assez bonne qualité, qui à sa mort triompha de débagouler de ses amours, paillardises et gentillesses passées: si-bien qu'elle en dit plus que le monde n'en sçavoit, bien qu'on la soupconnast fort putain. Possible pouvoit-elle aire cette découverte, ou en resvant, ou que la vérité, qui ne se peut céler, l'y contraignist, ou qu'elle voulust en descharger sa conscience, comme de vray en saine conscience et repentance. Elle en confessa aucuns en demandant pardon, et les espécitioit et cottoit en marge que l'on y voyoit tout à clair. «Vrayment, ce dit quelqu'un, elle estoit bien à loisir d'aller sur cette heure nettoyer sa conscience d'un tel ballay d'escandale, par une si grande spéciauté!»

—J'ay ouy parler d'une dame qui, fort sujette à songer et resver toutes les nuicts, qu'elle disoit la nuict tout ce qu'elle faisoit le jour; si bien qu'elle-mesme s'escandalisa à l'endroit de son mary, qui se mit à l'ouyr parler, gazouiller et prendre pied à ses songes et resveries, dont après mal en prit à elle. Il n'y a pas long-temps qu'un gentilhomme de par le monde, en une province que je ne nommeray point, en mourant en fist de mesme, et publia ses amours et paillardises, et spécifia les dames et damoiselles avec lesquelles il avoit eu à faire, et en quels lieux et rendez-vous, et de quelles façons, dont il s'en confessoit tout haut, et en demandoit pardon à Dieu devant tout le monde. Cettuy-là faisoit pis que la femme, car elle ne faisoit que s'escandaliser, et ledit gentilhomme escandalisoit plusieurs femmes. Voilà de bons gallants et gallantes!

—On dit que les avaritieux et avaritieuses ont aussi cette humeur de songer fort à leur mort en leurs trésors d'escus, les ayant tousjours en la bouche. Il y a environ quarante ans qu'une dame de Mortemar, l'une des plus riches dames du Poictou, et des plus pécunieuses, et après venant à mourir, ne songeant qu'à ses escus qui estoient en son cabinet, et tant qu'elle fut malade se levoit vingt fois le jour à aller voir son trésor. Enfin, s'approchant fort de la mort, et que le prestre l'exhortoit fort à la vie éternelle, elle ne disoit autre chose et ne respondoit que: «Donnez-moi ma cotte, donnez-moi ma cotte; les méchants me des-robbent;» ne songeant qu'à se lever pour aller voir son cabinet, comme elle faisoit les efforts, si elle eust pu la bonne dame; et ainsi elle mourut.

Je me suis sur la fin un peu entrelassé de mon premier discours; mais prenez le cas qu'après la moralité et la tragédie vient la farce. Sur ce je fais fin.

DISCOURS SEPTIEME.

Sur ce qu'il ne faut jamais parler mal des dames, et de la conséquence qui en vient.

Un point y a-t-il à noter en ces belles et honnestes dames qui font l'amour, et qui, quelques esbats qu'elles se donnent, ne veulent estre offensées ny scandalisées des paroles de personne; et qui les offensent, s'en sçavent bien revancher, ou tost ou tard: bref, elles le veulent bien faire, mais non pas qu'on en parle. Aussi certes n'est-il pas beau d'escandaliser une honneste dame ny la divulguer; car qu'ont à faire plusieurs personnes, si elles se contentent et leurs amoureux aussi? Nos cours de France, aucunes, et mesme les dernieres, qui ont esté fort sujettes à blasonner de ces honnestes dames; et ay veu le temps qu'il n'estoit pas gallant homme qui ne controuvast quelque faux dire contre ces dames, ou bien qui n'en rapportast quelque vray: à quoy il y a un très-grand blasme; car on ne doit jamais offenser l'honneur des dames, et surtout les grandes. Je parle autant de ceux qui en reçoivent des joüissances comme de ceux qui ne peuvent taster de la venaison et la descrient.

Nos cours dernieres de nos roys, comme j'ay dit, ont esté fort sujettes à ces médisances et pasquins, bien différentes à celles de nos autres roys leurs prédécesseurs, fors celle du roy Louis XI, ce bon rompu, duquel on dit que la pluspart du temps il mangeoit en commun, à pleine sale, avec force gentilshommes de ses plus privez, et autres et tout; et celuy qui luy faisoit le meilleur et plus lascif conte des dames de joye, il estoit le mieux venu et festoyé: et luy-mesme ne s'espargnoit à en faire, car il s'en enqueroit fort, et en vouloit souvent sçavoir, et puis en faisoit part aux autres, et publiquement[111]. C'estoit bien un scandale grand que celuy-là. Il avoit très-mauvaise opinion des femmes, et ne les croyoit toutes chastes. Quand il convia le roy d'Angleterre de venir à Paris faire bonne chère, et qu'il fut pris au mot, il s'en repentit aussitost e trouva un *alibi* pour rompre le coup. «Ah! pasque Dieu! ce dit-il, je ne veux pas qu'il y vienne; il y trouveroit quelque petite affetee et saffrette de laquelle il s'amouracheroit, et elle luy feroit venir le goust d'y demeurer plus long-temps et d'y venir plus souvent que je ne voudrois.» Il eut pourtant très-bonne opinion de sa femme, qui estoit sage et vertueuse: aussi la luy falloit-il telle, car, estant ombrageux et soubçonneux prince s'il en fut onc, il luy eust bientost fait passer le pas des autres: et quand il mourut, il commanda à son fils d'aimer et honorer fort sa mère, mais non de se gouverner par elle; «non qu'elle ne fust fort sage et chaste, dit-il, mais qu'elle estoit plus bourguignone que françoise.» Aussi ne l'aima-t-il jamais que pour en avoir lignée, et, quand il en eust, il n'en faisoit guieres de cas: il la tenoit au chasteau d'Amboise comme une simple dame, portant fort petit estat et aussi mal habillée que simple damoiselle; et la laissoit là avec petite cour à faire ses prieres, et luy s'alloit pourmener et donner du bon temps. D'ailleurs je vous laisse à penser, puisque le Roy avoit opinion telle des dames et s'en plaisoit à mal dire, comment elles estoient repassées parmy toutes les bouches de la Cour; non qu'il leur voulust mal autrement pour ainsy s'esbattre, ny qu'il les voulust reprimer rien de leurs jeux, comme j'ay veu aucuns; mais son plus grand plaisir estoit de les gaudir; si bien que ces pauvres femmes, pressées de tel bast de médisances, ne pouvoient bien si souvent hausser la croupière si librement comme elles eussent voulu. Et toutesfois le putanisme regna fort de son temps, car le Roy luy-mesme aidoit fort a le faire et le maintenir avec les gentilshommes de sa Cour, et puis c'estoit à qui mieux en riroit, soit en public ou en cachette, et qui en feroit de meilleurs contes de leurs lascivitez et de leurs tordions (ainsi parloit-il) et de leur gaillardise. Il est vray que l'on couvroit le nom des grandes, que l'on ne jugeoit que par apparences et conjectures; je croy qu'elles avoient meilleur temps que plusieurs que j'ay veu du regne du feu roy, qui les tançoit et censuroit, et reprimoit estrangement. Voilà ce que j'ay ouy dire de ce bon roy à d'aucuns anciens. Or le roy Charles huictiesme son fils, qui luy succéda, ne fut de cette complexion; car on dit de luy que ç'a esté le plus sobre et honneste roy en paroles que l'on vid jamais, et n'a jamais offensé ny homme ny femme de la moindre parole du monde. Je vous laisse donc à penser si les belles dames de son regne, et qui se resjouissoient, n'avoient pas bon temps. Aussi les aima-t-il fort et les servit bien, voire trop; car, tournant de son voyage de Naples très-victorieux et glorieux, il s'amusa si fort à les servir, caresser, et leur donner tant de plaisirs à Lyon par les beaux combats et tournois qu'il fit pour l'amour d'elles, que, ne se souvenant point des siens qu'il avoit laissés en ce royaume, les laissa perdre, et villes et royaume et chasteaux qui tenoient encore et luy tendoient les bras pour avoir secours. On dit aussi que les dames furent cause de sa mort, auxquelles, pour s'estre trop abandonné, luy qui estoit de fort debile complexion, s'y énerva et débilita tant que cela luy aida à mourir.

—Le roy Loüis douziesme fut fort respectueux aux dames; car, comme j'ay dit ailleurs, il pardonnoit à tous les comédians de son royaume, comme escoliers et clercs de palais en leurs basoches, de quiconque ils parleroient, fors de la reyne sa femme et de ses dames et damoiselles, encor qu'il fust bon compagnon en son temps et qu'il aimast bien les dames autant que les autres, tenant en cela, mais non de la mauvaise langue, ny de la grande présomption, ny vanterie du duc Loüis d'Orléans, son ayeul: aussi cela lui cousta-t-il la vie, car s'estant une fois vanté tout haut, en un banquet où estoit le duc Jean de Bourgogne son cousin, qu'il avoit en son cabinet le pourtrait des plus belles dames dont il avoit joüy, par cas fortuït, un jour le duc Jean entra dans ce cabinet; la première dame qu'il voit pourtraitte et se présente du premier aspect à ses yeux, ce fut sa noble dame espouse, qu'on tenoit de ce temps-là très-belle: elle s'appeloit Margueritte, fille d'Albert de Bavière, comte de

Haynault et de Zelande. Qui fut esbahy? ce fut le bon espoux: pensez que tout bas il dit ce mot: «Ah! j'en ay.» Et ne faisant cas de la puce qui le piquoit autrement, dissimula tout, et, en couvant vengeance, le querella pour la régence et administration du royaume; et colorant son mal sur ce sujet et non sur sa femme, le fit assassiner à la porte Barbette à Paris, et sa femme première morte, pensez de poison: et après la vache morte, espousa en secondes noces la fille de Loüis troisiesme, duc de Bourbon. Possible qu'il n'empira le marché; car à tels gens sujets aux cornes ils ont beau changer de chambres et de repaires, ils y en trouvent toujours. Ce duc en cela fit très-sagement de se vanger de son adultère sans s'escandaliser ny lui ny sa femme; qui fut à luy une très-sage dissimulation. Aussi ay-je ouy dire à un très-grand capitaine qu'il y a trois choses lesquelles l'homme sage ne doit jamais publier s'il en est offensé, et en doit taire le sujet, et plustost en inventer un autre nouveau pour en avoir le combat et la veangeance, si ce n'est que la chose fust si évidente et claire devant plusieurs, qu'autrement il ne se pust desdire. L'une est quand on reproche à un autre qu'il est cocu et sa femme publique; l'autre, quand on le taxe de b........ et sodomie; la troisiesme, quand ou luy met à sus qu'il est un poltron, et qu'il a fuy vilainement d'un combat ou d'une bataille. Ces trois choses, disoit ce grand capitaine, sont fort escandaleuses quand on en publie le sujet de laquelle on combat, et pense-t-on quelquefois s'en bien nettoyer que l'on s'en sallist villainement; et le sujet en estant publié scandalise fort, et tant plus il est remué, tant plus mal il sent, ny plus ny moins qu'une grande puanteur quand plus on la remuë. Voilà pourquoy qui peut avoir son honneur caler c'est le meilleur, et excogiter et tenter un nouveau sujet pour avoir raison du vieux; et telles offenses, le plus tard que l'on peut, ne se doivent jamais mettre en cause, contestation ny combat. Force exemples alléguerois-je pour ce fait; mais il m'incommoderoit et allongeroit par trop mon discours. Voilà pourquoy ce duc Jean fut très-sage de dissimuler et cacher ses cornes, et se revanger d'ailleurs sur son cousin qui l'avoit hony; encor s'en mocquoit-il et le faisoit entendre: dont il ne faut point douter que telle dérision et escandale ne luy touchast autant au cœur que son ambition, et luy fit faire ce coup en fort habile et sage mondain.

—Or, pour retourner de-là où j'estois demeuré, le roy François, qui a bien aimé les dames, et encore qu'il eust opinion qu'elles fussent fort inconstantes et variables, comme j'ay dit ailleurs, ne voulut point qu'on en médist en sa cour, et voulut qu'on leur portast un grand honneur et respect. J'ay ouy raconter qu'une fois, luy passant son caresme à Meudon près Paris, il y eut un sien gentilhomme servant, qui s'appelloit Busembourg de Xaintonge, lequel servant le Roy de la viande, dont il avoit dispense, le Roy lui commanda de porter le reste, comme l'on void quelquefois à la Cour, aux dames de la petite bande, que je ne veux nommer, de peur d'escandale. Ce gentilhomme se mit à dire, parmy ses compagnons et autres de la Cour, que ces dames ne se contentoient pas de manger de la chair cruë en caresme, mais en mangeoient de la cuitte, et leur benoist saoul. Les dames le sceurent, qui s'en plaignirent aussitost au Roy, qui entra en si grande collere, qu'à l'instant il commanda aux archers de la garde de son hostel de l'aller prendre et pendre sans autre delay. Par cas ce pauvre gentilhomme en sceut le vent par quelqu'un de ses amis, qui évada et se sauva bravement: que s'il eust été pris, pour le seur il estoit pendu, encor qu'il fust gentilhomme de bonne part, tant on vid le Roy cette fois en collere, ny faire plus de jurement. Je tiens ce conte d'une personne d'honneur qui y estoit, et lors le Roy dit tout haut que quiconque toucheroit à l'honneur des dames, sans remission il seroit pendu.

—Un peu auparavant, le pape Paul Farnèse estant venu à Nice, le Roy le visitant en toute sa Cour, et de seigneurs et dames, il y en eut quelques-unes, qui n'étoient pas des plus laides, qui lui allèrent baiser la pantoufle; sur quoy un gentilhomme se mit à dire qu'elles estoient allées demander à Sa Sainteté dispense de taster de la chair cruë sans escandale toutesfois et quantes qu'elles voudroient. Le Roy le sceut; et bien servit au gentilhomme de se sauver, car il fut esté pendu, tant pour la révérence du Pape que du respect des dames. Ces gentilshommes ne furent si heureux en leurs rencontres et causeries comme feu M. d'Albanie. Lors que le pape Clément vint à Marseille faire les nopces de sa niepce avec M. d'Orléans, il y eut trois dames, belles et honnestes veufves, lesquelles, pour les douleurs, ennuys et tristesses qu'elles avoient de l'absence et des plaisirs passez de leurs marys, vindrent si bas et si fort atténuées, débiles et maladives, qu'elles priérent M. d'Albanie, son parent, qui avoit bonne part aux graces du Pape, de lui demander dispense pour elles trois de manger de la chair les jours deffendus. Le duc d'Albanie leur accorda, et les fit venir un jour fort familiérement au logis du Pape; et pour ce en advertit le Roy, et qu'il lui en donneroit du passe-temps, et luy ayant découvert la baye. Estant toutes trois à genoux devant Sa Sainteté, M. d'Albanie commença le premier, et dit assez bas en italien, que les dames ne l'entendoient point: «Père saint, voilà trois dames veufves, belles et bien honnestes, comme vous voyez, les-quelles pour la révérence qu'elles portent à leurs marys trespassez, et à l'amitié des enfants qu'elles ont eu d'eux, ne veulent pour rien du monde aller aux secondes nopces, pour faire tort à leurs marys et enfants; et, parce que quelquefois elles sont tentées des aiguillons de la chair, elles supplient très-humblement Vostre Sainteté de pouvoir avoir approche des hommes hors mariage, si et quantes fois qu'elles seroient en cette tentation.—Comment, dit le Pape, mon cousin! ce seroit contre les commandements de Dieu, dont je ne puis dispenser. Les voilà, père saint, disoit le duc, s'il voust plaist les ouyr parler.» Alors l'une des trois, prenant la parole, dit: «Père saint, nous avons prié M. d'Albanie de vous faire une requeste très-humble pour nous autres trois, et vous remonstrer nos fragilitez et débiles complexions.—Mes filles, dit le Pape, la requeste n'est nullement raisonnable, car ce seroit contre les commandements de Dieu.» Les dites veufves, ignorantes de ce que luy avoit dit M. d'Albanie, luy répliquérent: «Père saint, au moins plaise nous en donner congé trois fois de la sepmaine, et sans escandale.—Comment! dit le Pape, de vous permettre *il peccato di lussaria*[112]? je me damnerois; aussi que je ne le puis faire.» Les dites dames, connoissant alors qu'il y avoit de la fourbe et raillerie, et que M. d'Albanie leur en avoit donné d'une, dirent: «Nous ne parlons pas de cela, père saint, mais nous demandons permission de manger de la chair les jours prohibés.» Là-dessus le duc d'Albanie leur dit: «Je pensois, mes dames, que ce fust de la chair vive.» Le Pape aussi-tost entendit la raillerie, et se prit à sourire, disant: «Mon cousin, vous avez fait rougir ces honnestes dames; la reyne s'en faschera quand elle le sçaura»: la-quelle le sceut et n'en fit autre semblant, mais trouva le conte bon; et le Roy puis après en rit bien fort avec le Pape, lequel, après leur avoir donné sa bénédiction, leur octroya le congé qu'elles demandoient, et s'en allèrent très-contentes. L'on m'a nommé les trois dames: madame de Chasteau-Briant ou madame de Canaples, madame de Chastillon, et madame la baillive de Caen, très-honnestes dames. Je tiens ce conte des anciens de la Cour[113].

—Madame d'Uzez fit bien mieux du temps que le pape Paul troisiesme vint à Nice voir le roy François. Elle estant madame du Bellay, et qui dès sa jeunesse a tousjours eu de plaisants traits et dit de fort bons mots, un jour, se prosternant devant Sa Sainteté, le supplia de trois choses: l'une, qu'il luy donnast l'absolution, d'autant que, petite garce, fille à madame la régente, et qu'on la nommoit Tallard, elle perdit ses ciseaux en faisant son ouvrage; elle fit vœu à saint Alivergot de le luy accomplir si elle les trouvoit, ce qu'elle fit; mais elle ne l'accomplit ne sçachant où gisoit son corps saint. L'autre requeste fut qu'il lui donnast pardon de quoy, quand le pape Clément vint à Marseille, elle estant fille Tallard encore, elle prit un de ses oreillers en sa ruëlle de lict, et s'en torcha le devant et le derrière, dont après Sa Sainteté reposa dessus son digne chef et visage et bouche, qui le baisa. La troisiesme, qu'il excommuniast le sieur de Tays, par ce qu'elle l'aimoit et luy ne l'aimoit point, et qu'il est maudit et est celuy excommunié qui n'aime point s'il est aimé. Le Pape, estonné de ses demandes, et s'estant enquis au Roy qui elle estoit, sceut ses causeries et en rit son saoul avec le Roy. Je ne m'estonne pas si depuis elle a esté huguenotte et s'est bien mocquée des papes, puis que de si bonne heure elle commença: et de ce temps, toutes fois, tout a esté trouvé bon d'elle, tant elle avoit bonne grace en ses traits et bons mots. Or ne pensez pas que ce grand roy fust si abstraint et si réformé au respect des dames, qu'il n'en aimast de bons contes qu'on luy en faisoit, sans aucun escandale pourtant ny descriement, et qu'il n'en fist aussi; mais, comme grand roy qu'il estoit et bien privilégié, il ne vouloit pas qu'un chacun, ny le commun, usast de pareil privilege que luy.

J'ay ouy conter à aucuns qu'il vouloit fort que les honnestes gentilshommes de sa cour ne fussent jamais des sans maistresses; et s'ils n'en faisoient il les estimoit des fats et des sots: et bien souvent aux uns et aux autres leur en demandoit les noms, et promettoit les y servir et leur en dire du bien, tant il estoit bon et familier: et souvent aussi quand il les voyoit en grand arraisonnement avec leurs maistresses, il les venoit accoster et leur demander quels bons propos ils avoient avec elles; et s'il ne les trouvoit bons, il les corrigeoit et leur en apprenoit d'autres. A ses plus familiers il n'estoit point avare ny chiche de leur en dire ny départir de ses contes, dont j'en ay ouy faire un plaisant qui luy advint, puis après le récita, d'une belle jeune dame venue à la Cour, laquelle, pour n'y estre bien rusée, se laissa aller fort doucement aux persuasions des grands, et sur-tout de ce grand roy; lequel un jour, ainsi qu'il voulut planter son estandart bien arboré dans son fort, elle qui avoit ouy dire, et qui commença desjà à le voir, que quand on donnoit quelque chose au Roy, ou que quand on le prenoit de luy et qu'on le touchoit, le faloit premièrement baiser, ou bien la main, pour le prendre et toucher; elle mesme, sans autre cérémonie, n'y faillit pas, et baisant très-humblement la main, prit l'estandart du Roy et le planta dans le fort avec une très-grande humilité; puis luy demanda de sang froid comment il vouloit qu'elle le servist ou en femme de bien et chaste, ou en desbauchée. Il ne faut point douter qu'il luy en demandast la desbauchée, puisqu'en cela elle y estoit plus agréable que la modeste; en quoy il trouva qu'elle n'y avoit perdu son temps, et après le coup et avant, et tout; puis luy faisoit une grande révérence en le remerciant humblement de l'honneur qu'il luy avoit fait, dont elle n'estoit pas digne, en luy recommandant souvent quelque avancement pour son mary. J'ay ouy nommer la dame, laquelle depuis n'a esté si sotte comme alors, mais bien habile et bien rusée.

Ce roy n'en espargna pas le conte, qui courut à plusieurs oreilles. Il estoit fort curieux de sçavoir l'amour et des uns et des autres, et surtout des combats amoureux, et mesme de quels beaux airs se manioient les dames quand elles estoient en leur manége, et quelle contenance et posture elles y tenoient, et de quelles paroles elles usoient: et puis en rioit à pleine gorge, et après en défendoit la publication et l'escandale, et recommandoit le secret et l'honneur. Il avoit pour son bon second ce très-grand, très-magnifique et très-libéral cardinal de Lorraine: très-libéral le puis-je appeler, puis qu'il n'eut son pareil de son temps: ses despenses, ses dons, gracieusetez, en ont fait foy, et surtout la charité envers les pauvres. Il portoit ordinairement une grande gibecière, que son valet-de-chambre qui luy manioit son argent des menus plaisirs ne failoit d'emplir tous les matins, de trois ou quatre cents escus; et tant de pauvres qu'il trouvoit il mettoit la main à la gibeciere, et ce qu'il en tiroit sans considération il le donnoit, et sans rien trier. Ce fut de lui que dit un pauvre aveugle, ainsi qu'il passoit dans Rome et que l'aumosne lui fut demandée de luy, il luy jetta à son accoustumée une grande poignée d'or, et en s'escriant tout haut en italien: *O tu sei Christo, ò veramente el cardinal di Lorrena*; c'est-à-dire: «Ou tu es Christ, ou le cardinal de Lorraine.» S'il estoit aumosnier et charitable en cela, il estoit bien autant libéral és autres personnes, et principalement à l'endroit des dames, lesquelles il attrapoit aisément par cet appât; car l'argent n'estoit en si grande abondance de ce temps comme il est aujourd'huy; et pour ce en estoient-elles plus friandes, et des bombances et des parures. J'ay ouy conter que quand il arrivoit à la Cour quelque belle fille ou dame nouvelle qui fust belle, il la venoit aussitost accoster, et l'arraisonnant, il disoit qu'il la vouloit dresser de sa main. Quel dresseur! Je croy que la peine n'estoit pas si grande comme à dresser quelque poulain sauvage. Aussi pour lors disoit-on qu'il n'y avoit guère de dames ou filles résidentes à la Cour ou fraischement venues, qui ne fussent desbauchées ou attrappées par son avarice et par la largesse dudit M. le cardinal; et peu ou nulles sont-elles sorties de cette cour femmes et filles de bien. Aussi voyoit-on pour lors leurs coffres et grandes garde-robbes plus pleines de robbes, de cottes, et d'or et d'argent et de soye, que ne sont aujourd'huy celles de nos reynes et grandes princesses d'aujourd'huy. J'en ay fait l'expérience pour l'avoir veu en deux ou trois qui avoient gagné tout cela par leur devant; car leurs peres, meres et marys ne leur eussent peu donner en si grande quantité. Je me fusse bien passé, ce dira quelqu'un, de dire cecy de ce grand cardinal, veu son honorable habit et révérendissime estat; mais son roy le vouloit ainsi et y prenoit plaisir; et pour complaire à son roy l'on est dispensé de tout, et pour faire l'amour et d'autres choses, mais qu'elles ne soient point meschantes, comme alors d'aller à la guerre, à la chasse, aux danses, aux mascarades et autres exercices; aussi qu'il estoit un homme de chair comme un autre, et qu'il avoit plusieurs grandes vertus et perfections qui offusquoient cette petite imperfection, si imperfection se doit appeler faire l'amour.

J'ay ouy faire un conte de luy à propos du respect deu aux dames: il leur en portoit de son naturel beaucoup: mais il l'oublia, et non sans sujet, à l'endroit de madame la duchesse de Savoye, donne Béatrix de Portugal. Luy, passant une fois par le Piedmond, allant à Rome pour le service du Roy son maistre, visita le duc et la duchesse. Après avoir assez entretenu M. le duc, il s'en alla trouver madame la duchesse en sa chambre pour la saluer, et s'approchant d'elle, elle, qui estoit la mesme arrogance du monde, luy présenta la main pour la baiser. M. le cardinal, impatient de cet affront, s'approcha pour la baiser à la bouche, et elle de se reculer. Luy, perdant patience et s'approchant de plus près encore d'elle, la prend par la teste, et en dépit d'elle la baisa deux ou trois fois. Et quoy qu'elle en fist ses cris et exclamations à la portugaise et espagnole, si fallut-il qu'elle passat par-là. «Comment, dit-il, est-ce à moi à qui il faut user de cette mine et façon? je baise bien la Reyne ma maistresse, qui est la plus grande reyne du monde, et vous je ne vous baiserois pas, qui n'estes qu'une petite duchesse crottée! Et si veux que vous sçachiés que j'ay couché avec des dames aussi belles et d'aussi bonne ou plus grande maison que vous.» Possible pouvoit-il dire vrai. Cette princesse eut tort de tenir cette grandeur à l'endroit d'un tel prince de si grande maison, et mesme cardinal, car il n'y a cardinal, veu ce grand rang d'Église qu'ils tiennent, qui ne s'accompare aux plus grands princes de la chrestienté. M. le cardinal aussi eut tort d'user de revanche si dure; mais il est bien fascheux à un noble et généreux cœur, de quelque profession qu'il soit, d'endurer un affront.

Le cardinal de Grandvelle le sceut bien faire sentir au comte d'Egmont, et d'autres que je laisse au bout de ma plume, car je broüillerois par trop mes discours, auxquels je retourne; et le reprens au feu roy Henry II, qui a esté fort respectueux aux dames, et qu'il servoit avec de grands respects, qui detestoit fort les calomniateurs de l'honneur des dames: et lorsqu'un roy sert telles dames, de tel poids, et de telle complexion, mal-aisément la suite de la Cour ose ouvrir la bouche pour en parler mal. De plus la Reyne-mere y tenoit fort la main pour soustenir ses dames et filles, et le bien faire sentir à ces détracteurs et pasquineurs, quand ils estoient une fois descouverts, encore qu'elle-mesme n'y ait esté espargnée non plus que ses dames; mais ne s'en soucioit pas tant d'elle comme des autres, d'autant, disoit-elle, qu'elle sentoit son ame et sa conscience pure et nette, qui parloit assez pour soy; et la pluspart du temps se rioit et se mocquoit de ces mesdisants escrivains et pasquineurs. «Laissez-les tourmenter, disoit-elle, et se prendre de la peine pour rien;» mais quand elle les descouvroit elle leur faisoit bien sentir. Il escheut à l'aisnée Limeuil, à son commencement qu'elle vint à la Cour, de faire un pasquin (car elle disoit et escrivoit bien) de toute la Cour, mais non point scandaleux pourtant, sinon plaisant; mais asseurez-vous qu'elle la repassa par le foüet à bon escient, avec deux de ses compagnes qui en estoient de consente; et sans qu'elle avoit cet honneur de luy appartenir, à cause de la maison de Thurenne, alliée à celle de Boulogne, elle l'eust chastiée ignominieusement par le commandement exprès du Roy, qui détestoit estrangement tels escrits.

—Je me souviens qu'une fois le sieur de Matha, qui estoit un brave et vaillant gentilhomme que le Roy aimoit, et estoit parent de madame de Valentinois; il avoit ordinairement quelque plaisante querelle contre les dames et les filles, tant il estoit fol. Un jour, s'estant attaqué à une de la Reyne, il y en avoit une qu'on nommoit la grande Meray, qui s'en voulut prendre pour sa compagne; luy ne fit que simplement respondre: «Hà! je ne m'attaque pas à vous, Meray, car vous estes une grande coursiere bardable.» Comme de vray c'estoit la plus grande fille et femme que je vis jamais. Elle s'en plaignit à la Reyne que l'autre l'avoit appelée jument et coursiere bardable. La Reyne fut en telle colere qu'il fallust que Matha vuidast de la Cour pour aucuns jours, quelque faveur qu'il eust de madame de Valentinois sa parente; et d'un mois après son retour n'entra en la chambre de la Reyne et des filles.

Le sieur de Gersay fit bien pis à l'endroit d'une des filles de la Reyne à qui il vouloit mal pour s'en venger, encore que la parole ne luy manquast nullement; car il disoit et rencontroit des mieux, mais sur-tout quand il mesdisoit, dont il en estoit le maistre; mais la mesdisance estoit lors fort défendue. Un jour qu'elle estoit à l'après-dinée en la chambre de la Reyne avec ses compagnes et gentilshommes, comme alors la coustume estoit qu'on ne s'assioit autrement qu'en terre quand la Reyne y estoit, le dit sieur, ayant pris entre les mains des pages et laquais une c..... de bélier dont ils s'en joüoient à la basse-court (elle estoit fort grosse et enflée tout bellement), estant couché près d'elle, la coula entre la robbe et la juppe de cette fille, et si doucement qu'elle ne s'en advisa jamais, si-non que, lors que la Reyne se vint à se lever de sa chaise pour aller en son cabinet, cette fille, que je ne nommeray, se vint lever aussi-tost, et en se levant tout devant la Reyne, pousse si fort cette balle bellinière, pelue, velue, qu'elle fit six ou sept bonds joyeux, que vous eussiez dit qu'elle vouloit donner de soy-mesme du passe-temps à la compagnie sans qu'il luy coustast rien. Qui fut estonnée? ce fut la fille et la Reyne aussi, car c'étoit en belle place visible sans aucun obstacle. «Nostre-Dame! s'écria la Reyne, et qu'est cela, m'amie, et que voulez-vous faire de cela?» La pauvre fille, rougissant, à demy esplorée, se mit à dire qu'elle ne sçavoit que c'estoit, et que c'estoit, quelqu'un qui luy vouloit mal qui luy avoit fait ce meschant trait, et qu'elle pensoit que ce ne fust autre que Gersay. Luy, qui en avoit veu le commencement du jeu et des bonds, avoit passé la porte. On l'envoya quérir; mais il ne voulut jamais venir, voyant la Reyne si colère, et niant pourtant le tout fort ferme. Si fallut-il que pour quelques jours il fuyt sa colère et du Roy aussi: et sans qu'il estoit un des grands favoris du Roy-Dauphin avec Fontaine-Guerrin, il eust esté en peine, encore que rien ne se prouvast contre luy que par conjecture, nonobstant que le Roy fit ses courtisans et plusieurs dames ne s'en peussent engarder d'en rire, ne l'osant pourtant manifester, voyant la colère de la Reyne: car c'estoit la dame du monde qui sçavoit le mieux rabroüer et estonner les personnes.

—Un honneste gentilhomme et une damoiselle de la Cour vindrent une fois, de bonne amitié qu'ils avoient ensemble, à tomber en haine et querelle, si-bien que la damoiselle luy dit tout haut dans la chambre de la Reyne, estant sur ce différent: «Laissez-moi, autrement je diray ce que vous m'avez dit:» Le gentilhomme, qui luy avoit rapporté quelque chose en fidélité d'une très-grande dame, et craignant que mal ne luy advinst, que pour le moins il ne fust banny de la Cour, sans s'estonner il respondit (car il disoit très-bien le mot): «Si vous dites ce que je vous ay dit, je diray ce que je vous ay fait.» Qui fust estonnée? ce fust la fille: toutesfois elle respondit: «Que m'avez-vous fait?» L'autre respondit; «Que vous ay-je dit?» La fille par après replique: «Je sçay bien ce que vous m'avez dit;» l'autre: «Je sais bien ce que je vous ay fait.» La fille duplique «Je prouveray fort bien ce que vous m'avez dit;» l'autre respondit: «Je prouveray encore mieux ce que je vous ay fait.» Enfin, après avoir demeuré assez de temps en telles contestations par dialogues et repliques et dupliques, et pareils et semblables mots, s'en séparèrent par ceux et celles qui se trouvèrent là, encore qu'ils en tirassent du plaisir.

Tel débat parvint aux oreilles de la Reyne, qui en fut fort en colère, et en voulust aussitost sçavoir les paroles de l'un et les faits de l'autre, et les envoya quérir. Mais l'un et l'autre, voyant que cela tireroit à conséquence, advisèrent à s'accorder aussi-tost ensemble, et comparoissant devant la Reyne, de dire que ce n'estoit qu'un jeu qu'ils se contestoient ainsi, et que le gentilhomme ne luy avoit rien dit, ny luy rien fait à elle. Ainsi ils payèrent la Reyne, laquelle pourtant tança et blasma fort le gentilhomme, d'autant que ses paroles estoient trop scandaleuses. Le gentilhomme me jura vingt fois que, s'ils ne se fussent rapatriés et concertés ensemble, et que la damoiselle eust descouvert les paroles qu'il luy avoit dites, qui luy tournoient à grande conséquence, que résolument il eust maintenu son dire qu'il luy avoit fait, à peine qu'on la visitast, et qu'on ne la trouveroit point pucelle, et que c'estoit luy qui l'avoit dépucellée. «Oui, lui respondis-je: mais si l'on l'eust visitée et qu'on l'eust trouvée pucelle, car elle estoit fille, vous fussiez esté perdu, et vous y fust allé de la vie.—Hà! mort Dieu! me respondit-il, c'est ce que j'eus voulu le plus qu'on l'eust visitée: je n'avois point peur que la vie y eust couru; j'estois bien asseuré de mon baston; car je sçavois bien qui l'avoit dépucellée, et qu'un autre y avoit bien passé, mais non pas moy, dont j'en suis très-bien marry: et la trouvant entamée et tracée, elle estoit perdue et moy vengé, et elle scandalisée. Je fusse esté quitte pour l'espouser, et puis m'en défaire comme j'eusse peu.» Voilà comme les pauvres filles et femmes courent fortune, aussi bien à droit comme à tort.

—J'en ay cogneu une de très-grande part, laquelle vint à estre grosse d'un très-brave et galland prince[114]: on disoit pourtant que c'estoit en nom de mariage, mais par après on sceut le contraire. Le roy Henry le sceut le premier qui en feust extresmement fasché, car elle luy en appartenoit un peu: toutesfois, sans faire plus grand bruit ny scandale, le soir au bal la voulut mener danser le bransle de la Torche[115] et puis la fit mener danser à un autre la gaillarde et les autres bransles, là où elle monstra sa disposition et sa dextérité mieux que jamais, avec sa taille qui estoit très-belle et qu'elle accommodoit si bien ce jour-là, qu'il ny avoit aucune apparence de grossesse: de sorte que le Roy, qui avoit ses yeux toujours fort fixement sur elle, ne s'en apperceust non plus que si elle ne fust esté grosse, et vint à dire à un très grand de ses plus familiers: «Ceux-là sont bien meschants et malheureux d'estre allés inventer que cette pauvre fille estoit grosse; jamais je ne luy ay veu meilleure grace. Ces meschants détracteurs qui en ont parlé ont menty et ont très-grand tort.» Et ainsi ce bon prince excusa cette fille et honneste damoiselle, et en dit de mesme à la Reyne estant couché le soir avec elle. Mais la Reyne, ne se fiant à cela, la fit visiter le lendemain au matin, elle estant présente, et se trouva grosse de six mois; laquelle luy advoüa et confessa le tout sous la courtine de mariage. Pourtant le Roy, qui estoit tout bon, fit tenir le mystère le plus secret qu'il put sans escandaliser la fille, encore que la Reine en fust fort en colere. Toutesfois ils l'envoyèrent tout coy chez ses plus proches parents, où elle accoucha d'un beau fils, qui pourtant fut si malheureux qu'il ne put jamais estre advoüé du pere putatif; et la cause en traîna longuement, mais la mere n'y put jamais rien gagner.

—Or le roy Henry aimoit aussi-bien les bons contes que ses prédécesseurs; mais il ne vouloit point que les dames en fussent escandalisées ny divulguées: si bien que luy, qui estoit d'assez amoureuse complexion, quand il alloit voir les dames, y alloit le plus caché et le plus couvert qu'il pouvoit, afin qu'elles fussent hors de soupçon et diffame; et s'il en avoit aucunes qui fussent descouvertes, ce n'estoit pas sa faute ny de son consentement, mais plustost de la dame: comme une que j'ay ouy dire, de bonne maison, nommée madame Flamin, d'Escosse, laquelle, ayant été enceinte du fait du Roy, elle n'en faisoit point la petite bouche, mais très-hardiment disoit en son escossiment francisés «J'ay fait tant j'ay pu, que, Dieu merci, je suis enceinte du Roy, dont je m'en sens très-honorée et très-heureuse; et si je veux dire que le sang royal a je ne sais quoy de plus suave et friande liqueur que l'autre, tant que je m'en trouve bien, sans conter les bons brins de présents que l'on en tire.» Son fils, qu'elle en eust alors, fut le feu grand prieur de France, qui fut tué dernièrement à Marseille, qui fut un très-grand dommage, car c'estoit un très-honneste, brave et vaillant seigneur: il monstra bien à sa mort. Et si estoit homme de bien et le moins tyran gouverneur de son temps ny depuis, et la Provence en sauroit bien que dire, et encore que ce fust un seigneur fort splendide et de grande despense; mais il estoit homme de bien et se contentoit de raison. Cette dame, avec d'autres que j'ay ouy dire, estoit en cette opinion, que, pour coucher avec son roy, ce n'estoit point diffame, et que putains sont celles qui s'adonnent aux petits, mais non pas aux grands roys et galants gentilshommes; comme cette reyne amazone que j'ai dit, qui vint de trois cent lieuës pour se faire engrosser à Alexandre, pour en avoir de la race: toutesfois l'on dit qu'autant vaut l'un que de l'autre.

—Après le roy Henry vint le roy François second, duquel le règne fust si court que les mesdisants n'eurent loisir de se mettre en place pour mesdire des dames: encore que s'il eust régné longtemps, ne faut point croire qu'il les eust permis en sa Cour; car c'estoit un roy de très-bon et très-franc naturel, et qui ne se plaisoit point en medisances; outre qu'il estoit fort respectueux à l'endroit des dames et les honoroit fort: aussi avoit-il la reyne sa femme et la reyne sa mère, et messieurs ses oncles, qui rabroüioient fort ces causeurs et picqueurs de la langue. Il me souvient qu'une fois, luy estant à Saint Germain en Laye, sur le mois d'aoust et de septembre, il lui prit envie d'aller le soir voir les cerfs en leurs ruths, en cette belle forest de Saint Germain, et menoit des princes ses plus grands familiers et aucunes grandes dames et filles que je dirois bien. Il y en eut quelqu'un qui en voulut causer et dire que cela ne sentoit point sa femme-de-bien, ny chaste, d'aller voir de tels amours et tels ruths de bestes, d'autant que l'appétit de Vénus les en eschauffoit davantage à telle imitation et telle vueue, si bien que, quand elles s'en voudroient degouster, l'eau ou la salive leur en viendroit à la bouche du mitan, que par après il n'y auroit aucun remede de l'en oster, si-non par autre cause ou salive de sperme. Le Roy le sceut, et les princes et dames qui l'y avoient accompagné. Asseurez-vous que si le gentilhomme n'eust si-tost escampé, il estoit très-mal; et ne parut à la Cour qu'après sa mort et son regne. Il y eut force libelles diffamatoires contre ceux qui gouvernoient alors le royaume; mais il n'y eut aucun qui piquast et offensast plus qu'une invective intitulée *le Tigre* (sur l'imitation de la première invective de Cicéron contre Catilina), d'autant qu'elle parloit des amours d'une très-grande et belle dame, et d'un grand son proche. Si le galant auteur fust esté apprehendé, quand il eust eu cent mille vies il les eust toutes perdues; car et le grand et la grande en furent si estommaqués qu'ils en cuidèrent desespérer. Ce roy François ne fut point sujet à l'amour comme ses prédécesseurs; aussi eust-il eu grand tort, car il avoit pour espouse la plus belle femme du monde et la plus aimable; et qui l'a telle ne va point au pourchas comme d'autres, autrement il est bien misérable; et qui n'y va peu se soucie-t-il de dire mal des dames, ny bien et tout, si-non que de la sienne. C'est une maxime que j'ay ouy tenir à une honneste personne; toutesfois je l'ay vue faillir plusieurs fois.

Le roy Charles IX vint après, lequel, pour sa tendresse d'aage, ne se soucioit du commencement des dames, ains se soucioit plus-tost à passer son temps en exercice de jeunesse. Toutefois feu M. de Sipierre, son gouverneur, et qui estoit, à mon gré et de chacun aussi, le plus honneste et le plus gentil cavalier de son temps et le plus courtois et révérentieux aux dames, en apprit si bien la leçon au Roy son maistre et disciple, qu'il a esté autant à l'endroit des dames qu'aucuns roys ses prédécesseurs; car jamais et petit et grand, il n'a veu dames, fust-il le plus empesché du monde ailleurs, ou qu'il courust ou qu'il s'arrestast, ou à pied ou à cheval, qu'aussitost il ne la saluast et luy otast son bonnet fort reverentieusement. Quand il vint sur l'aage d'amour, il servit quelques honnestes dames et filles que je sçay, mais avec si grand honneur et respect que le moindre gentilhomme de sa Cour eust sceu faire. De son regne les grands pasquineurs commencèrent pourtant avoir vogue, et mesme aucuns gentilshommes bien gallants de la Cour, lesquels je ne nommeray point, qui détractoient estrangement des dames, et en général et en particulier, voire des plus grandes; dont aucuns en ont eu des querelles à bon escient, et s'en sont très-mal trouvez: non pourtant qu'ils advoüassent le fait, car ils nioient tout; aussi s'en fussent-ils trouvez de l'escot s'ils l'eussent advoüé, et le Roy leur eust bien fait sentir, car ils s'attaquoient a de trop grandes. D'autres faisoient bonne mine, et enduroient a leur barbe mille démentis qu'on disoit conditionels et en l'air, et mille injures qu'ils buvoient doux comme laict, et n'osoient nullement repartir; autrement il leur alloit de la vie: en quoy bien souvent me suis-je estonné de telles gens qui se mettoient ainsi à mesdire d'autruy, et permettre qu'on mesdist à leur nez tant et tant d'eux. Si avoient-ils pourtant la réputation d'estre vaillants; mais en cela ils enduroient le petit affront gallantement sans sonner mot.

—Je me souviens d'un pasquin qui fust fait contre une très-grande dame veufve, belle et bien honneste, qui vouloit convoler avec un très-grand prince jeune et beau. Il y eut quelques-uns que je sçay bien, qui, ne voulants ce mariage, pour en destourner le prince, firent un pasquin d'elle, le plus scandaleux que j'aye point veu, là où ils l'accomparoient à cinq ou six grandes putains anciennes, fameuses, fort lubriques, et qu'elle les surpassoit toutes. Ceux-mesmes qui avoient fait le pasquin le luy présentèrent, disants pourtant qu'il venoit d'autres, et qu'on leur avoit baillé. Ce prince, l'ayant veu, donna des démentis et dit mille injures en l'air à ceux qui l'avoient fait; eux passèrent tout sous silence, encor qu'ils fussent des braves et vaillants. Cela donna pourtant pour le coup à songer au prince, car le pasquin portoit et monstroit au doigt plusieurs particularitez, mais au bout de deux ans le mariage s'accomplit.

Le Roy estoit si généreux et bon, que nullement il favorisoit tels gens d'avoir de petits mots joyeux avec eux à part. Bien les aimoit-il, mais ne vouloit que le vulgaire en fust abreuvé, disant que sa Cour, qui estoit la plus noble et la plus illustre de grandes et belles dames de tout le monde, et pour telle réputée, ne vouloit qu'elle fust villipendée et mesestimée par la bouche de tels causeurs et galants: et c'estoit à parler ainsi des courtisannes de Rome, de Venise et d'autres lieux, et non de la Cour de France; et que, s'il estoit permis de le faire, il n'estoit permis de le dire. Voilà comment ce roy estoit respectueux aux dames, voire tellement qu'en ses derniers jours je sçay qu'on luy voulut donner quelque mauvaise impression de quelques très-grandes et très-belles et honnestes dames, pour estre broüillées en quelques très-grandes affaires qui luy touchoient; mais il n'en voulut jamais rien croire, ains leur fit aussi bonne chere que jamais et mourut avec leurs bonnes graces et grande quantité, de leurs larmes qu'elles espandirent sur son corps. Et le trouvèrent à dire puis après bien quand le roy Henry troisiesme vint à luy succéder, lequel, pour aucuns mauvais rapports qu'un luy avoit fait d'elles en Pologne, n'en fit à son retour si grand conte comme il avoit fait auparavant, et d'icelle et d'autres que je sçay s'en fit un très-rigoureux censeur, dont pour cela il n'en fut pas plus aimé; si que je croy qu'en partie elles ne luy ont point peu nuy, ny à sa malle fortune ny à sa ruyne. J'en diray bien quelques particularitez, mais je m'en passeray bien: si-non qu'il faut considérer que la femme est fort encline à la vengeance; car, quoy qu'il tarde, elle l'exécute: au contraire du naturel de la vengeance d'aucuns, laquelle du commencement est fort ardente et chaude à s'en faire accroire, mais par le temporisement et longueur elle s'attiédist et vient à néant. Voilà pourquoy il s'en faut garder du premier abord, et par le temps parer aux coups; mais la furie, l'abord et le temporisement durent toujours en la femme jüsqu'à la fin; je dis d'aucunes, mais peu. Aucuns ont voulu excuser le Roy de la guerre qu'il faisoit aux dames par descriements, que c'estoit pour refréner et corriger le vice, comme si la correction en cela luy servoit; veu que la femme est de tel naturel, que tant plus on luy défend cela, tant plus y est-elle ardente, et a-t-on beau luy faire le guet. Aussi, par expérience, ay-je veu que pour luy on ne se détournoit de son grand chemin. Aucunes dames a-t-il aimé, que je sçay bien, avec de très-grands respects, et servy avec très-grand honneur, et mesme une très-grande et belle princesse, dont il devint tant amoureux avant qu'aller en Poulogne, qu'après estre roy il se résolut de l'espouser, encor qu'elle fust mariée à un grand et brave prince, mais il estoit à luy rebelle et réfugié en pays estrange pour amasser gens et luy faire la guerre; mais à son retour en France la dame mourut en ses couches. La mort seule empescha ce mariage, car il y estoit résolu: par la faveur et dispense du Pape il l'espousoit; qui ne luy eust refusée, estant un si grand roy, et pour plusieurs autres raisons que l'on peut penser. A d'autres aussi a-t-il fait l'amour pour les descrier.

J'en sçay une grande que, pour des desplaisirs que son mary luy avoit faits, et ne le pouvant atrapper, s'en vengea sur sa femme, qu'il divulgua en la présence de plusieurs: encore cette vengeance estoit-elle douce, car, au lieu de la faire mourir, il la faisoit vivre. J'en sçay une qui, faisant trop de la galante, et pour un desplaisir qu'elle luy fit, exprès luy fit l'amour, et sans grand peine de persuasion luy donna un rendez-vous en un jardin où ne faillit de se trouver; mais il ne la voulut toucher autrement (ce disent aucuns, mais il la toucha fort bien), ains la faire voir en place de marché, et puis la bannit de la Cour avec opprobre. Il désiroit et estoit fort curieux de sçavoir la vie des unes et des autres et en sonder leur vouloir. On dit qu'il faisoit quelquefois part de ses bonnes-fortunes à aucuns de ses plus privez. Bienheureux estoient-ils ceux-là; car les restes de ces grands roys ne sçauroient estre que très-bons. Les dames le craignoient fort, comme j'ay veu, et leur faisoit luy-mesme des reprimandes, ou en prioit la Reyne sa mere, qui de soy en estoit assez prompte, mais non pour aimer les mesdisans, ainsi que je l'ay monstré cy-devant par ces petits exemples que j'ay allégués, auxquels y prenant pied et altération, que pouvoit-elle faire aux autres quand ils touchoient au vif et à l'honneur des dames?

Ce roy avoit tant accoustumé dès son jeune aage, comme j'ay veu, de sçavoir des contes de dames, voire moy-même luy en ay-je fait aussi quelqu'un: et en disoit aussi, mais fort secrettement, de peur que la Reyne sa mere le sceust, car elle ne vouloit qu'il le dist à d'autres qu'à elle, pour en faire la correction: tellement que, venant en aage et en liberté, n'en perdit la possession; et pour ce, sçavoit aussi-bien comme elles vivoient en sa cour et en son royaume, au moins aucunes, et mesmes les grandes, que s'il les eust toutes pratiquées; et si aucunes y en avoit qui vinssent à la Cour nouvellement, en les accostant fort courtoisement et honnestement pourtant, leur en contoit de telle façon qu'elles en demeuroient estonnées en leurs âmes d'où il avoit appris toutes ces nouvelles, luy niant et désadvoüant pourtant le tout. Et s'il s'amusoit en cela, il ne laissoit d'appliquer son esprit en autres et plus grandes choses, si hautement, qu'on l'a tenu pour le plus grand roy que de cent ans il y a eu en France, ainsi que j'en ay escrit ailleurs en un chapitre de luy fait à part[116]. Je n'en parle donc plus, encor qu'on me pust dire que je ne suis esté assez copieux d'exemples de luy pour ce sujet, et que j'en devois dire davantage si j'en sçavois. Ouy, j'en sçai prou, et des plus sublins; mais je ne veux pas tout à coup dire les nouvelles de la Cour ny du reste du monde; et aussi que je pourrois si bien pailler et couvrir mes contes, que l'on ne s'en apperceust sans escandale.

 Or il y a de ces détracteurs des dames de diverses sortes. Les uns en medisent d'aucunes pour quelque desplaisir qu'elles leur auront fait, encor qu'elles soient des plus chastes du monde, et les font, d'un ange beau et pur qu'elles sont, un diable tout infect de meschanceté: comme un honneste gentilhomme que j'ay veu et cogneu, lequel pour un léger desplaisir qu'une très-honneste et sage dame luy avoit fait, la descria fort vilainement; dont il en eut bonne querelle. Et disoit: «Je sçay bien que j'ay tort, et ne nie point que cette dame ne soit très-chaste et tres-vertueuse: mais quiconque sera telle, celle-là qui m'aura le moins du monde offensé, quand elle seroit aussi chaste et pudique que la vierge Marie, puis qu'autrement il ne m'est permis d'en avoir raison comme d'un homme, j'en dirai pis que pendre.» Mais Dieu pourtant s'en peut irriter. D'autres détracteurs y a-t-il qui, aimant des dames et ne pouvant rien tirer de leur chasteté, de dépit en causent comme de publiques; et si font pis: ils publient et disent qu'ils en ont tiré ce qu'ils vouloient, mais, les ayant connues et apperceues par trop lubriques, les ont quittées. J'en ay cogneu force en nos cours de ces humeurs. D'autres, qui à bon escient quittent leurs mignons et favoris de couchettes, et puis, suivant leurs légéretés et inconstances, s'en sont desgoustées et repris d'autres en leur place: sur ce, ces mignons, despitez et desespérez, vous peignent et descrient ces pauvres femmes, ne faut pas dire comment, jusques à raconter particulièrement leurs lascivetez et paillardises qu'ils ont ensemble exercées, et à descouvrir leurs sis qu'elles portent sur leur corps nud, afin que mieux ou les croye. D'autres y a-t-il qui, despitez qu'elles en donnent aux autres et non à eux, en mesdisent à toute oustrance, et les font guetter, espier et veiller, enfin qu'au monde ils donnent plus grande conjecture de leurs véritez. D'autres qui, espris de belle jalousie, sans aucun sujet que celuy-là, maldisent de ceux qu'elles aiment le plus, et qu'eux-mesmes aiment tant qu'ils ne les voyent pas à demy. Voilà l'un des plus grands effets de la jalousie: et tels détracteurs ne sont tant à blasmer qu'on le diroit bien; car il faut imputer cela à l'amour et à la jalousie, deux frère et sœur d'une mesme naissance. D'autres détracteurs y a-t-il qui sont si fort nez et accoutumez à la mesdisance, que plustost qu'ils ne mesdisent de quelque personne ils mesdiroient d'eux-mesmes. A votre advis, si l'honneur des dames est espargné en la bouche de tels gens? Plusieurs en nos cours en ay-je veu tels qui, craignant de parler des hommes de peur de la touche, se mettoient sur la draperie des pauvres dames, qui n'ont autre revanche que les larmes, regrets et paroles. Toutes-fois en ay-je cogneu plusieurs qui s'en sont très-mal trouvez: car il y a eu des parents, des freres, des amis de leurs serviteurs, voire des maris, qui en ont fait repentir plusieurs, et remascher et avaller leurs paroles. Enfin, si je voulois raconter toutes les diversitez des destracteurs des dames qu'il y en a, je n'aurois jamais fait. Une opinion en amour ay-je veu tenir à plusieurs, qu'un amour secret ne vaut rien s'il n'est pas un peu manifeste, si-non à tous, pour le moins à ses plus privez amis: et si à tous il ne se peut dire pour le moins que le manifeste s'en fasse, ou par monstre ou par faveurs, ou de livrées et couleurs, ou actes chevaleresques, comme courrements de bague, tournois, masquarades, combats à la barriere, voire à ceux de bon escient quant on est à la guerre; certes le contentement en est très-grand en soy. Comme de vray, de quoy serviroit à un grand capitaine d'avoir fait un beau et signalé exploit de guerre, et qu'il fust teu et nullement sceu? je croy que ce luy seroit un despit mortel. De mesme en doivent estre les amoureux qui aiment en bon lieu, ce disent aucuns: et de cette opinion en a esté le principal chef M. de Nemours, le parangon de toute chevalerie; car, si jamais prince, seigneur ou gentilhomme a esté heureux en amours, ç'a esté celuy-là. Il ne prenoit pas plaisirs à les cacher à ses plus privez amis; si est-ce qu'à plusieurs il les a tenues si secrettes qu'on ne les jugeoit que mal aisément. Certes pour les dames mariées la descouverte en est fort dangereuse: mais pour les filles et veufves qui sont à marier, n'importe; car la couleur et prétexte d'un mariage futur couvre tout.

—J'ay cogneu un gentilhomme très-honneste à la Cour, qui, servant une très-grande dame, estant parmy ses compagnons un jour en devis de leurs maistresses, et se conjurans tous de les descouvrir entr'eux de leur faveur, ce gentilhomme ne voulut jamais décéler la sienne, ains en alla controuver une autre d'autre part, et leur donna ainsi le bigu, encore qu'il y eust un grand prince en la troupe qui l'en conjurast et se doutast pourtant de cet amour secret: mais luy et ses compagnons n'en tirèrent que cela de luy; et pourtant à part soy maudit cent fois sa destinée qui l'avoit là contraint de ne raconter, comme les autres, sa bonne fortune, qui est plus gracieuse à dire que sa male.

—Un autre ay-je cogneu, bien galant cavalier, lequel, par sa présomption trop libre qu'il prit de descouvrir sa maistresse qu'il devoit taire, tant par signes que paroles et effets, en cuida estre tué par un assassinat qu'il faillit: mais pour un autre sujet il n'en faillit un autre, dont la mort s'ensuivit.

—J'estois à la Cour du temps du roy François II, que le comte de Saint-Agnan espousa à Fontainebleau la jeune Bourdeziere. Le lendemain, le nouveau marié estant venu en la chambre du Roy, un chacun luy commença à faire la guerre, selon la coustume; dont il y eut un grand seigneur très-brave qui luy demanda combien de postes il avoit couru. Le marié respondit cinq. Par cas il y eut présent un honneste gentilhomme, secrétaire, qui estoit-là fort favory d'une très-grande princesse que je ne nommeray point, qui dit que ce n'estoit guères pour le beau chemin qu'il avoit battu et pour le beau temps qu'il faisoit, car c'estoit en esté. Ce grand seigneur lui dit: «Hà! mordieu! il vous faudroit des perdriaux à vous!» Le secrétaire répliqua: «Pourquoy non? Par Dieu! j'en ay pris une douzaine en vingt-quatre heures sur la plus belle motte qui soit ici à l'entour, ny qui soit possible en France.» Qui fust esbahy? ce fut ce seigneur; car par-là il apprit ce dont il se doutoit il y avoit long-temps: et d'autant qu'il estoit fort amoureux de cette princesse, fut fort marry de ce qu'il avoit longuement chassé en cet endroit et n'avoit jamais rien pris, et l'autre avoit esté si heureux en rencontre et en sa prise. Ce que le seigneur dissimula pour ce coup; mais depuis, en temporisant son martel, la luy cuida rendre chaud et couvert, sans une considération que je ne diray point: mais pourtant il luy porta tousjours quelque haine sourde; et si le secrétaire fust esté bien advisé, il n'eust vanté ainsi sa chasse, mais l'eust tenue très-secrète, et mesme en une si heureuse adventure, dont il en cuida arriver de la broüillerie et de l'escandale. Que diroit-on d'un gentilhomme de par le monde, que, pour quelque déplaisir que luy avoit fait sa maistresse, alla jouer et perdre son portrait qu'elle luy avoit donné, qu'il portoit au col, dont le mary fut fort estonné et moins aimant sa femme, qui en sceut colorer le fait ainsi qu'elle put? Que diroit-on d'un gentilhomme de par le monde, que, pour quelque desplaisir que luy avoit fait sa maistresse, alla joüer et perdre son portrait aux dez contre un de ses soldats, car il avoit grande charge en l'infanterie; ce qu'elle sceut, et en cuida crever de despit, et qui s'en fascha fort. La Reyne-mère sceut, qui luy en fit la réprimende, sur ce que le desdain en estoit par trop grand, que d'aller ainsi abandonner au sort de dez le portrait d'une belle et honneste dame. Mais ce seigneur en rabilla le fait, disant que de sa couche il avoit réservé le parchemin du dedans, et n'avoit que couché la boëte qui l'enserroit, qui estoit d'or et enrichie de pierreries. J'en ay veu souvent demener le conte entre la dame et le seigneur bien plaisamment, et en ay ry d'autrefois mon saoul. Si diray-je une chose, qu'il y a des dames, dont j'en ay veu aucunes, qui veulent estre en leurs amours bravées, menacées, voire gourmandées, et les a-t-on plustost de telle sorte que par douces compositions; ny plus ny moins qu'aucunes forteresses qu'on a par force, et d'autres par douceur; mais pourtant elles ne veulent estre injuriées ny descriées pour putains; car bien souvent les paroles offensent plus que les effects.

—Sylla ne voulut jamais pardonner à la ville d'Athenes qu'il ne la ruinast de fond en comble, non pour opiniastreté d'avoir tenu contre luy, mais seulement par ce que dessus les murailles ceux de dedans en parlérent mal, et touchèrent l'honneur bien au vif de Metella, sa femme.

—En quelques lieux de par le monde, que je ne nommeray point, les soldats aux escarmouches et aux siéges de places se reprochoient les uns aux autres l'honneur de deux de leurs princesses souveraines, jusques-là à s'entredire: «La tienne joue bien aux quilles;—la tienne rempelle aussi.» Par ces brocards et sobriquets, les princesses animoient bien autant les leurs à faire du mal et des cruautez, que d'autres sujets, ainsi que je l'ay veu.

—J'ay ouy raconter que la principale occasion qui anima plus la reyne d'Hongrie à allumer ses beaux feux vers la Picardie et autres parts de France, ce fut à l'appétit de quelques insolents bavards et causeurs, qui parloient ordinairement de ses amours, et chantoient tout haut et par-tout an: *Au Barbanson et la reyne d'Hongrie*, chanson grossiere pourtant, et sentant à pleine gorge son avanturier ou villageois.

—Caton ne peut jamais aimer César, depuis qu'estant au sénat qu'on délibéroit contre Catilina et sa conjuration, et qu'on en soupçonnoit César estant au conseil, fut apporté audit César, en cachette, un petit billet, ou, pour mieux dire, un poulet, que Servilia, sœur de Caton, lui envoyoit, qui portoit assignation ou rendez-vous pour coucher ensemble. Caton, ne s'en doutant point, ainsi de la consente dudit César avec Catilina, cria tout haut que le sénat luy fist commandement d'exhiber ce dont estoit question. César, à ce contraint, le monstra, où l'honneur de sa sœur se trouva fort escandalisé et divulgué. Je vous laisse à penser donc si Caton, quelque bonne mine qu'il fist d'haïr César à cause de la république, s'il le put jamais aimer, veu ce trait scandaleux. Ce n'estoit pas pourtant la faute de César, car il falloit nécessairement qu'il manifestast ce brevet; autrement il lui alloit de la vie. Et croy que Servilia ne luy en voulut point de mal autrement pour cela: comme de fait ne laissèrent à continuer leurs amours, desquelles vint Brutus, qu'on disoit César en estre pere; mais il luy rendit mal pour l'avoir mis au monde. Or les dames, pour s'abandonner aux grands, courent beaucoup de fortune; et si elles en en tirent des faveurs, des grandeurs et des moyens, elles les acheptent bien. J'ay ouy conter d'une dame belle, honneste et de bonne maison, mais non de si grande comme d'un grand seigneur qui en estoit très-fort amoureux; et l'ayant trouvée un jour en sa chambre, seule avec ses femmes, assise sur son lit, après quelques propos et devis tenus d'amour, ce seigneur vint à l'embrasser, et par douce force la coucha sur son lict; puis, venant au grand assaut, et elle l'endurant avec une petite et civile opiniastreté, elle luy dit: «C'est un grand cas que vous autres grands seigneurs ne vous pouvez engarder d'user de vos autoritez et libertez à l'endroit de nous autres inférieures. Au moins, si le silence vous estoit commun comme la liberté de parler, vous seriés par trop désirables et pardonnables. Je vous prie donc, monsieur, tenir secret cecy que vous faites, et garder mon honneur.» Ce sont les propos coustumiers dont usent les dames inférieures à leurs supérieurs: «Hà! monsieur, disent-elles, advisez au moins à mon honneur!» D'autres disent: «Ah! monsieur, si vous dites cecy, je suis perdue; gardez, pour Dieu, mon honneur.» D'autres disent: «Monsieur, mais que vous n'en sonniez mot, et mon honneur soit sauvé, je ne m'en soucie point.» Comme voulant arguer par-là qu'on en peut faire tant qu'on voudra en cachette, et mais que le monde n'en sçache rien, elles ne pensent point estre deshonorées. Les plus grandes et superbes dames disent à leurs galands inférieurs: «Donnez-vous bien de garde d'en dire un mot, tant seul soit-il; autrement il vous va de la vie; je vous feray jetter en sac dans l'eau, ou je vous feray couper les jarretz;» et autres tels et semblables propos prononcent-elles: si bien qu'il n'y a dame, de quelque qualité qui soit, qui veuille estre scandalisée ny pourmenée tant soit peu par le palais de la bouche des hommes. Si en a-t-il aucunes qui sont si mal-advisées, ou forcenées, ou transportées d'amour, que, sans que les hommes les accusent, d'elles-mesmes se descrient, comme fut, il n'y a pas long-temps, une très-belle et honneste dame, de bonne part, de laquelle un grand seigneur en estant devenu fort amoureux, et puis après en joüissant, et luy ayant donné un très-beau et riche bracelet, où luy et elle estoient très-bien pourtraits, elle fut si maladvisée de le porter ordinairement sur son bras tout nud par-dessus le coude; mais un jour son mary, estant couché avec elle, par cas il le trouva et le visita, et là-dessus trouva sujet de s'en défaire par la violence de la mort. Quelle maladvisée femme!

—J'ay congneu d'autres fois un très-grand prince souverain, lequel, ayant gardé une maistresse des plus belles de la Cour l'espace de trois ans, au bout desquels il luy fallut faire un voyage pour quelque conqueste, avant qu'y aller vint tout à coup très-amoureux d'une très-belle et honneste princesse s'il en fut onques: et pour luy monstrer qu'il avait quitté son ancienne maistresse pour elle, et la vouloit du tout honorer et servir sans plus se soucier de la mémoire de l'autre, il luy donna avant partir toutes les faveurs, joyaux, bagues, portraits, bracelets et toutes gentillesses que l'ancienne luy avait données, dont aucunes estant veues et apperceues d'elle, elle en cuida crever de despit, non pourtant sans le taire; mais en se scandalisant fut contente de scandaliser l'autre. Je croy que, si cette princesse ne fust morte par après, le prince, au retour de son voyage, l'eust espousée.

—J'ay connu un autre prince, mais non si grand, lequel durant ses premières nopces et sa viduïté vint à aimer une fort belle et honneste damoiselle de par le monde, à qui il fit, durant leurs amours et soulas, de fort beaux présents de carcans, de bagues, de pierreries et force autres belles hardes, dont entr'autres il y avoit un fort beau et riche miroir où estait sa peinture. Or le prince vint à espouser une fort belle et très-honneste princesse de par le monde, qui lui fit perdre le goust de sa première maistresse, encore qu'elles ne se deussent rien l'une à l'autre de la beauté. Cette princesse sollicita et persuada tant M. son mary, qu'il envoya demander à sa première maistresse tout ce qu'il luy avoit jamais donné de plus exquis et de plus beau. Cette dame en eut un grand crévecœur, mais pourtant elle avoit le cœur si grand et si haut, encore qu'elle ne fust point princesse, mais pourtant d'une des meilleures maisons de France, qu'elle lui renvoya le tout du plus beau et du plus exquis, où estoit un beau miroir avec la peinture dudit prince; mais avant, pour le mieux décorer, elle prit une plume et de l'encre, et luy ficha dedans de grandes cornes au beau mitan du front; et délivrant le tout au gentilhomme, luy dit: «Tenez, mon amy, portez cela à vostre maistre, et que je luy envoye tout ainsi qu'il me le donna, et que je ne luy en ay rien osté ni adjouté, si ce n'est que de luy-mesme il y ait adjousté quelque chose du depuis; et dites à cette belle princesse sa femme qui l'a tant sollicité à me demander ce qu'il m'a donné, que si un seigneur de par le monde (le nommant par son nom comme je sçay) en eust fait de mesme à sa mère, et lui eust répété et osté ce qu'il luy avoit donné pour coucher souvent avec elle, par don d'amourette et joüissance, qu'elle seroit aussi pauvre d'affiquets et pierreries que damoiselle de la Cour; et que sa teste, qui en est si fort chargée aux dépens d'un tel seigneur et du devant de sa mère, que maintenant elle seroit tous les matins par les jardins à cueillir des fleurs pour s'en accommoder, au lieu de ces pierreries: or, qu'elle en fasse des pastez et des chevilles, je les luy quitte.» Qui a connu cette damoiselle la jugerait telle pour avoir fait ce coup, et ainsi elle-mesme me l'a-t-elle dit, et qui estoit très-libre en paroles: mais pourtant elle s'en cuida trouver mal, tant du mary que de la femme, pour se sentir ainsi descriée; à quoy on lui donna blasme, disant que c'estoit sa faute, pour avoir ainsi dépité et désespéré cette pauvre dame, qui avoit très-bien gagné tels présents par la sueur de son corps. Cette damoiselle, pour être l'une des belles et agréables de son temps, nonobstant l'abandon qu'elle avoit fait de son corps à ce prince, ne laissa à trouver party d'un très-riche homme, mais non semblable de maison, si bien que, venant un jour à se reprocher l'un à l'autre les honneurs qu'ils s'estoient fait de s'estre entre-mariez, elle qui estoit d'un si grand lieu, de l'avoir espousé, il luy fit response: «Et moi, j'ay fait plus pour vous que vous n'avez fait pour moy; car je me suis deshonnoré pour vous remettre vostre honneur.» Voulant inférer par-là que, puis qu'elle l'avoit perdu estant fille, le luy avoit remis l'ayant prise pour femme.

—J'ay ouy conter, et le tiens de bon lieu, que, lorsque le roy François premier eut laissé madame de Chasteau-Briand, sa maistresse fort favorite, pour prendre madame d'Estampes, estant fille appellée Helly, que madame la Régente avoit prise avec elle pour l'une de ses filles, et la produisit au roy François à son retour d'Espagne à Bordeaux, laquelle il prit pour sa maistresse, et laissa ladite mademoiselle de Chasteau-Briand, ainsi qu'un cloud chasse l'autre; madame d'Estampes pria le Roy de retirer de ladite madame de Chasteau-Briand tous les plus beaux joyaux qu'il luy avoit donnez, non pour le prix et la valeur, car pour lors les perles et pierreries n'avoient la vogue qu'elles ont eu depuis, mais pour l'amour des belles devises qui estoient mises, engravées et empreintes, lesquelles la Reyne de Navarre, sa sœur, avoit faites et composées; car elle en estoit très-bonne maistresse. Le roy François lui accorda sa priere, et lui promit qu'il le feroit; ce qu'il fit: et, pour ce, ayant envoyé un gentilhomme vers elle pour les luy demander, elle fit de la malade sur le coup, et remit le gentilhomme dans trois jours à venir, et qu'il auroit ce qu'il demandoit. Cependant, de despit, elle envoya quérir un orfèvre, et luy fit fondre tous ses joyaux, sans avoir respect ni acception des belles devises qui y estoient engravées: et après, le gentilhomme tourné, elle luy donna tous les joyaux convertis et contournez en lingots d'or. «Allez, dit-elle, portez cela au Roy, et dites luy que, puis qu'il luy a pleu me révoquer ce qu'il m'avoit donné si libéralement, que je luy rends et renvoye en lingots d'or. Pour quant aux devises, je les ay si bien empreintes et colloquées en ma pensée, et les y tiens si cheres, que je n'ay peu permettre que personne en disposast, en joüist et en eust de plaisir, que moy-mesme.» Quand le Roy eut receu le tout, et lingots et propos de cette dame, il ne dit autre chose, si-non: «Retournez-luy le tout; ce que j'en faisois, ce n'estoit pour la valeur (car je luy eusse rendu deux fois plus), mais pour l'amour des devises; et puis qu'elle les a fait ainsi perdre, je ne veux point de l'or, et le luy renvoye: elle a monstré en cela plus de courage et générosité que n'eusse pensé pouvoir provenir d'une femme.» Un cœur de femme généreuse dépité, et ainsi desdaigné, fait de grandes choses.

—Ces princes qui font ces révocations de présents, ne font pas comme fit une fois madame de Nevers, de la maison de Bourbon, fille de M. de Montpensier, qui a esté en son temps une très-sage, très-vertueuse et belle princesse, et pour telle tenue en France et en Espagne, où elle avoit esté nourrie quelque temps avec la reyne Elisabeth de France, estant sa coupiere, luy donnant à boire, d'autant que la reyne estoit servie de ses dames et filles, et chacunes avoit son estat, comme nous autres gentilshommes à l'entour de nos roys. Cette princesse fut mariée avec le comte d'Eu, fils aisné de M. de Nevers, elle digne de luy, et luy très-digne d'elle, car c'estoit un des beaux et agréables princes de son temps, et pour ce il fut aimé et recherché des belles et honnestes de la Cour, et entr'autres d'une qui estoit telle, et avec ce très-excorte et habile. Advint qu'il prit un jour à sa femme une bague dans son doigt fort belle, d'un diamant de quinze cents à deux mille escus, que la reyne d'Espagne luy avoit donnée à son départ. Ce prince, voyant que sa maistresse la luy loüoit fort et monstroit envie de la vouloir, luy, qui estoit très-magnanime et libéral, la luy donna librement, luy faisant accroire qu'il l'avoit gagnée à la paulme: elle ne la refusa point, et la prit fort privémént, et, pour l'amour de luy, la portoit toujours au doigt; si bien que madame de Nevers (à qui monsieur son mary avoit fait accroire qu'il l'avoit perdue à la paulme, ou bien qu'elle demeuroit en gage) vint à voir la bague entre les mains de cette damoiselle, qu'elle sçavoit bien estre la maistresse de son mary. Elle fut si sage et si fort commandante à soy, que changeant seulement de couleur, et rongeant tout doucement son despit, sans faire autre semblant, tourna la teste de l'austre côté, et jamais n'en sonna mot à son mary ni à sa maistresse. En quoy elle fut fort à louer, pour ne contrefaire de l'accariastre, et se courroucer, et escandaliser la damoiselle, comme plusieurs autres que je sçay qui en eussent donné plaisir à la compagnie, et occasion d'en causer et en mesdire. Voilà comment la modestie en telles choses y est fort nécessaire et très-bonne, et aussi qu'il y a là de l'heur et du malheur aussi-bien qu'ailleurs; car telles dames y a-t-il qui ne sçauroient marcher ni broncher le moins du monde sur leur honneur, et en taster seulement du petit bout du doigt, que les voilà aussitost descriées, divulguées et pasquinées par-tout. D'autres y a-t-il, qui à pleines voiles voguent dans la mer et douces eaux de Vénus, et à corps nuds et estendus y nagent à nages estendues, et y folastrent leurs corps, et voyagent vers Cypre au temple de Vénus et ses jardins, et si délectent comme il leur plaist: au diable si l'on parle d'elles, ny plus ny moins que si jamais ne fussent esté nées. Ainsi la fortune favorise les unes et défavorise les autres en mesdisance; comme j'en ay veu plusieurs en mon temps, et y en a encore.

—Du temps du roy Charles IX fut fait un pasquin à Fontainebleau, fort vilain et escandaleux, où il n'espargnoit les princesses et les plus grandes dames, ny autres. Que si l'on en eust sceu au vray l'auteur, il s'en fust trouvé très-mal. A Blois aussi, lorsque le mariage de la reyne de Navarre fut accordé avec le roy son mary, il s'en fit un autre, aussi fort escandaleux, contre une très-grande dame, dont on n'en peut sçavoir l'auteur; mais bien y eut-il de braves et vaillants gentilshommes qui y estoient compris, qui bravèrent fort et donnèrent force démentis en l'air. Tant d'autres se sont faits qu'on ne voyoit autre chose, ni de ce regne, ni de celuy du roy Henry troisiesme; dont entr'autres en fut fait un fort escandaleux en forme d'une chanson, et sur le chant d'une courante qui se dansoit pour lors à la Cour, et pour ce se chanta entre les pages et laquais en basse et haute note. Du temps du roy Henry III fut bien pis fait; car un gentilhomme, que j'ay ouy nommer et connu, fit un jour présent à sa maistresse d'un livre de peintures où il y avoit trente-deux dames grandes et moyennes de la Cour, peintes au naturel, couchées et se joüans avec leurs serviteurs peints de mesme et au naïf. Telles y avoit-il qui avoient deux ou trois serviteurs, telle plus, telle moins: et ces trente-deux dames représentoient plus de sept-vingts figures de celles de l'Aretin, toutes diverses. Les personnages estoient si bien représentez et au naturel, qu'il semblent qu'ils parlassent et le fissent; les unes déshabillées et nues, les autres vestues avec mesmes robes, coëffures, parements et habillements qu'elles portoient et qu'on les voyoit quelquefois. Les hommes tout de mesme. Bref, ce livre fut si curieusement peint et fait, qu'il n'y avoit rien que dire: aussi avoit-il cousté huit à neuf cents escus, et estoit tout enluminé. Cette dame le presta et monstra un jour à une autre sienne compagne et grande amie, laquelle estoit fort aimée et fort familière d'une grande dame qui estoit dans le livre, et des plus avant et au plus haut degré; ainsi que bien luy appartenoit, luy en fit cas. Elle, qui estoit curieuse du tout, voulut voir avec une grande dame sa cousine, qu'elle aymoit fort, laquelle l'avoit conviée au festin de cette veuë, et qui estoit aussi de la peinture comme d'autres. La visite en fut faite curieusement et avec grande peine, de feuillet à feuillet, sans en passer un à la légère: si-bien qu'elles y consumèrent deux bonnes heures de l'après disnée. Elles, au lieu de s'en estomaquer et de s'en fascher, ce fut à elles à en rire, et de les admirer et de les fixement considérer, et se ravir tellement en leurs sens sensuels et lubriques, qu'elles s'entremirent à s'entre-baiser à la colombine, et à s'entre-embrasser et passer plus outre, car elles avoient entre elles deux accoutumé ce jeu très-bien. Ces deux dames furent plus hardies et vaillantes et constantes qu'une qu'on m'a dit, qui, voyant un jour ce mesme livre avec deux autres de ses amyes, elle fut si ravie et entra en telle extase d'amour et d'ardent désir à l'imitation de ces lascives peintures, qu'elle ne peut voir qu'au quatriesme feuillet, et au cinquiesme elle tomba esvanouüie. Voilà un terrible évanoüissement! bien contraire à celuy d'Octavia, sœur de César Auguste, laquelle, oyant un jour réciter à Virgile les trois vers qu'il avoit faits de son fils Marcellus mort dont elle luy en donna trois mille escus pour les trois seulement, s'esvanoüit incontinent. Que c'est que d'amour, et d'une autre sorte!

—J'ay ouy conter, et lors j'estois à la Cour, qu'un grand prince de par le monde, vieux et fort âgé, et qui, depuis sa femme perdue, s'estoit fort continemment porté en veufvage, comme sa grande profession de sainteté le portoit, il voulut revoler en secondes nopces avec une très-belle, vertueuse et jeune princesse. Et, d'autant que depuis dix ans qu'il avoit esté veuf n'avoit touché à femme, et craignant d'en avoir oublié l'usage (comme si c'estoit un art qui s'oublie) et de recevoir un affront la première nuict de ses nopces, et ne faire rien qui vallust, pour ce il se voulut essayer, et par argent fit gagner une belle jeune fille, pucelle comme la femme qu'il devoit espouser: encore dit-on qu'il la fit choisir qu'elle ressemblast un peu des traicts du visage de sa femme future. La fortune fut si bonne pour luy, qu'il monstra n'avoir point oublié encore ses vieilles leçons, et son essay luy fut si heureux que, hardi et joyeux, il alla à l'assaut du fort de sa femme, dont il en rapporta bonne victoire et réputation. Cet essay fut plus heureux que celuy d'un gentilhomme que j'ay ouy nommer, lequel estant fort jeune et nigault, pourtant son père le voulut marier. Il voulut premierement faire l'essay, pour sçavoir s'il seroit gentil compagnon avec sa femme; et pour ce, quelques mois avant, il recouvra quelque fille de joye belle, qu'il faisoit venir toutes les après-dinées dans la garesne de son père, car c'estoit en esté, et là il s'esbaudissoit et se rigoloit, sous la fraischeur des arbres verds et d'une fontaine, avec sa damoiselle qu'il faisoit rage: de façon qu'il ne craignoit nul homme pour faire cette diantrerie à sa femme. Mais le pis fut que, la soir des nopces, venant à joindre sa femme, il ne peut rien faire. Qui fut esbahy; ce fut luy, et maugréer sa maudite pièce traistresse, qui luy avoit failly feu, ensemble le lieu où il estoit; puis, prenant courage, il dit à sa femme: «Mamye, je ne sçay que veut dire cecy, car tous les jours j'ay fait rage à la garesne de mon père;» et luy compta ses vaillances. «Dormons, et j'en suis d'avis, demain après disner je vous y meneray, et vous verrez autre jeu.» Ce qu'il fit, et sa femme s'en trouva bien; dont depuis à la Cour courut le proverbe: «Si je vous tenois à la garesne à mon pere, vous verriez ce que je sçaurois faire.» Pensez que le dieu des jardins, messer Priapus, les faunes et les satyres paillards, qui président aux bois, assistent-là aux bons compagnons, et leur favorisent leurs faits et exécutions. Tous essais pourtant ne sont pas pareils, ny ne portent pas coup tousjours, car, pour l'amour, j'y en ay veu et ouy dire plusieurs bons champions s'estre faillis à recorder leurs leçons et recoller leurs tesmoins quand ils venoient à la grande escole. Car les uns ou sont trop ardents et froids, ainsi que telles humeurs de glace et de chaud les y surprennent tout à coup; les autres ou sont perdus en extases d'un si souverain bien entre leurs bras; autres viennent appréhensifs; les autres tout à trac viennent flacqs, qu'ils ne sçauroient qu'en dire la cause; autres tout de vray ont l'esguillette noüée. Bref, il y a tant d'inconvénients inopinés qui là-dessus arrivent à l'improviste, que, si je les voulois raconter, je n'aurois fait de longtemps. Je m'en rapporte à plusieurs gens mariés et autres adventuriers d'amour, qui en sçauroient plus dire cent fois que moy. Tels essais sont bons pour les hommes, mais non pour les femmes; ainsi que j'ay ouy conter d'une mère et dame de qualite, laquelle, tenant une fille très-chère qu'elle avoit, et unique, l'ayant compromise à un honneste gentilhomme en mariage, avant que de l'y faire entrer, et craignant qu'elle ne peust souffrir ce premier et dur effort, à quoy on disoit le gentilhomme estre très-rude et fort proportionné, elle la fit essayer premièrement par un jeune page qu'elle avoit, assez grandet, une douzaine de fois, disant qu'il n'y avoit que la première ouverture fascheuse à faire, et que, se faisant un peu douce et petite au commencement, qu'elle endureroit la grande plus aisément; comme il advint, et qu'il y peut avoir de l'apparence. Cet essay est encore bien plus honneste et moins scandaleux qu'un qui me fut dit une fois en Italie, d'un pere qui avoit marié son fils, qui estoit encore un jeune sot, avec une fort belle fille, à laquelle, tant fat qu'il estoit, il n'avoit rien peu faire ny la première ny la seconde nuit de ses nopces; et, comme il eut demandé et au fils et à la nore comme ils se trouvoient en mariage, et s'ils avoient triomphé, ils respondirent l'un et l'autre «*Niente*.—A quoi a-t-il tenu?» demanda à son fils. Il respondit tout follement qu'il ne sçavoit comment il falloit faire. Sur quoi il prit son fils par une main et la nore par une autre, et les mena tous deux en une chambre, et leur dit: «Or je vous veux donc monstrer comme il faut faire.» Et fit coucher sa nore sur un bout du lit, et lui fit bien eslargir les jambes; et puis dit à son fils: «Or voy comment je fais;» et dit à sa nore: «Ne bougez; non importe, il n'y a point de mal.» Et en mettant son membre bien arboré dedans, dit: «Advise bien comme je fais, et comme je dis: *Dentro fuero, dentro fuero;*» et répliqua souvent ces deux mots en s'advançant dedans et reculant, non pourtant tout dehors. Et ainsi, après ces fréquentes agitations et paroles, *dentro* et *fuero*, quand ce vint à la consommation, il se mit à dire brusquement et viste: *Dentro, dentro, dentro, dentro,* jusqu'à ce qu'il eust fait. Au diable le mot de *fuero*. Et par ainsi, pensant faire du magister, il fut tout à plat adultère de sa nore, laquelle, ou qu'elle fist de la niaise, ou, pour mieux dire, de la fine, s'en trouva très-bien pour ce coup, voire pour d'autres que luy donna le fils et le pere et tout, possible pour luy mieux apprendre sa leçon, laquelle il ne luy voulut pas apprendre à demy ni à moitié, mais à perfection. Aussi toute leçon ne vaut rien autrement. J'ay ouy dire et conter à plusieurs amants adventuriers et bien fortunez, qu'ils ont veu plusieurs dames demeurées ainsi esvanouyes et pasmées estans dans ces doux alteres de plaisir; mais assez aisément pourtant retournoient à soy-mesmes: que plusieurs, quand elles sont là, elles s'escrient: «Hélas! je me meurs!» Je croy que cette mort leur est très-douce. Il y en a d'autres qui contournent les yeux en la teste pour telle délectation, comme si elles devoient mourir de la grande mort, et se laissant aller comme du tout immobiles et insensibles. D'autres ay-je ouy dire qui roidissent et tendent si violemment leurs nerfs, arteres et membres, qu'ils engendrent la goutecrampe; comme d'une autre que j'ay ouy dire, qui estoit si sujette qu'elle n'y pouvoit remédier.

D'autres font peter leurs os, comme si on leur rehabilloit de quelque rompure. J'ay ouy parler d'une, à propos de ses evanoüissements, qu'ainsi que son amoureux la manioit dessus un coffre, que, quand ce fut à la douce fin, elle se pasma de telle façon qu'elle se laissa tomber derrière le coffre à jambes ribaudaines, et s'engagea tellement entre le coffre et la tapisserie de la muraille, qu'ainsi qu'elle s'efforçoit à s'en dégager et que son amy lui aidoit, entra quelque compagnie qui la surprit faisant ainsi l'arbre fourchu, qui eut le loisir de voir un peu de ce qu'elle portoit, qui estoit tout très-beau pourtant; et fut à elle à couvrir le fait, en disant qu'un tel l'avoit poussée en se jouant ainsi derrière le coffre, et dire par beau semblant que jamais ne l'aymeroit. Cette dame courut bien plus grande fortune qu'une que j'ay ouy dire, laquelle, ainsi que son amy la tenoit embrassée et investie sur le bord de son lit, quand ce vint sur la douce fin qu'il eut achevé, et que par trop il s'estendoit, il avoit par cas des escarpins neufs qui avoient la semelle glissante, et s'appuyant sur des quarreaux plombez dont la chambre estoit pavée, qui sont fort sujets à faire glisser, il vint à se couler et glisser si bien sans se pouvoir arrester, que du pourpoint qu'il avoit, tout recouvert de clinquant, il en escorcha de telle façon le ventre, la motte, le cas et les cuisses de sa maistresse, que vous eussiez dit que les griffes d'un chat y avoient passé; ce qui cuisait si fort la dame qu'elle en fit un grand cri et ne s'en put engarder; mais le meilleur fut que la dame, parce que c'estoit en esté et faisoit grand chaud, s'estoit mise en appareil un peu plus lubrique que les autres fois, car elle n'avoit que sa chemise bien blanche et un manteau de satin blanc dessus, et les calleçons à part; si bien que le gentilhomme, après avoir fait sa glissade, fit précisément l'arrest du nez, de la bouche et du menton, sur le cas de sa maistresse, qui venoit fraischement d'estre barbouillé de son bouillon, que par deux fois desja il luy avoit versé dedans, et emply si fort qu'il en estoit sorty et regorgé la moitié sur les bords, dont par ainsi se barbouilla et nez, et bouche, et moustache, que vous eussiez dit qu'il venoit de frais de savoner sa barbe; dont la dame, oubliant son mal et son esgratigneure, s'en mit si fort à rire qu'elle luy dit: «Vous estes un beau fils, car vous avez bien lavé et nestoyé vostre barbe, d'autre chose pourtant que de savon de Naples.» La dame en fit le conte à une sienne compagne, et le gentilhomme à un sien compagnon. Voilà comment on l'a sçeu, pour avoir esté redit à d'autres; car le conte estoit bon et propre à faire rire. Et ne faut point douter que ces dames, quand elles sont à part, parmy leurs amies plus privées, qu'elles ne s'en fassent des contes aussi bons que nous autres et ne s'entredisent leurs amours et leurs tours les plus secrets, et puis en rient à pleine bouche, et se mocquent de leurs galands, quand ils font quelque faute ou quelque action de risée et mocquerie. Et si font bien mieux; car elles se dérobent les unes les autres leurs serviteurs, non tant quelquefois pour l'amour, mais pour en tirer d'eux tous les secrets, menées et folies qu'ils ont faites avec elles; et en font leur profit, soit pour en attiser davantage leurs feux, soit pour vengeance, soit pour s'entre-faire la guerre les unes aux autres en leurs privez devis, quand elles sont ensemble. Un pareil livre de figures à ce précédent que je viens de dire, fut fait à Rome du temps du pape Sixte dernier mort, ainsi que j'ai dit ailleurs. Or c'est assez sur ce sujet parlé. Je voudrois volontiers de bon cœur que plusieurs langues de notre France se fussent corrigées de ces mal-dires, et se comportassent comme celles d'Espagne; lesquelles, sur la vie, n'oseroient toucher tant soit peu l'honneur des dames de grandeur et réputation; voire les honorent-ils de telle façon, que, si on les rencontre en quelque lieu que ce soit, et que l'on crie tant soit peu *lugar a las damas*[117] tout le monde s'incline et leur porte-t-on tout honneur et révérence; et devant elles toutes insolences sont défendues sur la vie.

—Quand l'Impératrice, femme de l'empereur Charles, fit son entrée à Tolède, j'ay ouy dire que le marquis de Villane, l'un des grands seigneurs d'Espagne, pour avoir menacé un argusil qui l'avoit pressé de marcher et de s'advancer, il cuida estre en grande peine, parce que cette menace se fit en la présence de la dite Impératrice; et si ce fust esté en celle de l'Empereur n'en fust esté si grand bruit.

—Le duc de Féria estant en Flandre, et les reynes Eléonor et Marie marchans par pays, et leurs dames et filles après, et luy estant près de sa maistresse, et venant à prendre question contre un autre cavalier espagnol, tous deux cuidèrent perdre leurs vies, plus pour avoir fait tel scandale devant les Reynes et impératrices, que pour tout autre sujet. De mesmes don Carlos d'Avalos à Madrid, ainsi que la reyne Isabelle de France marchoit par la ville, s'il ne se fust soudain jetté dans une église qui sert là de refuge aux pauvres malheureux, il fust aussi-tost este exécuté à la mort; et luy fallut eschapper desguisé et s'enfuyr d'Espagne, dont il en a esté toute sa vie banny et confiné en la plus misérable isle de toute l'Italie, qui est Lipary.

—Les boufons mesmes, qui ont tout privilege de parler, s'ils touchent les dames, en patissent; ainsi qu'il en arriva une fois à un qui s'appeloit Legat, que j'ai congneu. Un jour nostre reyne Elisabeth de France, en devisant et parlant des demeures de Madrid et Valladolid, combien elles étoient plaisantes et delectables, elle dit que de bon cœur elle voudroit que ces deux places fussent si proches qu'elle en pust toucher l'une d'un pied, et l'autre de l'autre; et ce disoit en eslargissant fort les jambes. Le dit boufon, qui ouyt cela, dit: «Et moy je voudrois être au beau mitan, *con un carrajo de bourrico, para encargar y plantar la raya.*» Il en fut bien foüetté à la cuisine; dont pourtant il n'avoit tort de faire ce souhait, car cette Reyne estoit l'une des belles, agréables et honnestes qui fust jamais en Espagne, et valoit bien estre désirée de cette façon, non pas de luy, mais de plus honnestes gens que luy cent mille fois. Je pense que ces messieurs les mesdisants et causeurs des dames voudroient bien avoir et joüir du privilege de liberté qu'ont les vendangeurs de la campagne de Naples au temps des vendanges, auxquels il est permis, tant qu'ils vendangent, de dire tous les mots, pouilles et injures à tous les passants qui vont et viennent sur les chemins; si-bien que vous les verriez crier, hurler après eux, et les arauder sans en espargner aucuns, et grands et moyens, et petits, de quelque estat qu'ils soyent; et, qui est le plaisir, n'en espargnent aussy les dames, princesses et grandes qu'elles soyent; si-bien que de mon temps j'ay ouy dire et vu que plusieurs d'entre elles, pour en avoir le plaisir, se donnoient des affaires et alloient exprès aux champs, et passoient par les chemins pour les ouyr gazouiller et entendre d'eux mille sallauderies et paroles lubriques qu'ils leur disoient et débagouloient, leur faisant la guerre de leurs paillardises et lubricitez, qu'elles exerçoient envers leurs maris et serviteurs, jusques à leur reprocher leurs amours et habitations avec leurs cochers, pages, laquais et estafiers qui les conduisoient; et, qui plus est, leur demandoient librement la courtoisie de leur compagnie, et qu'ils les assailleroient et traiteroient bien mieux que tous les autres; et ce disoient en franchissant naïvement et naturellement les mots sans autrement les déguiser. Elles en estoient quittes pour en rire leur saoul et en passer leur temps, et leur en faire rendre response à leurs gens qui les accompagnoient, ainsi qu'il est permis d'en rendre le change. Les vendanges faites, ils se font treves de tels mots jusques à l'autre année, autrement en seroient recherchés et bien punis. On m'a dit que cette coustume dure encore, que beaucoup de gens en France voudroient bien qu'elle fust observée en quelque saison de l'année, pour avoir le plaisir de leurs mesdisances en toute seureté, qu'ils aiment tant. Or, pour faire fin, les dames doivent estre respectées par tout le monde, leurs amours et leurs faveurs tenues secrettes. C'est pourquoy l'Aretin disoit que, quand on estoit à ce point, les langues, que les amants et amantes s'entredonnent les uns aux autres, n'estoient desdiées tant pour se délecter, ny pour le plaisir qu'on y prenoit, que pour s'entrelier de langues ensemble et s'entrefaire le signal que l'on tienne caché le secret de leurs escoles, mesmes qu'aucuns lubriques et paillards maris imprudents se trouvent si libres et desbordez en paroles, que, ne se contentant des paillardises et lascivetez qu'ils commettent avec leurs femmes, les déclarent et publient à leurs compagnons et en font leurs contes; si bien que j'ay cogneu aucunes femmes en hayr leurs maris de mal mortel, et se retirer bien souvent des plaisirs qu'elles leur donnoient, pour ce sujet, ne voulant estre scandalisées, encore que ce fust un fait de femme à mary. M. du Bellay, le poëte, en ses tombeaux latins qu'il a composez, qui sont très-beaux, en a fait un d'un chien, qui me semble qu'il est digne estre mis ici, car il est fait à notre matiere, qui dit ainsi.

Latratu fures exceps, mutus amantes,

Sic placui domino, sic placui domina

    C'est-à-dire:

    Par mon japper, j'ay chassé les larrons, et, pour me tenir muet, j'ay accule les amants: ainsi j'ay pleu à mon maistre, ainsi j'ai pleu à ma maistresse.

    Si donc on doit aimer les animaux pour estre secrets, que doit-on faire des hommes pour se taire? Et s'il faut prendre advis pour ce sujet d'une courtisanne qui a esté des plus fameuses du temps passé, et de grande clergesse en son mestier qui estoit Lamïa, faire le peut-on; qui disoit de quoy une femme se contentoit le plus de son amant, c'estoit quand il estoit discret en propos et secret en ce qu'il faisoit; et surtout qu'elle hayssoit un vanteur qui se vantoit de ce qu'il ne faisoit pas et n'accomplissoit ce qu'il promettoit. Ce dernier s'entend en deux choses. De plus, disoit que la femme, bien qu'elle fist, ne vouloit jamais estre appelée putain n'y pour telle divulguée. Aussi dit-on d'elle que jamais elle ne se mocqua d'homme, ny homme oncques se mocqua d'elle ny mesdit. Telle dame savante en amour en peut bien donner leçon aux autres.

    Or, c'est assez parlé de ce sujet; un autre mieux disant que moy l'eust pu mieux agrandir et embellir, c'est pourquoy je luy en quitte les armes et la plume.

NOTES:

[1] A la fin de son Discours XLI, *Des Capitaines étrangers*, il promet de même cette *comparaison*, augmentée du vieux Biron et du comte Maurice; mais elle manque.

[2] Dans cet ouvrage, l'auteur qualifie telle dame de *belle et honneste*, dont pourtant il parle comme d'une fieffée p.....; mais lorsqu'il ajoute, comme il fait quelquefois *vertueuse* à *belle et honneste*, il insinue par là que la dame étoit sage et ne faisoi point parler d'elle.

[3] Le fameux Bussi d'Amboise, Louis de Clermont, massacré le 19 août 1579, à un rendez-vous que lui avoit donné la comtesse de Monsoreau par le commandement de son mari. (De Thou. liv. LXVIII.)

[4] René de Villequier, qui tua Françoise de La Marck, sa première femme.

[5] Lisez *Melitene*; c'est comme les anciens appeloient cette ville, dont le nom moderne dans *Moreri* est *Meletin*, en latin *Malatia*, dans l'Arménie, sur l'Euphrate.

[6] Ou plutôt *Thomyris*.

[7] Sixte V

[8] Le cardinal de Lorraine, du Perron et autres, avoient été représentés de même avec Catherine de Médicis, Marie Stuart et la duchesse de Guise, dans deux tableaux dont il est parlé dans la *Légende du cardinal de Lorraine*, folio 24, et dans le *Réveille-matin des Français*, pages 11 et 123. Voyez ci-dessous, à la fin du VIIe livre, la description d'un pareil livre de figures, et les mauvais effets qu'il produisit.

[9] Bernardin Turisan, qui avoit pour enseigne la devise des Manuces, ses parents.

[10] Ce livre, intitulé *la Somme des péchés et le remède d'iceux*, imprimé à Lyon, chez Charles Pesnot, dès 1584, in-4°, et diverses autres fois depuis, est de la composition de Jean Benedicti, cordelier de Bretagne, qui ne l'a pas moins rempli d'ordures et de saletés, que le jésuite Sanchez en a rempli son traité *de Matrimonio*; et ce qu'il y a de fort singulier, c'est qu'un ouvrage si impur n'en est pas moins dédié à la sainte Vierge. Comme on voit, Brantôme et ses semblables savoient très-bien en faire leur profit, et y découvrir de nouveaux ragoûts de lubricité.

[11] Ou Bonvisi.

[12] Annius Verus: c'étoit le grand-père de cet empereur.

[13] Antonomasie.

[14] Voyez Ménage, *Dict. étym.*, au mot MASCARET

[15] Baudet ou Barbette, comme dit Mézeray.

[16] C'est-à-dire, *morte la bête, morte la rage ou le venin.*

[17] Dans ce proverbe, la furette est prise pour l'hermine, qui, dit-on, aime mieux se laisser prendre que de se salir.

[18] Brantôme veut peut-être parler ici de Marguerite de France, sœur de Henri II, qui avait cet âge-là lorsqu'elle épousa le duc de Savoie.

[19] C'est-à-dire: «Monsieur mon frère, présentement que vous êtes marié avec ma sœur et que vous en jouissez seul, il faut que vous sachiez qu'étant fille, tel et tel en ont joui. Ne vous inquiétez point du passé, parce que c'est peu de chose; mais gardez-vous de l'avenir, parce qu'il vous touche de bien plus près.»

[20] Baptista Fulgosius, dont les *Factorum et Dictorum memorabilium libri IX* ont été imprimés diverses fois. Ce fait particulier se trouve dans le chapitre 3 du IXe livre.

[21] C'est-à-dire: «Que la vache, qui a longtemps été attachée, court plus que celle qui a toujours en pleine liberté.»

[22] François de Lorraine, duc de Guise, tué par Poltrot. Voy. Rem. sur le mot ADULTERIN, page 547 du *Cath. d'Esp.*, édit. de 1699.

[23] Cela pourroit bien regarder Henri de Lorraine, duc de Guise, tué à Blois.

[24] Ceci pourroit encore mieux regarder Marguerite de Valois, le roi de Navarre, le duc d'Anjou et la Saint-Barthélemy.

[25] C'est-à-dire, fait folie de son corps, comme on parle, parce qu'on va en pèlerinage à l'église de ce saint pour être guéri de la folie.

[26] C'est-à-dire, sinon chastement, du moins finement.

[27] C'est-a-dire, sous les couvertes, ou en cachette.

[28] Accortement.

[29] C'est-à-dire: Le peril passé, l'on se moque du saint.

[30] Joachim du Bellay, dans sa *Contre-Repentie*, f. 444, A. de ses Œuvres, 1576.

Mere d'amour, suivant mes premiers vœux,

Dessous tes loix remettre je me veux,

Dont je voudrois n'estre jamais sortie;

Et me repens de m'estre repentie.

[31] Ces sortes de cadenas étoient déjà en usage à Venise.

[32] *Guerdon, galardon, qui dardonne, premio, ricompensa*, dit le *Franciosini*.

[33] On a appelé Guillot le Songeur tout homme songeard, du chevalier Juillan le Pensif, l'un des personnages de l'*Amadis*.

[34] Ou n'a point ce discours ou chapitre.

[35] C'est-à-dire: pour délivrer une âme chrétienne de l'enfer.

[36] A qui on demandoit.

[37] C'est-à-dire: l'amour ne se surmonte que par le dédain.

[38] Cette femme ressemble assez à cette Godarde de Blois, huguenote, pendu pour adultère en 1563.

[39] C'est-à-dire: Eh! fais-lui charité par pitié.

[40] On accusa la comtesse de Senizon de l'avoir fait évader, et on lui en fit une affaire.

[41] Proverbe qui marque le peu de liaison qu'il y a entre les dons de la nature et les qualités de l'âme.

[42] De l'italien *dispositare*; c'est-à-dire qu'on dispose et trouve à se défaire des pierreries comme des meilleures denrées.

[43] Tout cela est renversé et estropié. Il faut:

Si tibi simplicitas uxoria deditus uni:

Est animus. . . . .

. . . .

Nil unquam invitâ donabis conjuge: vendes

Hac obstante nihil; nihil, hæc si nolet, emetur.

JUVENAL. Sat. VI, 205 et 6, 211 et 12.

C'est-à-dire: «Si vous vous attachez uniquement à votre femme....., vous ne pourrez rien donner, ni vendre, ni acheter, à moins qu'elle n'y consente.»

[44] Le Ve discours suivant.

[45] *Bardot*, synonyme d'*âne*. Ici, *passer par bardot*, se dit des vieilles qui son réduites à laisser passer pour *bardot* l'amant qui les caresse.

[46] Escharse.

[47] Qui perd une putain gagne beaucoup.

[48] Il est à croire qu'il multiplie leurs feux.

[49] O trop dure loi de l'honneur, pourquoi nous interdis-tu ce à quoi nous excite la nature? Elle nous accorde aussi abondamment que libéralement, ainsi qu'a tous les animaux, l'usage de l'amour. Mais l'homme, trompeur et perfide, ne connaissant que trop bien la vigueur de nos reins, a établi cette loi pleine d'erreur pour cacher ainsi la faiblesse des siens.

[50] Là où il n'y a point d'homme, on commet pourtant l'adultère.

[51] C'est-à-dire: me baisait et me faisait pâmer de plaisir. *Alentir*, dans Nicot, se dit de la douleur, ou des forces qui diminuent ou se ralentissent.

[52] Par corruption pour *gaude mihi*.

[53] Mehun on Meun.

[54] Voyez.

[55] Voyez Bayle, *Dict. crit.*, au mot BURIDAN. Villon, dans sa ballade des *Dames des temps jadis*:

Semblablement où est la reine,

Qui commanda que Buridan

Fust jeté en un sac en Seine?

[56] La Vieille Courtisanne, fol. 449. B. des *OEuvres poét. de Joach. du Bellay*, édit. de 1597:

De la vertu je sçavois deviser,

Et je sçavois tellement eguiser,

Que rien qu'honneur ne sortoit de ma bouche;

Sage au parler et folastre à la couche.

[57] Elles s'abandonnent comme chiennes, et sont muettes de la bouche comme pierres.

[58] Se retirer à la barque.

[59] Pardonnez-moi, madame; je ne veux point jaser, mais seulement agir et puis me retirer à la barque.

[60] Le *Divorce satyrique* attribue cette invention à la reine Marguerite, pour rendre le roi de Navarre, son mari, plus amoureux d'elle et plus lascif.

[61] Ils sont pris d'un vieux livre français intitulé: *De la louange et beauté des Dames*. François Corniger les a mis en dix-huit vers latins. Vincentio Calmeta les a aussi mis en vers italiens, qui commencent par *Dolce Flaminia*.

[62] C'est-à-dire, était un peu brunette.

[63] En françois, Charles de Bouvelles. On a de lui plusieurs ouvrages.

[64] C'est un in-4° imprimé à Paris, chez Ascensius, le 3 des nones de décembre 1511.

[65] Ah! ne me touchez pas.

[66] Les ladres, les ladresses.

[67] C'est-à-dire: Madame, je vous baise les pieds et les mains.

[68] C'est-à-dire: Monsieur, la station du milieu est bien meilleure.

[69] On en a dit autant de Mademoiselle, cousine germaine de Louis XIV, à cela pres qu'à ceux de ses pages à qui ses charmes donnaient de la tentation elle donnait quelques louis pour pouvoir se satisfaire ailleurs.

[70] Le Voyage du Prince.

[71] Plus magnifique que les fêtes de Bains.

[72] Roman de Boccace traduit par Adrien Sevin.

[73] Le titre de *Roi des Romains* n'est proprement qu'une station pour parvenir à la dignité d'*Empereur*.

[74] Discours I.

[75] Confidentes.

[76] *Ahanoit*: se fatiguait. De l'espagnol *afanar*, qui répond à notre *ahaner*.

[77] *Sublin*: fin, rusé.

[78] Discours I.

[79] L'honneur de la citadelle est sauvé.

[80] Caunus.

[81] C'est-à-dire: D'une mule qui fait hin, et d'une fille qui parle latin, délivre nous, Seigneur.

[82] *Alberic de Rosate*, au mot MATRIMONIUM de son *Dictionnaire*, rapporte un exemple tout pareil. *Barbatias* dit même quelque chose de plus, qu'un garçon de sept ans engrossa sa nourrice.

[83] La reine-mère *Catherine de Médicis*. L'auteur la nomme dans son discours des *Dames illustres*, où il fait le même conte.

[84] *Apparemment* contrition.

[85] Servie.

[86] Alteres.

[87] D'Enghien.

[88] *André de Soleillas*, évêque de *Riez* en Provence, en 1576. Il avait une maîtresse qui contrefaisoit la bigote, mais dont l'hypocrisie ne trompa pas le roi Henri IV. Ce prince reprochoit plaisamment à cette dame ses amours, en lui disant qu'elle ne se plaisait qu'au *jeûne et à l'oraison*.

[89] *Fringuer*, dans Oudin, c'est ici *far l'atto venero*. Cette veufve, non contente d'avoir triomphé de trois maris, vouloit encore combattre sur cette même couche, déjà jonchée des lauriers qu'elle avoit remportés de ses victoires passées.

[90] *Henri II*, qui préféroit à la reine sa femme, qui étoit jeune, la duchesse de Valentinois déjà vieille, et qui avait été la maîtresse du roi son père.

[91] Je n'ai point connu la vieille.

[92] Environ l'an 400 de l'ère chrétienne, saint Jérôme vit les funérailles de la femme, et c'est lui qui rapporte le fait en question. *Epist. XCI ad Ageruchiam, de Monogamid.*

[93] *Thesmophoria*.

[94] Dépêchez-vous donc, car ils vont me venir chercher pour me faire religieuse, et m'emmener au couvent.

[95] Ce fut à elle que Henri IV dit au bal, qu'elle avoit employé le verd et le sec pour divertir la compagnie. Il lui fit cette raillerie, dit Le Laboureur, parce que cette femme n'épargnoit la réputation d'aucune dame.

[96] Suivant Rabelais, on appelle *poultre* une jument non encore saillie. Ainsi Bussy parloit incongrument.

[97] On ne parle point, madame est en compagnie.

[98] Que d'une vieille poule on fait un meilleur bouillon que d'une autre.

[99] La Mothe.

[100] De haute apparence.

[101] De *cubinus*, diminutif de *cubus*, comme qui diroit *à quatre pointes* ou bosses.

[102] Il n'importe pas que la cloche ait quelque défaut, pourvu que son battant soit bon.

[103] Pour voiler la chose.

[104] Forbany.

[105] Le duc d'Anjou, depuis Henri III.

[106] Qu'avez-vous fait?

[107] Rien.

[108] Ah! poltron, sans cœur! vous n'avez rien fait! Que maudite soit votre poltronnerie.

[109] Le père des soldats.

[110] La mère.

[111] Louis XI passe généralement, non-seulement pour avoir raconté beaucoup de contes, avec tout ce qu'il y avoit de jeunes seigneurs à la Cour de Philippe le Bon, duc de Bourgogne, où il s'étoit réfugié étant Dauphin, mais même pour avoir pris soin de faire recueillir et de publier ensuite, dans le même ordre où nous l'avons, le recueil intitulé: *Cent Nouvelles nouvelles, lequel en soy contient cent chapitres ou histoires, composées ou récitées par nouvelles gens depuis naguères*; et cela se trouve confirmé par ces mots de l'ancienne préface ou avertissement, qui paroît avoir été fait de son temps: «Et notez que par toutes les *Nouvelles* où il est dit *par monseigneur*, il est entendu monseigneur le Dauphin, lequel depuis a succédé à la couronne et est le roy Loüis XI; car il estoit lors ès pays du duc de Bourgogne.» Mais comme il est bien certain que ce prince ne se retira en Brabant qu'à la fin de l'année 1456, et ne rentra en France qu'en août 1461, il est absolument impossible que ce recueil ait paru en France vers 1455, comme on le débite inconsidérément dans la préface de ses nouvelles éditions. On en a deux anciennes: l'une de Paris, en 1486, in-folio; l'autre encore de Paris, chez la veuve de Johan Trepere, sans date, aussi in-folio; et deux nouvelles, accompagnées de mauvaises figures, et imprimées à Cologne, chez Pierre Gaillard, en 1701 et 1736, en deux volumes in-8.

[112] Le péché de luxure.

[113] Ce conte, que Brantôme dit tenir des anciens de la Cour, est pris presque mot pour mot de J. Bouchet, dans ses *Annales d'Aquitaine*, édit. de 1644, pag. 473, au nom des trois dames près, qui est apparemment ce qu'il veut dire qu'il tenoit de bon lieu.

[114] Françoise de Rohan, dame de La Garnache, si nous en croyons Bayle, *Dict. crit.*, pag. 1317 de la deuxième édition. Mais je doute que lui-même en fût bien persuadé, puisque, dans la citation de ce passage de Brantôme, il n'a jugé à propos de marquer que par des points certaines paroles qui ne conviennent nullement à la dame de La Garnache; savoir, que d'abord on disoit que cette dame ne s'étoit laissé engrosse qu'en nom de mariage, et qu'après on sut le contraire.

[115] Danse d'Allemagne; les Allemands appellent ce branle *Fackeldantz*.

[116] On n'a point ce chapitre ou discours.

[117] Honneur aux dames.

Booksophile
Your Local Online Bookstore

Buy Books Online from

www.Booksophile.com

Explore our collection of books written in various languages and uncommon topics from different parts of the world, including history, art and culture, poems, autobiography and bibliographies, cooking, action & adventure, world war, fiction, science, and law.

Add to your bookshelf or gift to another lover of books - first editions of some of the most celebrated books ever published. From classic literature to bestsellers, you will find many first editions that were presumed to be out-of-print.

Free shipping globally for orders worth US$ 100.00.

Use code "Shop_10" to avail additional 10% on first order.

Visit today

www.booksophile.com

Milton Keynes UK
Ingram Content Group UK Ltd.
UKHW041857090224
437493UK00004B/235